Italienisch lernen in 15 Minuten am Tag für Dummies

Schummelseiten

Sätze und Fragen für den Fall der Fälle

Leiten Sie die folgenden Sätze auf der Liste mit **senta, scusi** (hören Sie, entschuldigen Sie) ein. Diese Zauberformel garantiert Ihnen die uneingeschränkte Aufmerksamkeit des Angesprochenen.

- **Controlli il conto, per favore, non è corretto.** (Bitte überprüfen Sie die Rechnung, sie ist nicht korrekt.)
- **Dov'è il bagno?** (Wo ist die Toilette?)
- **Dov'è il distributore di benzina più vicino?** (Wo ist die nächste Tankstelle?)
- **Ho bisogno di aiuto.** (Ich brauche Hilfe.)
- **Ho bisogno di un medico.** (Ich brauche einen Arzt.)
- **Mi sono perso/a.** (Ich habe mich verlaufen.)
- **Potrebbe chiamare l'ambulanza/la polizia, per favore?** (Könnten Sie bitte den Rettungsdienst/die Polizei rufen?)
- **Potrebbe farmi passare, per favore?** (Könnten Sie mich bitte durchlassen?)

Häufige Fallstricke und falsche Freunde

- Im Deutschen bedeutet **Termin** einen festgelegten Zeitpunkt für eine Verabredung. Dafür steht im Italienischen **l'appuntamento. Il termine** bedeutet »Frist« und »Abgabetermin«.
- Im Deutschen bedeutet **Tempo** Geschwindigkeit. Dafür steht im Italienischen **la velocità. Il tempo** bedeutet »Zeit« oder »Wetter«.
- Im Deutschen bedeutet **Stipendium** eine finanzielle Unterstützung für Studierende. Dafür steht im Italienischen **borsa di studio. Lo stipendio** bedeutet »Gehalt« oder »Lohn«.
- Im Deutschen ist **Papa** die Koseform von Vater. Dafür steht im Italienischen **il babbo. Il papa** bedeutet Papst, **il papà** ist der Papa/Vati, **la pappa** bedeutet »Brei« und **il pappone** ist der Zuhälter.
- Im Deutschen steht **Nonne** für eine weibliche Person, die in einem Kloster lebt und ein religiöses Gelübde abgelegt hat. Dafür steht im Italienischen **la suora. La nonna** bedeutet »Großmutter/Oma«.

Italienisch lernen in 15 Minuten am Tag für Dummies

Schummelseiten

- Im Deutschen steht **Messe** für eine religiöse Feier oder eine Handelsausstellung. Für die Messe im Sinne einer Handelsausstellung steht im Italienischen **la fiera. La messa** findet ausschließlich in der Kirche statt.
- Im Deutschen bedeuten **Konfetti** kleine, bunte Stückchen Papier, die auf Feiern geworfen werden. Dafür stehen im Italienischen **i coreandoli. I confetti** sind mit Zucker überzogene Mandeln, die oft bei Hochzeiten verwendet werden.
- Im Deutschen bedeutet **kultiviert**, dass jemand gebildet und zivilisiert ist. Dafür steht im Italienischen **colto/a. Coltivato/a** bedeutet »angebaut« im Zusammenhang von Pflanzen oder in der Landwirtschaft.
- Im Deutschen ist eine **Kantine** ein Ort, an dem Mahlzeiten serviert werden. Dafür steht im Italienischen **la mensa. La cantina** bedeutet »Weinkeller« oder »Keller«.
- Im Deutschen steht **brav** für artig und gehorsam. Dafür steht im Italienischen **buono/a. Bravo/a** bedeutet »gut«, »tüchtig«, »geschickt«.
- Im Deutschen steht **Firma** für ein Unternehmen oder eine Geschäftseinheit. Dafür steht im Italienischen **la ditta. La firma** bedeutet »Unterschrift«.
- Im Deutschen ist ein **Dirigent** eine Person, die ein Orchester oder einen Chor leitet. Dafür steht im Italienischen **il direttore d'orchestra. Il dirigente** ist eine Person in einer leitenden Position.
- Im Deutschen bezeichnet **Chef** den Leiter oder Vorgesetzten einer Abteilung oder Organisation. Dafür steht im Italienischen **il capo. Lo chef** bedeutet »Küchenchef«.
- Im Deutschen steht **Kamera** für ein Aufnahmegerät. Dafür steht im Italienischen **la telecamera. La camera** steht im Italienischen für ein Zimmer mit Bett.
- Im Deutschen steht **morbid** für krankhaft. Dafür steht im Italienischen **malaticcio/a. Morbido/a** bedeutet »weich«.
- Im Deutschen steht **Monaco** für das Fürstentum Monaco. Dafür steht im Italienischen **il Principato di Monaco. Il monaco** bedeutet »Mönch«, **Monaco di Baviera** bedeutet »München«.
- Im Deutschen ist **Kotze** ein vulgärer Ausdruck für Erbrochenes. Dafür steht im Italienischen **il vomito. Le cozze** sind Miesmuscheln.
- Im Deutschen steht **komisch** für merkwürdig. Im Italienischen sagt man dafür **strano/a. Comico/a** bedeutet »humorvoll« und »lustig«.

Italienisch lernen in 15 Minuten am Tag für Dummies

Schummelseiten

BEGRÜßUNGEN, VERABSCHIEDUNGEN UND REDEWENDUNGEN FÜR DEN ALLTAG

Förmliche Begrüßungen

- **Benvenuto/a!** (Willkommen!)
- **Buonasera!** (Guten Abend!)
- **Buongiorno!** (Guten Morgen!)
- **Come sta?** (Wie geht es Ihnen?)

Formlose Begrüßungen

- **Ciao!** (Hallo!)
- **Come stai?** (Wie geht es dir?)
- **Come va?** (Wie geht's?)
- **Salve!** (Grüß dich! Hi!)

Förmliche Verabschiedungen

- **Arrivederci!** (Auf Wiedersehen!)
- **Buona notte!** (Gute Nacht!)
- **Buona giornata!** (Haben Sie noch einen schönen Tag!)
- **Buona serata!** (Haben Sie noch einen schönen Abend!)

Formlose Verabschiedungen

- **A dopo!** (Bis später!)
- **A presto!** (Bis bald!)
- **Ci vediamo!** (Wir sehen uns!)
- **Ciao!** (Tschüss!)
- **Dormi bene!** (Schlaf gut!)
- **Fatti vedere!** (Melde dich mal wieder!)
- **Salutami la tua famiglia!** (Grüß mir deine Familie!)
- **Sogni d'oro!** (Schöne Träume!)
- **Stammi bene!** (Lass es dir gut gehen!)

Danke sagen

- **Grazie mille!** (Vielen Dank!)
- **Ti/La ringrazio tanto.** (Ich danke dir/Ihnen sehr.)
- **Grazie per il tuo/Suo aiuto.** (Danke für deine/Ihre Hilfe.)
- **Sono molto grato/a.** (Ich bin sehr dankbar.)

Schummelseiten

Nützliche Redewendungen für den Alltag

- **A che ora ci vediamo?** (Um wie viel Uhr treffen wir uns?)
- **Adesso tocca a me.** (Jetzt bin ich an der Reihe.)
- **Andiamo a fare una passeggiata.** (Lass uns einen Spaziergang machen.)
- **Che ore sono?** (Wie spät ist es?)
- **Ho fame/sete.** (Ich habe Hunger/Durst.)
- **Il conto, per favore!** (Die Rechnung, bitte!)
- **Mi chiamo …** (Ich heiße …)
- **Mi dispiace.** (Es tut mir leid.)
- **Mi piace questo posto.** (Mir gefällt dieser Ort.)
- **Mi può dire come arrivare a …?** (Können Sie mir sagen, wie ich zu … komme?)
- **Non parlo bene italiano, potrebbe parlare più lentamente?** (Ich spreche nicht gut Italienisch, könnten Sie langsamer sprechen?)
- **Permesso!** (Gestatten Sie!)
- **Piacere di conoscerti/La.** (Schön, dich/Sie kennenzulernen.)
- **Potrebbe portare ancora …, per favore!** (Könnten Sie bitte noch ……. bringen.)
- **Può consigliarmi un buon ristorante?** (Können Sie mir ein gutes Restaurant empfehlen?)
- **Quanto costa?** (Wie viel kostet das?)
- **Vorrei un caffè, per favore.** (Ich hätte gerne einen Kaffee, bitte.)

Fragewörter

- **Chi?** (Wer?)
- **Che cosa?** (Was?)
- **Che?** (Was?)
- **Come?** (Wie?)
- **Cosa?** (Was?)
- **Di dove?** (Woher?)
- **Dove?** (Wo?)
- **Perché?** (Warum?)
- **Quando?** (Wann?)
- **Quante volte?** (Wie oft?)
- **Quanto/a?** (Wie viel?)

Italienisch lernen in 15 Minuten am Tag
für Dummies

Rita Linhart

Italienisch lernen in 15 Minuten am Tag

für dummies®

Fachkorrektur von
Antonella Santini-Wolf

WILEY-VCH GmbH

Italienisch lernen in 15 Minuten am Tag für Dummies

Bibliografische Information der Deutschen Nationalbibliothek

Die Deutsche Nationalbibliothek verzeichnet diese Publikation in der Deutschen Nationalbibliografie; detaillierte bibliografische Daten sind im Internet über `http://dnb.d-nb.de` abrufbar.

1. Auflage 2025

Coverfoto: alexmu - `stock.adobe.com`
Projektmanagement und Lektorat: Evelyn Boos-Körner, boos for books, Schondorf am Ammersee
Satz: Straive, Chennai, India
Druck und Bindung:

Print ISBN: 978-3-527-72328-7
ePub ISBN: 978-3-527-85230-7

Über die Autorin

Rita Linhart wurde in Lauingen an der Donau geboren. Aufgrund ihrer italienischen Wurzeln entschied sie sich für ein Studium der Sprachwissenschaften in Mainz/Germersheim und in Rom an der Università La Sapienza mit Schwerpunkt Italienisch. Im Anschluss daran war sie als Übersetzerin und Dolmetscherin für einen Mailänder Großkonzern und als Hochschuldozentin tätig. Heute arbeitet Rita Linhart am Deutschen Institut in Florenz und als Autorin.

Im Mittelpunkt ihres Schaffens steht der Wunsch, sich auszudrücken, Wissen auf unterhaltsame Weise zu vermitteln und Raum für Ideen und Kreativität zu schaffen. Sowohl im Unterricht als auch in ihren Publikationen findet sie vielfältige Möglichkeiten, diesem Anliegen nachzugehen, und die Freude am kreativen Schaffen gibt ihr immer wieder Schwung zu neuen Projekten.

Danksagung

Mein herzlichster Dank geht an die Lektoren von Wiley VCH. Danke, dass ich auch dieses Buch schreiben durfte.

Ein dickes Dankeschön auch denjenigen, die bei mir Italienisch lernen und gelernt haben. Sie haben mir im Laufe der Jahre unmissverständlich gezeigt, wie meine Erklärungen und Anekdoten bei der Zielgruppe ankommen.

Auf einen Blick

Inhaltsverzeichnis

Kapitel 19
Lösungen 263

Deutsch – Italienisch 283

Italienisch – Deutsch 307

Stichwortverzeichnis 331

Einleitung

Italienisch ist eine der schönsten Sprachen der Welt und wird von vielen als »Sprache der Herzen« bezeichnet. Sie ist eine der am meisten gelernten Fremdsprachen weltweit. Die Italiener sind bekannt für ihre Offenheit und Freundlichkeit gegenüber Personen, die ihre Sprache lernen. Selbst einfache Sätze werden mit Begeisterung aufgenommen, und Fehler nicht als negativ betrachtet. Vielmehr wird der Mut, eine fremde Sprache zu sprechen, bewundert.

Die Freude am Lernen wird durch die positive Kommunikation der Muttersprachler gefördert. Es ist wichtig, den Mut zu haben, Italienisch zu sprechen, auch wenn man nicht perfekt ist. Jeder Versuch, die Sprache zu nutzen, wird geschätzt, und es gibt kaum falsche Ansätze. Einfache Ausdrucksweisen können Herzen gewinnen, während selbst perfekte Englischkenntnisse in Italien nicht immer den gleichen Effekt haben.

Ein zentrales Konzept in der italienischen Kultur ist das **fare bella figura**, was bedeutet, einen guten Eindruck zu hinterlassen. Dies umfasst nicht nur das äußere Erscheinungsbild, sondern auch gute Umgangsformen und soziale Kompetenzen. Italiens soziale Regeln betonen Großzügigkeit, Geduld und die Fähigkeit, auch in schwierigen Situationen gelassen zu bleiben. Die Kombination aus Sprachkenntnissen und kulturellem Verständnis ermöglicht es Besuchern, in Italien nicht nur sprachlich, sondern auch gesellschaftlich einen positiven Eindruck zu hinterlassen. In diesem Sinne vermittelt die Autorin aus ihren nunmehr über dreißig Jahren Berufserfahrung wertvolle Tipps und Anekdoten, um das Lernen der italienischen Sprache und Kultur zu erleichtern.

Über dieses Buch

Italienisch lernen in 15 Minuten am Tag für Dummies ist in leicht verständliche Portionen gegliedert. Wenn Ihnen ein Thema nicht zusagt, etwa weil Sie als Vegetarier nicht in einer Metzgerei einkaufen möchten, können Sie den entsprechenden Dialog einfach überspringen und sich auf die vermittelten Grammatikthemen konzentrieren. Lernen Sie nur das, was für Sie persönlich wichtig ist. Gestalten Sie Ihre 15 Minuten Sprachunterricht an einem angenehmen Ort, vielleicht in einem italienischen Café bei einem Espresso oder einem erfrischenden Frappé, begleitet von köstlichen Snacks. Wenn Ihnen dabei das Wasser im Mund zusammenläuft, nutzen Sie dies als Anreiz für Ihr fließendes Italienisch!

Konventionen in diesem Buch

Einige Elemente, die in *Italienisch lernen in 15 Minuten am Tag für Dummies* regelmäßig vorkommen, unterstützen Sie dabei, die wichtigsten Inhalte schnell zu erfassen.

- ✔ Zu Beginn jedes Kapitels finden Sie eine Zusammenfassung der Lerninhalte.
- ✔ Italienische Wörter und Sätze sind in Fettdruck hervorgehoben, während die Lautschrift in eckigen Klammern angegeben ist und die betonte Silbe kursiv dargestellt wird.

- Auf den italienischen Text folgt die deutsche Übersetzung, die so wörtlich wie möglich gehalten ist, um das Lernen zu erleichtern.
- Wiederkehrende Layouts und Symbole leiten Sie zu den Bereichen Wortschatz, Kultur, Grammatik und Übungsaufgaben.
- Zu jedem Kapitel gibt es eine oder zwei Übungen, deren Lösungen Sie im Anhang finden.
- Wie wird in diesem Buch gegendert? Ist im Text von Italienern, Lesern usw. die Rede, sind selbstverständlich auch immer die Italienerinnen, Leserinnen usw. miteingeschlossen.
- Um die grammatikalischen Strukturen des Italienischen vergleichen zu können, habe ich häufig den Bezug zur deutschen Sprache hergestellt. Deshalb richtet sich dieses Buch in erster Linie an Lernende mit deutscher Muttersprache.

Törichte Annahmen über den Leser

Vor dem Schreiben dieses Buches habe ich mir überlegt, wer wohl die Leser sein könnten:

- Sie reisen gerne nach Italien, schätzen die italienische Küche, erkunden gerne die Vielfalt der Märkte, lieben Kunst und Kultur und möchten beim nächsten Restaurant- und Barbesuch stilsicher bestellen und sich im lockeren Plauderton über viele alltägliche Themen unterhalten können.
- Sie planen, an einem Italienischkurs in der Erwachsenenbildung teilzunehmen, und möchten sich eigenständig einen schnellen Einstieg erarbeiten.
- Sie sind Schüler an einem Gymnasium und suchen nach einer Quelle, die Ihnen trockenen Stoff unterhaltsamer vermittelt.
- Sie studieren an einer Hochschule und belegen Italienisch als Nebenfach. Ihr Ziel ist es, sich schnell und unkompliziert über die wichtigsten Themen zu informieren, um optimal auf Ihre Prüfungen vorbereitet zu sein.
- Ihr Kind lernt Italienisch in der Schule und Sie möchten sich schnell in die Sprache einarbeiten, um es bei den Hausaufgaben unterstützen zu können.
- Sie bereiten sich auf eine Prüfung vor und sind auf der Suche nach einem Lehrwerk, das Ihnen den Lernstoff schnell und unterhaltsam näherbringt.
- Sie unterrichten selbst und suchen nach einer sinnvollen Ergänzung zu Ihrem Lehrbuch.

Wie dieses Buch aufgebaut ist

Dieses Buch ist in fünf Teile gegliedert:

- Teil I, II und III sind jeweils einem Lernmonat gewidmet. Jede Woche umfasst sechs Lerntage, während der siebte Tag dazu dient, das Erlernte zu vertiefen oder einen Tag Pause zu machen. Am Ende jeder vierwöchigen Lernphase erwartet Sie ein Test mit Übungsaufgaben.

- In Teil IV finden Sie den **Top-Ten-Teil** mit zehn gängigen Redewendungen und zehn »falschen Freunden«.
- Teil V widmet sich den Themen **Alphabet, Aussprache und Kurzgrammatik**.
- Im Anhang stehen Ihnen eine **Vokabelliste Deutsch-Italienisch** und **Italienisch-Deutsch** sowie ein **Stichwortverzeichnis** zur Verfügung

Teil I: Erster Monat

In diesem Teil stelle ich Ihnen die Teilnehmer der Sprachenschule **Dante al Dente** sowie deren Lehrer, Signor Bruni, vor. Sie werden Sie täglich begleiten und Ihnen die Themen auf ansprechende Weise näherbringen. Dabei lernen Sie, sich selbst vorzustellen und über Ihre Herkunft sowie Ihre Fremdsprachenkenntnisse zu sprechen. Darüber hinaus erwerben Sie das nötige sprachliche und kulturelle Know-how, um bei einem Barbesuch stilvoll Bestellungen aufzugeben und in verschiedenen Lebensmittelgeschäften effektiv mit den Verkäufern zu kommunizieren. Zudem bereite ich Sie gezielt auf Ihren Aufenthalt in einem Hotel in Italien vor.

Teil II: Zweiter Monat

In diesem Teil erwerben Sie das Wissen, eine bevorstehende Reise nach Italien und damit verbundene Aktivitäten vorzubereiten. Sie werden viel über die Insel Sardinien erfahren. Des Weiteren werden Themen wie Ernährungsgewohnheiten und Lebensmittelunverträglichkeiten angeschnitten. Überdies bekommen sie spannende Einblicke in die wichtigsten Feste des italienischen Kalenders. Und letztendlich ist es auch wichtig, dass Sie für einen möglichen Arztbesuch und den Gang zur Apotheke sprachlich gut gerüstet sind.

Teil III: Dritter Monat

In diesem Teil möchte ich Sie sprachlich darauf vorbereiten, Freizeit- und Kulturangebote zu nutzen, Kleidung und Möbel zu erwerben sowie alltägliche Aufgaben in der Stadt zu meistern. Ferner werden wir uns sprachlich mit aktuellen Themen wie Umweltschutz, Klimawandel und erneuerbaren Energien beschäftigen. Zum Ende des Semesters lade ich Sie herzlich zu unserem Sommerfest an der Sprachenschule **Dante al Dente** ein.

Teil IV: Der Top-Ten-Teil

Dieser Teil enthält zwei Kapitel: die Top-Ten-Redewendungen, mit denen Sie sprachlich schnell reagieren und **bella figura** machen, und die zehn tückischsten »falschen Freunde«, um das Risiko einer **brutta figura** zu vermeiden.

Teil V: Anhang

Dieser Teil bietet eine kompakte Übersicht über das Alphabet und die Zahlen. Eine Kurzgrammatik erklärt Ihnen Ausspracheregeln, Satzbau, Verbkonjugationen, Zeitformen und die verschiedenen Wortarten. Außerdem werden wichtige grammatikalische Begriffe erklärt, die helfen, die Struktur der Sprache besser zu verstehen. Der Leser erfährt, welche Funktionen diese Wortarten im Satz haben und wie sie miteinander interagieren.

Wie Sie dieses Buch optimal nutzen können

Reservieren Sie sich täglich ein festes Zeitfenster von 15 Minuten, in dem Sie vollkommen ungestört sind. Umgeben Sie sich mit italienischen Muntermachern wie Espresso oder Cappuccino und zelebrieren Sie Ihre italienischen Momente. Lassen Sie den neuen Lernstoff danach noch ein wenig in sich nachwirken, indem Sie einer ruhigen Tätigkeit wie Spazierengehen oder Aufräumen nachgehen. Haben Sie den Mut, Ihre ersten Sätze im Gespräch auszuprobieren, eventuell mit dem italienischen Gemüseverkäufer auf dem Wochenmarkt. Das setzt Endorphine frei und der graue Himmel über den Marktschirmen verfärbt sich in ein strahlendes **Azzurro**.

Audioaufnahmen

Einige Dialoge und Lösungen zu den Übungen sind als Audiodateien verfügbar, die Sie unter `www.downloads.fuer-dummies.de` im MP3-Format herunterladen können. Diese Aufnahmen werden von Muttersprachlern gesprochen. Sie erkennen die entsprechenden Dateien am »Play«-Symbol (siehe unten). Das Transkript zu den Lösungen finden Sie in Kapitel 19.

In einigen Fällen fordern wir Sie auf, nach einer Pause nachzusprechen. Sie können die Aufnahme jederzeit anhalten und das Gehörte wiederholen. Es empfiehlt sich auch, die Dialoge, die nicht als Hörbeispiele zur Verfügung stehen, mithilfe der in eckigen Klammern angegebenen Aussprache laut zu lesen.

Symbole, die in diesem Buch verwendet werden

Zur Übersichtlichkeit von *Italienisch lernen in 15 Minuten am Tag für Dummies* tragen auch Symbole bei, an denen Sie erkennen können, was auf Sie zukommt.

Unter diesem Symbol finden Sie Erklärungen zu Aussprache und Grammatik.

Hier folgen eine oder zwei Aufgaben zum Lernstoff des jeweiligen Tages.

An dieser Stelle haben Sie die Möglichkeit, sich den Dialog oder die Lösung einer Übung anzuhören.

Unter diesem Symbol wird kulturelles Wissen vermittelt.

Dieses Symbol warnt vor Sprachfallen und Fettnäpfchen.

Hier finden Sie Tipps, die Ihnen Besonderheiten der italienischen Sprache vermitteln.

Wie es weitergeht

Im Anhang finden Sie das Alphabet und die Aussprache. Ich empfehle Ihnen, sich diese Abschnitte als Erstes vorzunehmen und sich die dazugehörenden Tonspuren anzuhören, sodass Sie die einzelnen Tageslektionen mit diesem grundsätzlichen Wissen lesen und bearbeiten können.

Da in diesem Buch jedes Kapitel auf das vorangegangene aufbaut, empfehle ich Ihnen, es von vorne nach hinten durchzuarbeiten.

Jetzt geht es los! Wecken Sie den Italiener oder die Italienerin in sich! Auf dieser aufregenden Reise möchte ich Ihnen noch einen schönen Gedanken mit auf den Weg geben: *Studiare una lingua è come aprire una finestra su un nuovo mondo.* (»Eine Sprache zu lernen ist, als würde man ein Fenster zu einer neuen Welt öffnen.«)

Teil I
Erster Monat

Unsere Lerntipps

- ✔ Beschriften Sie alltägliche Gegenstände in Ihrer Umgebung mit ihren italienischen Bezeichnungen.
- ✔ Führen Sie ein Vokabelheft. Das handschriftliche Schreiben hat mehrere Vorteile, die es besonders effektiv für das Vokabellernen machen; es aktiviert motorische Gedächtnisprozesse. Die Körperbewegungen beim Schreiben helfen, Wörter und deren Form besser im Gedächtnis zu verankern.
- ✔ Hören Sie italienische Musik, laden Sie sich Songtexte herunter und singen Sie mit.
- ✔ Wenn Sie gerne kochen, suchen Sie Rezepte in italienischer Sprache und bereiten Sie italienische Gerichte zu. So lernen Sie gleichzeitig neue Vokabeln.
- ✔ Verändern Sie die Sprache Ihres Handys oder Computers auf Italienisch, um sich den ganzen Tag über mit der Sprache auseinanderzusetzen.

IN DIESEM TEIL ...

Zu Beginn lernen Sie die sechs Schüler der Sprachschule **Dante al Dente** sowie deren Lehrer Professor Bruni näher kennen. Sie erfahren, aus welchen Ländern die Schüler stammen, welche Sprachen sie sprechen und aus welchem Grund sie Italienisch lernen.

Anschließend besuchen Sie mit ihnen eine Bar, wo sie nicht nur leckere Snacks und trendige Getränke genießen, sondern auch interessante Einblicke in dortige Gepflogenheiten gewinnen. Danach begleiten Sie Herrn Bruni in verschiedene Geschäfte und das Ehepaar Delgado zu ihrem Hotel.

IN DIESEM KAPITEL

Begrüßung und Abschied

Nach dem Wohlbefinden erkundigen

Sich selbst und andere vorstellen

Kapitel 1
Erste Woche

Wir sind in der Sprachschule **Dante al Dente** in Florenz und begegnen sechs Teilnehmern von fünf Kontinenten, die allesamt Italienisch lernen möchten.

Dante Alighieri (1265–1321) war ein italienischer Dichter, Philosoph und Politiker, bekannt für sein episches Werk *La Divina Commedia* (»Die Göttliche Komödie«). Er verwendete in diesem Werk Toskanisch als Hochsprache und trug damit entscheidend zur Entwicklung der italienischen Sprache bei. Zuvor wurde vorwiegend Latein als Literatursprache genutzt. Dantes Einfluss auf Literatur und Sprache ist äußerst bedeutend und prägt die westliche Kultur bis heute.

Lernen Sie Agneta, Diego, Francesco, Oksana, Rosanna, Ying und deren Italienischlehrer Professor Bruni kennen! Erfahren Sie, woher die Teilnehmer kommen, welche Sprachen sie sprechen und warum sie Italienisch lernen wollen.

Zusammen mit ihrem Lehrer wollen sie Ihnen Italienisch schmackhaft machen, auch wenn manche grammatikalischen Strukturen zugegebenermaßen etwas **al dente** sind.

Auch die Landeshauptstadt Rom wollte in puncto Hochsprache ein Wörtchen mitreden. Daher wurde die Definition folgendermaßen geprägt: **Lingua toscana in bocca romana** (Toskanische Sprache in römischem Mund). Das bedeutet, dass das in der Toskana verwendete grammatikalisch korrekte Italienisch in der römischen Aussprache besonders klar und eindrucksvoll zur Geltung kommt.

Um diesem Erbe gerecht zu werden, finden die meisten Handlungen in diesem Buch in Florenz statt, der Wiege der italienischen Sprache.

Ich wünsche Ihnen viel Vergnügen, Durchhaltevermögen und den nötigen Biss, wenn's mal **al dente** wird.

Tag 1: Grüßen und Verabschieden – Bella ciao!

Rosanna und Francesco treffen sich.

Hören Sie sich das Gespräch zwischen Rosanna und Francesco an (Track 4).

ROSANNA: **Ciao Francesco!**
[*tschao* fran-*tsches*-ko!]
Hallo Francesco!

FRANCESCO: **Ciao bella! Come stai?**
[*tschao bäl*-la, *ko*-me stai?]
Hallo! Wie geht es dir?

ROSANNA: **Io sto benissimo, e tu?**
[io sto be-*nis*-si-mo e *tu*?]
Sehr gut, und dir?

FRANCESCO: **Bene, grazie.**
[*bä*-ne, *gra*-zje.]
Gut, danke.

ROSANNA: **Ciao, ci vediamo domani al corso d'italiano.**
[*tschao*, tschi we-di-*a*-mo do-*ma*-ni al *kor*-so di-tal-*ja*-no.]
Tschüss, wir sehen uns morgen im Italienischkurs.

FRANCESCO: **Sì, a presto!**
[*si* a *präs*-to!]
Ja, bis bald!

Kleiner Wortschatz

ciao	hallo	**bello/a**	schön	**come**	wie
io	ich	**tu**	du	**e**	und
domani	morgen	**il corso**	Kurs	**ci vediamo**	wir sehen uns
presto	bald	**grazie**	danke	**sì**	ja

Die Frage nach dem Befinden dient eher als Small Talk und weniger als Ausdruck echter Anteilnahme. Dafür wird das Verb **stare** (sich befinden) verwendet:

- ✔ **Io sto bene.** (wörtlich: Ich befinde mich gut, frei: Es geht mir gut.)
- ✔ **Tu come stai?** (wörtlich: Wie befindest du dich? Frei: Wie geht es dir?)

Sie haben die Möglichkeit, aus folgenden Befindlichkeitsformulierungen zu wählen:

benissimo ([bä-nis-si-mo] super)
bene ([*bä*-ne] gut)
così così ([ko-*si* ko-*si*] so lala)
insomma ([in-*som*-ma] naja, geht so)
molto bene ([*mol*-to *bä*-ne] sehr gut)
abbastanza bene ([ab-bas-*tan*-za *bä*-ne] ganz gut)
non c'è male ([non *tschä ma*-le] nicht schlecht)

1. Ergänzen Sie die fehlenden Wörter:

a. _______ Francesco, come _________?

b. Io sto _____________ (gut), e _______ ?

c. _______ c'é _______, grazie.

2. Bitte ordnen sie die Wörter ihren Bedeutungen zu:

a. a domani	**1.** schön
b. a presto	**2.** so
c. abbastanza	**3.** hallo, tschüss
d. bene	**4.** ganz, ziemlich
e. ciao	**5.** gut
f. così	**6.** schlecht
g. male	**7.** bis bald
h. bello/a	**8.** bis morgen

a. – __; b. – __; c – __; d – __; e – __; f – __; g – __; h – __

Tag 2: Wie geht es Ihnen? – Come sta?

Im Sekretariat begrüßen sich Signora Rossi und der Italienischlehrer Signor Bruni.

SIG.RA ROSSI: **Buongiorno, professore.**
[bwon-*dschor*-no pro-fes-*so*-re.]
Guten Tag, Herr Professor!

SIG. BRUNI: **Buongiorno signora Rossi! Come sta?**
[bwon-*dschor*-no sin-*jo*-ra ros-si! *ko*-me *sta*?]
Guten Tag, Frau Rossi, wie geht es Ihnen?

SIG.RA ROSSI: **Abbastanza bene, e Lei?**
[ab-ba-*stan*-za *bä*-ne, e *läi*?]
Ganz gut, und Ihnen?

SIG. BRUNI: **Non c'è male, grazie.**
[*non* tschä *ma*-le, *gra*-zje.]
Nicht schlecht, danke.

SIG.RA ROSSI: **Arrivederci e ancora una buona giornata.**
[ar-ri-we-*där*-tschi, e an-*ko*-ra u-na *bäl*-la dschor-*na*-ta.]
Auf Wiedersehen und noch einen schönen Tag.

SIG. BRUNI: **Grazie, altrettanto, signora.**
[*gra*-zje, al-tret-*tan*-to, sin-*jo*-ra.]
Danke, gleichfalls.

Kleiner Wortschatz

ancora una buona giornata	noch einen schönen Tag
grazie altrettanto	danke gleichfalls

Die korrekte Anrede einer Person mit oder ohne Titel lautet:

- ✔ **signor Bruni** — Die Anrede **signor(e)** ohne Nachnamen ist unüblich.
- ✔ **signora (Bruni)** — Anrede für eine verheiratete oder ältere Frau
- ✔ **signorina (Bruni)** — Anrede für eine junge, unverheiratete Frau
- ✔ **professor Bruni/professore** — Anrede für eine männliche Lehrkraft
- ✔ **professoressa (Bruni)** — Anrede für eine weibliche Lehrkraft

Ein italienischer **Professore** kann sowohl an einer Grundschule als auch an einer Universität unterrichten und ist nicht deckungsgleich mit einem deutschen Professor. Das gilt natürlich auch für die **Professoressa**.

Die Grußformel:

- ✔ **buongiorno** (guten Morgen, guten Tag) verwenden Sie für die formelle Anrede als Begrüßung und Verabschiedung bis ca. 15:00 Uhr.
- ✔ **buonasera** (guten Abend) verwenden Sie für die formelle Anrede als Begrüßung und Verabschiedung nach dem Mittagessen ab ca. 15:00 Uhr. Ein **Buongiorno** am Nachmittag klingt, als wären Sie gerade aufgestanden.
- ✔ **arrivederci** (wörtlich: auf dass wir uns wiedersehen) verwenden Sie für die formelle Anrede für die Verabschiedung von einer oder mehreren Personen.
- ✔ **arrivederLa** (wörtlich: auf dass ich Sie wiedersehe) verwenden Sie für die formelle Anrede für die Verabschiedung von nur einer Person. Die Formen der Höflichkeitsform werden großgeschrieben, auch mitten im Wort.
- ✔ **buona notte** verwenden Sie für die formelle oder informelle Anrede als Verabschiedung am späten Abend.

Fragen Sie eine Person, die Sie siezen, nach dem Befinden, sagen Sie:

- ✔ **(Lei) come sta?** (wörtlich: Wie befinden Sie sich? Frei: Wie geht es Ihnen?)

Fragen Sie mehrere Personen, die Sie siezen oder duzen, nach dem Befinden, sagen Sie:

- ✔ **(Voi) come state?** (wörtlich: Wie befindet ihr euch/Wie befinden Sie sich? Frei: Wie geht es euch/Ihnen?)

Was ist richtig? Unterstreichen Sie die richtige Lösung:

a. 08:00 Uhr: Ciao/Buongiorno signora, come stai/sta/state?

b. 09:00 Uhr: Ciao/Buongiorno Francesco, come stai/sta/state?

c. 10:00 Uhr: Ciao/Buongiorno Rosanna e Francesco, come stai/sta/state?

d. 11:00 Uhr: Arrivederci/Ciao professoressa, a domani!

e. 12:00 Uhr: Arrivederci/Ciao Francesco, a domani!

f. 16:00 Uhr: Ciao/Buongiorno/Buonasera signorina, come stai/sta/state?

g. 23:00 Uhr: Buongiorno/Buonanotte Diego!

Tag 3: Nach Namen und Herkunft fragen – Di dove sei?

In der Sprachschule machen sich Agneta und Diego untereinander bekannt.

DIEGO:	**Ciao, sono Diego. E tu, chi sei?** [*i*-jo *so*-no *djä*-go. e *tu* ki *sä*-i?] Hallo, ich bin Diego. Und du, wer bist du?
AGNETA:	**Io sono Agneta. Di dove sei, Diego?** [*i*-jo *so*-no ag-*ne*-ta. di *do*-we se-*i*, *djä*-go?] Ich bin Agneta. Woher bist du, Diego?
DIEGO:	**Sono argentino, di Buenos Aires. E tu?** [*so*-no ar-*dschen*-ti-no, di bu-*ä*-nos *äi*-res. e *tu*?] Ich bin Argentinier aus Buenos Aires. Und du?
AGNETA:	**Interessante! Io sono svedese, di Stoccolma.** [in-te-räs-*san*-te! *i*-jo so-no swe-*de*-se, di stok-*kol*-ma.] Interessant! Ich bin Schwedin aus Stockholm.
DIEGO:	**Piacere.** [pia-*tschä*-re.] Freut mich.

Kleiner Wortschatz

dove	wo	**di dove**	woher, von wo	**chi**	wer
piacere	freut mich	**interessante**	interessant		

Die Adjektivendungen werden wie folgt an die Person angeglichen:

- Die Endung **-o** steht für eine männliche Person: **Diego è argentino**. (Diego ist Argentinier.)
- Die Endung **-a** steht für eine weibliche Person: **Evita è argentina**. (Evita ist Argentinierin.)
- Die Endung **-e** kann sowohl für eine männliche als auch für eine weibliche Person stehen:

  Agneta è svedese. (Agneta ist Schwedin.) **Björn è svedese**. (Björn ist Schwede.)

Nationalitäten

americano/a ([a-me-ri-*ka*-no] Amerikaner/-in), **arabo/a** ([*a*-ra-bo] Araber/in), **argentino/a** ([ar-dschen-*ti*-no] Argentinier/-in), **australiano/a** ([aus-*tra*-li-a-no] Australier/-in), **brasiliano/a** [bra-zil-*ja*-no], Brasilianer/-in), **cinese** ([tschi-*ne*-se] Chinese/Chinesin), **francese** ([fran-*tsche*-se] Franzose/Französin), **inglese** ([in-*gle*-se] Engländer/-in), **italiano/a** ([i-ta-li-*a*-no] Italiener/-in), **marocchino/a** ([ma-rok-*ki*-no] Marokkaner/-in), **polacco/a** ([po-*lak*-ko] Pole/Polin), **spagnolo/a** ([span-*jo*-lo] Spanier/-in), **svedese** ([swe-*de*-se] Schwede/Schwedin), **tedesco/a** ([te-*des*-ko] Deutscher//Deutsche), **ucraino/a** ([u-kra-*ji*-no] Ukrainer/-in)

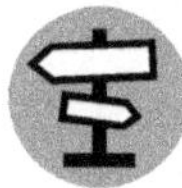

Bestimmt fragen Sie sich jetzt, woher der Begriff **tedesco** (deutsch, Deutscher) kommt. Der Ursprung des Wortes geht auf das althochdeutsche Wort »diutisc« zurück, das »zum Volk gehörig« bedeutet.

Personalpronomen sind Platzhalter für eine Person. Im Italienischen werden Sie oft weggelassen, da bereits im konjugierten Verb alle Informationen zur Person stecken:

deutsch	**ich**	**du**	**er, sie, Sie**	**wir**	**ihr**	**sie**
italienisch	io	tu	lui, lei, Lei	noi	voi	loro

Tabelle 1.1: Personalpronomen (Subjektpronomen)

An dieser Stelle möchte ich Ihnen das unregelmäßige Verb **essere** (sein) vorstellen.

Pronomen/ Infinitiv	**(io)**	**(tu)**	**(lui, lei, Lei)**	**(noi)**	**(voi)**	**(loro)**
essere	sono	sei	è	siamo	siete	sono

Tabelle 1.2: Konjugation »essere« (sein)

Woher kommen diese Promis? Ergänzen Sie die Sätze:

a. Angela Merkel è ______________________.

b. Taylor Swift é ______________________.

c. Lionel Messi è ______________________.

d. Kate Middleton è ______________________.

e. Eros Ramazzotti è ______________________.

f. Brigitte Macron è ______________________.

g. Lang Lang è ______________________.

Tag 4: Jemanden vorstellen – Questo è …

Ying und Oksana kommen in den Kurs und stellen sich vor.

OKSANA:	**Buongiorno, professore.** [bwon-*dschor*-no, pro-fes-*so*-re.] Guten Tag, Herr Professor.
SIG. BRUNI:	**Benvenuta nel nostro corso d'italiano, Oksana. Lei, di dov'è?** [ben-we-*nu*-ta nel *nos*-tro *kor*-so di-ta-li-*a*-no, ok-*sa*-na. *läi*, di do-*wä*?] Willkommen in unserem Italienischkurs, Oksana. Woher kommen Sie?
OKSANA:	**Sono ucraina di Odessa e questa è Ying, lei è cinese di Shanghai.** [*so*-no u-kra-*i*-na di o-*des*-sa e *kwä*-sta *ä* jing, *läi ä tschi*-ne-se di *schang*-hai.] Ich bin Ukrainerin aus Odessa und das ist Ying, sie ist Chinesin aus Shanghai.
SIG. BRUNI:	**Molto lieto. State bene qui in Italia?** [*mol*-to *lje*-to] Sehr erfreut. Geht es euch gut hier in Italien?
YING:	**Sì, Oksana ed io stiamo benissimo qui.** [*si*, *ok*-sa-na ed *i*-jo *stja*-mo be-*nis*-si-mo *kwi*.] Ja, Oksana und mir geht es wunderbar hier.

Kleiner Wortschatz

benvenuto/a	herzlich willkommen	**questo/a**	dieser/diese
molto	sehr	**lieto/a**	erfreut

Die beiden Ausdrücke **questo** (dieser) und **questa** (diese) werden verwendet, um auf etwas in der Nähe zu deuten, unterscheiden sich jedoch in Bezug auf das Geschlecht des Substantivs, auf das sie sich beziehen:

- ✔ **Questo è Francesco.** (wörtlich: Dieser ist Francesco.)
- ✔ **Questa è Ying.** (wörtlich: Diese ist Ying.)

Auch in folgenden Fällen richtet sich die Adjektivendung nach dem Geschlecht der Person:

- ✔ **benvenuto:** Hier ist ein Mann herzlich willkommen.
- ✔ **benvenuta:** Hier ist eine Frau herzlich willkommen.

- **molto lieto**: Hier ist ein Mann sehr erfreut.
- **molto lieta**: Hier ist eine Frau sehr erfreut.

Im Italienischen gibt es nur die zwei Geschlechter männlich und weiblich: Substantive, die auf **-o** enden, sind meist männlich:

- **gelato** ([dsche-*la*-to] Eis), **corso** ([*kor*-so] Kurs), **giorno** ([*dschor*-no] Tag)

  Substantive, die auf **-a** enden, sind meist weiblich:

- **birra** ([*bir*-ra] Bier), **acqua** ([*a*-kwa] Wasser), **musica** ([*mu*-si-ka] Musik)

  Substantive, die auf **-e** enden, können männlich oder weiblich sein:

- **pane** ([*pa*-ne] Brot, **fame** ([*fa*-me] Hunger), **sete** ([*se*-te] Durst)

In Italien bezeichnet der Titel **Dottore** einen Hochschulabsolventen, während **Dottoressa** die weibliche Form ist. Diese Titel werden nach einem Bachelor- oder Masterabschluss vergeben. Ein **Dottore di ricerca** (PhD) ist ein akademischer Grad, der in Italien verliehen wird und in etwa dem deutschen Doktor (Dr.) entspricht. In beiden Ländern ist der Doktorgrad ein Zeichen für eine umfassende Forschungsarbeit in einem speziellen Fachgebiet.

Die korrekte Anrede lautet:

- **dottor Bruni** — **dottore** (Anrede für eine männlichen Person)
- **dottoressa Bruni** — **dottoressa** (Anrede für eine weibliche Person)

An dieser Stelle möchte ich Ihnen das unregelmäßige Verb **stare** (sich befinden) vorstellen:

Pronomen/ Infinitiv	**(io)**	**(tu)**	**(lui, lei, Lei)**	**(noi)**	**(voi)**	**(loro)**
Stare	sto	stai	sta	stiamo	state	stanno

Tabelle 1.3: Konjugation »stare« (sich befinden)

Ergänzen Sie die Adjektivendungen:

Francesco: Ciao Oksana!

a. Oksana: Ciao Francesco, benvenut__ nel nostro corso.

b. Francesco: Grazie. Quest__ è Diego, è argentin__ di Buenos Aires.

c. Oksana: Ah, interessante, e quest___ e Ying, è cines___ di Shanghai.

d. Francesco: Benvenut___ , Ying!

Tag 5: Fremdsprachenkenntnisse – Che lingue parli?

Die neuen Kursteilnehmer sprechen über ihre Sprachkenntnisse:

SIG. BRUNI: **Allora ragazzi, di dove siete e che lingue parlate?**
[al-*lo*-ra ra-*ga*-zi, di *do*-we *sie*-te e ke *lin*-gue par-*la*-te?]
Also, Leute, woher seid ihr und welche Sprachen sprecht ihr?

AGNETA: **Io sono svedese e parlo lo svedese, l'inglese e un po' l'italiano.**
[*i*-jo *so*-no zwe-*de*-ze e *par*-lo lo zwe-*de*-ze, lin-*gle*-ze e un *po* li-tal-*ja*-no.]
Ich bin Schwedin und spreche Schwedisch, Englisch und ein bisschen Italienisch.

DIEGO: **Io sono mezzo argentino mezzo brasiliano e parlo lo spagnolo e il portoghese.**
[*i*-jo *so*-no *mäz*-zo ar-dschen-*ti*-no *mäz*-zo bra-zil-*ja*-no e *par*-lo lo span-*jo*-lo e il por-to-*ge*-ze.]
Ich bin halb Argentinier, halb Brasilianer und spreche Spanisch und Portugiesisch.

OKSANA: **Io sono ucraina e parlo il polacco e l'ucraino.**
[*i*-jo *so*-no u-kra-*i*-na e *par*-lo il po-*lak*-ko e lu-kra-*i*-no.]
Ich bin Ukrainerin und spreche Polnisch und Ukrainisch.

YING: **Io sono cinese e parlo il cinese e l'inglese.**
[*i*-jo *so*-no tschi-*ne*-ze e *par*-lo il tschi-*ne*-ze e lin-*gle*-ze.]
Ich bin Chinesin und spreche Chinesisch und Englisch.

FRANCESCO: **Io sono australiano e parlo solo l'inglese e un po' d'italiano.**
[*i*-jo so-no au̯-stral-*ja*-no e par-lo so-lo lin-*gle*-ze e un po di-tal-*ja*-no.]
Ich bin Australier und spreche nur Englisch und ein bisschen Italienisch.

ROSANNA: **Io sono marocchina e parlo il francese e l'arabo.**
[*i*-jo *so*-no ma-rok-*ki*-na e *par*-lo il fran-*tsche*-ze e *la*-ra-bo.]
Ich bin Marokkanerin und spreche Französisch und Arabisch.

SIG. BRUNI: **Molto interessante. Benvenuti nel nostro corso d'italiano.**
[*mol*-to in-ter-äs-*san*-te. Ben-we-*nu*-ti nel nos-tro *kor*-so di-tal-*ja*-no.]
Sehr interessant. Herzlich willkommen in unserem Italienischkurs.

Kleiner Wortschatz

allora	also	**ragazzi**	Leute	**la lingua**	Sprache
parlare	sprechen	**mezzo/a**	halb	**un po' di**	ein bisschen

Im Deutschen gibt es drei unterschiedliche Begriffe für Land, Einwohner und Sprache (Italien, Italiener, Italienisch). Im Italienischen sind Einwohner und Sprache identisch:

Cina (China)	**il cinese** (Chinese)	**il cinese** (Chinesisch)
Svezia (Schweden)	**lo svedese** (Schwede)	**lo svedese** (Schwedisch)
Ucraina (Ukraine)	**l'ucraino** (Ukrainer)	**l'ucraino** (Ukrainisch)

Im Gegensatz zum Deutschen wird im Italienischen bei Sprachen der bestimmte Artikel verwendet: **Io parlo il tedesco.** (Ich spreche Deutsch.)

Für männliche Substantive im Singular gibt es drei verschiedene bestimmte Artikel:

- ✔ **il** vor Substantiven wie **cinese, dottore, professore, tedesco**
- ✔ **lo** vor Substantiven, die auf s+Konsonant oder z beginnen: **spagnolo, studente, svedese, zucchero**
- ✔ **l'** vor Substantiven, die mit Vokal beginnen: **inglese, italiano, ucraino** oder mit stummem h: **hotel, hobby, hamburger**

Stellvertretend für alle regelmäßigen Verben auf **-are** wird **parlare** (sprechen) konjugiert.

Pronomen/ Infinitiv	**(io)**	**(tu)**	**(lui, lei, Lei)**	**(noi)**	**(voi)**	**(loro)**
parlare	parlo	parli	parla	parliamo	parlate	parlano

Tabelle 1.4: Konjugation »parlare« (sprechen)

Weitere zehn regelmäßige Verben auf **-are**: **amare** ([a-*ma*-re] lieben, **aspettare** ([as-pet-*ta*-re] warten, erwarten), **ballare** ([bal-*la*-re] tanzen), **comprare** ([kom-*pra*-re] kaufen), **cucinare** ([kut-schi-*na*-re] kochen), **giocare** ([dscho-*ka*-re] spielen), **lavorare** ([la-wo-*ra*-re] arbeiten), **mangiare** ([man-*dscha*-re) essen), **studiare** [stu-di-*ja*-re], lernen, studieren), **viaggiare** ([wi-jad-*scha*-re] reisen)

Übersetzen Sie:

a. Ich spreche gut Deutsch. ______________________________

b. Sprichst du Englisch? ______________________________

c. Er spricht Spanisch und Schwedisch. ______________________________

d. Wir sprechen Italienisch und Englisch. ______________________________

e. Sprecht ihr ein bisschen Chinesisch? ______________________________

Tag 6: Warum gerade Italienisch? – Perché studi l'italiano?

Signor Bruni möchte gerne wissen, warum seine Studierenden Italienisch lernen.

SIG. BRUNI: **Un'altra domanda: Perché studiate l'italiano?**
[un *al*-tra do-*man*-da: per-*kä* stu-di-*ja*-te li-tal-*ja*-no?]
Eine weitere Frage: Warum lernt ihr Italienisch?

AGNETA: **Vorrei studiare romanistica all'università di Stoccolma.**
[wor-*räi* stu-di-*ja*-re ro-ma-*nis*-ti-ka al-lu-ni-wer-si-*ta* di stok-*kol*-ma.]
Ich möchte Romanistik an der Universität Stockholm studieren.

DIEGO: **Vorrei fare il mio master in musica a Firenze.**
[wor-*räi fa*-re il mi-*jo mas*-ter in *mu*-si-ka a fi-*ren*-ze.]
Ich möchte in Florenz meinen Master in Musik machen.

OKSANA: **Per motivi di lavoro. Sono medico e vorrei lavorare in Italia.**
[per mo-*ti*-wi di la-*wo*-ro. *so*-no *me*-di-ko e wor-*räi* la-wo-*ra*-re in i-*tal*-ja.]
Aus beruflichen Gründen. Ich bin Ärztin und möchte in Italien arbeiten.

YING: **Io amo la lingua italiana. È come musica.**
[*i*-jo *a*-mo la *lin*-gwa i-tal-*ja*-na. *ä* ko-me *mu*-si-ka.
Ich liebe die italienische Sprache. Sie ist wie Musik.

FRANCESCO: **Io vorrei viaggiare in Italia.**
[*i*-jo wor *rä*-i wi-ja-*dscha*-re in i-*tal*-ja.]
Ich möchte in Italien (herum)reisen.

ROSANNA: **Io studio l'italiano per motivi di famiglia.**
[*i*-jo *stu*-djo li-tal-*ja*-no per mo-*ti*-wi di fa-*mil*-ja.]
Ich lerne aus familiären Gründen Italienisch.

Kleiner Wortschatz

la domanda	Frage	**perché**	warum, weil	**vorrei**	ich möchte
la musica	Musik	**il motivo**	Grund	**il lavoro**	Arbeit
il medico	Arzt, Ärztin	**la famiglia**	Familie	**fare il master**	den Master machen

Weitere Studienfächer

architettura ([ar-ki-tet-*tu*-ra] Architektur), **arte** ([*ar*-te] Kunst), **biologia** ([bi-jo-lo-*dschi*-a] Biologie), **chimica** ([*ki*-mi-ka] Chemie), **economia** ([ä-ko-no-*mi*-ja] Wirtschaft), **elettrotecnica** ([e-let-tro-*tek*-ni-ka] Elektrotechnik), **filosofia** ([fi-lo-so-*fi*-ja] Philosophie), **ingegneria** ([in-dschen-je-*ri*-ja] Ingenieurswesen), **lettere** ([*let*-te-re] Literatur), **linguistica**

([lin-*gwis*-ti-ka] Linguistik), **meccatronica** ([mek-ka-*tro*-ni-ka] Mechatronik), **medicina** ([me-di-*tschi*-na] Medizin), **musica** ([*mu*-si-ka] Musik), **pedagogia** ([pä-da-go-*dschi*-ja] Lehramt), **teologia** ([te-o-lo-*dschi*-ja] Theologie)

Studienfächer brauchen keinen Artikel:

- **Io studio romanistica**. (Ich studiere Romanistik.)
- **Io studio ecologia**. (Ich studiere Umwelttechnik.)
- **Io studio medicina**. (Ich studiere Medizin.)

Die Aussprache im Italienischen ist relativ einfach. Man muss in erster Linie wissen, wann ein Zischlaut gesprochen wird:

Zischlaut wie in »tschüss«:

- **c** + **e**: **centesimo** (Cent), **cena** (Abendessen), **piacere** (angenehm)
- **c** + **i**: **Cina** (China), **arrivederci** (auf Wiedersehen), **cinese** (chinesisch)

  Folgt dem **-i** ein weiterer Vokal, wird das **-i** nicht gesprochen:

- **ciabatta** (Weißbrot), **ciao** (hallo, tschüss), **Francia** (Frankreich)

Zischlaut wie in »Gin«:

- **g** + **e**: **gelato** (Eiscreme), **Germania** (Deutschland), **l'argentino** (Argentinier)
- **g** + **i**: **Ginevra** (Genf), **giraffa** (Giraffe), **giro** (Rundfahrt)

  Folgt dem **-i** ein weiterer Vokal, wird das -**i** nicht gesprochen:

- **giorno** (Tag), **Giuseppe** (Josef), **Giovanni** (Johannes)

Für weibliche Substantive im Singular gibt es zwei verschiedene bestimmte Artikel:

- **la** vor Substantiven wie **dottoressa, lingua, professoressa**
- **l'** vor Substantiven, die mit Vokal beginnen, wie **italiana, ucraina, università**

Wie werden folgende Begriffe ausgesprochen: cappu**cc**ino, **c**affè, **c**inema, formag**g**io, fun**gh**i, **G**enova, **G**isella, **g**usto, Lambor**gh**ini, ma**cch**iato, pa**c**e, radic**ch**io, spa**gh**etti, zu**cch**ini

a. tsch wie in tschüß: ____________________

b. dsch wie in Gin: ____________________

c. k wie in Kino: ____________________

d. g wie in Geld: ____________________

e. bei welchem Begriff gibt es ein stummes i: ____________________

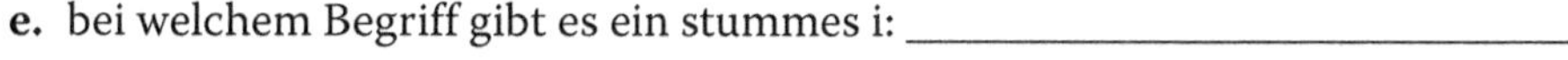

Hören Sie sich nun die Lösung an und sprechen Sie nach (Track 5).

IN DIESEM KAPITEL

In einer Bar bestellen

Verhaltensweisen und verschiedene Kaffeesorten kennenlernen

Nach dem Alter fragen

Kapitel 2
Zweite Woche

Begleiten Sie die Schüler der Sprachschule **Dante al Dente** in die **Bar Rocco**. Im Vorfeld hat sie ihr Lehrer Professor Bruni über die Fettnäpfe aufgeklärt, die es in der Bar zu vermeiden gilt. Denn ihm ist viel daran gelegen, dass auch seine Schüler **bella figura** machen.

- ✔ Eine italienische Bar ist Anlaufpunkt zu allen Tageszeiten. Treffpunkt für Jung und Alt. Getränke und Speisen sind je nach Tageszeit unterschiedlich.
- ✔ Viele Berufstätige und Singles frühstücken nicht zu Hause, sondern in einer Bar. Gefrühstückt wird eher wenig, deshalb spricht man von **Prima colazione** (erstes Frühstück), das oft nur aus einem Cappuccino oder Espresso besteht, höchstens ergänzt durch ein **Cornetto** (Hörnchen).
- ✔ Vormittags wird manchmal ein **Seconda colazione (**zweites Frühstück) eingenommen, eventuell mit einem **Spuntino** (Snack). Grund für das leichte Frühstück ist das zumeist opulente Nachtmahl am Abend zuvor.
- ✔ An der Theke im Stehen zahlt man nur den Kaffeepreis. Sich an einen Tisch zu setzen ist eine Art Touristenfalle. Die Preise am Tisch sind oft doppelt oder dreifach so hoch.
- ✔ Der maximale Kaffeepreis wird vom Bürgermeister der Stadt festgelegt. Das bedeutet, die Preise sind nach oben gedeckelt. Dies gilt nur für das Konsumieren im Stehen. Die maximalen Preise für einen Cappuccino liegen bei ca. einem Euro bis einem Euro fünfzig.
- ✔ Bevor man etwas konsumiert, muss man erst den **Scontrino** (Bon) an der Kasse holen und damit an den Tresen gehen. Dort wiederholt man die Bestellung und gibt den **Scontrino** ab. Dieser wird dann aufgespießt und entwertet.
- ✔ »Espresso« wird im Italienischen einfach nur mit **caffè** ausgedrückt.
- ✔ Cappuccino sollte man nur vormittags trinken, was für alle Kaffeespezialitäten mit Milch gilt. Auf keinen Fall nach dem Essen bestellen!

Tag 7: Ein Getränk bestellen – Vorrei un'aranciata

Ying und Oksana gehen zusammen in die **Bar Rocco**. Ying geht an den Tresen und möchte bestellen. Sie wendet sich an den Barista.

YING:	**Buongiorno, vorrei qualcosa da bere.** [bwon-*dschor*-no, wor-*räi* kwal-*ko*-za da *be*-re.] Guten Tag, ich möchte etwas trinken.
BARISTA:	**Deve fare prima lo scontrino alla cassa, signorina.** [*de*-we *fa*-re *pri*-ma lo skon-*tri*-no *al*-la *cas*-sa, sin-jo-*ri*-na.] Sie müssen zuerst den Bon an der Kasse lösen, junge Frau.
ALLA CASSA:	**Che cosa prendete?** [*kä ko*-za pren-*de*-te?] Was nehmt ihr?
OKSANA:	**Per me un'acqua, per favore.** [per *me* un *ak*-ua, per fa-*wo*-re.] Für mich ein Wasser, bitte.
YING:	**Io prendo un the verde, per favore.** [*i*-jo *pren*-do un *tä wer*-de, per fa-*wo*-re.] Für mich einen grünen Tee, bitte.
ALLA CASSA:	**Allora sono tre euro e cinquanta. Ecco lo scontrino.** [al-*lo*-ra *so*-no *tre ä*-u-ro e tschin-*kwa*n-ta. *äk*-ko lo skon-*tri*-no.] So, das sind dann drei Euro fünfzig. Hier ist der Kassenbon.

Kleiner Wortschatz

qualcosa	etwas	**bere**	trinken	**fare**	machen
prima	zuerst	**lo scontrino**	Kassenbon	**la cassa**	Kasse
che cosa	was	**per me**	für mich	**l'acqua**	Wasser
il the, tè	Tee	**verde**	grün	**allora**	also

Weitere Erfrischungsgetränke

il succo di frutta ([*suk*-ko di frut-ta] Fruchtsaft), **l' aranciata** ([a-ran-*tscha*-ta] Orangenlimonade), **la coca cola** ([*ko*ka *ko*la] Coca Cola), **la limonata** ([li-mo-*na*-ta] Zitronenlimonade), **la spremuta** ([spre-*mu*-ta] frisch gepresster Saft)

Prägen Sie sich das Verb **vorrei** (ich möchte, ich hätte gerne) ein. Es wird verwendet, um höflich Wünsche oder Anfragen auszudrücken.

Stellvertretend für alle regelmäßige Verben auf **-ere** wird **prendere** (nehmen) konjugiert.

Pronomen/ Infinitiv	**(io)**	**(tu)**	**(lui, lei, Lei)**	**(noi)**	**(voi)**	**(loro)**
prendere	prendo	prendi	prende	prendiamo	prendete	prendono

Tabelle 2.1: Konjugation »prendere« (nehmen)

Weitere zehn regelmäßige Verben auf **-ere**: **chiedere** ([*kjä*-de-re] fragen), **chiudere** ([ki-*ju*-de-re] schließen), **credere** ([*kre*-de-re] glauben), **leggere** ([*läd*-dsche-re] lesen), **mettere** ([*mät*-te-re] setzen, legen, stellen), **rispondere** ([ri-*spon*-de-re] antworten), **scrivere** ([*skri*-we-re] schreiben), **vedere** ([we-*de*-re] sehen), **vendere** ([*wen*-de-re] verkaufen), **vivere** ([*wi*-we-re] leben)

Bei folgenden Buchstabenkombinationen sprechen Sie einen Zischlaut wie in »**Sch**erz«:

- ✔ **sc + e: ascensore** (Aufzug), **pesce** (Fisch), **scena** (Szene)
- ✔ **sc + i: cuscino** (Kissen), **piscina** (Schwimmbad), **scimmia** (Affe)

Folgt dem **sci-** ein weiterer Vokal, wird das **i** nicht gesprochen:

- ✔ **prosciutto** (Schinken), **sciopero** (Streik)

Für männliche Substantive im Singular gibt es drei verschiedene unbestimmte Artikel:

- ✔ **un** vor Substantiven wie **cinese, inglese, dottore, italiano, professore, tedesco, ucraino**
- ✔ **uno** vor Substantiven, die auf s+Konsonant oder z beginnen, wie: **spagnolo, studente, svedese, zucchero**

Für weibliche Substantive im Singular gibt es zwei verschiedene bestimmte Artikel:

- ✔ **una** vor Substantiven wie **dottoressa, lingua, professoressa**
- ✔ **un'** vor Substantiven, die mit Vokal beginnen, wie: **italiana, ucraina, università**

Sie wollen in der Bar folgende Getränke bestellen: acqua minerale, aranciata, caffè, coca cola, limonata, schweppes, spremuta, succo di arancia

Ordnen Sie die Getränke ihren unbestimmten Artikeln zu:

a. un ______________________________

b. uno______________________________

c. una______________________________

d. un'______________________________

Tag 8: Einen Snack bestellen – Prendo uno spuntino

Am nächsten Tag treffen sich alle Studierenden in der Mittagspause in der **Bar Rocco**, um eine Kleinigkeit zu essen. Francesco sammelt im Vorfeld die Wünsche.

FRANCESCO: **Allora, ragazzi, prendete qualcosa da bere e uno spuntino?**
[al-*lo*-ra ra-*gaz*-zi, pren-*de*-te kual-*ko*-za da *be*-re e *u*-no spun-*ti*-no?]
Also, Leute, nehmt ihr etwas zu trinken und eine Kleinigkeit zu essen?

DIEGO: **Vorrei un panino ed un'acqua minerale.**
[wor-*räi* un pa-*ni*-no ed un *a*-kwa mi-ne-*ra*-le.]
Ich möchte ein Brötchen und ein Mineralwasser.

OKSANA: **Per me lo stesso.**
[per *mä* lo *stes*-so.]
Für mich das Gleiche.

ROSANNA: **Agneta ed io prendiamo due tramezzini e due spremute.**
[ag-*ne*-ta ed *i*-jo pren-*dja*-mo *du*-e tra-mez-*zi*-ni e *du*-e spe-*mu*-te.]
Agneta und ich nehmen zwei Sandwiches und zwei frisch gepresste Säfte.

YING: **Per me due pizzette ed anche un'acqua minerale.**
[per *mä* *du*-e piz-*zet*-te ed *an*-ke un *a*-kwa mi-ne-*ra*-le.]
Für mich zwei Pizzastücke und ein Mineralwasser.

ALLA CASSA: **Prendiamo due panini, due tramezzini, due pizzette, tre acque minerali e due spremute e per me un cornetto.**
[pren-*dja*-mo *du*-e pa-*ni*-ni, *du*-e tra-mez-*zi*-ni, *du*-e piz-*zet*-te, tre *a*-kwe mi-ne-*ra*-li e *du*-e spre-*mu*-te e per *mä* un kor-*net*-to.]
Wir nehmen zwei Brötchen, zwei Sandwiches, zwei Pizzastücke, drei Mineralwasser und zwei frisch gepresste Säfte und für mich ein Hörnchen.

Kleiner Wortschatz

lo spuntino	Snack	**il panino**	Brötchen	**lo stesso**	das Gleiche
il tramezzino	Sandwich	**la spremuta**	Saft	**la pizzetta**	Pizzastück
il cornetto	Hörnchen	**anche**	auch	**da bere**	zu trinken

Weitere Snacks

il toast ([tost] Toast), **la focaccia** ([fo-*kat*-tscha] Fladenbrot), **la pasta** ([*pas*-ta] süßes Gebäck), **lo stuzzichino** ([stuz-zi-*ki*-no] Appetithäppchen)

Bei der Pluralbildung von Substantiven verändert sich der letzte Buchstabe wie folgt:

- ✔ aus **-o** wird **-i**: **un panino – due panini, un tramezzino – due tramezzini**
- ✔ aus -**e** wird **-i: uno studente – due studenti, un cinese – due cinesi**
- ✔ aus **-a** wird **-e**: **una spremuta – due spremute, una pizzetta – due pizzette**

Das kleine Wörtchen »**e**« (und) kann in »**ed**« (und) umgewandelt werden, wenn das nachfolgende Wort mit einem Vokal beginnt. Diese Regelung ist jedoch optional.

- ✔ **Rosanna e/ed io siamo a Roma.** (Rosanna und ich sind in Rom.)
- ✔ **Prendo un panino e/ed una limonata.** (Ich nehme ein Brötchen und eine Limonade.)
- ✔ **Ying e/ed Oksana sono al bar.** (Ying und Oksana sind in einer Bar)

Die Endungen der Adjektive verändern sich ebenfalls, wie die der Substantive:

- ✔ **un vino rosso – due vini rossi**
- ✔ **una birra grande – due birre grandi**
- ✔ **un'acqua piccola – due acque piccole**

Die Grundzahlen von null bis zehn lauten:

0	**zero** [*dzä*-ro]	4	**quattro** [*kwat*-tro]	8	**otto** [*ot*-to]
1	**uno** [*u*-no]	5	**cinque** [*tschin*-kwe]	9	**nove** [*no*-we]
2	**due** [*du*-e]	6	**sei** [*säi*]	10	**dieci** [*djä*-tschi]
3	**tre** [*trä*]	7	**sette** (*set*-te)		

Bilden Sie den Plural und schreiben Sie die Zahl aus:

a. un cornetto 3 ______________________

b. una pizzetta 4 ______________________

c. un'acqua 6 ______________________

d. uno spuntino 2 ______________________

e. un'aranciata 7 ______________________

Tag 9: Einen Kaffee bestellen – Per me un caffé!

Vormittags gibt es in der Sprachschule **Dante al Dente** eine Kaffeepause. Signor Bruni hat seinen Schülern eine Aufgabe mit auf den Weg gegeben: Sie sollen diverse Zubereitungen von **caffè** ausprobieren und darüber berichten.

DIEGO: **Ragazzi, io prendo un caffè freddo. Che tipo di caffè prendete voi?**
[ra-*gaz*-zi, *i*-jo *pre*-ndo un kaf-*fä fred*-do. kä *ti*-po di kaf-*fä* pren-*de*-te *woi*?]
Leute, ich nehme einen kalten Kaffee. Welche Art Kaffee nehmt ihr?

AGNETA: **Io prendo un caffellatte.**
[*i*-jo *pren*-do un kaf-*fä*-*lat*-te.]
Ich nehme einen Milchkaffee.

OKSANA: **Per me un caffè doppio.**
[per *mä* un kaf-*fä dop*-pjo.]
Für mich einen doppelten Espresso.

YING: **Io provo il caffè ristretto.**
[*i*-jo *pro*-wo il kaf-*fä* ri-*stret*-to.]
Ich probiere den caffè ristretto.

FRANCESCO: **Io vorrei il caffè macchiato.**
(*i*-jo wor-*räi* il kaf-*fä* mak-*kja*-to.]
Ich möchte einen Espresso mit ein wenig Milch.

ROSANNA: **E per me il caffè decaffeinato.**
[e per *mä* il kaf-*fä* de-kaf-fe-ji-*na*-to.]
Für mich einen koffeinfreien Espresso.

Kleiner Wortschatz

il tipo	Typ, Sorte	**il latte**	Milch	**provare**	probieren

Endet das Substantiv auf einem Vokal mit Akzent, bleibt es im Plural unverändert:

- **un caffè – due caffè**
- **un caffè macchiato – due caffè macchiati**
- **un caffè doppio – due caffè doppi**

Einige Wörter tragen einen Akzent von oben links nach unten rechts, auch **accento grave** genannt. Er sagt Ihnen, dass Sie dieses Wort auf der letzten Silbe betonen sollen:

- ✔ **caffè** ([kaf-*fä*, Kaffee) Das **-è** wird offen, wie in Äpfel, ausgesprochen.
- ✔ **così** ([ko-*zi*] so)
- ✔ **città** ([tschit-*ta*] Stadt)
- ✔ **tiramisù** ([ti-ra-mi-*su*], Schichtdessert mit Löffelbiskuits, Mascarpone und Kakao)

Klatschen Sie bei der betonten letzten Silbe in die Hände, so festigt sich die richtige Aussprache des Wortes.

Hier sind die zehn beliebtesten italienischen Kaffeesorten:

- ✔ **caffè:** Espresso, 30 Milliliter
- ✔ **cappuccino:** Espresso mit geschäumter Milch, Verhältnis 1:1
- ✔ **caffellatte:** Espresso mit viel heißer Milch und Schaumdeckel
- ✔ **caffè macchiato:** Espresso mit einem Schuss heißer Milch
- ✔ **caffè doppio:** doppelter Espresso
- ✔ **caffè ristretto:** stärkerer Espresso mit weniger Wasser
- ✔ **caffè freddo:** kalter Espresso im Glas mit Milch, Eiswürfeln und Strohhalm
- ✔ **caffè corretto:** Espresso mit einem Schuss Alkohol
- ✔ **caffè tedesco/lungo:** mit heißem Wasser verdünnter Espresso
- ✔ **caffè decaffeinato:** koffeinfreier Espresso
- ✔ **latte macchiato** Milchkaffee aus Espresso, heißer Milch und Milchschaum

Unterstreichen Sie die richtige Antwort(en). Welche Kaffeesorte ...

a. ... trinkt man nach dem Essen: caffè, cappuccino, caffè corretto

b. ... enthält Alkohol: caffè corretto, caffè freddo

c. ... trinkt man zum Frühstück: caffellatte, caffè freddo, caffè corretto, cappuccino

d. ... enthält Milch: caffè macchiato, caffè lungo, latte macchiato, caffè doppio

e. ... wird in einem Glas serviert: caffè lungo, caffè freddo, latte macchiato

f. ... trinken nur die Touristen: caffè tedesco, caffè lungo

Tag 10: Einen Aperitif bestellen – Uno spritz, per favore!

Signor Bruni lädt die Studierenden zu einem Aperitif in die **Bar Rocco** ein. Im Vorfeld sammelt er ihre Wünsche, dann geht er zur Kasse.

ALLA CASSA: **Buonasera, professore.**
[*bwo*-na-*se*-ra, pro-fes-*so*-re.]
Guten Abend, Herr Professor.

SIG. BRUNI: **Buonasera, signora. Allora, due vini bianchi, due spritz, due birre tedesche e due prosecchi.**
[*bwo*-na-*se*-ra, sin-*jo*-ra. al-*lo*-ra, *du*-e *wi*-ni *bjan*-ki, *du*-e *spritz*, *du*-e *bir*-re te-*des*-ke e *du*-e pro-*sek*-ki.]
Guten Abend, Signora. Also, zwei Weißwein, zwei Spritz, zwei deutsche Bier und zwei Prosecco.

ALLA CASSA: **Mangiate anche qualcosa o basta così?**
[man-*dscha*-te *an*-ke kwal-*ko*-za o *bas*-ta ko-*zi*?]
Essen Sie auch etwas oder ist das alles?

SIG. BRUNI: **No, grazie, signora, basta così.**
[no *gra*-zje, sin-*jo*-ra, *bas*-ta ko-*zi*.]
Nein, danke, Signora, das ist alles.

Kleiner Wortschatz

bianco/a	weiß	**la birra**	Bier	**mangiare**	essen
basta	es reicht	**così**	so	**o, oppure**	oder

Weitere alkoholische Getränke

l'Aperol Spritz ([a-pe-*rol spritz*] Cocktail aus Aperol, Prosecco und Sprudelwasser), **il Bellini** ([bel-*li*-ni] Cocktail aus Prosecco und Pfirsichpüree), **il Campari Soda** ([cam-*pa*-ri *so*-da] Mix aus Campari und Soda-Wasser, **la grappa** ([*grap*-pa] Tresterbrand), **il limoncello** ([li-mon-*tschäl*-lo] Zitronenlikör), **il Negroni** ([ne-*gro*-ni] Cocktail aus Gin, Campari und Wermut), **il Vermouth** ([wer-*mutt*] Wermut)

Es gibt Adjektive, die in der Grundform auf **-o** enden. Sie unterscheiden sowohl zwischen männlich und weiblich als auch zwischen Singular und Plural . Sie können vier verschiedene Endungen annehmen:

✔ **un gelato piccol<u>o</u>, una birra piccol<u>a</u>, due gelati piccol<u>i</u>, due birre piccol<u>e</u>**

Es gibt Adjektive, die in der Grundform auf **-e** enden. Sie unterscheiden nicht zwischen männlich und weiblich. Sie können zwei verschiedene Endungen annehmen:

✔ **un gelato grande, una birra grande, due gelati grandi, due birre grandi**

Würde bei der Pluralbildung ein Zischlaut entstehen, ist dieser unerwünscht und es wird ein »h« eingefügt.

✔ **una birra tedesca** [te-*des*-ka] **due birre tedesche** [te-*des*-ke]

✔ **un vino bianco** [*bjan*-ko] **due vini bianchi** [*bjan*-ki]

✔ **un prosecco** [pro-*sek*-ko] **due prosecchi** [pro-*sek*-ki]

Substantive, die im Singular auf einem Konsonanten enden, bilden keine Pluralform. Auch Markennamen bleiben unverändert: **due bar italiani, due Martini bianchi, due Ramazzotti, due vodka, due wiskey, due spritz**

Der Buchstabe »**v**« im Italienischen wird wie [w] in Wein ausgesprochen:

provare, svedese, verde, vino, vodka, vorrei

Die Buchstabenfolge »**gn**« im Italienischen wird wie [nj] in Cognac ausgesprochen:

agnello, bagno, Bologna, gnocchi, signora

Die Buchstabenfolge **gli** im Italienischen wird wie [lj] in Familie ausgesprochen:

aglio, bottiglia, famiglia, tagliatelle

Bilden Sie Sätze aus folgenden Elementen:

a. caffè io ristretto vorrei un: ______________________

b. favore me per per spuntino uno: ______________________

c. birra io prendo tedesca una: ______________________

d. lo provare spritz vorrei: ______________________

e. acqua caffè e minerale Un un': ______________________

f. ed pizzetta sherry Una uno: ______________________

Tag 11: In der Strandbar – Un frappè, per favore!

Am Samstag ist Badewetter und Agneta und Diego fahren nach Viareggio ans Meer. Sie setzen sich am Strand unter einen Sonnenschirm.

Hören Sie sich das Gespräch zwischen Agneta und Diego an (Track 6).

DIEGO:	**Che caldo oggi, vero?** [kä *kal*-do *o*-dschi, *we*-ro?] Ganz schön heiß heute, nicht wahr?
AGNETA:	**Sì, davvero, in Svezia il sole non è così forte.** [si, daw-*we*-ro, in *swe*-zja il *so*-le non *ä* ko-*si for*-te.] Ja, wirklich, in Schweden ist die Sonne nicht so stark.
DIEGO:	**Guarda, qui è possibile ordinare con un codice QR.** [*gu*-ar-da *kwi ä* pos-*si*-bi-le or-di-*na*-re kon un *ko*-di-tsche ku *er*-re.] Schau, hier ist es möglich, mit einem QR-Code zu bestellen.
AGNETA:	**Ah, fantastico! Che tecnologia moderna qua! Vorrei bere una bella granita al limone.** [ah, fan-*tas*-ti-ko! kä tek-no-lo-*dschi*-a mo-*der*-na *kwa*! wor-*räi bä*-re *u*-na *bäl*-la gra-*ni*-ta al li-*mo*-ne.] Ah, fantastisch! Ganz schön modern die Technologie hier. Ich möchte eine schöne Zitronengranita trinken.
DIEGO:	**Ed io prendo un frappé. Scansioniamo il codice ed ordiniamo!** [ed *i*-jo *pren*-do un frap-*pä*. skan-sjo-*nja*-mo il *ko*-di-tsche ed or-di-*nja*-mo.] Und ich nehme ein Frappé. Komm, wir scannen den Code und bestellen!
AGNETA:	**Che comodo! Prendiamo il drink sotto l'ombrellone.** [kä *ko*-mo-do! pren-di-*ja*-mo il drink *sot*-to lom-brel-*lo*-ne.] Wie bequem! Komm, wir nehmen den Drink unter dem Sonnenschirm.

Kleiner Wortschatz

caldo/a	warm, heiß	**oggi**	heute	**comodo/a**	bequem
davvero	wirklich	**il sole**	Sonne	**forte**	stark
guardare	schauen	**possibile**	möglich	**ordinare**	bestellen
il limone	Zitrone	**scansionare**	scannen	**il codice**	Code
sotto	unter	**l'ombrellone**	Sonnenschirm		

Il frappé: ein kaltes Getränk, das oft aus Kaffee oder anderen aromatisierten Flüssigkeiten hergestellt wird, die mit Eis gemixt werden, um eine cremige Konsistenz zu erhalten.

La granita: Sie ähnelt einem Sorbet, ist jedoch grobkörniger und weniger cremig. Sie wird aus Wasser, Zucker und verschiedenen Geschmäckern (z. B. Zitrone, Mandeln, Kaffee) zubereitet. Die Mischung wird gefroren und dann mit einer Gabel aufgelockert, um die charakteristische kristalline Textur zu erzeugen.

Folgt dem **c-** ein **-e** oder **-i**, entsteht ein stimmloser Zischlaut: **ciao** [*tscha*-o], **ciabatta** [tscha-*bat*-ta]. Bei allen anderen Buchstaben wird **[k]** gesprochen:

- **caldo** ([*kal*-do] warm), **che** ([kä] was), **codice** ([*k*o-di-tsche] Code), **comodo** ([*k*o-mo-do] bequem), **così** ([ko-*zi*] so), **tecnologia** ([tek-no-lo-*dschi*-a] Technologie)

Folgt dem **g-** ein **-e** oder **-i**, entsteht ein stimmhafter Zischlaut **gelato** [dschä-*la*-to]**, giorno** [*dschor*-no]. Bei allen anderen Buchstaben wird **[g]** gesprochen:

- **gondola** ([*gon*-do-la] Gondel), **granita** ([gra-*ni*-ta] Eisgetränk), **guardare** ([gwar-*da*-re] schauen), **spaghetti** ([spa-*get*-ti] Spaghetti)

Der Buchstabe **h** in der Mitte eines Wortes hat nur eine Aufgabe: einen Zischlaut zu unterdrücken:

- **bruschetta** ([brus-*ket*-ta] Bruschetta), **funghi** ([*fun*-gi] Pilze), **gnocchi** ([*njok*-ki] Gnocchi), **radicchio** ([ra-*dik*-kjo] Radicchio), **spaghetti** ([spa-*get*-ti] Spaghetti), **zucchini** ([dzuk-*ki*-ni] Zucchini)

Einige Wörter tragen den Akzent von oben rechts nach unten links, auch **accento acuto** genannt. Dieses **-é** wird geschlossen, wie in Herd, ausgesprochen. Der **accento acuto** kann nur auf dem Endbuchstaben **-e** stehen.

- **frappé** ([frap-*pe*] Erfrischungsgetränk), **perché** ([per-*kä*] weil), **trentatré** ([trenta-*tre*] dreiunddreißig) und alle anderen Zahlen, die auf **-tré** enden

Klatschen Sie bei der betonten letzten Silbe in die Hände, so festigt sich die richtige Aussprache des Wortes.

Unterstreiche die betonte Silbe in folgenden Wörtern:

caffè, città, codice, lavoro, macchiato, medicina, medico, perché, prendiamo, prosecco, scontrino, spuntino, studiare, zucchero

Hören Sie sich nun die Lösung an und sprechen Sie nach (Track 7).

Tag 12: Nach dem Alter fragen – Quanti anni hai?

Agneta und Diego haben ihren kühlen Drink genossen und Agneta sucht ihre Sonnencreme.

AGNETA: **Che protezione usi tu di solito?**
[*kä* pro-te-*zjo*-ne *u*-si *tu* di *so*-li-to?]
Welchen Lichtschutzfaktor benutzt du normalerweise?

DIEGO: **Io di solito uso una protezione 20 (venti), e tu?**
[i-*jo* di *so*-li-to *u*-so *u*-na pro-te-*zjo*-ne *ve*-nti, e *tu*?]
Ich benutze normalerweise Lichtschutzfaktor 20, und du?

AGNETA: **Io ho la pelle sensibile, quindi uso una protezione 50 (cinquanta). Meglio prevenire che curare!**
[i-*jo o* la *pel*-le sen-*si*-bi-le, *kwin*-di *u*-so *u*-na pro-te-*zjo*-ne tschin-*kwan*-ta. *mäl*-jo pre-we-*ni*-re *kä* ku-*ra*-re!]
Ich habe empfindliche Haut, also benutze ich Lichtschutzfaktor 50. Vorbeugen ist besser als Heilen.

DIEGO: **È vero. Tra l'altro, quanti anni hai?**
[*ä wä*-ro! tra *lal*-tro, *kwan*-ti *an*-ni *ai*?]
Das stimmt! Übrigens, wie alt bist du?

AGNETA: **Ho 25 (venticinque) anni, e tu?**
[o ven-ti-*tschin*-kwe *an*-ni, e *tu*?]
Ich bin 25 Jahre alt, und du?

DIEGO: **Io ho 29 (ventinove) anni.**
[i-*jo o* ven-ti-*no*-ve *an*-ni]
Ich bin 29 Jahre alt.

Kleiner Wortschatz

la protezione	Schutz	**di solito**	normalerweise	**la pelle**	Haut
sensibile	empfindlich	**meglio**	besser	**prevenire**	vorbeugen
curare	heilen	**tra l'altro**	übrigens	**l'anno**	Jahr

An dieser Stelle möchte ich Ihnen das unregelmäßige Verb **avere** (haben) vorstellen:

Pronomen/ Infinitiv	**(io)**	**(tu)**	**(lui, lei, Lei)**	**(noi)**	**(voi)**	**(loro)**
avere	ho	hai	ha	abbiamo	avete	hanno

Tabelle 2.2: Konjugation »avere« (haben)

Das Verb **avere** (haben) wird auch für die Angabe des Alters verwendet:

- ✔ **Ho ventidue anni.** (wörtlich: Ich habe 22 Jahre. frei: Ich bin 22 Jahre alt.)

Die Zahlen von 10 – 29

10 **dieci**	14 **quattordici**	18 **diciotto**	22 **ventidue**	26 **ventise**
11 **undici**	15 **quindici**	19 **diciannove**	23 **ventitré**	27 **ventisette**
12 **dodici**	16 **sedici**	20 **venti**	24 **ventiquattro**	28 **ventotto**
13 **tredici**	17 **diciassette**	21 **ventuno**	25 **venticinque**	29 **ventinove**

Für männliche Substantive im Plural gibt es zwei verschiedene bestimmte Artikel:

- ✔ **i** vor Substantiven wie **cinesi, dottori, professori, tedeschi**
- ✔ **gli** vor Substantiven, die mit Vokal oder s+Konsonant oder z beginnen, wie **inglesi, italiani, ucraini, spagnoli, studenti, svedesi, zucchini**

Für weibliche Substantive im Plural gibt es nur einen bestimmten Artikel:

- ✔ **le** vor Substantiven wie **dottoresse, italiane, lingue, professoresse, ucraine**

Aufgabe Welche Schreibweise ist richtig?

a. 10	1. diezi	2. dici	3. dieci
b. 11	1. unodici	2. undici	3. undieci
c. 15	1. cinquedici	2. cinquedieci	3. quindici
d. 16	1. sedici	2. seidici	3. diciassei
e. 17	1. diciassette	2. diciasette	3. settedici
f. 18	1. diciaotto	2. ottodici	3. diciotto
g. 19	1. dicianove	2. novedici	3. diciannove
h. 21	1. ventiuno	2. ventuno	3. vientuno
i. 28	1. ventotto	2. ventiotto	3. vientotto

a – __; b – __; c – __; d – __; e – __; f – __; g – __; h – __; i – __

IN DIESEM KAPITEL

Lebensmittel kennenlernen

Auf dem Markt einkaufen

In Fachgeschäften einkaufen

Kapitel 3
Dritte Woche

Die Italiener sind bekannt für ihre ausgeprägte Esskultur und ihre Leidenschaft für hochwertige Lebensmittel. Ihre Einkaufsgewohnheiten spiegeln diese Liebe zum guten Essen wider und sind geprägt von traditionellen Märkten und spezialisierten Geschäften.

Signor Bruni hat seinen Italienischkurs zum Essen eingeladen und geht einkaufen. Er legt großen Wert auf die Qualität und Frische der Lebensmittel und bevorzugt den Einkauf bei lokalen Anbietern, um sicherzustellen, dass die Produkte von bester Qualität sind.

Begleiten Sie Signor Bruni in die verschiedenen Geschäfte:

- **Mercato:** Einer der wichtigsten Orte für den Einkauf von frischem Obst und Gemüse ist der Wochenmarkt, der in den meisten Städten und Dörfern regelmäßig stattfindet. Hier treffen sich die Einheimischen, um sich mit frischen Produkten von lokalen Anbietern einzudecken und sich über die neuesten Ereignisse auszutauschen.
- **Negozio di alimentari,** das nur **Alimentari** genannt wird: Kleine Lebensmittelläden, die eine Vielzahl von Produkten wie Pasta, Öl, Käse, Obst und Gemüse anbieten.
- **Salumeria:** Hier findet man Wurstwaren wie **Mortadella**, **Pancetta** (Bauchspeck), **Prosciutto** (Schinken), Salami und Käsesorten wie **Gorgonzola**, **Mozzarella**, **Parmigiano Reggiano**, **Pecorino** und in Öl eingelegtes Gemüse wie Artischocken, Oliven, Peperoni, Zucchini und manchmal auch Backwaren wie Brot und Brötchen.
- **Pescheria:** Hier hat man sich auf Fisch und Meeresfrüchte spezialisiert.
- **Macelleria:** Hier wird frisches Fleisch angeboten, Wurstwaren findet man hingegen vergeblich in einer italienischen Metzgerei.
- **Pasticceria:** Hier finden Sie köstliche Konditoreiwaren wie Torten, Gebäck und auf Bestellung auch Tiramisù und Panna cotta. Ein Genuss für die Sinne!

In diesem Kapitel wird Ihnen das Wasser im Munde zusammenlaufen. Halten Sie während Ihrer Lernroutine ein paar **Spuntini** (Snacks) bereit.

Tag 13: Auf dem Markt – Al mercato

Signor Bruni hat seine Schüler zu einem Abendessen eingeladen. Er möchte Antipasti mit gegrilltem Gemüse machen. Dafür geht er auf den Wochenmarkt. Die **Fruttivendola** (Gemüseverkäuferin) seines Vertrauens bedient ihn.

Hören Sie sich das Gespräch zwischen Signor Bruni und der Verkäuferin an (Track 8).

FRUTTIVENDOLA: **Buongiorno, professore! Che cosa desidera?**
[bwon-*dschor*-no, pro-fes-*so*-re! kä *ko*-za de-*zi*-de-ra?]
Guten Tag, Herr Professor! Was wünschen Sie?

SIG. BRUNI: **Buongiorno! Vorrei comprare delle melanzane e dei peperoni, per favore.**
[buon-*dschor*-no! wor-*räi* kom-*pra*-re *del*-le me-lan-*za*-ne e däi pe-pe-*ro*-ni, per fa-*wo*-re.]
Guten Tag! Ich möchte Auberginen und Paprika kaufen, bitte.

FRUTTIVENDOLA: **Certo, quanti ne desidera?**
[*tschär*-to, *kwan*-ti ne de-*zi*-de-ra?]
Ja gerne, wie viel möchten Sie (davon)?

SIG. BRUNI: **Tre melanzane e quattro peperoni, due rossi e due verdi.**
[*tre* me-lan-*za*-ne e *kwat*-tro pe-pe-*ro*-ni, *du*-e *ros*-si e *du*-e *wer*-di.]
Drei Auberginen und vier Paprika, zwei rote und zwei grüne.

FRUTTIVENDOLA: **Va bene. Ecco, prego, le melanzane e i peperoni. In totale sono 7,25 euro (sette euro e venticinque). Grazie ed arrivederci!**
[wa *bä*-ne. *äc*-co, *prä*-go, le me-lan-*za*-ne e i pe-pe-*ro*-ni. in to-*ta*-le *so*-no *set*-te *ä*-u-ro e wen-ti-*tschin*-kwe. *gra*-zi-e ed ar-ri-we-*der*-tschi!]
Okay. Hier bitte, die Auberginen und die Paprika. Insgesamt sind das 7,25 Euro. Danke und auf Wiedersehen!

Kleiner Wortschatz

desiderare	wünschen	**comprare**	kaufen	**la melanzana**	Aubergine
il peperone	Paprika	**quanto/a**	wie viel	**ne**	davon
rosso/a	rot	**verde**	grün	**in totale**	insgesamt

Obst und Gemüse

la frutta ([*fru*-ta] Obst): **l'albicocca** ([al-bi-*kok*-ka] Aprikose), **l'arancia** ([a-*ran*-tscha] Orange), **la banana** ([ba-*na*-na] Banane), **la fragola** ([*fra*-go-la] Erdbeere), **il limone**

([li-*mo*-ne] Zitrone), **la mela** ([*me*-la] Apfel), **la pera** ([*pe*-ra] Birne), **la pesca** ([*pes*-ka] Pfirsich), **la prugna** ([*prun*-ja] Pflaume), **l'uva** ([*u*-wa] Traube)

la verdura ([wer-*du*-ra] Gemüse): **gli spinaci** ([spi-*na*-tschi] Spinat), **il cavolfiore** ([ka-wol-*fio*-re] Blumenkohl), **il cetriolo** ([tsche-tri-*jo*-lo] Gurke), **il fagiolino** ([fa-dscho-*li*-lo] grüne Bohne), **il fagiolo** ([fa-*dscho*-lo] dicke Bohne), **il pisello** ([pi-*zel*-lo] Erbse, **il pomodoro** ([po-mo-*do*-ro] Tomate), **l'insalata** ([in-sa-*la*-ta] Salat), **la bietola** ([bi-*ä*-to-la] Mangold), **la carota** ([ka-*ro*-ta] Karotte), **la cipolla** ([tschi-*pol*-la] Zwiebel), **la patata** ([pa-*ta*-ta] Kartoffel), **lo zucchino** ([dzuk-*ki*-no] Zucchino)

Die Zehnerzahlen von 10 – 100

10 dieci	**30 trenta**	**50 cinquanta**	**70 settanta**	**90 novanta**
20 venti`	**40 quaranta**	**60 sessanta**	**80 ottanta**	**100 cento**

Der Teilungsartikel **di** (von) wird verwendet, um eine unbestimmte Menge oder einen Teil von etwas auszudrücken:

- ✔ **di + il = del** **Vorrei del pane.** (wörtlich: Ich möchte von dem Brot.)
- ✔ **di + lo = dello** **Vorrei dello zucchero.** (wörtlich: Ich möchte von dem Zucker.)
- ✔ **di + l' = dell'** **Vorrei dell'insalata.** (wörtlich: Ich möchte von dem Salat.)
- ✔ **di + la = della** **Vorrei della frutta.** (wörtlich: Ich möchte von dem Obst.)
- ✔ **di + i = dei** **Vorrei dei pomodori.** (wörtlich: Ich möchte von den Tomaten.)
- ✔ **di + gli = degli** **Vorrei degli spinaci.** (wörtlich: Ich möchte von dem Spinat.)
- ✔ **di + le = delle** **Vorrei delle banane.** (wörtlich: Ich möchte von den Bananen.)

Der Teilungsartikel ist wichtig und in der Alltagssprache sehr gebräuchlich, insbesondere beim Essen und Trinken. Die Präposition **di** verschmilzt mit dem bestimmten Artikel:

Artikel/ Präposition	**il**	**lo**	**l'**	**la**	**i**	**gli**	**le**
di	del	dello	dell'	della	dei	degli	delle

Tabelle 3.1: Präposition »di« plus bestimmter Artikel

Verbalisieren Sie ihre Einkaufsliste und verwenden Sie den Teilungsartikel: Vorrei ....

a. Brot ________________	**e.** Kaffee ________________
b. Zitronen ________________	**f.** Trauben ________________
c. Orangen ________________	**g.** Spinat ________________
d. Obst ________________	**h.** Zucchini ________________

Tag 14: Im Alimentari – Die beste Ölung

Das gegrillte Gemüse soll in bestes Olivenöl eingelegt werden. Signor Bruni geht in ein **Negozio di alimentari** (Lebensmittelgeschäft). Er wendet sich an einen **Commesso** (Verkäufer).

SIG. BRUNI: **Una bottiglia d'olio d'oliva extra vergine, per favore.**
[una bot-*til*-ja *dol*-jo do-*li*-wa *ex*-tra *wer*-dschi-ne, per fa-*wo*-re.]
Eine Flasche natives Olivenöl extra, bitte.

COMMESSO: **Certo! Ecco, a Lei, il miglior olio d'oliva della regione.**
[*tschär*-to! *äk*-ko, a *läi*, il mil-*jor ol*-jo do-*li*-wa *del*-la re-*dscho*-ne.]
Gerne! Hier bitte, für Sie das beste Olivenöl der Region.

Desidera sentire un po' com'è il gusto?
[de-*zi*-de-ra sen-*ti*-re un *po* ko-*mä* il *gus*-to?]
Möchten sie ein bisschen kosten, wie der Geschmack ist?

SIG. BRUNI: **È perfetto! Vorrei anche una confezione di caffè macinato.**
[per-*fät*-to! wor-*räi an*-ke una kon-fä-*zjo*-ne di kaf-*fä* ma-tschi-*na*-to.]
Es ist super! Ich möchte auch eine Packung gemahlenen Kaffee.

Macinato fine, per favore. E vorrei anche una scatola di pomodori pelati.
[ma-tschi-*na*-to *fi*-ne, per fa-*wo*-re. e wor-*räi an*-ke *u*-na *ska*-to-la di po-mo-*do*-ri pe-*la*-ti.]
Fein gemahlen, bitte. Und ich möchte auch eine Dose geschälte Tomaten.

COMMESSO: **Eccola! Desidera altro?**
[*äk*-ko-la! de-*zi*-de-ra *al*-tro?]
Hier bitte! Möchten Sie sonst noch etwas?

SIG. BRUNI: **No, grazie! Quanto viene in totale?**
[no, *gra*-zje! *kwan*-to *wje*-ne in to-*ta*-le?]
Vielen Dank! Was macht das insgesamt?

COMMESSO: **In totale sono 20,29 euro (venti euro e ventinove), grazie ed arrivederci!**
[in to-*ta*-le *so*-no *wen*-ti *ä*-u-ro e ven-ti-*no*-we, *gra*-zje ed ar-ri-we-*der*-tschi!]
Das sind dann zusammen 20,29 Euro, danke und auf Wiedersehen.

Kleiner Wortschatz

l'olio d'oliva	Olivenöl	**la regione**	Region	**il gusto**	Geschmack
perfetto/a	perfekt	**anche**	auch	**macinato/a**	gemahlen
fine	fein	**pelato/a**	geschält	**sentire**	kosten
quanto viene	was macht das				

Lebensmittelverpackungen und ihre Inhalte:

- **un tubetto di** (Tube) **senape** (Senf), **pomodoro concentrato** (Tomatenmark)
- **un pacchetto di** (Päckchen, Paket) **zucchero** (Zucker), **farina** (Mehl), **biscotti** (Kekse)
- **un vasetto di** (Glas) **olive** (Oliven), **capperi** (Kapern), **yoghurt** (Joghurt)
- **una bottiglia di** (Flasche) **vino** (Wein), **limonata** (Limonade)
- **una bustina di** (Tütchen) **zucchero** (Zucker), **lievito** (Hefe), **zafferano** (Safran)
- **una cassa di** (Kiste) **vino** (Wein), **mele** (Äpfel)
- **una confezione di** (Packung) **caffè** (Kaffee), **pasta** (Nudeln), **riso** (Reis)
- **una lattina di** (Dose) **birra** (Bier), **coca cola** (Coca Cola)
- **una scatola di** (Dose/Schachtel) **piselli** (Erbsen), **ceci** (Kichererbsen), **mais** (Mais)

Scatola (Schachtel) steht auch für Lebensmittel in Dosen: **una scatola di mais** (eine Dose Mais). Bei Getränken nimmt man den Begriff **lattina** (Dose).

Stellvertretend für alle regelmäßigen Verben auf **-ire** wird **dormire** (schlafen) konjugiert.

Pronomen/ Infinitiv	(io)	(tu)	(lui, lei, Lei)	(noi)	(voi)	(loro)
dormire	Dormo	dormi	dorme	dormiamo	dormite	dormono

Tabelle 3.2: Konjugation »dormire« (schlafen)

Weitere acht regelmäßige Verben auf **-ire**: **aprire** ([a-*pri*-re] öffnen), **coprire** ([ko-*pri*-re] decken), **offrire** ([of-*fri*-re] anbieten), **partire** ([par-*ti*-re] abreisen, losfahren), **scoprire** ([sko-*pri*-re] entdecken), **seguire** ([se-*gwi*-re] folgen), **sentire** ([sen-*ti*-re] fühlen, hören, schmecken), **servire** ([ser-*wi*-re] dienen)

Ergänzen Sie die Einkaufsliste:

Una b__________ (a) di vi___ (b) rosso, due lat______ (c) di c____ c____ (d), un pa______tto (e) di bis____________ (f), un tu_________ (g) di p ____________ (h) concentrato, una sca_____ (i) di pom_________i (j) pe______ti (k), un ______ etto (l) di capperi e una ________fezione (m) di p_______a (n).

Tag 15: In der Salumeria – Un etto di prosciutto!

Als Vorspeise sollen auch Brot und Wurst gereicht werden. Herr Bruni geht in eine **Salumeria** (Wurstwarengeschäft). Ein **Commesso** (Verkäufer) bedient ihn.

COMMESSO: **Buongiorno! Che cosa desidera?**
[bwon-d*schor*-no! *kä ko*-za de-*zi*-de-ra?]
Guten Tag! Was wünschen Sie?

SIG. BRUNI: **Vorrei due etti di prosciutto crudo e tre etti di pecorino.**
[worr-*ä*-i due *et*-ti di pro-*schut*-to *kru*-do e tre *et*-ti di pe-ko-*ri*-no.]
Ich möchte 200 Gramm rohen Schinken und 300 Gramm Schafskäse.

COMMESSO: **Bene, ecco qui, il prosciutto ed il formaggio. Qualcos'altro?**
[*bä*-ne, *äk*-ko *kwi*, il pro-*schut*-to ed il for-*mad*-dscho. *kwal*-kos *al*-tro?]
Gut, hier bitte, der Schinken und der Käse. Sonst noch etwas?

SIG. BRUNI: **Vorrei anche un chilo di pane fresco, per favore.**
[wor-*räi an*-ke un *ki*-lo di *pa*-ne *fres*-ko, per fa-*wo*-re.]
Ich möchte auch ein Kilo frisches Brot, bitte.

COMMESSO: **Certamente, ecco del pane appena sfornato. È tutto?**
(tscher-ta-*men*-te, *äk*-ko del *pa*-ne ap-*pe*-na sfor-*na*-to. ä *tut*-to?]
Gerne, hier bitte, das Brot kommt gerade aus dem Ofen. Ist das alles?

SIG. BRUNI: **Sì, grazie mille. Quanto viene?**
[si *gra*-zie *mil*-le. *kwan*-to *wje*-ne?]
Ja, Vielen Dank. Was macht das?

COMMESSO: **In totale sono quindici euro e novantotto, grazie!**
[in to-*ta*-le so-no *kuin*-di-tschi *ä*-ju-ro e no-wan-tot-to, *gra*-zje!]
Insgesamt sind das 15,98 Euro, danke!

Kleiner Wortschatz

il prosciutto	Schinken	**il formaggio**	Käse	**tutto**	alles
crudo/a	roh	**cotto/a**	gekocht	**il pecorino**	Schafskäse
il chilo	Kilo	**il pane**	Brot	**fresco/a**	frisch
certamente	sicher	**appena**	soeben	**sfornato/a**	aus dem Ofen

Hier eine Auswahl von Fachgeschäften

la cartoleria ([kar-to-le-*ri*-ja] Schreibwarengeschäft), **la gioielleria** ([dscho-jel-le-*ri*-ja] Juweliergeschäft), **la libreria** ([li-bre-*ri*-ja] Buchladen), **la macelleria** ([ma-tschel-le-*ri*-ja] Metzgerei), **la panetteria** ([pa-net-te-*ri*-ja] Bäckerei), **la pasticceria** ([pas-tit-tsche-*ri*-ja] Konditorei), **la pescheria** ([pes-ke-*ri*-ja] Fischgeschäft), **la profumeria** ([pro-fu-me-*ri*-ja] Parfümerie), **la salumeria** ([sa-lu-me-*ri*-ja] Wurstwarengeschäft), **la tabaccheria** ([ta-bak-ke-*ri*-ja] Tabakwarengeschäft)

Maßeinheiten für Lebensmittel:

- ✔ **un chilo** ([*ki*-lo] Kilo) **di pane**
- ✔ **mezzo chilo** ([*mäz*-zo ki-lo] Pfund) **di pecorino**
- ✔ **un etto** ([*ät*-to] hundert Gramm) **di mortadella**
- ✔ **un grammo** ([*gram*-mo] Gramm) **di zafferano**
- ✔ **una fetta** ([*fät*-ta] Scheibe) **di salame**
- ✔ **un litro** ([*li*-tro] Liter) **di vino rosso**
- ✔ **un pezzo** ([*päz*-zo] Stück) **di gorgonzola**

An dieser Stelle möchte ich Ihnen das unregelmäßige Verb **andare** (gehen) vorstellen:

Pronomen/ Infinitiv	**(io)**	**(tu)**	**(lui, lei, Lei)**	**(noi)**	**(voi)**	**(loro)**
andare	vado	vai	va	andiamo	andate	vanno

Tabelle 3.3: Konjugation »andare« (gehen)

Sie wollen folgende Artikel kaufen. In welches Geschäft gehen Sie? Versuchen Sie unbekannte Vokabeln zu erraten:

a. il pane: Io vado in ______________________________.

b. il prosciutto: Io vado in ______________________________.

c. la marmellata: Io vado in ______________________________.

d. le olive: Io vado in ______________________________.

e. una torta: Io vado in ______________________________.

f. una cartolina: Io vado in ______________________________.

g. le sigarette: Io vado in ______________________________.

h. la cosmetica: Io vado in ______________________________.

i. un libro: Io vado in ______________________________.

j. la bistecca: Io vado in ______________________________.

Tag 16: In der Pescheria – Due fette di pesce spada!

Signor Bruni will als Hauptgang Fisch servieren. Dazu geht er in eine **Pescheria** (Fischgeschäft). Der **Pescivendolo** (Fischfachverkäufer) seines Vertrauens bedient ihn.

SIG. BRUNI:	**Buongiorno! Mi può consigliare del pesce fresco per oggi?** [bwon-*dschor*-no! mi pu-*o* kon-sil-*ja*-re del *pe*-sche *fres*-ko per *od*-dschi?] Guten Tag! Können Sie mir für heute frischen Fisch empfehlen?
PESCIVENDOLO:	**Abbiamo pesce spada, tonno fresco e spigole appena arrivate.** [ab-*bja*-mo *pe*-sche *spa*-da, *ton*-no *fres*-ko e *spi*-go-le ap-*pe*-na ar-ri-*wa*-te.] Wir haben Schwertfisch, Thunfisch und fangfrischen Seebarsch.
SIG. BRUNI:	**Io preferisco il pesce spada. Ne prendo due fette e mezzo chilo di cozze.** [*i*-jo pre-fe-*ris*-ko il *pe*-sche *spa*-da. Ne *pren*-do *du*-e *fet*-te e *mäz*-zo *ki*-lo di *koz*-ze.] Ich bevorzuge den Schwertfisch. Davon nehme ich zwei Scheiben und ein Pfund Miesmuscheln.
PESCIVENDOLO:	**Va bene, ecco a Lei. Desidera qualcos'altro?** [wa *bä*-ne, *äk*-ko a *läi*. de-*zi*-de-ra *kwal*-ko-*zal*-tro?] Okay, hier bitte. Möchten Sie sonst noch etwas?
SIG. BRUNI:	**Sì, vorrei anche quattro etti di salmone e due etti di vongole.** [*si*, wor-*räi* *an*-ke *kwat*-tro *ät*-ti di sal-*mo*-ne e *du*-e *ät*-ti di *won*-go-le.] Ja, ich möchte noch 400 Gramm von dem Lachs und 200 Gramm Venusmuscheln.
PESCIVENDOLO:	**Perfetto, ecco tutto. Sono 39,79 euro (trentanove euro e settantanove).** [per-*fät*-to, *äk*-ko *tut*-to. *so*-no tren-ta-*no*-we *ä*-ju-ro e set-*tan*-ta-*no*-we.] Super, hier ist alles. Das sind dann 39,79 Euro.

Kleiner Wortschatz

il pescivendolo	Fischverkäufer	**consigliare**	empfehlen
il tonno	Thunfisch	**la cozza**	Miesmuschel
la vongola	Venusmuschel	**arrivare**	ankommen
il salmone	Lachs	**preferire**	bevorzugen

Im Fischgeschäft

pesce ([*pe*-sche] Fisch) **e crostacei** ([kros-*ta*-tschei] Krustentiere): **il calamaro** ([ka-la-*ma*-ro] Tintenfisch), **il gamberetto** ([gam-be-*ret*-to] Shrimp, Krevette, Garnele), **il gambero** ([*gam*-be-ro] Krebs), **il gamberone** ([gam-be-*ro*-ne] Riesengarnele), **l'astice** ([*as*-ti-tsche] Hummer), **l'orata** ([o-*ra*-ta] Goldbrasse), **la coda di rospo** ([*ko*-da di *ros*-po] Seeteufel), **la sogliola** ([*sol*-jo-la] Seezunge), **la spigola** ([*spi*-go-la] Seebarsch)

Von den Verben auf **-ire** gibt es eine Untergruppe, bei der eine Silbe eingeschoben wird, auch Stammerweiterung genannt. Stellvertretend für alle regelmäßigen Verben auf **-ire** mit Stammerweiterung wird **preferire** (bevorzugen) konjugiert.

Pronomen/ Infinitiv	**(io)**	**(tu)**	**(lui, lei, Lei)**	**(noi)**	**(voi)**	**(loro)**
preferire	preferisco	preferisci	preferisce	preferiamo	preferite	preferiscono

Tabelle 3.4: Konjugation »preferire« (bevorzugen)

Weitere fünf wichtige Verben auf **-ire** mit Stammerweiterung **-isc-**: **agire** ([a-*dschi*-re] agieren), **capire** ([ka-*pi*-re] verstehen), **costruire** ([ko-stru-*ji*-re] konstruieren), **finire** ([fi-*ni*-re] beenden), **pulire** ([pu-*li*-re] putzen)

Kombinieren Sie:

a. il pesce spada	**1.** Seezunge
b. l'astice	**2.** Shrimps
c. la sogliola	**3.** Hummer
d. le cozze	**4.** Schwertfisch
e. le vongole	**5.** Tintenfisch
f. i gamberetti	**6.** Miesmuscheln
g. l' orata	**7.** Venusmuscheln
h. il calamaro	**8.** Goldbrasse

a. – __; b. – __; c – __; d – __; e – __; f – __; g – __; h – __

Tag 17: In der Macelleria – Un chilo di carne!

Da nicht alle Gäste Fisch essen, will Herr Bruni als zusätzlichen Hauptgang auch einen Rinderbraten in Rotweinsoße servieren. Dafür geht er in eine **Macelleria** (Metzgerei). Er wendet sich an die **Macellaia** (Metzgerin).

Sig. Bruni: **Buongiorno! Posso avere un chilo di carne di manzo, per favore?**
[bwon-*dschor*-no! *pos*-so a-*we*-re un *ki*-lo di *kar*-ne di *man*-zo, per fa-*wo*-re?]
Guten Tag! Kann ich ein Kilo Rindfleisch haben, bitte?

Macellaia: **Certo! Magra o un po' grassa?**
[*tschär*-to! *ma*-gra o un *po gras*-sa?]
Sicher! Mager oder ein wenig fett?

Sig. Bruni: **Preferisco la carne magra. Vorrei preparare un brasato al vino rosso, quindi vorrei un pezzo adatto a quella ricetta.**
[pre-fe-*ris*-ko la *kar*-ne *ma*-gra. wor-*räi* pre-pa-*ra*-re un bra-*za*-to al *wi*-no *ros*-so, *kwin*-di wor-*räi* un *pez*-zo a-*dat*-to a *kwäl*-la ri-*tschät*-ta.]
Ich bevorzuge mageres Fleisch. Ich möchte einen Rinderbraten in Rotweinsoße zubereiten, also möchte ich ein Stück Fleisch, das zu meinem Rezept passt.

Macellaia: **Le consiglio questo qui. È ideale per il brasato.**
[le kon-*sil*-jo *kwäs*-to *kwi*. *ä* i-de-*ja*-le per il bra-*za*-to.]
Ich empfehle Ihnen dieses hier. Es ist ideal für den Braten.

Sig. Bruni: **Ottimo grazie, basta così.**
[*ot*-ti-mo *gra*-zje, *bas*-ta ko-*si*.]
Super, danke, das wäre es dann.

Macellaia: **Allora, sono ventotto euro e cinquantacinque. Ecco a Lei. Buona giornata!**
[al-*lo*-ra, *so*-no wen-tot-to *ä*-ju-ro e tschin-kwan-ta-*tschin*-kwe. *äk*-ko a *läi*. *bwo*-na dschor-*na*-ta.]
So, das sind dann 28,55 Euro. Hier bitte. Schönen Tag noch!

Kleiner Wortschatz

la macelleria	Metzgerei	**il macellaio**	Metzger	**grasso/a**	fett
magro/a	mager	**quindi**	also	**adatto/a**	geeignet

In der Metzgerei

il filetto ([fi-*let*-to] Filet), **la bistecca** ([bis-*tek*-ka] Steak), **la carne di agnello** ([*kar*-ne di an-*jel*-lo] Lammfleisch), **la carne di maiale** ([*kar*-ne di ma-*ja*-le] Schweinefleisch), **la carne di manzo**

([*kar*-ne di man-zo] Rindfleisch), **la carne di vitello** ([*kar*-ne di wi-*tel*-lo] Kalbfleisch), **la carne macinata** ([*kar*-ne ma-tschi-*na*-ta] Hackfleisch), **la salsiccia** ([sal-*sit*-tschia] rohe Schweinemettwurst), **la scaloppina** ([ska-lop-*pi*-na] Schnitzel), **la costina** ([kos-*ti*-ne] Rippchen)

In Italien bezeichnet **macelleria** einen Fleischereibetrieb, der frisches Fleisch von Tieren verkauft, einschließlich Rind, Schwein und Geflügel. Im Gegensatz dazu ist die **salumeria** ein Geschäft, das sich auf Wurstwaren, Schinken und andere gepökelte Fleischprodukte spezialisiert hat. Hier findet man eine Vielzahl von Delikatessen wie Prosciutto und Salami.

Die Modalverben **potere** (können, dürfen), **dovere** (müssen, sollen) und **volere** (wollen) sind spezielle Verben, die dem Hauptverb eine besondere Note verleihen:

- ✔ **Io posso lavorare.** (Ich kann/darf arbeiten.)
- ✔ **Io devo lavorare.** (Ich muss/soll arbeiten.)
- ✔ **Io voglio lavorare.** (Ich will arbeiten.)

An dieser Stelle möchte ich Ihnen das Modalverb **potere** (können, dürfen) vorstellen.

Pronomen/ Infinitiv	**(io)**	**(tu)**	**(lui, lei, Lei)**	**(noi)**	**(voi)**	**(loro)**
potere	posso	puoi	può	possiamo	potete	possono

Tabelle 3.5: Konjugation »potere« (können)

- ✔ **Posso avere un chilo di carne macinata?** (Kann ich ein Kilo Hackfleisch haben?)
- ✔ **Possiamo ordinare la carne per lunedì?** (Können wir das Fleisch für Montag bestellen?)
- ✔ **Potete pagare alla cassa.** (Ihr könnt an der Kasse bezahlen.)

Übersetzen Sie folgende Sätze:

a. Kann ich hundert Gramm Hackfleisch haben?

b. Kann ich zweihundert Gramm Lammfleisch haben?

c. Kann ich ein Pfund Rindfleisch haben?

d. Kann ich ein Kilo Kalbfleisch haben?

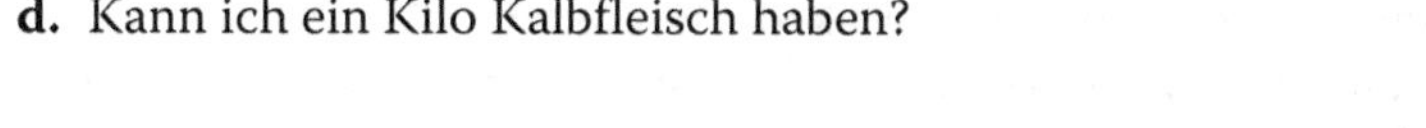

Hören Sie sich nun die Lösung an und sprechen Sie nach (Track 9).

Tag 18: In der Pasticceria – La dolce vita!

In Italien ist es üblich, dass die Gäste das Dessert mitbringen. Rosanna und Francesco gehen in eine **Pasticceria** (Konditorei). Rosanna wendet sich an die **Pasticcera** (Konditorin):

ROSANNA: **Buongiorno! Vorrei otto cannoli e una cassata, per favore.**
[bwon-*dschor*-no! vor-*räi* *ot*-to kan-*no*-li e *u*-na kas-*sa*-ta, per fa-*wo*-re.]
Guten Tag! Ich möchte acht Teigröllchen und eine Cassata, bitte.

PASTICCERA: **Va bene! Qualcos'altro?**
[wa *bä*-ne! kual-ko-*sal*-tro?]
Okay! Sonst noch etwas?

FRANCESCO: **Sì, anche quattro panne cotte e quattro sfogliatelle.**
[*si*, *an*-ke *kwat*-tro *pan*-ne *kot*-te e *kwat*-tro zfol-ja-*täl*-le.]
Ja, auch vier Panna cotta und vier Blätterteigtaschen.

PASTICCERA: **Desidera un altro dolce?**
[de-*zi*-de-ra un *al*-tro *dol*-tsche?]
Wünschen Sie noch eine weitere Süßspeise?

ROSANNA: **No, grazie. Basta così. Quant'è?**
[no, *gra*-zje. *bas*-ta ko-*si*. kwan-*tä*?]
Nein, danke. Das reicht. Wie viel macht das?

PASTICCERA: **Sono 55 (cinquantacinque) euro. Deve pagare alla cassa.**
[*so*-no tschin-kwan-ta-*tschin*-kwe *ä*-ju-ro. *de*-we pa-*ga*-re *al*-la *kas*-sa.]
Das sind dann 55 Euro. Sie müssen an der Kasse bezahlen.

Kleiner Wortschatz

la pasticceria	Konditorei	**il pasticcere**	Konditor	**va bene**	okay
il dolce	Süßspeise	**dolce**	süß		

La dolce vita

il biscotto ([bis-*kot*-to] Keks), **il cannolo** ([kan-*no*-lo] mit Ricotta gefülltes Teigröllchen), **il cioccolato** ([tschok-ko-*la*-to] Schokolade), **il tiramisù** ([ti-ra-mi-*su*] Schichtdessert aus Löffelbiskuits, Kaffee, Mascarpone und Kakao), **la cassata** ([kas-*sa*-ta] mit Ricotta-Käse gefüllter Kuchen mit kandierten Früchten), **la crema** ([*krä*-ma] Creme, Sahne), **la panna** ([*pan*-na] Sahne), **la panna cotta** ([*pan* na *kot* ta] cremiges Dessert aus Sahne, Zucker und Gelatine), **la ricetta** ([ri-*tschet*-ta] Rezept), **la sfogliatella** ([zfol-ja-*täl*-la] knusprige Blätterteigtasche mit süßer Füllung), **la torta** ([*tor*-ta] Kuchen), **la torta elaborata** ([*tor*-ta e-la-bo-*ra*-ta] Torte), **lo zucchero** ([*dzuk*-ke-ro] Zucker)

An dieser Stelle möchte ich Ihnen das Modalverb **dovere** (müssen, sollen) vorstellen.

Pronomen/ Infinitiv	**(io)**	**(tu)**	**(lui, lei, Lei)**	**(noi)**	**(voi)**	**(loro)**
dovere	Devo	devi	deve	dobbiamo	dovete	devono

Tabelle 3.6: Konjugation »dovere« (sollen, müssen)

- ✔ **Devo preparare un tiramisù.** (Ich muss ein Tiramisù zubereiten.)
- ✔ **Devi comprare ancora i Savoiardi.** (Du musst noch die Löffelbiskuits kaufen.)
- ✔ **Dobbiamo leggere la ricetta.** (Wir müssen das Rezept lesen.)

Tiramisù bedeutet wörtlich »zieh mich hoch«. Dieses italienische Schichtdessert besteht aus Löffelbiskuits, die in Espresso getränkt sind, und einer cremigen Mischung aus Mascarpone, Eigelb und Zucker. Die letzte Schicht wird mit Kakaopulver bestäubt. Der Kaffee sorgt für den charakteristischen Geschmack und gibt Energie, was dem Dessert seinen Namen verleiht.

Sie haben in einer italienischen Zeitschrift ein Rezept für ein **Tiramisù** gefunden. Versuchen Sie es zu übersetzen, auch wenn Sie noch nicht alle Wörter kennen.

Ingredienti:

a. 250 g mascarpone ____________________

b. 3 uova ____________________

c. 100 g zucchero ____________________

d. caffè ____________________

e. savoiardi ____________________

f. cacao in polvere ____________________

g. Procedimento:____________________

h. Devi separare i tuorli dagli albumi. ____________________

i. Devi mescolare i tuorli con lo zucchero. ____________________

j. Devi aggiungere il mascarpone. ____________________

k. Devi montare gli albumi a neve. ____________________

l. Devi unire tutto delicatamente. ____________________

m. Devi immergere i savoiardi nel caffè e alternarli con la crema. ____________

n. Devi spolverare il cacao sopra. ____________________

o. Buon appetito! ____________________

IN DIESEM KAPITEL

Im Hotel wohnen

Eine Beschwerde vorbringen

Über den Job sprechen

Kapitel 4
Vierte Woche

Das Ehepaar Delgado aus Argentinien nutzt die Gelegenheit, seinen Sohn Diego zu besuchen und reist nach Florenz. Es gibt verschiedene Möglichkeiten, in Florenz unterzukommen:

- **Hotels:** Von Luxus-Hotels bis zu Budget-Optionen bieten Hotels in Florenz eine breite Palette an Service und Komfort.
- **Hostels:** Beliebt bei jungen Reisenden und Backpackern, sie bieten Schlafsäle sowie private Zimmer zu erschwinglichen Preisen.
- **Airbnb:** Private Unterkünfte, von Apartments bis zu Zimmern in Wohnhäusern, die eine lokale Erfahrung bieten.
- **Bed & Breakfasts (B&B):** Kleine, oft familiengeführte Unterkünfte, die ein Zimmer und Frühstück anbieten.
- **Appartement-Hotels:** Kombination aus Hotelservice und Selbstversorgung, ideal für längere Aufenthalte.
- **Klöster:** Einige Klöster bieten einfache, komfortable Unterkünfte für Reisende, oft in zentraler Lage.
- **Ferienwohnungen:** Voll ausgestattete Wohnungen, die für kurzfristige oder langfristige Aufenthalte gemietet werden können.
- **Campingplätze:** Obwohl weniger verbreitet in der Stadt selbst, gibt es in der Umgebung und in den Hügeln von Florenz einige Zeltplätze.
- **Pensionen:** Kleinere, oft familiengeführte Unterkünfte, die eine gemütliche Atmosphäre bieten.

Tag 19: Einchecken – Ho una camera prenotata

Diegos Eltern kommen für zwei Wochen aus Argentinien nach Italien und wollen ihren Sohn besuchen. Im Vorfeld haben sie bereits online ein Hotelzimmer reserviert und möchten nun einchecken. Frau Delgado wendet sich an den **Rezeptionisten**.

SIGNORA DELGADO:	**Buongiorno! Ho prenotato una camera per due settimane.** [bwon-*dschor*-no! o pre-no-*ta*-to *u*-na *ka*-me-ra per *du*-e set-ti-*ma*-ne.] Guten Tag! Ich habe ein Zimmer für zwei Wochen reserviert.
RECEPTIONIST:	**Buongiorno, signora! A che nome, scusi?** [bwon-*dschor*-no sin-*jo*-ra! A *kä no*-me *sku*-zi?] Guten Tag, die Dame! Auf welchen Namen bitte?
SIGNORA DELGADO:	**Delgado. Siamo argentini.** [del-*ga*-do. *sja*-mo ar-dschen-*ti*-ni.] Delgado. Wir kommen aus Argentinien.
RECEPTIONIST:	**Mi dispiace, non trovo nessuna prenotazione a questo nome. Può fare lo spelling, per favore?** [mi dis-*pja*-tsche, non *tro*-wo nes-*su*-na pre-no-ta-*zjo*-ne a *kwäs*-to *no*-me. pu-*o fa*-re lo *spel*-ling, per fa-*wo*-re?] Es tut mir leid, ich finde keine Reservierung auf diesen Namen. Können Sie bitte buchstabieren?
SIGNORA DELGADO:	**D come Domodossola, E come Empoli, L come Livorno, G come Genova, A come Ancona, D come Domodossola, O come Otranto** [di *ko*-me do-mo-*dos*-so-la, *e ko*-me *em*-po-li, *el*-le *ko*-me li-*wor*-no, *dschi ko*-me *dschä*-no-wa, *a ko*-me an-*ko*-na, *di ko*-me do-mo-*dos*-so-la, o *ko*-me *o*-tran-to.] D wie Domodossola, E wie Empoli, L wie Livorno, G wie Genova, A wie Ancona, D wie Domodossola, O wie Otranto.
REZEPTIONIST:	**Adesso capisco.** [a-*däs*-so ca-*pis*-ko.] Jetzt verstehe ich.

Kleiner Wortschatz

la camera	Zimmer	**prenotare**	buchen
la settimana	Woche	**scusi**	entschuldigen Sie
il nome	Name	**mi dispiace**	es tut mir leid

trovare	finden	**nessuno/a**	kein
la prenotazione	Buchung	**fare lo spelling**	buchstabieren
venire	(mit)kommen	**adesso**	jetzt

An dieser Stelle möchte ich Ihnen das unregelmäßige Verb **venire** (kommen) vorstellen:

Pronomen/ Infinitiv	**(io)**	**(tu)**	**(lui, lei, Lei)**	**(noi)**	**(voi)**	**(loro)**
venire	vengo	vieni	viene	veniamo	venite	vengono

Tabelle 4.1: Konjugation »venire« (kommen)

Das Buchstabieralphabet wird verwendet, um sicherzustellen, dass Buchstaben in mündlicher Kommunikation eindeutig verstanden werden, insbesondere in Situationen mit Hintergrundgeräuschen oder bei potenziell missverständlichen Klängen:

a [a]	**Ancona**	**j** [i lunga]	**Jesolo**	**s** [esse]	**Salerno**
b [bi]	**Bologna**	**k** [*kap*-pa]	**kappa**	**t** [ti]	**Torino**
c [tschi]	**Como**	**l** [elle]	**Livorno**	**u** [u]	**Udine**
d [di]	**Domodossola**	**m** [emme]	**Milano**	**v** [wu/wi]	**Venezia**
e [e]	**Empoli**	**n** [enne]	**Napoli**	**w** [wu doppia]	**Washington**
f [effe]	**Firenze**	**o** [o]	**Otranto**	**x** [iks]	**xilofono**
g [dschi]	**Genova**	**p** [pi]	**Palermo**	**y** [*ip*-si-lon]	**ypsilon**
h [acca]	**Hotel**	**qu** [ku]	**Quarto**	**z** [zeta]	**Zara**
i [i]	**Imola**	**r** [erre]	**Roma**		

Umlaute können Sie wie folgt wiedergeben: **ä** = **a con la dieresi** oder **a con due puntini.**

Buchstabieren Sie die fünf häufigsten deutschen Nachnamen anhand des Buchstabieralphabets:

a. Müller ______________________________

b. Schmidt ______________________________

c. Schneider ______________________________

d. Fischer ______________________________

e. Weber ______________________________

Tag 20: Zimmerpreis – Quanto costa la camera?

Frau Delgado erkundigt sich nach dem Zimmerpreis, um ganz sicherzugehen, dass die Online-Buchung korrekt erfolgt ist.

Signora Delgado: **Quanto costa la camera a notte?**
[*kwan*-to *kos*-ta la *ka*-me-ra a *not*-te?]
Wie viel kostet das Zimmer pro Nacht?

Receptionist: **Il prezzo è di 100 euro a notte, quindi per 14 (quattordici) giorni sono 1400 (millequattrocento) euro. Accettiamo pagamenti in contanti o con carta di credito.**
[il *präz*-zo *ä* di *tsche*-nto *ä*-ju-ro a *not*-te *kwin*-di per kwat-*tor*-ditschi *dschor*-ni *so*-no mil-le-kwat-tro-*tschen*-to *ä*-ju-ro. Attschet-*tja*-mo pa-ga-*men*-ti in kon-*tan*-ti o kon la *kar*-ta di *krä*-di-to.]
Der Preis beträgt 100 Euro pro Nacht, das sind dann für 14 Tage 1.400 Euro. Wir akzeptieren Barzahlung oder Kreditkarte.

Signora Delgado: **Allora, posso pagare con la carta di credito. Grazie mille!**
[al-*lo*-ra *pos*-so pa-*ga*-re kon la *kar*-ta di *krä*-di-to. *gra*-zje *mil*-le!]
Dann kann ich also mit Kreditkarte bezahlen. Vielen Dank.

Receptionist: **Di nulla. Le auguro un piacevole soggiorno. Ecco la chiave elettronica. La camera è al primo piano.**
[di *nul*-la. le au-*gu*-ro un pja-*tchä*-wo-le sod-*dschor*-no. *äk*-ko la *kja*-we e-let-*tro*-ni-ka. La *ka*-me-ra *ä* al *pri*-mo *pja*-no.]
Keine Ursache. Ich wünsche Ihnen einen angenehmen Aufenthalt. Hier ist die Schlüsselkarte. Das Zimmer ist im ersten Stock.

Kleiner Wortschatz

la notte	Nacht	**il prezzo**	Preis	**quindi**	also, folglich
accettare	akzeptieren	**il pagamento**	Zahlweise	**in contanti**	bar
augurare	wünschen	**di nulla**	keine Ursache	**elettronico/a**	elektonisch
piacevole	angenehm	**il soggiorno**	Aufenthalt	**il piano**	Stockwerk
la carta	Karte	**il credito**	Kredit	**la chiave**	Schlüssel

Die Präposition **a** verschmilzt mit dem bestimmten Artikel des folgenden Wortes:

✔ **La mia camera è al pianterreno.** (Mein Zimmer ist im Erdgeschoss.)

✔ **Lavori all'ultimo piano?** (Arbeitest du im obersten Stock?)

Die Ordnungszahlen bis 30:

1° **primo**	11° **undicesimo**	21° **ventunesimo**
2° **secondo**	12° **dodicesimo**	22° **ventiduesimo**
3° **terzo**	13° **tredicesimo**	23° **ventitreesimo**
4° **quarto**	14° **quattordicesimo**	24° **ventiquattresimo**
5° **quinto**	15° **quindicesimo**	25° **venticinquesimo**
6° **sesto**	16° **sedicesimo**	26° **ventiseiesimo**
7° **settimo**	17° **diciassettesimo**	27° **ventisettesimo**
8° **ottavo**	18° **diciottesimo**	28° **ventottesimo**
9° **nono**	19° **diciannovesimo**	29° **ventinovesimo**
10° **decimo**	20° **ventesimo**	30° **trentesimo**

Hören Sie sich nun die Ordnungszahlen an und sprechen Sie nach (Track 10).

Übersetzen Sie:

a. Er wohnt im 1. Stock. ______________________________

b. Sie arbeitet im 10. Stock. ______________________________

c. Wir leben im 15. Stock. ______________________________

d. Ihr seid im 8. Stock. ______________________________

e. Sie schlafen im 23. Stock. ______________________________

Tag 21: Wann ist das Frühstück? – A che ora è la colazione?

Frau Delgado erkundigt sich nach den Frühstückszeiten.

SIGNORA DELGADO: **Una domanda ancora, a che ora è la colazione?**
[*u*-na do-*man*-da an-*ko*-ra a *kä o*-ra *ä* la ko-la-*zjo*-ne?]
Noch eine Frage, um wie viel Uhr ist das Frühstück?

RECEPTIONIST: **La colazione è dalle sette alle dieci.**
[la ko-la-*zjo*-ne *ä dal*-le *set*-te *al*-le *djä*-tschi.]
Das Frühstück ist von sieben bis zehn Uhr.

SIGNORA DELGADO: **E che tipo di vivande ci sono a colazione?**
[e *kä ti*-po di vi-*van*-de tschi *so*-no a ko-la-*zjo*-ne?]
Und welche Speisen gibt es zum Frühstück?

RECEPTIONIST: **Abbiamo una grande varietà: panini freschi, cornetti, frutta, yogurt, cereali e prosciutto e formaggio.**
[ab-*bja*-mo *u*-na *gran*-de wa-ri-je-*ta*: pa-*ni*-ni *fres*-ki, kor-*net*-ti, *frut*-ta, *jo*-gurt, tschä-re-*ja*-li e pro-*schut*-to e for-*mad*-dscho.]
Wir haben eine große Auswahl an Speisen: frische Brötchen, Hörnchen, Obst, Joghurt, Müsli, Schinken und Käse.

SIGNORA DELGADO: **Ottimo! Grazie per le informazioni!**
[*ot*-ti-mo! *gra*-zje per le in-for-ma-*zjo*-ni!]
Sehr gut. Danke für die Informationen.

RECEPTIONIST: **Prego signora, buona giornata!**
[*prä*-go sin-*jo*-ra, *bwo*-na dschor-*na*-ta!]
Bitteschön, Signora, einen schönen Tag noch!

Kleiner Wortschatz

la domanda	Frage	**il tipo**	Typ	**la vivanda**	Speise
la varietà	Auswahl	**i cereali**	Müsli	**ottimo/a**	sehr gut, optimal

Die Mahlzeiten

la colazione [ko-la-*zjo*-ne] Frühstück, **il pranzo** ([*pran*-zo] Mittagessen), **la cena** ([*tschä*-na] Abendessen

Frage nach der Uhrzeit:

Wie spät ist es? **Che ora è**? [*kä* o-ra *ä*?] **Che ore sono**? [*kä o*-re *so*-no?]
Um wie viel Uhr? **A che ora**? [a *kä o*-ra?]

Die offizielle Uhrzeit wird im 24-Stunden-Format angegeben:

01:00 h: **È l'una.**

02:00 h: **Sono le due.**

12:00 h: **Sono le dodici.**

13:00 h: **Sono le tredici.**

14:15 h: **Sono le quattordici e quindici.**

15:30 h: **Sono le quindici e trenta.**

16:45 h: **Sono le sedici e quarantacinque.**

17:10 h: **Sono le diciassette e dieci.**

18:40 h: **Sono le diciotto e quaranta.**

19:55 h: **Sono le diciannove e cinquantacinque.**

20:00 h: **Sono le venti.**

00:00 h: **È mezzanotte.**

Die Präposition **da** verschmilzt mit dem bestimmten Artikel des folgenden Wortes:

Artikel/ Präposition	il	lo	l'	la	i	gli	le
da	dal	dallo	dall'	dalla	dai	dagli	dalle

Tabelle 4.2: Präposition »da« plus bestimmter Artikel

»Von… bis…« wird im Italienischen mit **da… (fino) a…** wiedergegeben: **Il treno da Roma a Napoli**: Der Zug von Rom nach Neapel.

- **da + le sette = dalle sette** (von sieben)
- **(fino) a + le dieci = (fino) alle dieci** (bis zehn)
- **La colazione è dalle sette (fino) alle dieci.** (Das Frühstück ist von sieben bis zehn Uhr)

Übersetzen Sie (Uhrzeit im 24-Stunden-Format):

a. Wie spät ist es bitte? ________________

b. Der Zug fährt von Palermo nach Messina. ________________

c. Das Frühstück ist von 06:30 h bis 10:45 h. ________________

d. Das Mittagessen ist von 13:00 h bis 15:30 h. ________________

e. Um wie viel Uhr ist das Abendessen? ________________

Hören Sie sich nun die Lösung an und sprechen Sie nach (Track 11).

Tag 22: Sonderwünsche – C'è il parcheggio?

Herr Delgado irrt mit schweren Koffern durchs Foyer und wendet sich an den Rezeptionisten:

SIG. DELGADO: **Senta scusi, dov'è l'ascensore?**
[*sen*-ta *sku*-si, do-*wä* la-schen-*so*-re?]
Entschuldigen Sie bitte, wo ist der Aufzug?

RECEPTIONIST: **È proprio accanto alla sala da pranzo.**
[*ä pro*-pri-jo ak-*kan*-to *al*-la *sa*-la da *pran*-zo.]
Er ist direkt neben dem Speisesaal.

SIG. DELGADO: **Un'altra domanda: C'è anche il parcheggio?**
[un *al*-tra do-*man*-da: *tschä an*-ke il par-*ked*-dscho?]
Noch eine Frage: Gibt es auch einen Parkplatz?

RECEPTIONIST: **Ci sono dei parcheggi riservati agli ospiti proprio di fronte all'ingresso dell'albergo. Desidera anche la password per il Wi-Fi?**
[*tschi* sono däi par-*ked*-dschi ri-ser-*wa*-ti *al*-ji *os*-pi-ti *pro*-pri-jo di *fron*-te al-lin-*gres*-so del-lal-*ber*-go. de-*zi*-de-ra *an*-ke la *pass*-word per il *wai*-fai?]
Es gibt Parkplatze, die für Gäste reserviert sind, direkt gegenüber dem Hoteleingang. Möchten Sie auch das Passwort für das WLAN?

SIG. DELGADO: **Sì, vorrei utilizzare il Wi-Fi. Grazie mille!**
[si, vor-*räi* u-ti-liz-*za*-re il *wai*-fai. gra-zje *mil*-le!]
Ja, ich möchte das WLAN nutzen. Vielen Dank.

Kleiner Wortschatz

l'ascensore	Aufzug	**proprio**	direkt	**accanto a**	neben
il parcheggio	Parkplatz	**riservato/a**	reserviert	**l'ospite**	Gast
di fronte a	gegenüber	**l'ingresso**	Eingang	**l'albergo**	Hotel
utilizzare	nutzen	**il Wi-Fi**	WLAN	**la password**	Passwort

Für Ihren Hotelaufenthalt

l'hotel ([o-*tel*] Hotel), **il bagno** ([*ban*-jo] Badezimmer), **il cameriere** ([ka-me-*rje*-re] Kellner), **il frigobar** ([fri-go-*bar*] Minibar), **il ristorante** ([ri-sto-*ran*-te] Restaurant), **il servizio** ([ser-*wi*-zjo] Service), **l'asciugamano** ([a-schu-ga-*ma*-no] Handtuch), **la cameriera** ([ka-me-*rje*-ra] Kellnerin, Zimmermädchen), **la cassaforte** ([kas-sa-*for*-te] Tresor), **la palestra** ([pa-*les*-tra] Fitness-Studio), **la piscina** ([pi-*schi*-na] Schwimmbad), **la reception** ([re-*zäp*-zi-jon] Rezeption), **la sala da pranzo** (Speisesaal), **la sauna** ([*sau*-na] Sauna), **la spiaggia privata** ([*spjad*-dscha pri-*wa*-ta] Privatstrand), **la vista** ([*wis*-ta] Aussicht)

Wenn Sie jemanden ansprechen möchten, den Sie nicht kennen, können Sie das Gespräch mit **senta, scusi** (wörtlich: hören Sie, entschuldigen Sie) beginnen. Mit dieser Einleitung sind Sie sich der Aufmerksamkeit Ihres Gesprächspartners sicher.

Mit folgenden Präpositionen können Sie die räumliche Lage angeben:

- **accanto a** (neben): **a + la = alla: accanto alla sala da pranzo** (neben dem Speisesaal)
- **davanti a** (vor): **a + il = al: davanti al bar** (vor der Bar)
- **di fronte a** (gegenüber): **a + l' = all': di fronte all'ingresso** (gegenüber dem Eingang)

C'è setzt sich zusammen aus **ci + è** (da gibt es, da ist, da findet statt), danach folgt Singular:

- **C'è anche la piscina?** (Gibt es auch ein Schwimmbad?) **Non c'è la sauna.** (Hier gibt es keine Sauna.) **Non c'è problema.** (Kein Problem.)

Nach **ci sono** (da gibt es, da sind, da finden statt) folgt der Plural:

- **Ci sono anche i concerti?** (Finden hier auch Konzerte statt?) **Non ci sono gli asciugamani.** (Hier sind keine Handtücher.)

Sie fragen nach Serviceleistungen im Hotel: Abendessen, Aufzug, Fitness-Studio, Frühstück, Handtücher, Parkplätze, Privatstrand, Sauna, Schwimmbad, Tresor, WLAN.

Ergänzen Sie mit dem bestimmten Artikel:

a. C'è

____

____

b. Ci sono

____

____

Tag 23: Reklamieren – C'è un problema

Im Zimmer erwartet das Ehepaar Delgado eine böse Überraschung. Statt eines Ehebettes stehen da zwei schmale Einzelbetten. So hatten sie sich den Urlaub nicht vorgestellt. Frau Delgado macht sich auf den Weg zur Rezeption.

SIGNORA DELGADO: **Nella camera ci sono due letti separati! Non siamo mica in un convento!**
[nel-la *ka*-me-ra tschi *so*-no *du*-e *let*-ti se-pa-*ra*-ti! Non si-*ja*-mo *mi*-ca in un kon-*wen*-to!]
Im Zimmer sind zwei getrennte Betten. Wir sind doch hier nicht im Kloster!

RECEPTIONIST: **Ho qui la Sua prenotazione per una camera doppia. Lei desidera una camera matrimoniale, vero?**
[o *kwi* la *su*-a pre-no-ta-*zjo*-ne per *u*-na *ka*-me-ra *dop*-pja. *läi* de-*zi*-de-ra *u*-na *ka*-me-ra ma-tri-mo-*nja*-le, *we*-ro?]
Ich habe hier Ihre Reservierung für ein Doppelzimmer. Sie wünschen ein Doppelzimmer mit Ehebett, richtig?

SIGNORA DELGADO: **Sì, certo, con un grande letto.**
[si, *tschär*-to, kon un *gran*-de *let*-to.]
Ja, natürlich, mit einem großen Bett.

RECEPTIONIST: **Mi scusi per l'inconveniente, al terzo piano c'è ancora una bella camera con un letto matrimoniale.**
[mi *sku*-zi per lin-kon-we-*njen*-te, al *ter*-zo *pja*-no *tschä* an-*ko*-ra *u*-na *bel*-la *ka*-me-ra kon un *let*-to ma-tri-mo-ni-*ja*-le.]
Entschuldigen Sie bitte die Unannehmlichkeit, im dritten Stock gibt es noch ein schönes Zimmer mit einem Ehebett.

Kleiner Wortschatz

il letto	Bett	**separato/a**	getrennt
il convento	Kloster	**non … mica**	doch nicht
vero	nicht wahr	**l'inconvieniente**	Unannehmlichkeit

Im Hotelzimmer

il riscaldamento ([ris-kal-da-*men*-to] Heizung), **il tavolo** ([*ta*-wo-lo] Tisch), **il televisore** ([te-le-wi-*so*-re] Fernseher), **l'aria condizionata** ([*a*-rja kon-di-zjo-*na*-ta] Klimaanlage), **l'armadio** ([ar-*ma*-djo] Schrank), **la doccia** ([*dot*-tscha] Dusche), **la finestra** ([fi-*nes*-tra] Fenster), **la porta** ([*por*-ta] Tür), **la sedia** ([*se*-dja] Stuhl), **pulito/a** ([pu-*li*-to] sauber)

In Italien gibt es drei Zimmertypen:

- ✔ **una camera singola:** ein Zimmer mit Einzelbett
- ✔ **una camera doppia:** ein Zimmer mit zwei einzelnen Betten
- ✔ **una camera matrimoniale:** ein Zimmer mit Ehebett

Bei der umgangssprachlichen Uhrzeit werden die Zeiten in der Zwölf-Stunden-Nennung angegeben, auch spielen Begriffe wie **mezzo** (halb) und **quarto** (Viertel) eine entscheidende Rolle:

01:00 h: **È l'una.**
02:00 h: **Sono le due**
12:00 h: **È mezzogiorno.**
13:00 h: **È l'una.**
14:15 h: **Sono le due e un quarto.**
15:30 h: **Sono le tre e mezzo.**
20:00 h: **Sono le otto.**
16:45 h: **Sono le cinque meno un quarto.**
16:45 h: **Sono le quattro e tre quarti.**
17:10 h: **Sono le cinque e dieci.**
18:40 h: **Sono le sei e quaranta.**
18:40 h: **Sono le sette meno venti.**
19:55 h: **Sono le otto meno cinque.**
00:00 h: **È mezzanotte.**

1. Ergänzen Sie mit der umgangssprachlichen Uhrzeit:

   a. È ____________________ (01:15).
   b. Sono ____________________ (10:30).
   c. Sono ____________________ (05:45).
   oder ____________________
   d. È ____________________ (12:00).
   e. Sono ____________________ (09:40).
   oder ____________________

2. Ergänzen Sie folgende Uhrzeiten im 24-Stunden-Format: Sono le…

   a. 08:00 Uhr ____________________
   b. 13:30 Uhr ____________________
   c. 15:15 Uhr ____________________
   d. 10:45 Uhr ____________________
   e. 23:00 Uhr ____________________

Tag 24: Nach dem Beruf fragen – Che lavoro fa?

In der Hotelbar kommt das Ehepaar Delgado mit einem **Ospite** (Gast) ins Gespräch.

OSPITE:	**A proposito, che lavoro fa?** [a pro-*po*-si-to, kä la-*wo*-ro fa?] Ach übrigens, was machen sie beruflich?
SIG. DELGADO:	**Io sono ingegnere e mia moglie è insegnante. E Lei?** [*i*-jo *so*-no in-dschen-*jä*-re e mi-*ja* *mol*-je ä in-sen-*jan*-te. e *läi*?] Ich bin Ingenieur und meine Frau ist Lehrerin. Und Sie?
OSPITE:	**Io sono medico. Lavoro in un'ospedale.** [*i*-jo *so*-no *me*-di-ko. la-*wo*-ro in un os-pe-*da*-le.] Ich bin Arzt. Ich arbeite in einem Krankenhaus.
SIG. DELGADO:	**È un lavoro molto gratificante, vero?** [*ä* un la-*wo*-ro *mol*-to gra-ti-fi-*kan*-te, *ve*-ro?] Das ist eine sehr erfüllende Arbeit, nicht wahr?
OSPITE:	**Sì, a volte anche stressante.** [*si* a *wol*-te *an*-ke stres-*san*-te.] Ja, manchmal auch stressig.

Kleiner Wortschatz

a proposito	übrigens	**il lavoro**	Arbeit	**la moglie**	Ehefrau
gratificante	erfüllend	**a volte**	manchmal	**stressante**	stressig

Berufsbezeichnungen und Arbeitsstätten

professioni ([pro-fes-*sjo*-ni] Berufe): **avvocato** ([aw-wo-*ka*-to] Anwalt), **cardiologo** ([kar-di-*jo*-lo-go] Herzspezialist), **direttrice** ([di-ret-*tri*-tche] Direktorin), **fisico** ([*fi*-si-ko] Physiker), **giornalista** ([dschor-na-*lis*-ta] Journalist), **psicologo** ([psi-*ko*-lo-go] Psychologe), **scrittrice** ([skrit-*tri*-tsche] Schriftstellerin)

luoghi di lavoro ([lu-*o*-gi] Arbeitsstätten): **lo studio** ([*stu*-djo] Praxis), **lo studio artistico** ([ar-*tis*-ti-ko] Atelier), **lo studio dentistico** ([den-*tis*-ti-ko] Zahnarztpraxis), **lo studio medico** ([*me*-di-ko] Arztpraxis), **lo studio legale** ([le-*ga*-le] Kanzlei), **la scuola** ([*skwo*-la] Schule), **la biblioteca** ([bib-li-jo-*tä*-ka] Bibliothek), **l'ufficio** ([uf-*fit*-tscho] Büro), **il laboratorio** ([la-bo-ra-*to*-ri-jo] Labor), **il teatro** ([te-*ja*-tro] Theater), **l'università** ([u-ni-wer-si-*ta*] Universität)

Berufsbezeichnungen auf **-e** und **-ista** gelten für beide Geschlechter:

- **l'ingegnere** (Ingenieur/-in), **l'insegnante** (LehrerIn), **il/la docente** (Dozent/-in)
- **il/la dentista** (Zahnarzt, Zahnärztin), **il/la giornalista** (Journalist/-in) **il/la pianista** (Pianist/-in), **l'artista** (Künstler/-in)

Bei Nebentätigkeiten wird oft das Verb **fare** (machen) verwendet:

- **Sono insegnante ma faccio il tassista.** (wörtlich: Ich bin Lehrer, mache aber den Taxifahrer.)

An dieser Stelle möchte ich Ihnen das unregelmäßige Verb **fare** (machen) vorstellen:

Pronomen/ Infinitiv	**(io)**	**(tu)**	**(lui, lei, Lei)**	**(noi)**	**(voi)**	**(loro)**
fare	faccio	fai	fa	facciamo	fate	fanno

Tabelle 4.3: Konjugation »fare« (machen)

Bei folgenden Berufsbezeichnungen gibt es auch die weibliche Form:

- **bibliotecario/a** (Bibliothekar/-in), **segretario/a** (Sekretär/-in)
- **matematico/a** (Mathematiker/-in), **chirurgo/a** (Chirurg/-in), **chimico/a** (Chemiker/-in)
- **psicologo/a** (Psychologe/Psychologin), **dermatologo/a** (Dermatolog/-in), **cardiologo/a** (Kardiologe/Kardiologin)

Berufsbezeichnungen auf **-ore** können die weibliche Form auf **-essa** oder **-trice** bilden:

- **direttore – direttrice** (Direktor/-in), **scrittore – scrittrice** (Schriftsteller/-in)
- **professore – professoressa** (Professor/-in)

Bei folgenden Berufsbezeichnungen gibt es nur die männlichen Form:

- **Io sono architetto.** (Ich bin Architekt/-in) **Io sono avvocato.** (Ich bin Anwalt/Anwältin.) **Io sono medico.** (Ich bin Arzt/Ärztin.)

Wo arbeiten folgende Personen: avvocato, chimico, chirurgo, dentista, insegnante, medico

a. in uno studio dentistico? ________

b. in uno studio medico? ________

c. in uno studio legale? ________

d. in un ospedale? ________

e. in un laboratorio? ________

f. in una scuola? ________

IN DIESEM KAPITEL

- Sätze bilden, ergänzen, korrigieren und übersetzen
- Verbformen erkennen und anwenden
- Dialoge ordnen
- Übungen zum Wortschatz

Kapitel 5
Test zum ersten Lernmonat

Nach einem Monat an der Sprachschule **Dante al Dente** steht der erste Test an. Lassen Sie sich auf den Zahn fühlen, wie viel von dem vermittelten Stoff sich in Ihrem Gedächtnis verankert hat und welchen Sie eventuell wiederholen müssen. Gehen Sie das Ganze entspannt an, mit Biss aber nicht verbissen.

1. Kommunizieren Sie mit folgenden Personen.

a. 10:00 Uhr: Begrüßen Sie einen Ihnen unbekannten Herrn:

____.

b. 12:00 Uhr: Begrüßen Sie Ihre Lehrerin:

____.

c. 17:00 Uhr: Begrüßen Sie Ihre Hausärztin:

____.

d. Bedanken Sie sich bei einer Dame:

____.

e. 22:00 Uhr: Wünschen Sie einer jungen Dame gute Nacht:

____.

2. Ordnen Sie diese Begriffe den entsprechenden Kategorien zu.

il brasiliano, il marocchino, il portoghese, il tedesco, l'arabo, l'argentino, l'austriaco, l'australiano, l'inglese, lo spagnolo

a. Land: Argentina Einwohner: ________________ Sprache: ________________

b. Land: Australia Einwohner: ________________ Sprache: ________________

c. Land: Austria Einwohner: ________________ Sprache: ________________

d. Land: Brasile Einwohner: ________________ Sprache: ________________

e. Land: Marocco Einwohner: ________________ Sprache: ________________

3. Ergänzen Sie mit den Verben in der richtigen Form.

a. (mangiare) Io ________________ molto bene in Italia.

b. (comprare) Marina e Rita ________________ una pizza.

c. (lavorare) Eugenio ________________ domani.

d. (visitare) Marina ed io ________________ Roma.

e. (viaggiare) Monica e Nicoletta, ________________ a Firenze?

f. (cucinare) Vittoria, ________________ un risotto domani?

4. Was ist richtig? Unterstreichen Sie.

a. Io sono/sto bene.

b. Tu sei/stai tedesco, vero?

c. Noi siamo/stiamo benissimo.

d. Eugenio e Marina, siete/state bene a Roma?

e. Gli studenti sono/stanno benvenuti al corso d'italiano.

5. Bilden Sie den Plural und schreiben Sie die Zahlen aus.

a. un ragazzo tedesco 9 ________________

b. un caffè americano 5 ________________

c. una città inglese 7 ________________

d. un dottore cinese 4 ________________

e. uno champagne francese 3 ________________

6. Übersetzen Sie und schreiben Sie die Zahlen aus.

a. Ying und ich sind 22 Jahre alt.

____.

b. Bist du 23 Jahre alt?

____?

c. Agneta und Francesco sind 25 Jahre alt.

____.

d. Diego ist 29 Jahre alt.

____.

e. Oksana: Ich bin 28 Jahre alt.

____.

7. Ergänzen Sie mit den Verben in der richtigen Form.

a. (scrivere) Io ____________________ un'email.

b. (vivere) Marina ed Eugenio ____________________ in Germania.

c. (leggere) Vittoria ____________________ molto.

d. (chiudere) Noi ____________________ il bar domani.

e. (vendere) Voi ____________________ il caffè italiano?

8. Bringen Sie den Dialog in die richtige Reihenfolge.

a. Con la sambuca, per favore.

b. Va bene! Prende anche un cornetto?

c. Buongiorno. Un caffè corretto, per favore.

d. Sì, alla crema, grazie!

e. Certo! Con la grappa?

___, ___, ___, ___, ___

9. Übersetzen Sie und schreiben Sie die Zahlen aus.

a. Zwei Kilo Kartoffeln und 600 Gramm Erbsen kosten 5,75 Euro.

____

b. Ein Salat und 300 Gramm Karotten kosten 2,66 Euro.

____

c. Zwei Zwiebeln und ein Pfund Spinat kosten 3,35 Euro.

____

d. Ein Blumenkohl und eine Gurke kosten 3,81 Euro.

____

e. Hundert Gramm Schinken kosten 4,99 Euro.

____

10. Weisen Sie den Verben ihre deutsche Übersetzung zu.

a. agiscono	1. wir gehen	**f.** costruite	6. du entdeckst
b. scopri	2. sie handeln	**g.** andiamo	7. ich folge
c. seguo	3. ihr baut	**h.** aprite	8. sie gehen
d. vanno	4. wir beenden	**i.** vai	9. ihr öffnet
e. finiamo	5. du bietest an	**j.** offri	10. du gehst

a. – __; b. – __; c. – __; d. – __; e. – __; f. – __; g. – __; h. – __; i. – __; j. – __

11. Übersetzen Sie folgende Sätze.

a. Ich schlafe sehr gut.

______________________________.

b. Schläfst du gut?

______________________________.

c. Er schläft gut und sie schläft schlecht.

______________________________.

d. Wir schlafen ganz gut.

______________________________.

e. Schlaft ihr gut?

____?

f. Sie schlafen sehr schlecht.

____.

12. Bilden Sie Fragesätze mit den Formen von »preferire« und dem bestimmten Artikel.

a. tu: orata/sogliola: ______________________________?

b. Lei: vongole/cozze: ______________________________?

c. lui: calamaro/astice: ______________________________?

d. voi: pesce spada/gamberetti: __________________________?

13. Vervollständigen Sie die Sätze mit den Formen von »venire«.

a. Tu ________ con la tua famiglia?

b. Marina ed Eugenio ______________ in macchina.

c. Eugenio ___________ per una conferenza.

d. Vittoria e Nicoletta, ______________ anche voi per vedere la camera?

e. Marina ed io ______________ alla reception per fare il check-in.

f. Io ___________ in albergo domani.

14. Setzen Sie die richtige Präposition ein.

a. Accanto ____________ ascensore c'è la sala da pranzo.

b. Di fronte ____________ hotel ci sono molti parcheggi.

c. Accanto ____________ bar c'è la reception.

d. Di fronte ____________ piscina c'è un grande parcheggio.

e. Accanto ____________ studio legale c'è un ristorante.

15. Verbinden Sie die Uhrzeiten mit den passenden Aktivitäten.

a. Sono le otto di sera.	1. È ora di pranzo.
b. È mezzogiorno e mezzo.	2. È ora di andare a letto.
c. È quasi mezzanotte.	3. È ora di colazione.
d. Sono le sette di mattina.	4. È ora di cena.

a. – __; b. – __; c. – __; d. – __

16. Beantworten Sie die Fragen mit der umgangssprachlichen Uhrzeit.

a. Che ore sono? (2:30 Uhr) ______________________________

b. A che ora finisce la lezione? (13:15 Uhr) ______________________________

c. A che ora è la cena? (19:45 Uhr) ______________________________

d. Che ore sono? (11:20 Uhr) ______________________________

17. Ordnen Sie die Berufe den entsprechenden Personen zu.

architetti, artiste, avvocato, cardiologi, dentista, direttore, docente, dottoressa, fisico, giornalista, ingegnere, insegnante, medico, oncologo, pianisti, professoresse, psicologa, radiologhe, scrittrice, tassisti

a. nur eine Frau: Sono ______________________________

b. nur ein Mann: Sono ______________________________

c. ein Mann oder eine Frau: Sono ______________________________

d. zwei Männer oder eine Frau und ein Mann: Siamo ______________________________

e. zwei Frauen: Siamo ______________________________

18. Ergänzen Sie.

a. Marina (essere) ____________ medic______, ma (fare) ____________ _____ tassist__.

b. Eugenio (essere) ____________ insegnant____, ma (fare) ________ _______ camerier__.

c. Vittoria (essere) ______________ student_____, ma (fare) __________ ______ babysitter.

d. Nicoletta (essere) ____________ archeolog___, ma (fare) ________ ______ segretari___.

e. Monica (essere) ______________ avvocat_____, ma (fare) __________ _______ artist__.

Teil II

Zweiter Monat

Unsere Lerntipps

Italienisch mit untertitelten Filmen und Serien zu lernen, ist nicht nur effektiv, sondern auch richtig unterhaltsam. Hier ein paar Anregungen, wie Sie damit loslegen können:

- Sehen Sie sich italienische Klassiker an, wie zum Beispiel *La Vita è bella* (*Das Leben ist schön*), die bewegende Geschichte eines Vaters, der seinen Sohn vor den Schrecken eines Konzentrationslagers zu schützen versucht, indem er das Leben als Spiel inszeniert. Oder auch *Nuovo Cinema Paradiso*, die Geschichte eines jungen Filmemachers, *oder Pane e Tulipani* (*Brot und Tulpen*), die Geschichte einer unglücklichen Hausfrau, die ausbricht und in Venedig Liebe und Selbstentdeckung findet.
- Schauen Sie italienische Serien: Wenn Sie es spannend mögen, zum Beispiel *Gomorrha*, eine packende Thriller-Serie, die die Machenschaften der neapolitanischen Mafia beleuchtet. Oder wie wäre es mit *Doc – Nelle tue mani* (*Doc – Es liegt in deinen Händen*), eine auf realen Begebenheiten beruhende medizinische Dramaserie um einen angesehenen Arzt, der nach einem schweren Unfall einen Gedächtnisverlust erleidet. Je nachdem, welches Genre Ihnen gefällt, können Sie leicht weitere Tipps im Netz oder über Empfehlungsseiten von Streaming-Anbietern entdecken.
- Schauen Sie Ihre Lieblingsserien auf Italienisch mit Untertiteln – wenn Sie bereits wissen, worum sich die Geschichte dreht, fällt es oft leichter, sich auf die neue Sprache einzulassen.
- Schauen Sie Kultserien wie *Breaking Bad, Friends, Game of Thrones, Golden Girls, Haus des Geldes* oder *Sex and the City* auf Italienisch mit Untertiteln.
- Sehen Sie sich Szenen ruhig mehrmals an, um die Sprache und den Satzbau besser zu erfassen. Sie können auch Dialoge nachsprechen, um Ihre Aussprache zu verbessern.

IN DIESEM TEIL ...

Begleiten Sie das Ehepaar Bruni ins Restaurant und in den Urlaub. Dabei lernen Sie eine Vielzahl köstlicher Spezialitäten kennen und erfahren so einiges über die Insel Sardinien.

Von Ada, einer Notarin aus Neapel, erfahren Sie alles Wissenswerte über die bedeutendsten Feste im italienischen Kalender.

Zudem stehen ein Arztbesuch und ein Besuch in der Apotheke auf der Agenda, gefolgt von Themen rund um Ernährung und Lebensmittelunverträglichkeiten.

IN DIESEM KAPITEL

Im Restaurant ein Menü bestellen

Ein Rezept wiedergeben

Lebensmittelunverträglichkeiten benennen

Kapitel 6
Fünfte Woche

In dieser Woche dreht sich alles um die italienische Küche: Sie gehen ins Restaurant, beschäftigen sich mit Rezepten und erfahren, wie Sie Wünsche und Unverträglichkeiten kommunizieren können. Damit Sie beim Restaurantbesuch nicht versehentlich in ein Fettnäpfchen treten, hier schon mal zehn wichtige Tipps zu italienischen Gepflogenheiten:

- ✔ Gehen Sie nicht vor 20:00 Uhr ins Restaurant.
- ✔ Gehen Sie nur in ein Restaurant, wenn Sie Lust auf ein Zwei- oder Drei-Gänge-Menü haben.
- ✔ Essen Sie kein Brot zu Nudel- oder Reisgerichten.
- ✔ Streuen Sie keinen Parmesan über Gerichte mit Fisch oder Meeresfrüchten.
- ✔ Das **contorno** (Beilage) essen Sie zusammen mit dem **secondo piatto** (Hauptgericht).
- ✔ Bestellen Sie niemals einen **cappuccino** (Milchkaffee) nach dem Essen, sondern einen **caffè** (Espresso).
- ✔ Mit dem letzten Gang wird auch gleich die Rechnung bestellt: **Un tiramisù e il conto, per favore.** (Ein Tiramisu und die Rechnung, bitte.) Zusätzlich zu den Speisen wird ein **coperto** (Gedeck) berechnet.
- ✔ Zahlen Sie nicht getrennt. Nach dem Zahlen verlassen Sie das Lokal.
- ✔ Nach dem Essen lassen Sie ein Trinkgeld zwischen 5 und 10 Prozent auf dem Tisch oder in der Mappe liegen. Sie geben es dem Kellner nicht persönlich.
- ✔ Lassen Sie sich keine Reste einpacken.

Tag 25: Im Restaurant reservieren – Al ristorante Ritalia

Signor Bruni möchte am Wochenende mit seiner Frau essen gehen und ruft im Restaurant **Ritalia** an. Er spricht mit einem **cameriere** (Kellner).

Hören Sie sich das Gespräch zwischen dem Kellner und Signor Bruni an (Track 12).

CAMERIERE: **Pronto! Ristorante Ritalia!**
[*pron*-to! ri-sto-*ran*-te ri-*ta*-lja!]
Hallo! Restaurant Ritalia!

SIG. BRUNI: **Buonasera, vorrei prenotare un tavolo per due persone.**
[bwo-na-*se*-ra, wor-*räi* pre-no-*ta*-re un *ta*-wo-lo per *du*-e per-*so*-ne.]
Guten Abend, ich möchte einen Tisch für zwei Personen reservieren.

CAMERIERE: **Bene. Per quando?**
[bä-ne. per *kwan*-do?]
Sehr gut. Für wann?

SIG. BRUNI: **Sabato prossimo, alle otto.**
[*sa*-ba-to *pros*-si-mo, *al*-le ot-to.]
Am nächsten Samstag, um acht Uhr.

CAMERIERE: **Perfetto! A che nome?**
[per-*fät*-to! a *kä no*-me?]
Perfekt! Auf welchen Namen?

SIG. BRUNI: **Mi chiamo Bruni.**
[mi *kja*-mo *bru*-ni.]
Ich heiße Bruni.

CAMERIERE: **Va bene, tutto annotato. A dopodomani. Grazie ed arrivederci!**
[wa *bä*-ne, *tut*-to an-no-*ta*-to. a do-po-do-*ma*-ni. gra-*zje* ed ar-ri-we-*der*-tschi!]
In Ordnung, alles notiert. Bis übermorgen. Danke und auf Wiedersehen!

Kleiner Wortschatz

il ristorante	Restaurant	**pronto**	hallo (am Telefon)	**la persona**	Person
quando	wann	**prossimo/a**	nächste/-r	**annotato/a**	notiert

Zeitangaben

oggi ([*od*-dschi] heute), **domani** ([do-*ma*-ni] morgen), **dopodomani** ([do-po-do-*ma*-ni] übermorgen), **ieri** ([*je*-ri] gestern), **l'altro ieri** ([lal-tro *je*-ri] vorgestern)

La settimana ([set-ti-*ma*-na] Woche): **il lunedì** ([lu-ne-*di*] Montag), **il martedì** ([mar-te-*di*] Dienstag), **il mercoledì** ([mer-ko-le-*di*] Mittwoch), **il giovedì** ([dscho-we-*di*] Donnerstag), **il venerdì** ([we-ner-*di*] Freitag), **il sabato** ([*sa*-ba-to] Samstag), **la domenica** ([do-*me*-ni-ka] Sonntag)

Reflexive Verben sind Verben, bei denen das Subjekt die Handlung auf sich selbst ausübt. Die Reflexivpronomen stehen vor dem Verb.

deutsch	mich	dich	sich	uns	euch	sich
italienisch	mi	ti	si	ci	vi	si

Tabelle 6.1: Reflexivpronomen

Das Verb **chiamarsi** (heißen, wörtlich: »sich nennen«) ist im Italienischen reflexiv:

- ✔ **Io mi chiamo …** (Ich heiße …; wörtlich: »Ich nenne mich …«)
- ✔ **Come ti chiami?** (Wie heißt du?; wörtlich: »Wie nennst du dich?«)

Und so konjugieren Sie **chiamarsi**:

Subjektpronomen/ Reflexivpronomen/ Infinitiv	(io) mi	(tu) ti	(lui, lei, Lei) si	(noi) ci	(voi) vi	(loro) si
chiamarsi	chiamo	chiami	chiama	chiamiamo	chiamate	chiamano

Tabelle 6.2: Konjugation »chiamarsi« (heißen)

Weitere regelmäßige reflexive Verben sind: **alzarsi** ([al-*zar*-si] aufstehen), **divertirsi** ([di-wer-*tir*-si] sich amüsieren), **riposarsi** ([ri-po-*sar*-si] sich ausruhen), **sentirsi** ([sen-*tir*-si] sich fühlen), **sposarsi** ([spo-*sar*-si] heiraten), **svegliarsi** ([zwel-*jar*-si] aufwachen)

Ergänzen Sie mit der richtigen Verbform.

a. Io ______________________ Marco. (chiamarsi)

b. Tu ______________________ bene oggi? (sentirsi)

c. Lui ______________________ alle sette. (svegliarsi)

d. Noi ______________________ presto per andare a scuola. (alzarsi)

e. Voi ______________________ al corso d'italiano? (divertirsi)

f. Loro ______________________ sabato. (sposarsi)

g. Paolo ed io ______________________ domenica. (riposarsi)

h. Tu ______________________ Anna, vero? (chiamarsi)

i. Lei ______________________ un po' stanca oggi. (sentirsi)

j. Noi ______________________ sempre presto il lunedì. (svegliarsi)

Tag 26: Getränke bestellen – »Mezzo litro di vino rosso!«

Kurz nach acht betritt Signor Bruni mit seiner Frau das neu eröffnete Lokal **Ritalia**.

SIG. BRUNI: **Buonasera, ho prenotato un tavolo. Mi chiamo Bruni.**
[bwo-na-*se*-ra, *o* pre-no-*ta*-to un *ta*-wo-lo. mi ki-*ja*-mo *bru*-ni.]
Guten Abend, ich habe einen Tisch reserviert. Ich heiße Bruni.

CAMERIERE: **Sì, ecco prego. Un tavolo per due persone. Va bene qui?**
[*si*, *äk*-ko *prä*-go. Un *ta*-wo-lo per *du*-e per-*so*-ne. wa *bä*-ne *kwi*?]
Ja, hier bitte. Ein Tisch für zwei Personen. Ist dieser hier in Ordnung?

Sig. Bruni: **Sì, perfetto.**
[*si* per-*fät*-to.]
Ja, wunderbar.

CAMERIERE: **Ecco il menu. Desidera qualcosa da bere?**
[*äk*-ko il me-*nu*. de-*zi*-de-ra kwal-*ko*-za da *be*-re?]
Hier ist die Speisekarte. Möchten Sie etwas trinken?

SIG. BRUNI: **Vogliamo mezzo litro di vino rosso, per favore, e una bottiglia di acqua minerale.**
[wol-*ja*-mo *mäz*-zo *li*-tro di *wi*-no *ros*-so, per fa-*wo*-re, e *u*-na bot-*til*-ja di *a*-kwa mi-ne-*ra*-le.]
Wir möchten einen halben Liter Rotwein, bitte, und eine Flasche Mineralwasser.

CAMERIERE: **Gassata o naturale?**
[gas-*sa*-ta o na-tu-*ra*-le?]
Mit oder ohne Kohlensäure?

SIG. BRUNI: **Naturale, per favore.**
[na-tu-*ra*-le, per fa-*wo*-re.]
Ohne Kohlensäure, bitte.

Kleiner Wortschatz

il tavolo	Tisch	**il menu**	Speisekarte	**da bere**	zu trinken

Getränke im Restaurant

l'acqua frizzante ([friz-*zan*-te] Sprudelwasser), **l'acqua con gas** (Mineralwasser mit Kohlensäure), **l'acqua senza gas** ([*sän*-sa] Mineralwasser ohne Kohlensäure), **il vino sfuso** ([*zfu*-zo] offener Wein), **il vino della casa** (Hauswein), **la caraffa** ([ka-*raf*-fa] Karaffe)

In einem italienischen Restaurant werden keine Softdrinks serviert, also weder Maracuja- oder Apfelschorle noch Johannisbeersaft zum Fisch, stattdessen Wasser und Wein. Zum Fleisch darf's auch mal ein Bier sein.

Die Getränkebestellung der Gäste erfolgt in italienischen Restaurants nicht individuell. Stattdessen wird im Vorfeld entschieden, ob Rot- oder Weißwein serviert wird, während Wasser selbstverständlich immer bestellt wird. Je nach Anzahl der Gäste werden dann zum Beispiel **mezzo litro di** (ein halber Liter), **un litro di** (ein Liter), **due litri di** (zwei Liter) beziehungsweise **una bottiglia di** (eine Flasche) oder **due bottiglie di** (zwei Flaschen) bestellt. Jeder Gast bedient sich dann nach Belieben, ohne dass eine Einzelabrechnung erfolgt.

An dieser Stelle möchte ich Ihnen das Modalverb **volere** (wollen) vorstellen:

Pronomen/ Infinitiv	(io)	(tu)	(lui, lei, Lei)	(noi)	(voi)	(loro)
volere	voglio	vuoi	vuole	vogliamo	volete	vogliono

Tabelle 6.3: Konjugation »volere« (wollen)

So können Sie vorab fragen, welche Getränke bestellt werden sollen:

- ✔ **Vuoi un vino rosso o un vino bianco?** (Willst du einen Rotwein oder einen Weißwein?)
- ✔ **Vogliamo ordinare un litro di vino bianco?** (Wollen wir einen Liter Weißwein bestellen?)
- ✔ **Volete anche un aperitivo?** (Wollt ihr auch einen Aperitif?)

Ergänzen Sie die Lücken mit der richtigen Form von **volere**.

a. Io ______________________ un'acqua.

b. Tu ______________________ un vino bianco?

c. Noi ______________________ una birra.

d. Loro ______________________ un litro di vino rosso.

e. Lui ______________________ un aperitivo.

f. Lei ______________________ un caffè?

g. Voi ______________________ un'acqua minerale gassata?

Tag 27: Sonderwünsche – »Sono vegetariana«

Nachdem der **cameriere** (Kellner) die Getränke gebracht hat, nimmt er die Bestellung auf.

SIG. BRUNI: **Vorrei l'antipasto misto di salumi e formaggi, per favore.**
[wor-*räi* lan-ti-*pas*-to *mis*-to di sa-*lu*-mi e for-*mad*-dschi, per fa-*wo*-re.]
Ich nehme die gemischte Vorspeisenplatte mit Wurst und Käse, bitte.

CAMERIERE: **Va bene. E come primo piatto?**
[wa *bä*-ne. e di *pri*-mo *pjat*-to?]
Sehr gern. Und als ersten Gang?

SIG. BRUNI: **Come primo prendo il risotto ai funghi, per favore.**
[di *pri*-mo *pren*-do il ri-*sot*-to ai *fun*-gi, per fa-*wo*-re.]
Als ersten Gang nehme ich das Pilzrisotto, bitte.

SIG.RA BRUNI: **Ci sono anche gli antipasti vegetariani?**
[tschi *so*-no *an*-ke lji an-ti-*pas*-ti we-ge-tar-*ja*-ni?]
Gibt es auch vegetarische Vorspeisen?

CAMERIERE: **Certamente, abbiamo una deliziosa selezione di verdure grigliate, olive marinate e carciofi sott'olio.**
[tschär-ta-*men*-te, ab-*bja*-mo *u*-na de-li-*zjo*-za se-le-*zjo*-ne di wer-*du*-re gril-*ja*-te, o-*li*-we ma-ri-*na*-te e kar-*scho*-fi sot-*tol*-jo.]
Natürlich, wir haben eine köstliche Auswahl an gegrilltem Gemüse, marinierten Oliven und in Öl eingelegten Artischocken.

SIG.RA BRUNI: **Ne prendo una porzione.**
[ne *pren*-do *u*-na por-*zjo*-ne.]
Davon nehme ich eine Portion.

Kleiner Wortschatz

l'antipasto misto	gemischte Vorspeisen(platte)	**i salumi**	Wurstwaren
il primo (piatto)	erster Gang	**il risotto**	Reisgericht
il fungo	Pilz	**vegetariano/a**	vegetarisch
delizioso/a	köstlich	**la selezione**	Auswahl
la verdura	Gemüse	**grigliato/a**	gegrillt
l'oliva	Olive	**marinato/a**	mariniert
il carciofo	Artischocke	**sott'olio**	in Öl eingelegt
la porzione	Portion		

Antipasti (Vorspeisen)

i funghi ripieni ([ri-*pje*-ni] gefüllte Champignons), **il carpaccio di manzo** ([kar-*pat*-tscho di *man*-zo] Rindercarpaccio), **il prosciutto e melone** ([pro-*schut*-to e me-*lo*-ne] Schinken und Melone), **il vitello tonnato** ([wi-*täl*-lo ton-*na*-to] Kalbfleisch mit Thunfischpaste), **la bresaola con rucola** ([bre-*sau*-la kon ru-*ko*-la] luftgetrockneter Schinken mit Rucola), **la bruschetta al pomodoro** [brus-*ket*-ta al po-mo-*do*-ro], **la caprese** ([kap-*re*-ze] Tomaten und Mozzarella)

Ihr Wunschgericht nennen Sie immer zusammen mit dem bestimmten Artikel:

✔ **Come antipasto prendo il carpaccio, l'antipasto misto, la bresaola, i funghi ripieni, le bruschette…** (Als Vorspeise nehme ich das Carpaccio, die gemischten Vorspeisenplatte, den luftgetrockneten Schinken, die gefüllten Pilze, die Bruschette …)

Als erster Gang werden vorwiegend Nudel- und Reisgerichte sowie Gnocchi angeboten: **gli gnocchi di patate** (Kartoffelklößchen), **gli spaghetti alla carbonara** (Spaghetti nach Köhlerart), **i ravioli di ricotta e spinaci** (Teigtaschen gefüllt mit Ricotta und Spinat), **i tortellini in brodo** (Tortellini in Brühe), **il risotto alla milanese** (Risotto nach Mailänder Art), **la pasta e fagioli** (Pasta mit dicken Bohnen), **le fettuccine al salmone** (Bandnudeln mit Lachs), **le lasagne** (Lasagne), **le trenette al pesto** (schmale Bandnudeln mit Pesto)

1. Auf der Speisekarte stehen folgende Antipasti: bruschetta, bresaola, caprese, carpaccio, olive marinate, prosciutto e melone, verdura grigliata, vitello tonnato. Bestellen Sie eine Vorspeise (+ bestimmter Artikel) …

a. mit Tomaten: Come antipasto prendo ______________________.

b. mit rohem Rindfleisch: Come antipasto prendo ______________________.

c. mit Melone: Come antipasto prendo ______________________.

d. mit luftgetrocknetem Rindfleisch: Come antipasto prendo ______________________.

e. mit Käse/Milchprodukt: Come antipasto prendo ______________________.

2. Sehen Sie sich die Antipasti unter Aufgabe 1 an. Was bestellen Sie **nicht**, wenn Sie …

a. Vegetarier sind: ______________________

b. laktoseintolerant sind: ______________________

c. glutenintolerant sind: ______________________

Was bestellen Sie, wenn Sie …

d. Veganer sind: ______________________

Tag 28: Als Hauptgang – carne o pesce?

Jetzt kommt das **secondo** (Hauptgang, zweiter Gang), zumeist Fisch oder Fleisch. Dazu bestellt Signor Bruni ein **contorno** (Beilage), das aus Gemüse oder Salat besteht. Man kann das **secondo** auch nur mit Brot essen.

CAMERIERE: **Cosa desiderate di secondo?**
[*ko*-za de-*zi*-de-ra-te di se-*kon*-do?]
Was möchten Sie als zweiten Gang?

SIG. BRUNI: **Vorrei un filetto di manzo alla griglia con le patate al rosmarino.**
[wor-*räi* un fi-*let*-to di *man*-zo al-la *gril*-ja kon le pa-*ta*-te al ros-ma-*ri*-no.]
Ich nehme das Rinderfilet vom Grill mit Rosmarinkartoffeln.

CAMERIERE: **Va bene, e la signora?**
[wa *bä*-ne, e la sin-*jo*-ra?]
Sehr gerne, und die Dame?

SIG.RA BRUNI: **Per me le polpette vegetariane con l'insalata mista, per favore.**
[per *mä* le pol-*pet*-te we-ge-tar-*ja*-ne kon lin-sa-*la*-ta *mis*-ta, per fa-*wo*-re.]
Für mich vegetarische Fleischbällchen mit einem gemischten Salat, bitte.

Kleiner Wortschatz

il secondo (piatto)	zweiter Gang, Hauptgang	**il filetto**	Filet
il manzo	Rind	**alla griglia**	gegrillt, vom Grill
la patata	Kartoffel	**il rosmarino**	Rosmarin
la polpetta	Fleischbällchen		

Hauptspeisen und Beilagen

Fleischgerichte: **il pollo alla griglia** ([*pol*-lo *al*-la *gril*-ja] Hähnchen vom Grill), **l'involtino di manzo** ([in-wol-*ti*-no di man-zo] Rinderroulade), **l'ossobuco** ([os-so-*bu*-ko] geschmorte Kalbsbeinscheibe), **la bistecca alla fiorentina** ([bis-*tek*-ka al-la fjo-ren-*ti*-na] Florentiner Steak), **la scaloppina al limone** ([ska-lop-*pi*-na al li-*mo*-ne] Kalbschnitzel in Zitronensauce), **lo spezzatino di manzo** ([spez-za-*ti*-no di *man*-zo] Ragout vom Rind)

Fischgerichte: **il fritto misto di pesce** ([*frit*-to *mis*-to di *pe*-sche] gemischter frittierter Fisch), **la sogliola ai ferri** ([*sol*-jo-la *ai fer*-ri] gegrillte Seezunge), **la trota alla mugnaia** ([*tro*-ta *al*-la mun-*jai*-ja] Forelle Müllerinart)

Beilagen: **gli spinaci** ([spi-*na*-tschi] Spinat), **gli zucchini** ([dzuk-*ki*-ni) Zucchini), **i carciofi alla romana** ([kar-*tscho*-fi al-la ro-*ma*-na] Artischocken Römischer Art), **i fagiolini** ([fa-dscho-*li*-ni] grüne Bohnen), **l'insalata mista** ([in-sa-*la*-ta *mis*-ta] gemischter Salat), **le**

patate al forno ([pa-*ta*-te al *for*-no] Ofenkartoffeln), **lo sformato di patate** ([zfor-*ma*-to di pa-*ta*-te] Kartoffelauflauf)

Da haben wir den Salat: In Italien werden Salate vornehmlich als **contorno** (Beilage) serviert und weniger als **antipasto** (Vorspeise). Die italienische Küche ist nicht unbedingt wegen ihrer Salate berühmt; hier punktet die deutsche Küche mit vielfältigen Dressings. In Italien beschränkt man sich oft auf eine einfache Kombination aus Salz, Pfeffer, Essig und Öl. **Aceto balsamico** (Balsamicoessig) findet vor allem beim Kochen und Einlegen von gegrilltem Gemüse Anwendung. Die **contorni** (Beilagen) werden auf einem separaten Teller serviert.

Die Zubereitungsart einer Speise wird mit der Präposition **a** + Artikel wiedergegeben: **ai funghi** ([ai *fun*-gi] mit Champignons), **ai ferri** ([ai *fer*-ri] vom Grill), **al limone** ([al li-*mo*-ne] mit Zitrone), **al rosmarino** ([al roz-ma-*ri*-no] mit Rosmarin), **alla carbonara** ([*al*-la kar-bo-*na*-ra] nach Köhlerart), **alla fiorentina** ([*al*-la fjo-ren-*ti*-na] Florentiner Art), **alla griglia** ([*al*-la *gri*-lja] vom Grill), **alla milanese** ([*al*-la mi-la-*ne*-ze] nach Mailänder Art), **alla mugnaia** ([*al*-la mun-*jai*-ja] Müllerin Art), **al forno** ([al *for*-no] überbacken, aus dem Backofen).

1. Ordnen Sie die Gerichte dem passenden bestimmten Artikel zu: antipasto, bistecca, carciofi, carpaccio, fagioli, filetto, insalata, lasagne, ossobuco, patate, penne, pesce, pollo, ravioli, sformato di patate, sogliola, spaghetti, spezzatino, spinaci, tagliatelle, trenette, trota, zucchini.

a. il ______________________

b. l' ______________________

c. lo ______________________

d. la ______________________

e. i ______________________

f. gli ______________________

g. le ______________________

2. Ordnen Sie nun die Gerichte von Aufgabe 1 der italienischen Menüfolge zu:

a. antipasto: ______________________

b. primo piatto: ______________________

c. secondo piatto (carne): ______________________

d. secondo piatto (pesce): ______________________

e. contorno: ______________________

Tag 29: Dessert – la dolce vita

Der **cameriere** (Kellner) räumt die Teller vom Hauptgang ab und fragt, ob es noch etwas sein darf.

CAMERIERE: **Desiderate anche un dessert? Abbiamo sorbetti, tiramisù, macedonia, panna cotta, fragole fresche e torta di noci.**
[de-zi-de-*ra*-te *an*-ke un des-*sert*? ab-*bja*-mo sor-*bet*-ti, ti-ra-mi-*su*, ma-tchä-*do*-nja, *pan*-na *kot*-ta, *fra*-go-le *fres*-ke e *tor*-ta di *no*-tschi.]
Wünschen Sie noch ein Dessert? Wir haben Sorbets, Tiramisu, Obstsalat, Panna cotta, frische Erdbeeren und Nusskuchen.

SIG.RA BRUNI: **Vorrei un dolce vegano, magari il sorbetto al limone.**
[wor-*räi* un *dol*-tsche we-*ga*-no, ma-*ga*-ri il sor-*bet*-to al li-*mo*-ne.]
Ich nehme ein veganes Dessert, vielleicht das Zitronensorbet.

CAMERIERE: **Perfetto, anche per Lei?**
[per-*fät*-to, *an*-ke per *läi*?]
Wunderbar, und für Sie ebenfalls?

SIG. BRUNI: **Per me solo un caffè e il conto, per favore.**
[per *mä so*-lo un kaf-*fä* e il *kon*-to, per fa-*wo*-re.]
Für mich nur einen Espresso und die Rechnung, bitte.

CAMERIERE: **Va bene, signori, vengo subito.**
[wa *bä*-ne, sin-*jo*-ri, *wen*-go *su*-bi-to.]
Danke, die Herrschaften, ich bin sofort wieder bei Ihnen.

Kleiner Wortschatz

il dessert	Nachtisch	**il dolce**	Süßspeise	**vegano/a**	vegan
il sorbetto	Sorbet	**il limone**	Zitrone	**il conto**	Rechnung
la macedonia	Obstsalat	**la fragola**	Erdbeere	**fresco/a**	frisch
la torta	Kuchen	**la noce**	Nuss	**solo**	nur

Süßes aus Italien

il budino ([bu-*di*-no] Pudding mit verschiedenen Geschmacksrichtungen wie Schokolade oder Vanille), **il gelato** ([dsche-*la*-to] Eiscreme), **il tiramisù** [ti-ra-mi-*su*], **la macedonia** ([ma-tsche-*do*-nja] Obstsalat), **la panna cotta** [*pan*-na *kot*-ta], **la torta della nonna** ([*tor*-ta *del*-la *non*-na] Kuchen mit Vanillecremefüllung und Pinienkernen), **lo zabaglione** ([dza-bal-*jo*-ne] schaumige Nachspeise aus Eigelb, Zucker und Wein)

Ein italienisches Menü besteht aus vier Gängen. Beim Bestellvorgang können Sie sich an folgende Struktur halten:

✔ **Come antipasto prendo...** (Als Vorspeise nehme ich ...)

✔ **Come primo piatto prendo...** (Als ersten Gang nehme ich ...)

✔ **Come secondo piatto prendo...** (Als zweiten Gang nehme ich ...)

✔ **Come contorno prendo...** (Als Beilage nehme ich ...)

✔ **Come dessert prendo...** (Als Nachtisch nehme ich ...)

In Italien ist es unüblich, getrennt zu zahlen. Es gibt mehrere gängige Varianten bei Restaurantbesuchen: Wenn beispielsweise drei Familien gemeinsam essen gehen und einer der Väter die Rechnung begleicht, wird diese anschließend durch drei geteilt, unabhängig von der Anzahl der Personen.

Ein weiteres Beispiel ist **pagare alla romana** (auf römische Art und Weise bezahlen), wobei in einer Gruppe von zehn Personen jeder ein Zehntel der Gesamtsumme beisteuert, unabhängig davon, was er konsumiert hat. Es findet keine genaue Abrechnung statt.

Hier ist die Speisekarte des Restaurants Ritalia:

Antipasti: vitello tonnato, bruschetta, prosciutto e melone, carpaccio, funghi ripieni

Primi piatti: gnocchi al gorgonzola, lasagne, risotto ai funghi, spaghetti al pomodoro, spaghetti alla carbonara, trenette al pesto

Secondi piatti: pesce spada alla griglia, filetto di manzo, bistecca fiorentina, ossobuco

Contorno: fagiolini, spinaci, insalata mista, carciofi, patate fritte

Dessert: panna cotta, tiramisù, budino, sorbetto, gelato, zabaglione

Geben Sie eine Bestellung auf und schreiben Sie ganze Sätze. (Denken Sie an den bestimmten Artikel vor den Speisen: Come antipasto prendo il vitello tonnato.)

a. Bestellen Sie ein Antipasto mit Tomaten:

____

b. Bestellen Sie ein Nudelgericht mit Eiern:

____

c. Bestellen Sie ein veganes Nudelgericht:

____

d. Bestellen Sie ein Reisgericht:

____

e. Bestellen Sie einen Hauptgang mit Kalbfleisch:

____

Tag 30: Rezepte wiedergeben – Risotto finde ich gut

Signor Bruni hat das Risotto außerordentlich gut geschmeckt. Er fragt nach dem Rezept.

SIG. BRUNI: **Il risotto era ottimo. Come lo fate?**
[il ri-*sot*-to *e*-ra *ot*-ti-mo. *ko*-me lo *fa*-te?]
Das Risotto war perfekt. Wie macht ihr das?

CAMERIERE: **Per preparare un delizioso risotto ai funghi si soffriggono la cipolla e l'aglio in olio d'oliva.**
[per pre-pa-*ra*-re un de-li-zi-*jo*-so ri-*zot*-to ai *fun*-ghi si sof-*frig*-gono la tchi-*pol*-la e *lal*-jo in *ol*-jo do-*li*-wa.]
Um ein köstliches Pilzrisotto zuzubereiten, brät man Zwiebel und Knoblauch in Olivenöl an.

Si aggiunge il riso Carnaroli e si sfuma con del vino bianco.
[si ad-*dschun*-dsche il *ri*-zo kar-na-*ro*-li e si *zfu*-ma kon il *wi*-no *bian*-ko.]
Man gibt den Carnaroli-Reis hinzu und löscht mit Weißwein ab.

Si aggiunge il brodo caldo e si mescola e, quando il riso è quasi cotto, si aggiungono i funghi.
[si ad-*dschun*-dsche il *bro*-do *kal*-do e si *mes*-ko-la e, *kwan*-do il *ri*-zo *ä* *kwa*-zi *kot*-to, si ad-*dschun*-go-no i *fun*-gi.]
Man fügt heiße Brühe hinzu und rührt um, und wenn der Reis fast gar ist, fügt man die Champignons hinzu.

Si aggiungono il burro ed il parmigiano grattugiato. Alle fine si mette il prezzemolo.
[si ad-*dschun*-go-no il *bur*-ro ed il par-mi-*dscha*-no grat-tu-*dscha*-to. *al*-la *fi*-ne si *mät*-te il präz-*ze*-mo-lo.]
Man gibt Butter und Parmesan hinzu. Am Ende wird die Petersilie hinzugefügt.

Kleiner Wortschatz

soffriggere	anbraten	**la cipolla**	Zwiebel	**l'aglio**	Knoblauch
aggiungere	hinzufügen	**il riso**	Reis	**sfumare**	ablöschen
il brodo	Brühe	**mescolare**	umrühren	**quasi**	fast
cotto/a	gekocht, gar	**alla fine**	zum Schluss	**mettere**	hinzufügen
il parmigiano	Parmesan	**grattugiato/a**	gerieben	**il prezzemolo**	Petersilie

In der Küche

bollente ([bol-*len*-te] kochend heiß), **il coltello** ([kol-*täl*-lo] Messer), **il cucchiaio** ([kuk-*kjai*-o] Löffel), **il mestolo** ([*mes*-to-lo] Schöpflöffel), **il tagliere** ([tal-*jä*-re] Schneidebrett), **la casseruola** ([kas-se-ru-*o*-la] Bratentopf), **la frusta** ([*frus*-ta] Schneebesen), **la grattugia** ([grat-*tu*-dscha] Reibe), **la padella** ([pa-*del*-la] Pfanne), **la pentola** ([*pen*-to-la] Topf), **condire** ([kon-*di*-re] würzen), **cuocere** ([*kuo*-tsche-re] köcheln, kochen), **decorare** ([de-ko-*ra*-re] dekorieren), **friggere** ([*frid*-dsche-re] frittieren), **grattugiare** ([grat-tu-*dscha*-re] reiben), **grigliare** ([gril-*ja*-re] grillen), **impastare** ([im-pas-*ta*-re] kneten), **lasciar cuocere** ([la-*schar kuot*-sche-re] köcheln lassen), **raffreddare** ([raf-fred-*da*-re] abkühlen), **sbattere** ([*zbat*-tere] schlagen), **scolare** ([sko-*la*-re) abgießen), **servire** ([ser-*wi*-re] servieren), **tagliare** (tal-*ja*-re] schneiden), **tritare** ([tri-*ta*-re] hacken), **unire** (isc) ([u-*ni*-re] dazugeben)

Das Wort **si** (man) dient dazu, eine Handlung oder eine Meinung auszudrücken, ohne eine spezifische Person zu benennen Folgt ein Plural, muss auch das Verb im Plural stehen:

✔ **Si lava il prezzemolo.** (Man wäscht die Petersilie.) – **Si lavano i funghi.** (Man wäscht die Pilze.)

Steht ein Verb in der 3. Person Plural, wird es auf der drittletzten Silbe betont: **aggiungono** (ad-*dschun*-go-no), **lavano** (*la*-wa-no), **mangiano** (*man*-dscha-no), **mettono** (*met*-to-no), **tagliano** (*tal*-ja-no), **tritano** (*tri*-ta-no).

Ergänzen Sie das Rezept für **Spaghetti al sugo di pomodoro** mit den konjugierten Verben.

a. Prima, si _______________ (mettere) l'acqua in una pentola.

b. Quando l'acqua è bollente, si _______________ (mette) gli spaghetti.

c. In una padella si _______________ (scaldare) l'olio d'oliva e si _______________ (soffriggere) l'aglio tritato.

d. Poi, si _______________ (unire) i pomodori pelati con un pizzico di sale.

e. Dopo circa dieci minuti, si _______________ (scolare) la pasta e si _______________ (versare) il sugo.

f. Infine, si _______________ (aggiungere) il basilico fresco. Buon appetito!

Hören Sie sich nun die Lösung an und sprechen Sie sie nach (Track 13).

IN DIESEM KAPITEL

Eine Reise unternehmen und darüber berichten

Sardinien kennenlernen

Einen Tagesablauf schildern

Kapitel 7
Sechste Woche

Das Ehepaar Bruni fährt im Mai in den Urlaub nach Sardinien. Sie sprechen über das Wetter, beziehen eine Ferienwohnung und unternehmen täglich Ausflüge in die Umgebung. Auf ihrer Reise besichtigen sie:

- ✔ die **Costa Smeralda**, eine luxuriöse Küstenregion im Nordosten Sardiniens, bekannt für ihre traumhaften Strände, kristallklares Wasser und piniengesäumte Landschaften. Seit den 1960er-Jahren zieht sie Prominente und wohlhabende Urlauber an. Die Region ist berühmt für elegante Yachthäfen, exklusive Villen und erstklassige Restaurants.
- ✔ die **Nuraghen**, prähistorische Turmbauten auf Sardinien, die zwischen dem 18. und 12. Jahrhundert vor Christus erbaut wurden. Sie bestehen aus großen Steinen und dienten möglicherweise als Kult- oder Wohnstätten. Diese eindrucksvollen Bauwerke sind UNESCO-Weltkulturerbe.
- ✔ **Alghero**, eine Küstenstadt auf Sardinien, die für ihre gut erhaltene Altstadt bekannt ist. In Alghero wird neben Italienisch auch Katalanisch gesprochen, was auf die historische Verbindung zur katalanischen Kultur zurückzuführen ist. Die Stadt bietet eine einzigartige Mischung aus italienischer und katalanischer Tradition.
- ✔ **Golfo di Orosei** an der Ostküste Sardiniens, bekannt für beeindruckende Klippen, versteckte Buchten und kristallklares Wasser.
- ✔ **Cala Luna**, eine atemberaubende Bucht am **Golfo di Orosei**. Umgeben von dichten Wäldern und beeindruckenden Höhlen bietet sie ideale Bedingungen zum Schwimmen, Schnorcheln und Wandern.
- ✔ **Cagliari**, die Hauptstadt Sardiniens, bekannt für ihre historische Altstadt, Strände, das römische Amphitheater und das Castello-Viertel. Die Stadt bietet eine reiche Kultur und köstliche sardische Küche.
- ✔ **Sassari**, die zweitgrößte Stadt Sardiniens, bekannt für ihre traditionellen religiösen Feste wie die Prozession der **Candelieri**, die als UNESCO-Weltkulturerbe anerkannt ist.

Tag 31: Urlaub planen – mare, mare, mare

Signor und Signora Bruni planen ihren Urlaub:

Sig.ra Bruni: **Luca, vorrei fare un viaggio al mare. Ma non in alta stagione.**
[*lu*-ka, wor-*räi fa*-re un wi-*jad*-dscho al *ma*-re. ma non in *al*-ta sta-*dscho*-ne.]
Luca, ich möchte eine Reise ans Meer machen. Aber nicht in der Hochsaison.

Sig. Bruni: **Nei mesi di luglio ed agosto i prezzi sono astronomici! Perché non cerchiamo qualcosa in giugno o in settembre?**
[*näi me*-zi di *lul*-jo ed a-*gos*-to i *präz*-zi sono as-tro-*no*-mi-tschi! per-*kä* non tscher-*kja*-mo kwal-*ko*-za in *dschun*-jo o in set-*tem*-bre?]
In den Monaten Juli und August sind die Preise astronomisch! Warum schauen wir nicht nach etwas im Juni oder im September?

Sig.ra Bruni: **Ottima idea! Magari andiamo in Sardegna dal primo al quindici giugno.**
[*ot*-ti-ma i-*dä*-ja! ma-*ga*-ri an-*dja*-mo in sar-*den*-ja dal *pri*-mo al *kwin*-di-tschi *dschun*-jo.]
Sehr gute Idee! Vielleicht fahren wir vom 1. bis 15. Juni nach Sardinien.

Sig. Bruni: **Controllo subito le offerte e vediamo se trovo qualcosa di interessante ad un buon prezzo.**
[kon-*trol*-lo *su*-bi-to le of-*fer*-te e we-*dja*-mo se *tro*-wo kwal-*ko*-za di in-te-räs-*san*-te kon un *bwon präz*-zo.]
Ich checke gleich die Angebote und wir schauen mal, ob ich etwas Interessantes zu einem guten Preis finde.

Kleiner Wortschatz

il viaggio	Reise	**l'alta stagione**	Hochsaison	**l'offerta**	Angebot
se	ob	**astronomico/a**	astronomisch	**la Sardegna**	Sardinien
primo/a	erste/-r	**controllare**	kontrollieren	**subito**	sofort

Monate und Jahreszeiten

Il mese ([*me*-ze] Monat): **il gennaio** ([dschen-*nai*-jo] Januar), **il febbraio** ([feb-*brai*-jo] Februar), **il marzo** ([*mar*-zo] März), **l'aprile** ([a-*pri*-le] April), **il maggio** ([*mad*-dscho] Mai), **il giugno** ([*dschun*-jo] Juni), **il luglio** ([*lul*-jo] Juli), **l'agosto** ([a-*go*-sto] August), **il settembre** ([set-*täm*-bre] September), **l'ottobre** ([ot-*to*-bre] Oktober), **il novembre** ([no-*wäm*-bre] November), **il dicembre** ([di-*tschäm*-bre] Dezember)

La stagione ([sta-*dscho*-ne] Jahreszeit): **la primavera** ([la *pri*-ma-*we*-ra] Frühling), **l'estate** ([les-*ta*-te] Sommer), **l'autunno** ([lau-*tun*-no] Herbst), **l'inverno** ([lin-*wär*-no] Winter)

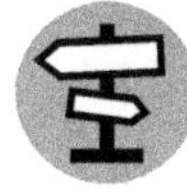

In Italien variieren die Saisonzeiten je nach Region. Auf Sardinien werden sie üblicherweise wie folgt eingeteilt:

- ✔ **alta stagione** (Hochsaison): Diese Saison fällt in der Regel in die Monate Juli und August. In dieser Zeit sind die touristischen Aktivitäten am höchsten und die Preise für Unterkünfte und Dienstleistungen steigen.
- ✔ **media stagione** (Zwischensaison): Diese Saison umfasst die Monate Juni und September. Das Wetter ist angenehm und es sind weniger Touristen unterwegs.
- ✔ **bassa stagione** (Nachsaison): Diese Saison erstreckt sich üblicherweise von Oktober bis Mai. In dieser Zeit gibt es deutlich weniger Tourismus und viele touristische Einrichtungen haben eingeschränkte Öffnungszeiten oder sind geschlossen.

Die Präposition **in** wird für Zeitangaben wie folgt verwendet:

- ✔ **in ottobre** (im Oktober), **in novembre** (in November), **in dicembre** (im Dezember)
- ✔ **in alta stagione** (in der Hochsaison), **in bassa stagione** (in der Nebensaison)
- ✔ **nei mesi di luglio ed agosto** (in den Monaten Juli und August)

Steht das nachfolgende Wort mit Artikel, geht die Präposition **in** damit eine Verschmelzung ein.

Artikel/ Präposition	**il**	**lo**	**l'**	**la**	**i**	**gli**	**le**
in	nel	nello	nell'	nella	nei	negli	nelle

Tabelle 7.1: Präpostion »in« plus bestimmter Artikel

Im Italienischen wird nur für den Monatsersten die Ordnungszahl **primo** (erster) verwendet. Alle anderen Tage werden mit den Grundzahlen ausgedrückt:

- ✔ **Vado in vacanza dal <u>primo</u> al <u>quindici</u> giugno.** (Ich gehe vom 1. bis 15. Juni in Urlaub.)
- ✔ **Oggi è il <u>ventuno</u> luglio.** (Heute ist der 21. Juli.)
- ✔ **Il <u>quindici</u> agosto è festa in Italia.** (Am 15. August ist in Italien Feiertag.)

Welches Wort passt nicht in die Reihe? Unterstreichen Sie es.

a. agosto, novembre, ottobre, settembre

b. estate, inverno, primavera, stagione

c. alta, bassa, grande, media

d. Sicilia, Sardegna, Ischia, Corsica

Tag 32: Wetter – che caldo!

Signor und Signora Bruni nehmen die Fähre ab Livorno. Sie erreichen nach sieben Stunden die Hafenstadt Olbia auf Sardinien. Es ist sehr heiß.

SIG. BRUNI: **Che caldo! Incredibile, temperature così alte in giugno ad Olbia!**
[kä *kal*-do! in-kre-*di*-bi-le, tem-pe-ra-*tu*-re ko-*si al*-te in *dschun*-jo ad *ol*-bja!]
Was für eine Hitze! Unglaublich, so hohe Temperaturen im Juni in Olbia!

SIG.RA BRUNI: **Sì, davvero! Per fortuna c'è un po' di vento.**
[si, daw-*we*-ro! per for-*tu*-na *tschä* un po di *wen*-to.]
Aber wirklich! Zum Glück weht ein bisschen Wind.

SIG. BRUNI: **Magari possiamo cercare una gelateria.**
[ma-*ga*-ri pos-*sja*-mo tschär-*ka*-re *u*-na dsche-la-te-*ri*-ja.]
Wir könnten vielleicht eine Eisdiele aufsuchen.

SIG.RA BRUNI: **Ottima idea! Dobbiamo trovare un posto all'ombra.**
[*ot*-ti-ma i-*dä*-ja! dob-*bja*-mo tro-*wa*-re un *pos*-to al-*lom*-bra.]
Super Idee! Wir müssen einen Platz im Schatten finden.

SIG. BRUNI: **Assolutamente! È una bella giornata, nonostante il caldo.**
[as-so-lu-ta-*men*-te! *ä u*-na *bel*-la dschor-*na*-ta, no-no-*stan*-te il *kal*-do.]
Auf jeden Fall! Es ist ein schöner Tag, trotz der Hitze.

SIG.RA BRUNI: **Esatto! La Sardegna ci aspetta.**
[e-*sat*-to! la sar-*den*-ja tschi as-*pet*-ta.]
Genau! Sardinien erwartet uns.

Kleiner Wortschatz

incredibile	unglaublich	**la temperatura**	Temperatur	**davvero**	wirklich
per fortuna	zum Glück	**la gelateria**	Eisdiele	**nonostante**	trotz
magari	vielleicht	**assolutamente**	unbedingt	**l'ombra**	Schatten

Wie wird das Wetter?

il tempo ([*tem*-po] Wetter), **il sole** ([*so*-le] Sonne), **soleggiato/a** ([so-led-*dscha*-to/a] sonnig), **fa caldo** ([fa *kal*-do] es ist warm, heiß), **fa molto caldo** ([fa mol-to *kal*-do] es ist heiß), **fa freddo** ([fa *fred*-do] es ist kalt), **la nebbia** ([*neb*-bja] Nebel), **nebbioso/a** ([neb-bi-*jo*-so/a] neblig), **neve** ([*ne*-we] Schnee), **nevicare** ([ne-wi-*ka*-re] schneien), **nuvola** ([*nu*-wu-la] Wolke), **nuvoloso/a** ([nu-wo-*lo*-so/a] bewölkt), **la pioggia** ([pi-*jod*-dscha] Regen), **piovere** ([*pjo*-we-re] regnen), **piovoso/a** ([pjo-*wo*-so/a] regnerisch), **vento** ([*wen*-to] Wind), **ventoso/a** ([wen-*to*-so] windig)

c'è il sole ([*tschä* il *so*-le] die Sonne scheint), **c'è la nebbia** ([*tschä* la *neb*-bja] es gibt Nebel, es ist neblig), **c'è la neve** ([*tschä* la *ne*-we] es gibt Schnee), **c'è la pioggia** ([*tschä* la *pjod*-dscha] es gibt Regen, es regnet)

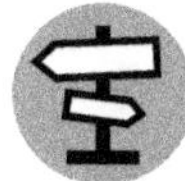

Süditalien besteht aus acht Regionen. Hier eine Liste mit den **capoluoghi** ([ka-po-lu-*o*-gi] Landeshauptstädte):

- ✔ **la Campania** ([kam-*pan*-ja] Kampanien), **il capoluogo è Napoli** ([*na*-pol-i] Neapel)
- ✔ **la Calabria** ([ka-*la*-bri-ja] Kalabrien), **il capoluogo è Catanzaro** [ka-tan-*za*-ro]
- ✔ **la Sicilia** ([si-*tschi*-li-ja] Sizilien), **il capoluogo è Palermo** [pa-*ler*-mo]
- ✔ **la Puglia** ([*pul*-ja] Apulien), **il capoluogo è Bari** [*ba*-ri]
- ✔ **la Basilicata** ([ba-si-li-*ka*-ta] die Basilikata), **il capoluogo è Potenza** [po-*ten*-za]
- ✔ **il Molise** [mo-*li*-ze], **il capoluogo è Campobasso** [kam-po-*bas*-so]
- ✔ **la Sardegna** ([sar-*den*-ja] Sardinien), **il capoluogo è Cagliari** [*kal*-ja-ri]
- ✔ **l'Abruzzo** ([a-*bruz*-zo] die Abruzzen), **il capoluogo è l'Aquila** [*la*-kwi-la]

Für Orts- und Richtungsangaben wird bei den Regionen die Präposition **in** (in, nach) verwendet:

- ✔ **Sono in Calabria.** (Ich bin in Kalabrien.) – **Vado in Calabria.** (Ich fahre nach Kalabrien.)
- ✔ **Sono in Abruzzo.** (Ich bin in den Abruzzen.) – **Vado in Abruzzo.** (Ich fahre in die Abruzzen.)

Für Orts- und Richtungsangaben wird bei Städten und kleinen Inseln die Präposition **a** (in, nach) verwendet:

- ✔ **Sono a Olbia.** (Ich bin in Olbia.) – **Vado a Olbia.** (Ich fahre nach Olbia.)
- ✔ **Sono a Capri.** (Ich bin auf Capri.) – **Vado a Capri.** (Ich fahre nach Capri.)

Übersetzen Sie den italienischen Wetterbericht.

a. Auf Sizilien ist es sonnig und heiß.__________________________

b. In Cagliari scheint die Sonne und es ist windig.____________________

c. In den Abruzzen ist es kalt und es schneit. ____________________

d. In Bari ist es warm und es regnet.__________________________

e. In Kampanien ist es bewölkt und regnerisch. ____________________

Hören Sie sich nun die Lösung an und sprechen Sie sie nach (Track 14).

Tag 33: Die Ferienwohnung – l'appartamento turistico

Signor und Signora Bruni besichtigen ihre Ferienwohnung in Olbia.

SIG.RA BRUNI: **Guarda, questo è il nostro appartamento! Mi piace molto. Guarda, in camera da letto ci sono un bel letto e un bell'armadio grande.**
[*gwa*-da, *kwäs*-to *ä* il *nos*-tro ap-par-ta-*men*-to! mi *pja*-tsche *mol*-to. *gwar*-da, in *ka*-me-ra da *let*-to tschi *so*-no un *bel* let-to e un *bell* ar-*ma*-djo *gran*-de.]
Schau mal, das ist unsere Wohnung! Sie gefällt mir sehr gut. Sieh mal, im Schlafzimmer gibt es ein schönes Bett und einen schönen großen Schrank.

SIG. BRUNI: **E poi la cucina: un frigorifero moderno, una bella cucina a gas e un tavolo rustico con sei sedie. I mobili mi piacciono molto.**
[e poi la ku-*tschi*-na: un fri-go-*ri*-fe-ro mo-*der*-no, *u*-na *bel*-la ku-*tschi*-na a *gas* e un *ta*-wo-lo *rus*-ti-ko kon *sä*-i-e *se*-dje. i *mo*-bi-li mi *pjat*-tscho-no *mol*-to.]
Und dann die Küche: ein moderner Kühlschrank, ein Gasherd und ein rustikaler Tisch mit sechs Stühlen! Die Möbel gefallen mir sehr.

SIG.RA BRUNI: **In soggiorno ci sono un bel divano largo, due belle poltrone comode, un televisore e una bella lampada sopra il tavolino.**
[in sod-*dschor*-no tschi *so*-no un bel di-*wa*-no *lar*-go, *du*-e *bel*-le pol-*tro*-ne *ko*-mo-de, un te-le-wi-*zo*-re e *u*-na *bel*-la *lam*-pa-da *so*-pra il ta-wo-*li*-no.]
Im Wohnzimmer gibt es eine breite Couch, zwei bequeme Sessel, einen Fernseher und eine schöne Lampe über dem Couchtisch.

SIG. BRUNI: **Anche il bagno è molto bello, ci sono la doccia, la vasca da bagno, due lavabi, il bidet e il water.**
[*an*-ke il *ban*-jo *ä* *mol*-to *bel*-lo, tschi *so*-no la *dot*-tscha, la *vas*-ka da *ban*-jo, *du*-e *la*-wa-bi, il bi-*det* e il *wa*-ter.]
Auch das Bad ist sehr schön, es gibt eine Dusche, eine Badewanne, zwei Waschbecken, ein Bidet und ein WC.

Kleiner Wortschatz

nostro/a	unser/-e	**comodo/a**	bequem	**poi**	dann
guardare	schauen	**moderno/a**	modern	**rustico/a**	rustikal
sopra	über	**largo/a**	breit		

Zimmer – Möbel – Bad

Le camere ([*ka*-me-re] Zimmer]: **il bagno** ([*ban*-jo] Badezimmer), **il corridoio** ([kor-ri-*do*-jo] Flur), **il soggiorno** ([sod-*dschor*-no] Wohnzimmer), **la camera da letto** ([*ka*-me-ra da *let*-to] Schlafzimmer), **la camera dei bambini** ([*ka*-me-ra däi bam-*bi*-ni] Kinderzimmer), **la cucina** ([ku-*tschi*-na] Küche), **la sala da pranzo** ([*sa*-la da *pran*-zo] Esszimmer)

I mobili ([*mo*-bi-li] Möbel): **il divano** ([di-*wa*-no] Sofa), **il divano letto** ([di-*wa*-no *let*-to] Schlafsofa), **il letto** ([*let*-to] Bett), **il tappeto** ([tap-*pet*-to] Teppich), **il tavolino** ([ta-wo-*li*-no] Couchtisch), **il tavolo** ([*ta*-wo-lo] Tisch), **l'armadio** ([lar-*ma*-djo] Schrank), **la cucina** ([ku-*tschi*-na] Herd), **la poltrona** ([pol-*tro*-na] Sessel), **la sedia** ([*se*-dja] Stuhl)

Il bagno ([*ban*-jo] Badezimmer): **il lavabo** ([*la*-wa-bo] Waschbecken), **il water** ([*wa*-ter] WC), **la doccia** ([*dot*-tscha] Dusche), **la vasca da bagno** ([*vas*-ka da *ban*-jo] Badewanne), **lo specchio** ([*spek*-kjo] Spiegel)

Bello (schön) vor einem Substantiv verhält sich wie der bestimmte Artikel:

- ✔ **Che bel letto grande!** (Was für ein schönes großes Bett!) – **Che bei letti grandi!** (Was für schöne große Betten!)
- ✔ **Che bell'armadio!** (Was für ein schöner Schrank!) – **Che begli armadi!** (Was für schöne Schränke!)
- ✔ **Che bello specchio!** (Was für ein schöner Spiegel!) – **Che begli specchi!** (Was für schöne Spiegel.)
- ✔ **Che bella lampada!** (Was für eine schöne Lampe!) – **Che belle lampade**! (Was für schöne Lampen!

Je nachdem, ob das, was Ihnen gefällt, im Singular oder Plural steht, sagen Sie:

- ✔ **Mi piace il bagno**. (Mir gefällt das Bad.)
- ✔ **Mi piacciono i mobili**. (Mir gefallen die Möbel.)

Ergänzen Sie mit den passenden Formen von **bello** und **piacere**.

a. Che be__________ divano. Mi __________ molto.

b. Che be__________ specchio. Mi __________ molto.

c. Che be__________ camera da letto. Mi __________ molto.

d. Che be__________ poltrone. Mi __________ molto.

e. Che be__________ armadio. Mi __________ molto.

f. Che be__________ mobili. Mi __________ molto.

g. Che be__________ armadi. Mi __________ molto.

Tag 34: Einen Reisebericht schreiben – »Abbiamo fatto un giro«

Signora Bruni schreibt einen Blog über ihre Reise. Jeden Tag berichtet sie, was sie und ihr Mann unternommen haben.

Lunedì abbiamo fatto un bagno nelle acque cristalline.
[lu-ne-*di* ab-*bja*-mo *fat*-to un *ban*-jo nel-le *a*-kwe kris-tal-*li*-ne.]
Am Montag haben wir im kristallklaren Wasser gebadet.

Martedì abbiamo visitato Alghero e lì abbiamo assaggiato i piatti regionali.
[mar-te-*di* ab-*bja*-mo wi-si-*ta*-to al-*ge*-ro e *li* ab-*bja*-mo as-sad-*dscha*-to i *pjat*-ti re-dscho-*na*-li.]
Am Dienstag haben wir Alghero besucht und dort regionale Gerichte probiert.

Mercoledì abbiamo esplorato i nuraghi antichi.
[mer-ko-le-*di* ab-*bja*-mo es-plo-*ra*-to i nu-*ra*-gi an-*ti*-ki.]
Am Mittwoch haben wir die antiken Nuraghen erkundet.

Giovedì abbiamo fatto un giro in barca alle isole del Golfo di Orosei.
[dscho-we-*di* ab-*bja*-mo *fat*-to un *dschi*-ro in *bar*-ka *al*-le *i*-so-le del *gol*-fo di o-ro-*säi*.]
Am Donnerstag haben wir eine Bootstour zu den Inseln des Golfs von Orosei gemacht.

Venerdì ho provato il windsurf e Luca ha fatto una passeggiata nei pittoreschi villaggi.
[we-ner-*di* o pro-*wa*-to il *wind*-surf e *lu*-ka a *fat*-to *u*-na pas-sed-*dscha*-ta *nä*-i pit-to-*res*-ki wil-*lad*-dschi.]
Am Freitag habe ich Windsurfen ausprobiert und Luca hat einen Spaziergang in den malerischen Dörfern gemacht.

Sabato abbiamo ballato a una festa tradizionale a Sassari.
[*sa*-ba-to ab-*bja*-mo bal-*la*-to a *u*-na *fäs*-ta tra-di-zi-o-*na*-le a *sas*-sa-ri.]
Am Samstag haben wir auf einem traditionellen Fest in Sassari getanzt.

Kleiner Wortschatz

cristallino/a	kristallklar	**assaggiare**	kosten	**esplorare**	erforschen
i nuraghi	Nuragen	**il giro**	Tour	**la barca**	Boot
l'isola	Insel	**provare**	probieren	**il windsurf**	Windsurfen
la passeggiata	Spaziergang	**pittoresco/a**	malerisch	**la festa**	Fest
tradizionale	traditionell				

An dieser Stelle möchte ich Ihnen die zusammengesetzte Vergangenheit vorstellen, im Deutschen »Perfekt«, im Italienischen **Passato prossimo** genannt, zum Beispiel:

- **Io ho mangiato.** (Ich habe gegessen.)
- **Io sono andato/a in Italia.** (Ich bin nach Italien gefahren.)

Es setzt sich zusammen aus dem Hilfsverb **avere** (haben) oder **essere** (sein) und dem Partizip, in den Beispielen: **mangiato** (gegessen) beziehungsweise **andato/a** (gegangen).

Das Hilfsverb **avere** (haben) wird folgendermaßen konjugiert:

Pronomen/ Infinitiv	(io)	(tu)	(lui, lei, Lei)	(noi)	(voi)	(loro)
avere	ho	hai	ha	abbiamo	avete	hanno

Tabelle 7.2: Konjugation »avere« (haben)

Das Partizip der Verben auf **-are** wird mit der Endung **-ato** gebildet:

- **mangiare** (essen) **mangiato** (gegessen)
- **giocare** (spielen) **giocato** (gespielt
- **ballare** (tanzen) **ballato** (getanzt)

Ausnahme:

- **fare** (machen) **fatto** (gemacht)

Jetzt kombinieren Sie Hilfsverb und Partizip und erhalten die Vergangenheitsform **Passato prossimo** (Perfekt):

- **Ho mangiato una pizza**. (Ich habe eine Pizza gegessen.)
- **Il bambino ha giocato**. (Das Kind hat gespielt.)
- **Avete ballato sabato**? (Habt ihr am Samstag getanzt?)
- **Hanno fatto una festa**. (Sie haben ein Fest gefeiert.)

Ergänzen Sie mit den Verben im Passato prossimo:

a. La signora Bruni ____________________ (comprare) un gelato.

b. Il signor Bruni ____________________ (fare) molte fotografie.

c. I signori Bruni ____________________ (ballare) a una festa.

d. Il signor Bruni ____________________ (visitare) un museo.

Tag 35: Quer durch Sardinien – la bella Sardegna

Auch in der zweiten Woche wird viel unternommen. Signora Bruni führt ihren Blog fort.

Lunedì siamo andati lungo la costa di Cala Luna ed abbiamo visto acque cristalline.
[lu-ne-*di sja*-mo an-*da*-ti *lun*-go la *kos*-ta di *ca*-la *lu*-na ed ab-*bja*-mo *wis*-to *a*-kwe kris-tal-*li*-ne.]
Am Montag sind wir an der Küste von Cala Luna entlanggefahren und haben kristallklares Wasser gesehen.

Martedì siamo rimasti ad Olbia ed ho scritto il blog.
[mar-te-*di sja*-mo ri-*mas*-ti ad *ol*-bi-ja ed *o skrit*-to il blog.]
Am Dienstag sind wir in Olbia geblieben und ich habe an dem Blog geschrieben.

Mercoledì siamo stati a Cagliari e abbiamo conosciuto un artista locale.
[mer-co-le-*di sja*-mo *sta*-ti a *cal*-ja-ri e ab-*bja*-mo ko-no-*schu*-to un ar-*tis*-ta lo-*ka*-le.]
Am Mittwoch sind wir in Cagliari gewesen und haben einen einheimischen Künstler kennengelernt.

Giovedì abbiamo fatto una gita a Sassari.
[dscho-we-*di* ab-*bja*-mo *fat*-to *u*-na *dschi*-ta a *sas*-sa-ri.]
Am Donnerstag haben wir einen Ausflug nach Sassari gemacht.

Venerdì siamo restati per tutto il giorno in Costa Smeralda.
[we-ner-*di sja*-mo res-*ta*-ti per *tut*-to il *dschor*-no *al*-la *kos*-ta sme-*ral*-da.]
Am Freitag sind wir den ganzen Tag an der Costa Smeralda geblieben.

Sabato abbiamo messo in ordine ed abbiamo fatto le valigie.
[*sa*-ba-to ab-*bja*-mo *mes*-so in *or*-di-ne ed ab-*bja*-mo *fat*-to le wa-*li*-dsche.]
Am Samstag haben wir aufgeräumt und die Koffer gepackt.

Kleiner Wortschatz

lungo	entlang	**la costa**	Küste	**restare**	bleiben
la gita	Ausflug	**fare la valigia**	Koffer packen	**l'ordine**	Ordnung
locale	einheimisch				

Im Kulturbeutel

il balsamo ([bal-*sa*-mo] Conditioner), il bagnoschiuma ([ban-jo-*skju*-ma] Badeschaum, Duschgel), **il dentifricio** ([den-ti-*fri*-tscho] Zahnpasta), **il deodorante** ([de-jo-do-*ran*-te] Deodorant), **il rasoio** ([ra-*zoi*-jo] Rasierer), **la crema idratante** ([*krä*-ma i-dra-*tan*-te] Feuchtigkeitscreme), **il pettine** ([*pet*-ti-ne] Kamm), **lo shampoo** ([*scham*-pu] Shampoo), **lo spazzolino da denti** ([spaz-zo-*li*-no da den-ti] Zahnbürste)

Bei der Wahl des Hilfsverbs für das **Passato prossimo** können Sie sich als Faustregel nach dem Deutschen richten. Vor allem die Verben der Bewegung verlangen nach dem Hilfsverb **essere** (sein).

Pronomen/ Infinitiv	(io)	(tu)	(lui, lei, Lei)	(noi)	(voi)	(loro)
essere	sono	sei	è	siamo	siete	sono

Tabelle 7.3: Konjugation »essere« (sein)

Wird das **Passato prossimo** mit **essere** (sein) gebildet, wird das grammatische Geschlecht des Partizips an die Person angeglichen, die die Handlung ausführt:

- Ein Mann sagt: **Sono stato a Roma.** (Ich bin in Rom gewesen.)
- Eine Frau sagt: **Sono stata a Roma.** (Ich bin in Rom gewesen.)
- Eine reine Männergruppe und eine gemischte Gruppe sagen: **Siamo stati a Roma.** (Wir sind in Rom gewesen.)
- Eine reine Frauengruppe sagt: **Siamo state a Roma.** (Wir sind in Rom gewesen.)

Die Verben auf **-ere** bilden nur selten das regelmäßige Partizip auf **-uto**.

- **conoscere** (kennenlernen) **ho conosciuto** (ich habe kennengelernt)

Die meisten Formen sind unregelmäßig:

- **essere** (sein) **sono stato/a** (ich bin gewesen)
- **mettere in ordine** (aufräumen) **ho messo in ordine** (ich habe aufgeräumt)
- **prendere** (nehmen) **ho preso** (ich habe genommen)
- **rimanere** (bleiben) **sono rimasto/a** (ich bin geblieben)
- **scrivere** (schreiben) **ho scritto** (ich habe geschrieben)
- **vedere** (sehen) **ho visto** (ich habe gesehen)

Ergänzen Sie mit der richtigen Endung.

a. Diego ed Agneta sono stat____ in spiaggia e hanno fatt____ il bagno.

b. Oksana e Ying sono andat____ in un bar e hanno pres____ un tè.

c. Il signor Bruni è andat____ in salumeria e ha comprat____ il formaggio.

d. La signora Bruni è rimast____ a casa e ha scritt____ il blog.

e. I signori Bruni sono stat____ in Sardegna e hanno fatt____ molti giri.

Hören Sie sich nun die Lösung an und sprechen Sie sie nach (Track 15).

Tag 36: Routinen und Gewohnheiten – svegliarsi tardi

Signor Bruni telefoniert mit seiner Mutter. Er möchte wissen, wie sie den Tag verbracht hat.

SIG. BRUNI: **Ciao, Mamma. Sono arrivato a casa. Cosa hai fatto oggi?**
[*tscha*-o, *mam*-ma. *so*-no ar-ri-*wa*-to a *ka*-za. *ko*-za ai *fat*-to *od*-dschi?]
Hallo, Mama. Ich bin zu Hause angekommen. Was hast du heute gemacht?

MAMMA: **La mattina ho dormito fino a tardi ed ho sentito la musica. Poi ho preso un cappuccino e ho letto il giornale. Ho scoperto un articolo interessante sulla Sardegna**
[la mat-*ti*-na o dor-*mi*-to *fi*-no a *tar*-di e *o* sen-*ti*-to la *mu*-si-ka. po-i o *pre*-so un kap-put-*tschi*-no e o *let*-to il dschor-*na*-le. o sko-*per*-to un ar-*ti*-ko-lo in-te-räs-*san*-te *sul*-la sar-*den*-ja.]
Am Morgen habe ich lange geschlafen und Musik gehört. Dann habe ich Kaffee getrunken und Zeitung gelesen. Ich habe einen interessanten Artikel über Sardinien entdeckt.

Il pomeriggio sono partita per una gita a Siena. Ho scoperto la pasticceria di Gianna Nannini.
[il po-me-*rid*-dscho *so*-no par-*ti*-ta per *u*-na *dschi*-ta a *sjä*-na. o sko-*per*-to la pas-tit-tsche-*ri*-ja di *tschan*-na nan-*ni*-ni.]
Am Nachmittag bin ich zu einem Ausflug nach Siena aufgebrochen. Ich habe die Konditorei von Gianna Nannini entdeckt.

La sera è venuta la mia amica Antonella. Abbiamo aperto una bottiglia di vino rosso ed abbiamo riso molto.
[la *se*-ra *ä* we-*nu*-ta la *mi*-ja a-*mi*-ka an-to-*nel*-la. ab-*bja*-mo a-*per*-to *u*-na bot-*til*-ja di *wi*-no *ros*-so ed ab-*bja*-mo *ri*-so *mol*-to.]
Am Abend ist meine Freundin Antonella gekommen. Wir haben eine Flasche Rotwein geöffnet und viel gelacht.

Kleiner Wortschatz

l'articolo	Artikel	**l'amica**	Freundin	**il giornale**	Zeitung

Die Tageszeiten

la mattina ([mat-*ti*-na] am Morgen, am Vormittag, morgens, vormittags), **il pomeriggio** ([po-me-*rid*-dscho] am Nachmittag, nachmittags), **la sera** ([*se*-ra] am Abend, abends), **la notte** ([*not*-te] in der Nacht, nachts), **presto** ([*präs*-to] früh), **presto la mattina** (früh am Morgen), **tardi** ([*tar*-di] spät), **la notte tardi** (spät in der Nacht)

Weitere unregelmäßige Partizipien der Verben auf **-ere**:

- ✔ **leggere** (lesen) – **letto** (gelesen)
- ✔ **ridere** (lachen) – **riso** (gelacht)

Die Verben auf **-ire** bilden das Partizip meist regelmäßig:

- ✔ **dormire** (schlafen) **ho dormito** (ich habe geschlafen)
- ✔ **partire** (losfahren) **sono partito/a** (ich bin aufgebrochen)

Doch es gibt auch unregelmäßige Formen:

- ✔ **aprire** (öffnen) **ho aperto** (ich habe geöffnet)
- ✔ **dire** (sagen) **ho detto** (ich habe gesagt)
- ✔ **scoprire** (entdecken) **ho scoperto** (ich habe entdeckt)
- ✔ **venire** (kommen) **sono venuto/a** (ich bin gekommen)

In der Regel entspricht das Hilfsverb im Italienischen dem deutschen Hilfsverb. Allerdings gibt es auch Ausnahmen. Prägen Sie sich diese Verben ein:

✔ **camminare** (wandern)	**ho camminato** (ich bin gewandert)
✔ **nuotare** (schwimmen)	**ho nuotato** (ich bin geschwommen)
✔ **piacere** (gefallen)	**è piaciuto** (es hat mir gefallen)
✔ **sciare** (Ski fahren)	**ho sciato** (ich bin Ski gefahren)
✔ **viaggiare** (reisen)	**ho viaggiato** (ich bin gereist)

Bilden Sie Sätze im Passato prossimo:

a. eine Frau erzählt: andare – Toscana – e fare – corso di yoga

____

b. ein Mann erzählt: essere – mare – e scoprire – la costa

____

c. zwei Frauen erzählen: stare – Sicilia – e salire – sull'Etna

____

d. zwei Männer erzählen: incontrare – un amico – e prendere – birra

____

e. zehn Nonnen und ein Pfarrer erzählen: arrivare – Roma – e vedere – il papa

____

Hören Sie sich nun die Lösung an und sprechen Sie sie nach (Track 16).

IN DIESEM KAPITEL

Ein Familienfest feiern

Feiertage begehen

Traditionen und Bräuche kennenlernen

Kapitel 8
Siebte Woche

In dieser Woche dreht sich alles um Feierlichkeiten – vom Geburtstag bis zum nationalen Feiertag. Zur Einstimmung hier ein Überblick, wie die wichtigsten Feste in Italien begangen werden:

- ✔ **Pasqua** (Ostern) ist eines der wichtigsten Feste in Italien. Viele Italiener besuchen am Ostersonntag den Gottesdienst. Traditionelle Speisen wie das Ostergebäck **Colomba di Pasqua** (eine Taube aus Hefeteig) sind sehr beliebt. Ein weiteres Brauchtum ist das Bemalen von Eiern und das Schenken von Schokoladeneiern.
- ✔ **Ferragosto** (15. August) wird als Feiertag der Mariä Himmelfahrt begangen und fällt in die Hochsommerferien. Viele Italiener nutzen diesen Tag, um ans Meer oder in die Berge zu reisen. Es ist ein beliebter Anlass für Grillfeste mit der Familie und Freunden, oft begleitet von Ausflügen und Festivitäten.
- ✔ **Natale** (Weihnachten) beginnt am 8. Dezember mit dem Fest der Unbefleckten Empfängnis und dauert bis zum 6. Januar. Traditionell gibt es ein großes Festessen am Heiligabend mit mehreren Gängen, bei dem oft Fisch auf den Tisch kommt. Am ersten Weihnachtstag kommt das Christkind, dann gibt es ein Festmahl und viele Italiener stellen Krippen auf. Geschenke werden meist am 25. Dezember oder am 6. Januar (La Befana) verteilt. Man isst **panettone**, einen traditionellen Weihnachtskuchen mit kandierten Früchten, oder **pandoro** ohne Früchte. Er wird oft mit einem Glas **spumante** (Sekt) genossen.
- ✔ **San Silvestro** (Silvester) wird oft mit Freunden und Familie gefeiert. Traditionell gibt es um Mitternacht Feuerwerke und das Anstoßen mit Prosecco oder Champagner. Ein typisches Gericht an Silvester sind Linsen, die für Wohlstand im neuen Jahr stehen.
- ✔ **Capodanno** (Neujahr) feiern viele Italiener im Kreis ihrer Familie oder engen Freunde. Es ist ein Tag der Entspannung, oft mit reichhaltigen Speisen und gutem Wein. Traditionell wird auch hier ein Festessen serviert und viele Menschen fassen gute Vorsätze für das kommende Jahr.
- ✔ **La Befana** bringt am 6. Januar den Kindern Geschenke. Sie wird oft als alte Hexe dargestellt, die braven Kindern Süßes und ungezogenen Kindern Kohle bringt.

Tag 37: Familie – la famiglia

In der **Bar Rocco** lernen Agneta und Diego eine Notarin aus Neapel kennen. Ada ist zum 90. Geburtstag ihrer Großmutter nach Florenz gekommen. Auf ihrem Handy hat sie ein Familienfoto, das sie den beiden zeigt.

Hören Sie sich den Monolog von Ada an (Track 17).

ADA: **Ecco la mia famiglia. Questo è mio padre, si chiama Davide.**
[*äk*-ko la *mi*-ja fa-*mi*-lja. *kwäs*-to *ä* mi-*jo pad*-re, si *kja*-ma *da*-vi-de.]
Das hier ist meine Familie. Das ist mein Vater, er heißt Davide.

E questa è sua moglie, mia madre Ilaria. Sono sposati da trentasei anni.
[e *kwäs*-ta *ä su*-a *mol*-je, *mi*-ja *mad*-re i-*la*-ri-ja. *so*-no spo-*za*-ti da tren-ta-*sä*-i *an*-ni.]
Und das ist seine Frau, meine Mutter Ilaria. Sie sind seit 36 Jahren verheiratet.

Hanno tre figli, cioè ho due fratelli, mia sorella Eva e mio fratello Leo.
[*an*-no *trä fil*-ji, tscho-*ä* o *du*-e fra-*tel*-li, *mi*-ja so-*rel*-la *ä*-wa e *mi*-jo fra-*tel*-lo *lä*-o.]
Sie haben drei Kinder, das heißt, ich habe zwei Geschwister, meine Schwester Eva und meinen Bruder Leo.

Questa è mia zia Claudia. Lei è divorziata.
[*kwäs*-ta *ä mi*-ja *dzi*-a *klau*-di-ja. *läi ä* di-wor-zi-*ja*-ta.]
Das ist meine Tante Claudia. Sie ist geschieden.

Mio cugino si chiama Enzo e mia cugina Tina. Loro sono single.
[*mi*-jo ku-*dschi*-no si ki-*ja*-ma *en*-dzo e *mi*-ja ku-*dschi*-na *ti*-na. *lo*-ro *so*-no *sin*-gel.]
Mein Cousin heißt Enzo und meine Cousine Tina. Sie sind Single.

E questa è mia nonna Licia. Lei è vedova e ha già novant' anni. Vive a Firenze con mia zia Claudia.
[e *kwäs*-ta ä mi-*ja non*-na *li*-tscha. *läi ä we*-do-wa e a *dscha* no-want-*an*-ni. *wi*-we a fi-*ren*-ze kon *mi*-ja *dzi*-ja *klau*-dja.]
Und das ist meine Oma Licia. Sie ist Witwe und bereits 90 Jahre alt. Sie lebt in Florenz mit meiner Tante Claudia.

Kleiner Wortschatz

la famiglia	Familie	**sposato/a**	verheiratet	**divorziato/a**	geschieden
la vedova	Witwe	**già**	schon	**il single**	Single

Familie

- **la coppia** ([*kop*-pja] Paar]: **la moglie** ([*mol*-je] Ehefrau), **il marito** ([ma-*ri*-to] Ehemann)
- **i genitori** ([dsche-ni-*to*-ri] Eltern): **la madre** ([*ma*-dre] Mutter), **il padre** ([*pa*-dre] Vater)
- **i figli** ([*fil*-ji] Kinder): **la figlia** ([*fil*-ja] Tochter), **il figlio** ([*fil*-jo] Sohn)
- **i fratelli** ([fra-*tel*-li] Geschwister): **la sorella** ([so-*rel*-la] Schwester), **il fratello** ([fra-*tel*-lo] Bruder)
- **i nonni** ([*non*-ni] Großeltern): **la nonna** ([*non*-na] Oma), **il nonno** ([*non*-no] Opa)
- **gli zii** ([*dzi*-ji] Onkel und Tanten]): **la zia** ([*dzi*-ja] Tante), **lo zio** ([*dzi*-jo] Onkel)
- **i cugini** ([ku-*dschi*-ni] Cousins und Cousinen): **la cugina** ([ku-*dschi*-na] Cousine), **il cugino** ([ku-*dschi*-no] Cousin)
- **i nipoti** ([ni-*po*-ti] Enkelkinder, Nichten und Neffen): **la nipote** ([ni-*po*-te] Nichte, Enkelin), **il nipote** ([ni-*po*-te] Neffe, Enkel)

Possessivpronomen drücken Besitz oder Zugehörigkeit aus:

- **mio** (mein): **mia madre e mio padre** (meine Mutter und mein Vater)
- **tuo** (dein): **tua moglie e tuo marito** (deine Ehefrau und dein Ehemann)
- **suo** (ihr, sein): **sua sorella e suo fratello** (ihre/seine Schwester, ihr/sein Bruder)
- **nostro** (unser): **nostra nonna e nostro nonno** (unsere Oma und unser Opa)
- **vostro** (euer): **vostra zia e vostro zio** (eure Tante und euer Onkel)

Bei **loro** (ihr, Plural) steht immer der bestimmte Artikel, es ist unveränderlich:

- **loro** (ihr): **la loro figlia e il loro figlio** (ihre Tochter und ihr Sohn)

Ergänzen Sie.

a. loro: Quest ____ è ___________ nonna Emanuela.

b. mio: Quest ____ è ___________ zio Gaetano.

c. nostro: Quest ____ è ___________ nonno Umberto.

d. suo: Quest ____ è ___________ cugina Susanna.

e. tuo: Quest ____ è ___________ fratello Vincenzo?

f. vostro: Quest ____ è ___________ padre Adriano?

Tag 38: Familienfest – »Auguri!«

Jetzt sind Agneta und Diego neugierig geworden und stellen Fragen zum Geburtstagsfest von Adas Großmutter Licia.

ADA: **Sabato scorso abbiamo festeggiato il novantesimo compleanno di nonna Licia.**
[*sa*-ba-to *skor*-so ab-*bja*-mo fes-ted-*dscha*-to il no-wan-*te*-zi-mo kom-ple-*an*-no di *non*-na *li*-tscha.]
Am vergangenen Samstag haben wir den Geburtstag von Oma Licia gefeiert.

È stata una festa bellissima.
[*ä sta*-ta *u*-na *fäs*-ta bel-*lis*-si-ma.]
Es ist ein wunderschönes Fest gewesen.

Sono venuti i miei genitori, i miei fratelli e gli zii.
[*so*-no we-*nu*-ti i mi-*jäi* dsche-ni-*to*-ri, i mi-*jäi* fra-*tel*-li e lji *dzi*-ji.]
Es sind meine Eltern, meine Geschwister, meine Onkel und Tanten gekommen.

Abbiamo preparato un grande pranzo con sette portate.
[ab-*bja*-mo prä-pa-*ra*-to un *gran*-de *pran*-zo kon *set*-te por-*ta*-te.]
Wir haben ein großes Mittagessen mit sieben Gängen vorbereitet.

Nonna Licia ha goduto la sua festa e ha raccontato molto della sua gioventù.
[*non*-na *li*-tscha a go-*du*-to la sua *fäs*-ta e a rak-kon-*ta*-to *mol*-to *del*-la *su*-a dscho-wen-*tu*.]
Nonna Licia hat ihre Feier genossen und viel aus ihrer Jugend erzählt.

Kleiner Wortschatz

festeggiare	feiern	**il compleanno**	Geburtstag	**gioventù**	Jugend
godere	genießen	**la portata**	Menügang	**scorso**	vergangen

Angeheiratete Verwandte

- ✔ **i parenti** ([pa-*ren*-ti] Verwandte, Verwandtschaft)
- ✔ **i suoceri** [(*swo*-tsche-ri] Schwiegereltern): **la suocera** ([*swo*-tsche-ra] Schwiegermutter), **il suocero** ([*swo*-tsche-ro] Schwiegervater)
- ✔ **i cognati** ([kon-*ja*-ti] Schwägerin und Schwager): **la cognata** ([kon-*ja*-ta] Schwägerin), **il cognato** ([kon-*ja*-to] Schwager)
- ✔ **la nuora** ([nu-*o*-ra] Schwiegertochter), **il genero** ([*dsche*-ne-ro] Schwiegersohn)

Die Pluralform auf **-i** bei Familienmitgliedern steht für beide Geschlechter:

- **i miei figli:** meine Kinder, **le mie figlie** (meine Töchter)
- **i tuoi fratelli:** deine Geschwister, **le tue sorelle** (deine Schwestern)
- **i vostri zii:** eure Onkel und Tanten, **le vostre zie** (eure Tanten)
- **i nostri suoceri:** unsere Schwiegereltern, **le nostre suocere** (unsere Schwiegermütter)

Die Possessivpronomen auf einen Blick:

Possessivpronomen/ Artikel	mein	dein	sein/ihr	unser	euer	ihr (Plural)
il	mio	tuo	suo	nostro	vostro	loro
la	mia	tua	sua	nostra	vostra	loro
i	miei	tuoi	suoi	nostri	vostri	loro
le	mie	tue	sue	nostre	vostre	loro

Tabelle 8.1: Possessivpronomen

Das Possessivpronomen steht grundsätzlich mit dem bestimmten Artikel:

- **Sono venuti <u>i</u> miei nonni.** (Meine Großeltern sind gekommen.)
- **Nonna Licia ha goduto <u>la</u> sua festa.** (Oma Licia hat ihre Feier genossen.)

Nur bei Familienmitgliedern in der Einzahl wird der Artikel weggelassen:

- **Questa è mia madre.** (Das ist meine Mutter.)

Außer bei **loro** (ihr, Besitzer stehen im Plural):

- **Questi sono i miei suoceri e <u>il</u> loro figlio Tullio.** (Das sind meine Schwiegereltern und ihr Sohn Tullio.)

Ergänzen Sie mit dem Possessivpronomen und gegebenenfalls mit dem Artikel.

a. (loro): __________ genero è ingegnere e __________ nuora è insegnante.
b. (mio): __________ nonno è in pensione e ________ nonna lavora ancora.
c. (nostro): __________ fratelli sono alla festa con (loro) __________ cugino.
d. (suo): __________ madre è avvocato e __________ padre è medico.
e. (tuo): __________ suoceri stanno bene?
f. (vostro): __________ cognati hanno venduto (loro) ________ macchina?

Tag 39: Ostern – »Buona Pasqua!«

Ada erzählt Diego und Agneta von ihrem letzten Osterfest.

ADA: **Ho trascorso una bella settimana santa.**
[o tras-*kor*-so *u*-na *bäl*-la set-ti-*ma*-na *san*-ta.]
Ich habe eine schöne Osterwoche (wörtlich heilige Woche) verbracht.

Il venerdì santo ho partecipato alle processioni con statue religiose e alla messa.
[il we-ner-*di* *san*-to o par-te-schi-*pa*-to *al*-le pro-tsches-*sjo*-ni kon *sta*-tu-e re-li-*dscho*-ze e *al*-la *mes*-sa.]
Ich habe an den Prozessionen mit heiligen Statuen und an der Messe teilgenommen.

Il sabato santo abbiamo comprato una deliziosa colomba di Pasqua.
[il *sa*-ba-to *san*-to ab-*bja*-mo kom-*pra*-to *u*-na de-li-*zjo*-za co-*lom*-ba di *pas*-kwa.]
Am Karsamstag haben wir eine köstliche Ostertaube gekauft.

La domenica di Pasqua abbiamo servito un arrosto di agnello per pranzo.
[la do-*me*-ni-ka di *pas*-kwa ab-*bja*-mo ser-*wi*-to un ar-*ros*-to di an-*jel*-lo per *pran*-zo.]
Am Ostersonntag haben wir einen Lammbraten zum Mittagessen serviert.

A Pasquetta abbiamo fatto un picnic in montagna con gli amici.
[la pas-*kwet*-ta ab-*bja*-mo *fat*-to un *pik*-nik in mon-*tan*-ja kon lji a-*mi*-tschi.]
Am Ostermontag haben wir mit Freunden ein Picknick in den Bergen gemacht.

Un proverbio dice: Natale con i tuoi, Pasqua con chi vuoi.
[un pro-*wer*-bjo *di*-tsche: na-*ta*-le kon i tu-*oi*, *pas*-kwa kon ki wu-*oi*.]
Ein Sprichwort sagt Weihnachten mit den deinen, Ostern mit wem du willst.

Kleiner Wortschatz

santo/a	heilig	**la processione**	Prozession	**la statua**	Statue
religioso/a	religiös	**la messa**	Messe	**dire**	sagen
l'arrosto	Braten	**l'agnello**	Lamm	**il proverbio**	Sprichwort
il Natale	Weihnachten	**trascorrere**	verbringen	**trascorso**	verbracht

Osterhase und Co.

La Pasqua ([*pas*-kwa] Ostern): **il venerdì santo** ([we-ner-*di san*-to] Karfreitag), **il sabato santo** ([*sa*-ba-to *san*-to] Karsamstag), **la domenica di Pasqua** ([do-*me*-ni-ka di *pas*-kwa] Ostersonntag), **la Pasquetta** ([pas-*kwet*-ta] Ostermontag), **la colomba di Pasqua** ([ko-*lom*-ba di *pas*-kwa] Ostertaube), **il coniglietto di Pasqua** ([ko-nil-*jet*-to di *pas*-kwa] Osterhase), **la resurrezione** ([re-sur-re-*zjo*-ne] Auferstehung), **l'uovo di Pasqua** ([u-*o*-wo di *pas*-kwa] Osterei)

Die **Colomba di Pasqua** (Ostertaube) ist ein traditioneller italienischer Osterkuchen in Form einer Taube. Er besteht aus süßem Hefeteig, oft mit Mandeln und kandierten Früchten verfeinert, und symbolisiert Frieden und Auferstehung.

Darüber hinaus gibt es auch die Tradition des **Uovo di Pasqua** (Osterei): ein großes Schokoladenei, das oft mit kleinen Geschenken oder Überraschungen gefüllt ist.

Ostereier verstecken und suchen ist in Italien eher unüblich, jedoch sind Eier in vielen Formen und Bräuchen fest integriert und symbolisieren das neue Leben und die Auferstehung als zentrales Thema des Osterfestes.

An dieser Stelle möchte ich Ihnen das unregelmäßige Verb **dire** (sagen) vorstellen:

Pronomen/ Infinitiv	(io)	(tu)	(lui, lei, Lei)	(noi)	(voi)	(loro)
dire	dico	dici	dice	diciamo	dite	dicono

Tabelle 8.2: Konjugation »dire« (sagen)

Manche Verben brauchen die Präposition **a**, um sich komplett zu fühlen:

- ✔ **Ho partecipato alla (a + la) festa.** (Ich habe an dem Fest teilgenommen.)
- ✔ **Abbiamo giocato a tennis.** (Wir haben Tennis gespielt.)
- ✔ **Abbiamo cominciato a studiare l'italiano.** (Wir haben begonnen, Italienisch zu lernen.)

I miei (die meinen) steht oft für Eltern und nahe Verwandte:

- ✔ **I miei stanno bene.** (wörtlich: Den meinen geht es gut.)
- ✔ **Come stanno i tuoi?** (wörtlich: Wie geht es den deinen?)

Welches Wort passt nicht in die Reihe? Unterstreichen Sie.

a. festa – messa – pranzo – processione

b. delizioso – religioso – santo – tradizionale

c. agnello – colomba – coniglietto – resurrezione

d. Natale – Pasqua – Pasquetta – venerdì santo

Tag 40: Ferragosto – Picknick am Strand

Der 15. August ist der höchste Feiertag in Italien. Diego möchte von Ada wissen, wie der gefeiert wird.

ADA: **Ferragosto si celebra il quindici agosto.**
[fer-ra-*gos*-to si *tschä*-le-bra il *kwin*-di-tschi a-*gos*-to.]
Ferragosto wird am 15. August gefeiert.

Molti italiani trascorrono questo giorno con la famiglia.
[*mol*-ti i-tal-*ja*-ni tras-*kor*-ro-no *kwäs*-to *dschor*-no kon la fa-*mi*-lja.]
Viele Italiener verbringen diesen Tag mit der Familie.

Molti vanno al mare o in montagna per fare un picnic.
[*mol*-ti *wan*-no al *ma*-re o in mon-*tan*-ja per *fa*-re un *pik*-nik.]
Viele fahren ans Meer oder in die Berge, um ein Picknick zu machen.

In alcune regioni si tengono celebrazioni religiose.
[in al-*ku*-ne re-*dscho*-ni si *ten*-go-no tschä-le-bra-*zjo*-ni re-li-*dscho*-se.]
In einigen Regionen werden religiöse Feste gefeiert.

Esiste una superstizione comune che dice che porta sfortuna andare in acqua a Ferragosto.
[e-*sis*-te *u*-na su-per-sti-*zjo*-ne ko-*mu*-ne *kä* *di*-tsche *kä* *por*-ta zfor-*tu*-na an-*da*-re in *a*-kua a fer-ra-*gos*-to.]
Es existiert ein verbreiteter Aberglaube, der besagt, dass es Unglück bringt, an Ferragosto baden zu gehen.

Kleiner Wortschatz

celebrare	feiern	**la superstizione**	Aberglaube
la montagna	Gebirge	**tenersi**	abhalten
esistere	existieren	**la sfortuna**	Unglück

Glauben und Religion

il cielo ([*tschä*-lo] Himmel), **il Dio** ([*di*-jo] Gott), **il miracolo** ([mi-*ra*-ko-lo] Wunder), **il santo** ([*san*-to] Heiliger), **l'inferno** ([in-*fer*-no] Hölle), **la fede** ([*fe*-de] Glaube), **la preghiera** ([pre-gi-*jä*-ra] Gebet)

La religione ([re-li-*dscho*-ne] Religion): **buddista** ([bud-*dis*-ta] buddistisch) **cattolico/a** ([kat-*to*-li-ko] katholisch), **cristiano/a** ([kris-*tja*-no] christlich), **ebraico/a** ([ä-*bra*-ji-ko] jüdisch), **laico/a** ([*la*-ji-ko] konfessionslos), **musulmano/a** ([mu-zul-*ma*-no] muslimisch), **protestante** ([pro-tes-*tan*-te] protestantisch), **il tempio** ([*tem*-pjo] Tempel), **la chiesa** ([*kjä*-sa] Kirche), **la moschea** ([mos-*kä*-ja] Moschee), **la sinagoga** ([si-na-*go*-ga] Synagoge)

Ferragosto ist ein traditioneller Feiertag, der den Hochsommer markiert. Ursprünglich als Fest zu Ehren der Ernte und des Gottes Augustus eingeführt, ist es heute ein bedeutender kirchlicher Feiertag: Mariä Himmelfahrt. Familien versammeln sich, um gemeinsam zu feiern, oft bei Ausflügen ans Meer.

Im Gegensatz zum Deutschen können Monate im Italienischen nicht einfach als Zahlen angegeben werden; es muss immer der vollständige Name verwendet werden:

- **Il primo maggio è la Festa dei Lavoratori.** (Am ersten Mai ist der Tag der Arbeit.)
- **Il secondo giugno è la Festa della Repubblica in Italia.** (Am zweiten Juni ist Nationalfeiertag in Italien).
- **Ferragosto è il quindici agosto.** (Ferragosto ist am 15. August.)

Einen Zeitraum geben Sie wie folgt an:

- **Facciamo le vacanze dal primo fino al trentuno agosto.** (Wir machen Urlaub vom 1. bis 31. August).

Schreiben Sie folgende Daten aus.

a. 01.01.: il ____________________

b. 06.01.: ____________________

c. 25.04.: ____________________

d. 01.11.: ____________________

e. 06.12.: ____________________

f. 24.12.: ____________________

g. 31.12.: ____________________

Tag 41: Natale – der Duft von Panettone

Agneta und Diego wollen nun wissen, wie Ada das letzte Weihnachtsfest verbracht hat.

ADA: **Ho trascorso il Natale a Napoli con la mia famiglia.**
[o tras-*kor*-so il na-*ta*-le a *na*-po-li kon la *mi*-ja fa-*mi*-lja.]
Ich habe Weihnachten in Neapel mit meiner Familie verbracht.

La vigilia di Natale abbiamo preparato un delizioso cenone con tanto pesce e panettone.
[la vi-*dschil*-ja di na-*ta*-le ab-*bja*-mo pre-pa-*ra*-to un de-li-*zjo*-so tsche-*no*-ne kon *tan*-to *pe*-sche e pa-net-*to*-ne.]
An Heiligabend haben wir ein köstliches Festmahl zubereitet mit viel Fisch und Panettone.

Dopo abbiamo partecipato alla messa di mezzanotte che è una tradizione religiosa importante.
[*do*-po ab-*bja*-mo par-te-tschi-*pa*-to *al*-la *mes*-sa di mez-za-*not*-te *kä ä u*-na tra-di-*zjo*-ne re-li-*dscho*-za im-por-*tan*-te.]
Danach haben wir an der Mitternachtsmesse teilgenommen, was eine wichtige religiöse Tradition ist.

Ci siamo riuniti attorno al presepe.
[tschi *sja*-mo ri-u-*ni*-ti at-*tor*-no al pre-*se*-pe.]
Wir haben uns um die Krippe herum versammelt.

Il venticinque dicembre abbiamo aperto i regali.
[il wen-ti-*tschin*-kwe di-*tschem*-bre ab-*bja*-mo a-*pär*-to i re-*ga*-li.]
Am 25. Dezember haben wir die Geschenke ausgepackt.

Il sei gennaio è venuta la Befana, una vecchia strega che ha portato dolci ai bambini buoni e carbone a quelli cattivi.
[il *säi* dschen-*nai*-jo *ä* we-*nu*-ta la be-*fa*-na, *u*-na *väk*-kja *strä*-ga *kä* a por-*ta*-to *dol*-tschi ai bam-*bi*-ni *bwo*-ni e kar-*bo*-ne a *kwäl*-li kat-*ti*-wi.]
Am 6. Januar ist die Befana gekommen, eine alte Hexe, die den artigen Kindern Süßigkeiten und unartigen Kindern Kohle gebracht hat.

Kleiner Wortschatz

la vigilia	Heiligabend	**il cenone**	Festmahl	**riunirsi**	sich versammeln
attorno a	um … herum	**il regalo**	Geschenk	**vecchio/a**	alt
la strega	Hexe	**il carbone**	Kohle	**cattivo/a**	böse

Es weihnachtet sehr

Babbo Natale ([*bab*-bo na-*ta*-le] Weihnachtsmann), **gli auguri di buon Natale** ([au-*gu*-ri di *bwon* na-*ta*-le] Weihnachtswünsche), **i dolci natalizi** ([*dol*-tschi na-ta-*li*-zi] Weihnachtsgebäck), **il bambino** ([bam-*bi*-no] Kind), **il fiocco di neve** ([fi-*jok*-ko di *ne*-we] Schneeflocke), **il panettone** ([pa-net-*to*-ne] Weihnachtskuchen), **il presepe** ([pre-*se*-pe] Krippe), **l'albero di Natale** ([*lal*-be-ro di na-*ta*-le] Weihnachtsbaum), **la candela** ([kan-*de*-la] Kerze), **la canzone di Natale** ([kan-*zo*-ne di na-*ta*-le] Weihnachtslied), **la decorazione natalizia** (de-ko-ra-*zjo*-ne na-ta-*li*-zja] Weihnachtsdekoration), **la messa di mezzanotte** ([*mes*-sa di mez-za-*not*-te] Mitternachtsmesse), **la tradizione natalizia** ([tra-di-*zjo*-ne na-ta-*li*-zi-ja] Weihnachtstradition), **regalare** ([re-ga-*la*-re] schenken)

Der **panettone** hat seine Wurzeln im alten Mailand. Zu seiner Entstehung gibt es eine Legende: Sie erzählt von einem jungen Bäcker namens Toni, der für den Hof eines Herzogs einen besonderen Kuchen kreieren wollte. Mit Zutaten wie Mehl, Zucker, Eiern und kandierten Früchten entstand ein luftiger, süßer Brotlaib. Die Gäste waren begeistert und nannten ihn **Pan de Toni** (Brot von Toni), was später zu **panettone** wurde.

Reflexive Verben verwenden für das **Passato prossimo** (Perfekt) immer das Hilfsverb **essere** (sein). Das Partizip wird an das Geschlecht der ausführenden Person angeglichen:

- ✔ **Io mi sono lavato/a.** (Ich habe mich gewaschen.)
- ✔ **Tu ti sei divertito/a?** (Hast du dich amüsiert?)
- ✔ **Noi ci siamo rinuniti/e.** (Wir haben uns versammelt.)

Weitere reflexive Verben: **addormentarsi** ([ad-dor-men-*tar*-si] einschlafen), **lamentarsi** ([la-men-*tar*-si] sich beschweren), **mettersi** ([*mät*-ter-si] sich anlegen, sich überwerfen), **prepararsi** ([prä-pa-*rar*-si] sich vorbereiten), **truccarsi** ([truk-*kar*-si] schminken), **vestirsi** ([wes-*tir*-si] sich anziehen)

Ergänzen Sie die Sätze mit den Verben im **Passato prossimo.**

a. Il padre (mettersi) ____________________ il costume di Babbo Natale.

b. La madre (truccarsi) ____________________ per la festa di Natale.

c. La famiglia (unirsi) ____________________ attorno all'albero di Natale.

d. I bambini (divertirsi) ____________________ molto alla festa.

e. La nonna (prepararsi) ____________________ per la messa di mezzanotte.

f. Il nonno (addormentarsi) ____________________ in chiesa.

Tag 42: San Silvestro – Ich sehe rot

Ying und Oksana haben von einem merkwürdigen Silvesterbrauch in Italien gehört.

YING: **Ho sentito di una tradizione italiana simile alla tradizione cinese.**
[o sen-*ti*-to di *u*-na tra-di-*zjo*-ne i-tal-*ja*-na *si*-mi-le *al*-la tra-di-*zjo*-ne tschi-*ne*-se.]
Ich habe von einer italienischen Tradition gehört, die der chinesischen Tradition ähnlich ist.

Il giorno di San Silvestro gli italiani indossano la biancheria intima rossa. Anche in Cina il rosso porta fortuna.
[al *dschor*-no di san sil-*wes*-tro lji i-ta-*lja*-ni in-*dos*-sa-no la bjan-ke-*ri*-ja *in*-ti-ma *ros*-sa. *an*-ke in *tschi*-na il *ros*-so *por*-ta for-*tu*-na.]
An Silvester tragen die Italiener rote Unterwäsche. Auch in China bringt Rot Glück.

OKSANA: **Ah, per questo tutte le vetrine dei negozi di lingerie sono decorate in rosso!**
[a, per *kwäs*-to *tut*-te le we-*tri*-ne däi ne-*go*-zi di lin-dsche-*ri*-je *so*-no de-ko-*ra*-te in *ros*-so!]
Ah, deshalb sind alle Schaufenster der Dessousgeschäfte rot dekoriert.

YING: **E spesso sono i mariti che fanno un tale regalo alle loro mogli. Si dice che porta fortuna!**
[e *spes*-so *so*-no i ma-*ri*-ti kä *fan*-no un *ta*-le re-*ga*-lo *al*-le *lo*-ro *mol*-je. si *di*-tsche kä *por*-ta for-*tu*-na!]
Und oft sind es die Ehemänner, die ihren Frauen so etwas schenken. Man sagt, das bringt Glück

OKSANA: **Allora andiamo a fare shopping! Fra una settimana è Capodanno.**
[al-*lo*-ra an-*dja*-mo a *fa*-re *schop*-ping! fra *u*-na set-ti-*ma*-na *ä* ca-po-*dan*-no.]
Na dann nichts wie los, gehen wir shoppen! In einer Woche ist Neujahr.

Kleiner Wortschatz

simile a	ähnlich	**indossare**	anziehen
la biancheria intima	Unterwäsche	**la fortuna**	Glück
per questo	daher	**la vetrina**	Schaufenster
il negozio	Geschäft	**la lingerie**	Dessous
decorare	dekorieren	**fare shopping**	shoppen

Silvesterknaller und Neujahrswünsche

gli auguri di buon anno nuovo ([au-*gu*-ri di bwon *an*-no nu-*o*-wo] Neujahrsglückwünsche), **i fuochi d'artificio** ([fu-*o*-ki dar-ti-*fi*-tscho] Feuerwerk), **il brindisi** ([*brin*-di-zi] Ansprache, Toast), **l'orologio** ([o-ro-*lo*-dscho] Uhr), **la mezzanotte** ([mäz-za-*not*-te] Mitternacht), **lo champagne** ([scham-*pan*-je] Champagner), **lo spumante** ([spu-*man*-te] Sekt)

Zeitangaben mit **fra, fa, da, in**:

- **Fra una settimana è la festa.** (In einer Woche ist das Fest.)
- **Una settimana fa è stata la festa.** (Vor einer Woche war das Fest.)
- **Da una settimana faccio la decorazione per la festa.** (Seit einer Woche mache ich die Dekoration für das Fest.)

Ho fatto i biscotti in una settimana. (Ich habe die Plätzchen innerhalb von einer Woche gebacken.)

An dieser Stelle möchte ich Ihnen das unregelmäßige Verb **dare** (geben) vorstellen:

Pronomen/ Infinitiv	**(io)**	**(tu)**	**(lui, lei, Lei)**	**(noi)**	**(voi)**	**(loro)**
dare	do	dai	dà	diamo	date	danno

Tabelle 8.3: Konjugation »dare« (geben)

Die Frage nach dem Dativ lautet: Wem? Zum Beispiel: Wem geben die Ehemänner Geschenke? – Den Ehefrauen. Im Italienischen wird der Dativ mit **a** markiert:

- **I mariti danno un regalo alle (a + le) loro mogli.**
- **La Befana ha portato i regali ai (a + i) bambini.** (Die Befana hat den Kindern Geschenke gebracht.)
- **Babbo Natale ha dato i regali alla (a + la) bambina.** (Der Weihnachtsmann hat dem kleinen Mädchen Geschenke gegeben.)

Ergänzen Sie die Sätze.

a. Io regalo una cravatta __________ nonno.

b. Lei scrive una lettera __________ babbo Natale.

c. Noi portiamo i biscotti __________ zio.

d. La moglie dà un regalo __________ marito.

e. La nonna ha raccontato la storia di Natale __________ bambini.

IN DIESEM KAPITEL

Gesundheitliche Beschwerden äußern

Ärztlichen Rat einholen

Rat bei Lebensmittelunverträglichkeiten einholen

Kapitel 9
Achte Woche

Agneta geht es nicht gut. Nach ihrem Strandbesuch mit Diego hat sie starke Symptome. Sie begleiten sie zum Arzt und in die Apotheke und erfahren, wie Sie auf Italienisch gesundheitliche Probleme beschreiben können. Das Ehepaar Bruni kämpft nach dem Sardinienurlaub mit Gewichtsproblemen und sucht eine Ernährungsberaterin auf. Und Signor Bruni muss außerdem in der Bibliothek nach weiterführenden Informationen zum Thema Ernährung recherchieren, wobei Sie ihn ebenfalls begleiten.

Als EU-Bürger haben Sie in Italien Anspruch auf medizinische Leistungen, wenn Sie eine europäische Krankenversicherungskarte (EHIC) oder eine alternative Bescheinigung vorlegen können. Bei einem Arztbesuch sollten Sie in der Regel nicht selbst bezahlen müssen, solange die Behandlung medizinisch notwendig ist und die Karte akzeptiert wird.

Es ist jedoch wichtig, dass Sie sich vorab informieren, ob die betreffende Einrichtung die EHIC akzeptiert. Sollten Sie die Karte nicht haben, müssen Sie die Kosten in der Regel selbst tragen und können eventuell eine Rückerstattung bei Ihrer Krankenkasse in Deutschland beantragen.

Tag 43: Mir tut alles weh! – Mi fa male tutto!

Nach ihrem Ausflug ans Meer geht es Agneta nicht gut.

DIEGO:	**Cara mia, non ti senti bene? Sei rossa come un gambero.** [*ka*-ra *mi*-ja, non ti *sen*-ti *bä*-ne? sä-i *ros*-sa *ko*-me un *gam*-be-ro.] Meine Liebe, fühlst du dich nicht gut? Du bist krebsrot (wörtlich: rot wie eine Garnele).
AGNETA:	**Infatti, non sto bene. Mi fa male tutto e mi gira la testa.** [in-*fat*-ti, non sto *bä*-ne. mi fa *ma*-le *tut*-to e mi *dschi*-ra la *tes*-ta.] Genau, mir geht es nicht gut. Alles tut mir weh und mir dreht sich der Kopf.
DIEGO:	**Forse hai la febbre.** [*for*-se ai la *fäb*-bre.] Vielleicht hast du Fieber.
AGNETA:	**Penso di sì.** [*pen*-so di *si*.] Ich denke ja.
DIEGO:	**Dobbiamo andare dal medico.** [dob-*bja*-mo an-*da*-re dal mä-di-ko.] Wir müssen zum Arzt gehen.

Kleiner Wortschatz

cara mia	meine Liebe	**il gambero**	Garnele	**dovere**	müssen
infatti	tatsächlich	**far male**	wehtun	**girare**	drehen
la testa	Kopf	**forse**	vielleicht	**la febbre**	Fieber

Körperteile von Kopf bis Fuß

la testa ([*täs*-ta] Kopf), **l'occhio** ([*ok*-kjo] Auge), **l'orecchio** ([o-*räk*-kjo] Ohr), **il naso** ([*na*-so] Nase), **la bocca** ([*bok*-ka] Mund), **il dente** ([*dän*-te] Zahn), **il collo** ([*kol*-lo] Hals), **la spalla** ([*spal*-la] Schulter), **il braccio** ([*brat*-tscho] Arm), **la mano** ([*ma*-no] Hand), **il dito** ([*di*-to] Finger, Zeh), **il petto** ([*pet*-to] Brust), **la pancia** ([*pan*-tscha] Bauch), **la schiena** ([*skje*-na] Rücken), **il fianco** ([*fjan*-ko] Hüfte), **la gamba** ([*gam*-ba] Bein), **il ginocchio** ([dschi-*nok*-kjo] Knie), **il piede** ([*pjä*-de] Fuß)

Wenn es mal wehtut oder zwickt, können Sie das auf Italienisch so ausdrücken:

- ✔ **Mi fa male il dente.** (Mir tut der Zahn weh.) – **Ho mal di denti.** (Ich habe Zahnweh.)
- ✔ **Mi fa male la pancia.** (Mir tut der Bauch weh.) – **Ho mal di pancia.** (Ich habe Bauchweh.)

Einige Körperteile bilden einen unregelmäßigen Plural:

- ✔ **Mi fa male il dito.** (Mir tut der Finger weh.) – **Mi fanno male le dita.** (Mir tun die Finger weh.)
- ✔ **Mi fa male il braccio.** (Mir tut der Arm weh.) – **Mi fanno male le braccia.** (Mir tun die Arme weh.)
- ✔ **Mi fa male l'orecchio.** (Mir tut das Ohr weh.) – **Mi fanno male le orecchie.** (Mir tun die Ohren weh.

An dieser Stelle möchte ich Ihnen das Dativpronomen vorstellen:

deutsch	mir	dir	ihm, ihr, Ihnen	uns	euch	ihnen
italienisch	mi	ti	gli, le, Le	ci	vi	gli, loro

Tabelle 9.1: Personalpronomen (Dativpronomen)

Die Dativpronomen stehen vor dem (ersten konjugierten) Verb:

- ✔ **Il medico mi dà una ricetta.** (Der Arzt gibt mir ein Rezept.)
- ✔ **Il medico ti ha dato una ricetta?** (Hat dir der Arzt ein Rezept gegeben?)
- ✔ **Il medico gli/le/Le ha dato una ricetta.** (Der Arzt hat ihm/ihr/Ihnen ein Rezept gegeben.)
- ✔ **Il medico ci dà una ricetta.** (Der Arzt gibt uns ein Rezept.)
- ✔ **Il medico vi ha dato una ricetta?** (Hat euch der Arzt ein Rezept gegeben?)

In der 3. Person Plural haben Sie die Wahl zwischen **gli** und **loro** (nach dem Verb):

- ✔ **Il medico gli dà una ricetta. – Il medico dà loro una ricetta.** (Der Arzt gibt ihnen ein Rezept.)

Übersetzen Sie.

a. Mir tun die Schultern weh.________________________________

b. Tut dir der Fuß weh?________________________________

c. Ich habe Zahnweh.________________________________

d. Ihm tut der Kopf weh.________________________________

e. Tun euch die Finger weh?________________________________

f. Habt ihr Bauchweh?________________________________

g. Die Kinder haben Ohrenschmerzen.________________________________

Hören Sie sich nun die Lösung an und sprechen Sie sie nach (Track 18).

Tag 44: Ratschläge erteilen – »Bevi molta acqua!«

Diego hat einen Arzt angerufen und Agnetas Symptome geschildert.

DIEGO: **Ho parlato con il dottore. Forse hai un colpo di sole.**
[o par-*la*-to kon il dot-*to*-re. *for*-se ai un *kol*-po di *so*-le.]
Ich habe mit dem Arzt gesprochen. Vielleicht hast du einen Sonnenstich.

AGNETA: **Oh no, terribile! Non sono abituata a questo caldo.**
[o *no*, ter-*ri*-bi-le! non *so*-no a-bi-tu-*a*-ta a *kwäs*-to *kal*-do.]
Oh nein, schrecklich! Ich bin nicht an diese Hitze gewöhnt.

DIEGO: **Non ti preoccupare. Adesso bevi molta acqua, resta in un luogo fresco e metti un asciugamano bagnato sulla testa.**
[non ti pre-ok-ku-*pa*-re. a-däs-so *bä*-wi *mol*-ta *a*-kwa, *res*-ta in un lu-*o*-go *fres*-ko e *mät*-ti un a-schu-ga-*ma*-no ban-*ja*-to *sul*-la *täs*-ta.]
Mach dir keine Sorgen. Trink jetzt viel Wasser, bleib an einem kühlen Ort und leg ein nasses Handtuch um deinen Kopf.

AGNETA: **Sì, buona idea.**
[si, *bwo*-na i-*dä*-ja.]
Ja, gute Idee.

DIEGO: **Se non stai meglio, dobbiamo andare dal dottore.**
[se *non stai mäl*-jo, dob-*bja*-mo an-*da*-re dal dot-*to*-re.]
Wenn es dir nicht besser geht, müssen wir zum Arzt gehen.

Kleiner Wortschatz

l'asciugamano	Handtuch	**abituato/a**	gewohnt	**forse**	vielleicht
il colpo di sole	Sonnenstich	**terribile**	schrecklich	**il luogo**	Ort
preoccuparsi	sich sorgen	**meglio**	besser	**bagnato/a**	nass

Häufige Beschwerden und Erkrankungen

l'influenza ([in-flu-*än*-za] Grippe), **il mal di schiena** ([*skje*-na] Rückenschmerzen), **il mal di testa** ([*täs*-ta] Kopfschmerzen), **il raffreddore** ([raf-fred-*do*-re] Erkältung), **l'allergia** ([al-ler-*dschi*-ja] Allergie), **la gastrite** ([gas-*tri*-te] Magenschleimhautentzündung), **l'ipertensione** ([i-per-ten-*sjo*-ne] Bluthochdruck), **il diabete** ([dja-*be*-te] Diabetes), **il colesterolo alto** ([ko-les-te-*ro*-lo *al*-to] hoher Cholesterinspiegel), **l'ansia** ([*an*-sja] Angsterkrankung), **la depressione** ([de-pres-*sjo*-ne] Depression), **il reflusso** ([re-*flus*-so] Reflux), **l'eczema** ([äk-*ze*-ma] Ekzem), **la cistite** ([tschis-*ti*-te] Blasenentzündung), **l'asma** ([*az*-ma] Asthma), **l'artrite** ([ar-*tri*-te] Arthritis), **la diarrea** ([d-ja-*rä*-a] Durchfall, Diarrhö)

Hier das unregelmäßige Verb **bere** (trinken):

Pronomen/ Infinitiv	(io)	(tu)	(lui, lei, Lei)	(noi)	(voi)	(loro)
bere	bevo	bevi	beve	beviamo	bevete	bevono

Tabelle 9.2: Konjugation »bere« (trinken)

Den Imperativ (Befehlsform) in der Du-Form bilden Sie so:

- Verben auf **-are**: **mangiare** (essen) – **mangia** (iss), **restare** (bleiben) – **resta** (bleib), **studiare** (lernen) – **studia** (lern)
- Verben auf **-ere**: **bere** (trinken) – **bevi** (trink), **leggere** (lesen) – **leggi** (lies), **mettere** (legen, setzen, stellen) – **metti** (leg, setz, stell), **prendere** (nehmen) – **prendi** (nimm)
- Verben auf **-ire**: **aprire** (öffnen) – **apri** (öffne), **dormire** (schlafen) – **dormi** (schlaf), **sentire** (hören, fühlen) – **senti** (hör, fühl), **pulire** (putzen) – **pulisci** (putz)

Beim verneinten Imperativ in der Du-Form folgt dem **non** (nicht) der Infinitiv:

- **Non mangiare questa mela!** (Iss diesen Apfel nicht!)
- **Non bere questa acqua!** (Trink dieses Wasser nicht!)
- **Non aprire questa porta!** (Öffne diese Tür nicht!)

Beim Reflexivpronomen haben Sie die Wahl, ob vor dem Verb oder daran angehängt:

- **Non ti preoccupare! – Non preoccuparti!** (Mach dir keine Sorgen!)

Die Präposition **da** (bei, zu, von) verwenden Sie bei Personen:

- **Vado dal medico.** (Ich gehe zum Arzt.)
- **Sono dal medico.** (Ich bin beim Arzt.)
- **Vengo dal medico.** (Ich komme vom Arzt.)

Ergänzen Sie mit dem Imperativ (Du-Form).

a. (bere) ____________________ molta acqua.

b. (prendere) ____________________ un'aspirina.

c. (mangiare) ____________________ in bianco.

d. (restare) ____________________ a letto.

e. Non (lavorare)____________________ troppo.

Tag 45: Beim Arzt – »Dottore, ho mal di testa«

Agneta geht es nicht besser. Das Fieber ist gestiegen, also geht sie zum Arzt.

Hören Sie sich das Gespräch zwischen dem Arzt und Agneta an (Track 19).

AGNETA: **Buongiorno, dottore. Non sto bene. Ho mal di testa e la pelle rossa.**
[bwon-*dschor*-no, dot-*to*-re. non sto *bä*-ne. o mal di *täs*-ta e la *pel*-le *ros*-sa.]
Guten Morgen, Herr Doktor. Es geht mir nicht gut. Ich habe Kopfschmerzen und meine Haut ist ganz rot.

DOTTORE: **Buongiorno signorina, ha preso troppo sole e a lungo?**
[bwon-*dschor*-no sin-jo-*ri*-na, a *pre*-so *trop*-po *so*-le e a *lun*-go?]
Guten Morgen, junge Frau, haben Sie viel und zu lange in der Sonne gelegen?

AGNETA: **Sì, sono stata in spiaggia tutta la giornata.**
[si, *so*-no *sta*-ta in *spiad*-dscha *tut*-ta la dschor-*na*-ta.]
Ja, ich bin den ganzen Tag am Strand gewesen.

DOTTORE: **Beva molta acqua e si riposi. Le prescrivo una pomata. La metta due volte al giorno. Resti all'ombra per alcuni giorni. Stia attenta! Guarisca presto!**
[*be*-wa *mol*-ta *a*-kwa e si ri-*po*-zi. le pre-*skri*-wo *u*-na po-*ma*-ta. la *mät*-ta *du*-e *wol*-te al *dschor*-no. *res*-ti all'*om*-bra per al-*ku*-ni *dschor*-ni. *sti*-a at-*ten*-ta! gwa-*ris*-ka *präs*-to!]
Trinken Sie viel Wasser und ruhen Sie sich aus. Ich verschreibe Ihnen eine Salbe. Tragen Sie sie zweimal am Tag auf. Bleiben Sie ein paar Tage im Schatten. Seien Sie vorsichtig! Werden Sie bald gesund!

Kleiner Wortschatz

troppo	zu (sehr)	**prescrivere**	verschreiben	**la pomata**	Salbe
la volta	Mal	**alcuni/e**	einige	**attento/a**	vorsichtig
guarire	genesen				

Fachärzte, die Sie sich leicht einprägen können

il cardiologo ([kar-di-*o*-lo-go] Kardiologe, Herzspezialist), **il chirurgo** ([ki-*rur*-go] Chirurg), **il dermatologo** ([der-ma-*to*-lo-go] Dermatologe, Hautspezialist), **il gastroenterologo** ([gas-tro-en-te-*ro*-lo-go] Gastroenterologe, Magen-Darm-Spezialist), **il ginecologo** ([dschi-ne-*ko*-lo-go] Gynäkologe, Frauenarzt), **il neurologo** ([ne-ju-*ro*-lo-go] Neurologe, Nervenarzt), **il pediatra** ([pä-*di*-ja-tra] Kinderarzt), **il radiologo** ([ra-*djo*-lo-go] Radiologe, Röntgenarzt), **il reumatologo** ([re-u-ma-*to*-lo-go] Rheumatologe), **lo psichiatra** ([psi-ki-*ja*-tra] Psychiater), **l'oncologo** ([on-*ko*-lo-go] Onkologe, Krebsspezialist), **l'ortopedico** ([or-to-*pä*-di-ko] Orthopäde), **l'urologo** ([u-*ro*-lo-go] Urologe)

Selbst Italiener tun sich schwer, den Begriff **otorinolaringoiatra** ([o-to-ri-no-la-rin-goj-atra] Hals-Nasen-Ohren-Arzt) auszusprechen. Deshalb wird er oft nur **otorino** genannt.

Der Artikel **lo** steht auch vor männlichen Substantiven, die mit **gn, ps, pn, x** oder **y** beginnen: **lo gnomo** (Gnom), **lo psicologo** (Psychologe), **lo pneumatico** (Reifen), **lo xilofono** (Xylophon), **lo yog(h)urt** (Joghurt).

Der Imperativ (Befehlsform) in der Sie-Form:

- Verben auf **-are**: **mangiare** (essen) – **mangi** (essen Sie), **restare** (bleiben) – **resti** (bleiben Sie), **studiare** (lernen) – **studi** (lernen Sie)
- Verben auf **-ere**: **bere** (trinken) – **beva** (trinken Sie), **leggere** (lesen) – **legga** (lesen Sie), **mettere** (legen, setzen, stellen) – **metta** (legen Sie, setzen Sie, stellen Sie), **prendere** (nehmen) – **prenda** (nehmen Sie)
- Verben auf **-ire**: **aprire** (öffnen) – **apra** (öffnen Sie), **dormire** (schlafen) – **dorma** (schlafen Sie), **sentire** (hören, fühlen) – **senta** (hören Sie, fühlen Sie), **guarire** (gesund werden) – **guarisca** (werden Sie gesund)

Bei der Verneinung steht ein **non** (nicht) vor dem Verb:

- **Non beva questo vino!** (Trinken Sie nicht diesen Wein!)

Ergänzen Sie mit dem passenden Wort – la depressione, mal di schiena, il reflusso, la cistite, l'artrite – und den Formen von da + Artikel.

a. Anna ha ______________________, deve andare __________ psichiatra.

b. Brigitta ha __________________, deve andare ________ gastroenterologo.

c. Carlo ha ________________________, deve andare __________ urologo.

d. Donatella ha ____________________, deve andare __________ ortopedico.

e. Emilio ha _____________________, deve andare __________ reumatologo.

Tag 46: In der Apotheke – in farmacia

Agneta geht gleich nach dem Arztbesuch zur Apotheke. Sie wendet sich an einen **farmacista** (Apotheker).

AGNETA: **Buona sera! Vorrei una pomata per la scottatura solare.**
[*bwo*-na *se*-ra! wor-*räi* u-na po-*ma*-ta *kon*-tro la skot-ta-*tu*-ra so-*la*-re.]
Guten Abend! Ich möchte eine Salbe gegen Sonnenbrand.

FARMACISTA: **Buongiorno! Ha una ricetta?**
[bwon-*dschor*-no! a *u*-na ri-*tschet*-ta?]
Guten Tag! Haben Sie ein Rezept?

AGNETA: **Sì, ecco qui.**
[si, *äk*-ko *kwi*.]
Ja, hier ist es.

FARMACISTA: **Perfetto. Ha già usato questa pomata prima?**
[per-*fet*-to. a *dscha* u-*za*-to *kwäs*-ta po-*ma*-ta *pri*-ma?]
Sehr gut. Haben Sie diese Salbe schon einmal verwendet?

AGNETA: **No, è la prima volta. Mi dica, per favore, come la devo usare.**
[no, *ä* la *pri*-ma *wol*-ta. mi *di*-ka, per fa-*wo*-re, *ko*-me la *de*-wo u-*za*-re.]
Nein, es ist das erste Mal. Bitte sagen Sie mir, wie ich sie anwenden soll.

FARMACISTA: **Questa pomata è molto efficace. La applichi sulla pelle pulita.**
[*kwäs*-ta po-*ma*-ta *ä* *mol*-to ef-fi-*ka*-tsche. la *ap*-pli-ki *sul*-la *pel*-le pu-*li*-ta.]
Diese Salbe ist sehr effektiv. Tragen Sie sie auf die gereinigte Haut auf.

AGNETA: **Grazie! Mi dia anche un sacchettino, per favore.**
[*gra*-zje! mi *di*-ja *an*-ke un sak-ket-*ti*-no, per fa-*wo*-re.]
Danke! Geben Sie mir auch eine kleine Tüte, bitte.

Kleiner Wortschatz

la farmacia	Apotheke	**il farmacista**	Apotheker		
la scottatura solare	Sonnenbrand	**efficace**	effektiv	**il sacchettino**	Tütchen
applicare	auftagen	**la pelle**	Haut	**pulito/a**	gereinigt

Im Medizinschrank

il cerotto ([tsche-*rot*-to] Pflaster), **il disinfettante** ([dis-in-fet-*tan*-te] Desinfektionsmittel), **il sonnifero** ([son-*ni*-fe-ro] Schlafmittel), **l'analgesico** ([a-nal-*ge*-si-co] Schmerzmittel), **l'antibiotico** ([an-ti-*bjo*-ti-ko] Antibiotikum), **l'antistaminico** ([an-tis-ta-*mi*-ni-ko] Antihistaminikum), **l'aspirina** ([as-pi-*ri*-na] Aspirin), **la compressa** ([kom-*pres*-sa] Tabletten),

la vitamina ([wi-ta-*mi*-na] Vitamin), **la pasticca** ([pas-*tik*-ka] Pille), **la pastiglia** ([pas-*til*-ja] Dragee), **lo sciroppo per la tosse** ([schi-*rop*-po *kon*-tro la *tos*-se] Hustensaft), **lo spray** ([*spra*-ji] Spray)

Die Ausnahmen bei den Imperativformen betreffen häufig die kurzen Wortstämme:

- ✔ **andare** (gehen) **va, va', vai** (geh) **vada** (gehen Sie)
- ✔ **dare** (geben) **da', dai** (gib) **dia** (geben Sie)
- ✔ **dire** (sagen) **dì** (sag) **dica** (sagen Sie)
- ✔ **fare** (machen) **fa', fai** (mach) **faccia** (machen Sie)
- ✔ **stare** (bleiben) **sta', stai** (bleib) **stia** (bleiben Sie)

Hier die Akkusativpronomen:

deutsch	mich	dich	ihn, sie, Sie	uns	euch	sie
italienisch	mi	ti	lo, la, La	ci	vi	li, le

Tabelle 9.3: Personalpronomen (Akkusativpronomen)

- ✔ **männlich Einzahl: Ecco <u>il</u> sonnifero, <u>lo</u> prenda prima di andare a letto!** (Hier ist das Schlafmittel, nehmen Sie es vor dem Schlafengehen!)
- ✔ **weiblich Einzahl: Ecco <u>la</u> pomata, <u>la</u> applichi in modo sottile!** (Hier ist die Salbe, tragen Sie sie dünn auf.)
- ✔ **männlich Mehrzahl: Ecco <u>gli</u> antibiotici, <u>li</u> prenda tre volte al giorno!** (Hier sind die Antibiotika, nehmen Sie sie dreimal täglich!)
- ✔ **weiblich Mehrzahl: Ecco <u>le</u> vitamine, <u>le</u> prenda la mattina!** (Hier sind die Vitamine, nehmen Sie sie morgens!)

Vervollständigen Sie den Text mit folgenden Wörtern: adatta, antibiotici, chiedere, consigliare, farmacista, medicina, pastiglie, salute, sonniferi.

a. In Italia, le farmacie sono luoghi importanti per la ____________.

b. Il ____________ aiuta i clienti a trovare la ____________ giusta.

c. Se un cliente vuole le ____________, il farmacista può ____________ diverse opzioni.

d. Per chi ha difficoltà a dormire, ci sono anche i ____________.

e. E per un'infezione ci sono gli ____________.

f. È sempre bene ____________ consiglio al farmacista per ricevere la medicina ____________.

Hören Sie sich nun die Lösung an und sprechen Sie sie nach (Track 20).

Tag 47: Gesunde Ernährung – la dolce vita senza zucchero

Nach dem Sardinienurlaub zeigt die Waage des Ehepaars Bruni bei beiden etliche Kilos mehr an. Sie beschließen, zu einer **nutrizionista** (Ernährungsberaterin) zu gehen.

SIGNORA BRUNI: **Buonasera. Vogliamo mangiare più sano e perdere peso.**
[*bwo*-na *se*-ra. wo-*lja*-mo man-*dscha*-re *pju sa*-no e *per*-de-re *pe*-zo.]
Guten Abend. Wir möchten gesünder essen und Gewicht verlieren.

NUTRIZIONISTA: **Allora, cominciamo con la colazione. Cosa mangiate di solito?**
[al-*lo*-ra, ko-min-*tscha*-mo kon la ko-la-*zjo*-ne. *ko*-za man-*dscha*-te di *so*-li-to?]
Beginnen wir also mit dem Frühstück. Was essen Sie üblicherweise?

SIGNOR BRUNI: **Mangiamo i cornetti con la crema.**
[man-*dscha*-mo i kor-*net*-ti kon la *krä*-ma.]
Wir essen Hörnchen mit Creme(füllung).

NUTRIZIONISTA: **Provate lo yogurt con la frutta. È più sano!**
[pro-*wa*-te lo *jo*-gurt kon la *frut*-ta. ä *pju sa*-no!]
Probieren Sie mal Joghurt mit Obst. Das ist gesünder.

SIGNORA BRUNI: **E per il pranzo?**
[e per il *pran*-zo?]
Und zum Mittagessen?

NUTRIZIONISTA: **Per il pranzo e la cena mangiate verdure e proteine, magari con la pasta integrale. Un'insalata è anche perfetta.**
[per il *pran*-zo e la *tschä*-na man-*dscha*-te wär-*du*-re e pro-tä-*ji*-ne, ma-*ga*-ri kon la *pas*-ta in-te-*gra*-le. un-in-sa-*la*-ta *ä an*-ke per-*fät*-ta.]
Zu Mittag und zu Abend essen Sie Gemüse und Proteine, vielleicht mit Vollkornnudeln. Ein Salat ist auch perfekt.

Kleiner Wortschatz

sano/a	gesund	**perdere**	verlieren	**il peso**	Gewicht
cominciare a	beginnen	**il cornetto**	Hörnchen	**lo yoghurt**	Joghurt
le proteine	Proteine	**la cena**	Abendessen	**integrale**	vollkörnig

Von freien Radikalen und gesättigten Fettsäuren

calorico/a ([ka-*lo*-ri-ko/a] kalorienhaltig), **i cereali integrali** ([tchä-re-*ja*-li in-te-*gra*-li] Vollkorngetreide), **i grassi sani** ([*gras*-si *sa*-ni] gesunde Fette), **i minerali** ([mi-ne-*ra*-li] Mineralstoffe), **i nutrimenti** ([nu-tri-*men*-ti] Nährstoffe), **i pasti bilanciati** ([*pas*-ti bi-lan-*tscha*-ti] ausgewogene Mahlzeiten), **l'alimentazione sana** ([la-li-men-ta-*zjo*-ne *sa*-na] gesunde Ernährung), **la dieta mediterranea** ([di-*jä*-ta me-di-ter-*ra*-nä-ja] mediterrane Diät), **le fibre** ([*fib*-re] Ballaststoffe)

Mit dem Imperativ in der Ihr-Form können Sie auch mehrere Personen ansprechen, die Sie siezen:

- Verben auf **-are: mangiare** (essen) – **mangiate** (esst, essen Sie), **restare** (bleiben) – **restate** (bleibt, bleiben Sie), **studiare** (lernen) – **studiate** (lernt, lernen Sie)
- Verben auf **-ere: bere** (trinken) – **bevete** (trinkt, trinken Sie), **leggere** (lesen) – **leggete** (lest, lesen Sie), **prendere** (nehmen) – **prendete** (nehmt, nehmen Sie)
- Verben auf **-ire: dormire** (schlafen) – **dormite** (schlaft, schlafen Sie), **guarire** (gesund werden) – **guarite** (werdet gesund, werden Sie gesund)

Bei der Verneinung steht ein **non** (nicht) vor dem Verb:

- **Non bevete questo vino!** (Trinkt/Trinken Sie diesen Wein nicht!)

Der Komparativ (Vergleichsform) dient dazu, Vergleiche zwischen Dingen, Personen oder Situationen anzustellen. Dafür verwenden Sie **più** (mehr) oder **meno** (weniger) zusammen mit dem Adjektiv. Das Vergleichswort »als« wird mit **di + Artikel** wiedergegeben:

Artikel/ Präposition	il	lo	l'	la	i	gli	le
di	del	dello	dell'	della	dei	degli	delle

Tabelle 9.4: Präposition »di« plus bestimmter Artikel

- La mela è **più** sana **del** (di + il) gelato. (Ein Apfel ist gesünder als ein Eis.)
- Il pesce è **meno** grasso **della** (di + la) carne. (Fisch ist weniger fett als Fleisch.)
- Le noci sono **più** nutrienti **dei** (di + i) dolci. (Nüsse sind nahrhafter als Süßigkeiten.)

Ergänzen Sie mit **più** oder **meno** und dem Vergleichwort **di + Artikel**:

a. La carne è ___________ calorica ________________ pesce.

b. Le fragole sono ___________ caloriche ________________ banane.

c. L'acqua è ___________ calorica ________________ vino.

d. I broccoli sono ___________ calorici ________________ patate.

e. Gli avocado sono ___________ calorici ________________ spinaci.

f. I cornetti sono ___________ calorici ________________ yogurt.

Tag 48: Allergien und Intoleranzen – istamine senza fine

Bei Herrn Bruni wurde kürzlich eine Histaminintoleranz festgestellt. Er fragt die Ernährungsberaterin, was er essen kann und was er besser meiden sollte.

SIGNOR BRUNI: **Dottoressa, ho un altro problema, cioè un'intolleranza all'istamina. Quali cibi devo evitare?**
[dot-to-*res*-sa, o un *al*-tro pro-*blä*-ma, tscho-*ä* un-in-tol-le-*ran*-za al-lis-ta-*mi*-na. *kwa*-li *tschi*-bi *de*-wo ä-wi-*ta*-re?]
Dottoressa, ich habe noch ein Problem, und zwar eine Histaminintoleranz. Welche Nahrungsmittel muss ich meiden?

NUTRIZIONISTA: **Non consumi dei cibi stagionati, come il parmigiano e il vino rosso.**
[non kon-*su*-mi *däi tschi*-bi sta-dscho-*na*-ti, *ko*-me il par-mi-*dscha*-no e il *wi*-no *ros*-so.]
Konsumieren Sie keine lang gereiften Nahrungsmittel wie Parmesan und Rotwein.

SIGNOR BRUNI: **Oddio, sono rovinato! Che altro devo evitare?**
[od-*di*-jo, *so*-no ro-wi-*na*-to! *kä al*-tro *de*-wo e-wi-*ta*-re?]
Ach du lieber Gott, ich bin am Ende. Was muss ich denn noch vermeiden?

NUTRIZIONISTA: **Non mangi salumi, pomodori e spinaci.**
[non *man*-dschi sa-*lu*-mi, po-mo-*do*-ri e spi-*na*-tschi.]
Essen Sie keine Wurstwaren, Tomaten und Spinat.

SIGNOR BRUNI: **Devo anche rinunciare al cioccolato?**
[*de*-wo *an*-ke ri-nun-*tscha*-re *al*-la tschok-ko-*la*-ta?]
Muss ich auch auf Schokolade verzichten?

NUTRIZIONISTA: **Purtroppo contiene molte istamine. Meglio mangiare una mela.**
[pur-*trop*-po kon-*tjä*-ne *mol*-te is-ta-*mi*-ne. *mäl*-jo man-*dscha*-re *u*-na *me*-la!]
Sie enthält leider sehr viel Histamin. Essen Sie lieber einen Apfel!

Kleiner Wortschatz

cioè	und zwar, das heißt	**evitare**	vermeiden	**rovinato/a**	runiniert
il cibo	Nahrung	**stagionato/a**	gereift	**oddio**	oh Gott
la cioccolata	Schokolade	**purtroppo**	leider	**contenere**	enthalten

Fragen Sie Ihren Arzt oder Apotheker

i sintomi ([*sin*-to-mi] Symptome), **il fruttosio** ([frut-*to*-sjo] Fruktose), **il glutine** ([*glu*-ti-ne] Gluten), **il lattosio** ([lat-*to*-sjo] Laktose), **il polline** ([*pol*-li-ne] Pollen), **il test allergologico** ([test al-ler-go-*lo*-dschi-ko] Allergietest), **l'allergia** ([lal-ler-*dschi*-ja] Allergie), **l'allergologo** ([al-ler-*dscho*-lo-go] Allergologe), **l'intolleranza** ([in-tol-le-*ran*-za] Intoleranz), **la etichetta alimentare** ([e-ti-*ket*-ta a-li-men-*ta*-re] Lebensmittelkennzeichnung), **la reazione allergica** ([re-a-*zjo*-ne al-*ler*-dschi-ka] allergische Reaktion), **l'istamina** ([is-ta-*mi*-na] Histamin)

Mangiare in bianco (wörtlich: in Weiß essen) ist eine italienische Ernährungsempfehlung bei Magen-Darm-Beschwerden. Dabei handelt es sich um eine einfache, leicht verdauliche Kost, die hauptsächlich aus Reis, Pasta, Brot, gekochtem Gemüse und magerem Fleisch besteht. Diese Lebensmittel sind schonend für den Magen und helfen, die Verdauung zu entlasten. Es wird darauf geachtet, auf fettreiche und gewürzte Speisen zu verzichten.

An dieser Stelle möchte ich Ihnen die Präpositon **a** vorstellen.

Artikel/ Präposition	il	lo	l'	la	i	gli	le
a	al	allo	all'	alla	ai	agli	alle

Tabelle 9.5: Präposition »a« plus bestimmter Artikel

Die Substanz, auf die Sie eine Allergie oder Unverträglichkeit haben, wird im Italienischen durch **a** gekennzeichnet. Die Präposition **a** verschmilzt mit dem bestimmten Artikel des folgenden Wortes:

- ✔ **Ho un'allergia al (a + il) polline.** (Ich habe eine Pollenallergie.)
- ✔ **Ho un'intolleranza alla (a + la) soia.** (Ich habe eine Sojaunverträglichkeit.)

Auch das Verb **rinunciare** (verzichten) wird von der Präposition **a** begleitet:

- ✔ **Ho un'intolleranza al (a + il) glutine. Devo rinunciare alla (a + la) pizza e ai (a + i) panini.** (Ich habe eine Glutenintoleranz. Ich muss auf Pizza und Brötchen verzichten.)

Ergänzen Sie den Dialog mit den passenden Formen: a, a, ai, ai, al, al, che, di, le, tu.

a. Anna: Ciao, Marco! Vuoi venire ______ cena ______ casa mia?

b. Marco: Sì, ma devo dire che ho un' allergia ______ frutti di mare.

c. Anna: Oh, capisco. Devi rinunciare anche ______ pesce?

d. Marco: No, il pesce va bene! E ______, hai qualche intolleranza?

e. Anna: Si, devo rinunciare ______ prodotti ______ latte.

f. Marco: Allora ______ cosa mangiamo?

g. Anna: Che ne pensi di preparare ______ tagliatelle ______ salmone?

IN DIESEM KAPITEL

Sätze ergänzen, übersetzen und korrigieren

Verbformen erkennen und anwenden

Kulturelles Wissen abrufen

Übungen zum Wortschatz

Kapitel 10
Test zum zweiten Lernmonat

Sie besuchen nun bereits seit zwei Monaten die Sprachschule **Dante al Dente**. Sie haben den nötigen Biss bewiesen und sind nun für den zweiten Test bestens vorbereitet. Freuen Sie sich darauf, Ihr erworbenes Wissen wiedergeben zu können – viel Spaß beim Bearbeiten der Aufgaben.

1. Ergänzen Sie mit den passenden Verbformen und bringen Sie die Wochentage in die richtige Reihenfolge.

a. Giovedì, Vittoria e Nicoletta (divertirsi) ______________________ al parco.

b. Lunedì, io (svegliarsi) ______________________ alle sette.

c. Mercoledì, tu (sentirsi) ______________________ bene.

d. Venerdì, Nicoletta (riposarsi) ______________________ a casa.

e. Sabato, Marina ed Eugenio (sposarsi) ______________________.

f. Martedì, Monica ed io (alzarsi) ______________________ tardi.

g. Domenica, voi (divertirsi) ______________________________ con gli amici?

Reihenfolge der Wochentage:

2. Ordnen Sie die Begriffe der korrekten Übersetzung zu.

a. l'altro ieri	1. gestern
b. oggi	2. vorgestern
c. ieri	3. morgen
d. dopodomani	4. übermorgen
e. domani	5. heute

a. – __; b. – __; c. – __; d. – __; e. – __

3. Beantworten Sie die Fragen mit der passenden Form von *volere* und dem Getränk in Klammern.

a. Che cosa volete bere? Noi ________________________________ (ein Bier).

b. Che cosa vuole Maria? Lei ________________________________ (eine Flasche Weißwein).

c. Che cosa vuoi mangiare? Io ________________________________ (zwei Liter offenen Wein).

d. Che cosa vogliono loro? Loro ________________________________ (einen Liter Weißwein).

e. Che cosa vogliamo da bere? Noi ________________________________ (einen halben Liter Rotwein).

4. Welches Wort passt nicht in die Reihe? Unterstreichen Sie.

a. alta stagione, caldo, estate, Ferragosto, neve

b. acqua, nuvola, ombrellone, pioggia, vento

c. inverno, Natale, nevicare, sciare, spiaggia

d. aprile, gelato, primavera, Panettone, Pasqua

e. Capodanno, Ferragosto, Natale, Pandoro, Pasqua

5. Ergänzen Sie mit der richtigen Form des Verbs im Passato prossimo.

a. Io (mangiare) ________________________________ una pizza.

b. I bambini (andare) ________________________________ al cinema.

c. Lei (leggere) ________________________________ un libro interessante.

d. Le nonne (venire) ________________________________ a casa.

e. Voi (visitare) ________________________________ Roma?

6. Vervollständigen Sie die Sätze mit dem Hilfsverb *essere* oder *avere* und der Partizipendung.

a. Maria ___________ rimast___ a casa ieri.

b. Noi ___________ avut___ un incontro importante.

c. Monica e Nicoletta, ___________ partit___ in vacanza la settimana scorsa?

d. Io ___________ nuotat___ per un'ora.

e. Eugenio, ___________ camminat___ in montagna?

7. Übersetzen Sie.

a. Marina hat 200 Gramm Käse gekauft.

____

b. Diego hat Agneta in Florenz kennengelernt.

____

c. Rosanna hat einen Prosecco getrunken.

____

d. Frau Bruni hat die Koffer gepackt.

____

e. Antonella hat viel gelacht.

____

8. Finden Sie die Fehler und korrigieren Sie sie.

a. Io sono sciato sulle Alpi.

____

b. Tu hai comprato un regalo per i tuoi libri.

____

c. Noi abbiamo visto un bello film.

____

d. Loro sono viaggiati in Sicilia.

____

e. Lei ha leggiuto un libro interessante.

____

9. Ordnen Sie die Daten den entsprechenden Feiertagen zu.

a. 01.01.	1. Natale
b. 06.01.	2. Ognissanti
c. 25.04.	3. Epifania
d. 01.11.	4. San Silvestro
e. 24.12.	5. Capodanno
f. 31.12.	6. Festa della Liberazione

a. – __; b. – __; c. – __; d. – __; e. – __; f.– __

10. Übersetzen Sie.

a. Das ist meine Mutter Gabriella.

____

b. Das ist ihr (= Silvias) Opa Teobaldo.

____

c. Ist das deine Tochter Dania?

____

d. Das ist unsere Oma Carolina.

____

e. Ist das euer Onkel Edoardo?

____

f. Das ist ihr (= von den Eltern) Sohn Francesco.

____

11. Ergänzen Sie die Endungen.

a. Alla festa sono venut______ i mi______ zii.

b. Alla festa è venut______ tu______ suocera?

c. Alla festa non è venut______ su______ cognato.

d. Alla festa sono venut______ le nostr______ nuore.

e. Alla festa sono venut______ vostr______ cognata e vostr______ genero?

12. Bilden Sie Sätze mit dem Verb dire im Präsens.

a. (tu)/che cosa/dire/di questo film?

____

b. (lui)/perché /dire/sempre/di no?

____

c. (noi)/che cosa/dire/ai nostri genitori?

____

d. (voi)/perché/dire/questo?

____

e. (loro)/quando/dire/la verità?

____

13. Bilden Sie mit den folgenden Wörtern einen korrekten Satz mit dem Verb im Passato prossimo.

a. io/alzarsi/presto

____

b. tu/lavarsi/la faccia

____

c. noi/prepararsi/per la scuola

____

d. voi/divertirsi/alla festa

____

e. loro/mettersi/un costume

____

14. Ordnen Sie diese Körperteile von oben nach unten.

a. occhio	**b.** collo	**c.** spalla	**d.** piede	**e.** ginocchio
f. orecchio	**g.** schiena	**h.** pancia	**i.** bocca	**j.** gamba

a. – __; b. – __; c. – __; d. – __; e. – __; f.– __; g. – __; h – __; i. – __; j. – __

15. Du oder Sie? Ordnen Sie diese Verben nach ihrer jeweiligen Befehlsform.

alzi, apra, ballate, bevi, chiudi, comprate, dica, dite, dorma, faccia, fate, guarisca, lavorate legga, mangia, prendi, pulisci, scusa, senta, stai, studia, uscite, vada, vai, viaggiate, vieni

a. Du-Form: ______________________________

b. Sie-Form: ______________________________

c. Ihr-Form: ______________________________

16. Übersetzen Sie.

a. Essen Sie keinen Zucker!

______________________________!

b. Schließen Sie die Augen!

______________________________!

c. Öffnen Sie den Mund!

______________________________!

d. Iss kein Fleisch!

______________________________!

e. Nehmen Sie diese Medizin!

______________________________!

Teil III
Dritter Monat

Unsere Lerntipps

- ✔ Treten Sie Facebook-Gruppen bei, die sich dem Italienischlernen widmen. Hier können Sie Fragen stellen, Lernmaterialien austauschen und sich mit anderen Lernenden vernetzen.
- ✔ Hören Sie italienische Podcasts oder schauen Sie Livestreams in italienischer Sprache. Das hilft Ihnen, Ihr Hörverständnis zu verbessern.
- ✔ Folgen Sie Seiten, die über italienische Kultur, Musik, Filme und Essen berichten. So verbinden Sie die Sprache mit kulturellen Kontexten, was das Lernen interessanter macht.
- ✔ Suchen Sie nach Sprachpartnern oder Tandem-Partnern über soziale Medien. Hier arbeiten zwei Personen zusammen, die jeweils die Sprache des anderen lernen möchten.
- ✔ Es gibt viele Websites, die italienische Nachrichten und Artikel mit Übersetzungen oder Erläuterungen anbieten. Plattformen wie **Easy Italian News** `https://easyitaliannews.com` bieten vereinfachte Inhalte für Lernende.

IN DIESEM TEIL ...

Bereiten Sie sich sprachlich darauf vor, Freizeit- und Kulturangebote zu nutzen, Kleidung und Möbel zu kaufen sowie alltägliche Erledigungen in der Stadt zu bewältigen. Darüber hinaus werden Sie sich sprachlich mit zentralen Themen wie Umweltschutz, Klimawandel und erneuerbaren Energien auseinandersetzen.

Zum Abschluss des Semesters lade ich Sie herzlich zum Sommerfest der Sprachschule **Dante al Dente** ein. Ich gratuliere Ihnen zu Ihrem Engagement und dazu, dass Sie Biss bewiesen und bis zum Schluss durchgehalten haben.

IN DIESEM KAPITEL

Kulturstätten in Florenz entdecken

Freizeit gestalten

Kulturelle Veranstaltungen besuchen

Kapitel 11
Neunte Woche

Die neunte Woche steht ganz unter den Zeichen Freizeit und Kunst.

Herr Bruni geht in die **Biblioteca Medicea Laurenziana,** die von Michelangelo entworfen wurde und bekannt ist für ihre prachtvolle Architektur und Sammlung von Manuskripten der Medici-Familie, die eine wichtige Rolle in der Geschichte der Renaissance spielte.

Auch ein Opernbesuch im berühmtesten Konzerthaus in Florenz, dem **Teatro della Pergola,** ist im Hause Bruni geplant. Es handelt sich um eines der ältesten Theater Italiens, das 1657 eröffnet wurde und eine bedeutende Rolle in der Geschichte der Musik und der darstellenden Kunst in Florenz spielt.

Frau Bruni trainiert regelmäßig in einem Fitness-Studio. Italiener legen großen Wert auf Fitness, geprägt von Körperbewusstsein, ausgewogener Ernährung und modernen Fitness-Trends.

Agneta und Diego planen einen Kinobesuch im **Cinema Odeon,** das für seine schöne Architektur und das einzigartige Ambiente bekannt ist. Es zeigt häufig internationale Filme und hat auch einen besonderen Fokus auf Arthouse- und Independent-Filme.

Oksana und Rosanna sprechen über den **Karneval in Venedig**, ein spektakuläres Fest, geprägt von opulenten Masken, farbenfrohen Kostümen, schillernden Paraden und festlichen Veranstaltungen. Besonders beliebt sind die traditionellen **frittelle**, süße Leckereien, die fester Bestandteil der Feierlichkeiten in der Lagunenstadt sind.

Herr Bruni geht mit zwei Schülerinnen in das **Museo di Arte Moderna e Contemporanea di Palazzo Vigoni** in Florenz, das bedeutende Werke von Impressionisten und Kubisten beherbergt, die die Entwicklung der modernen Kunst eindrucksvoll widerspiegeln.

Tag 49: In der Bibliothek – In biblioteca

Signor Bruni geht in die **Biblioteca Medicea Laurenziana**, um sich ein Fachbuch über Histaminintoleranz auszuleihen. Er wendet sich an die **Bibliotecaria** (Bibliothekarin).

Hören Sie sich das Gespräch zwischen der Bibliothekarin und Signor Bruni an (Track 21).

SIG. BRUNI: **Senta scusi, vorrei prendere in prestito un libro sulla nutrizione sana.**
[*sen*-ta *sku*-zi, wor-*räi* *pren*-de-re in *prä*-sti-to un *li*-bro *sul*-la nu-tri-*zjo*-ne *sa*-na.]
Entschuldigen Sie bitte, ich möchte mir ein Buch über gesunde Ernährung ausleihen.

BIBLIOTECARIA: **Certo. Ha un argomento specifico in mente?**
[*tschär*-to. a un ar-go-*men*-to spe-*tschi*-fi-ko in *men*-te?]
Gerne. Haben Sie ein bestimmtes Thema im Sinn?

SIG. BRUNI: **Sì, vorrei un libro specializzato sull'intolleranza all'istamina.**
[si, wor-*räi* un *li*-bro spe-tscha-liz-*za*-to sul-lin-tol-le-*ran*-za al-*lis*-ta-mi-na.]
Ja, ich möchte ein Fachbuch über Histaminintoleranz.

BIBLIOTECARIA: **Abbiamo alcuni libri su questo tema. Vada su al secondo piano!**
[ab-*bja*-mo al-*ku*-ni *li*-bri su *kwäs*-to *te*-ma. *wa*-da *su* al se-*kon*-do *pja*-no!]
Wir haben einige Bücher zu diesem Thema. Gehen Sie hoch in den zweiten Stock!

SIG. BRUNI: **Sì, grazie. Quanto tempo posso tenere i libri?**
[si *gra*-zje. *kwan*-to *tem*-po *pos*-so te-*ne*-re i *li*-bri?]
Ja, danke. Wie lange kann ich die Bücher behalten?

BIBLIOTECARIA: **Può tenerli per quattro settimane.**
[pu-o te-*ner*-li per *kwat*-tro set-ti-*ma*-ne.]
Sie können Sie vier Wochen behalten.

Kleiner Wortschatz

la bibliotecaria	Bibliothekarin	**prendere in prestito**	ausleihen
la nutrizione	Ernährung	**l'argomento**	Thema
specifico/a	bestimmt	**la mente**	Sinn
il tema	Thema	**tenere**	(be)halten

Für Bücherwürmer und Leseratten

il fumetto ([fu-*met*-to] Comic), **il giornale** ([dschor-*na*-le] Zeitung), **il libro di cucina** ([ku-*tschi*-na] Kochbuch), **il libro di storia** ([*sto*-rja] Geschichtsbuch), **il libro per bambini** ([bam-*bi*-ni] Kinderbuch), **il libro specializzato** ([spe-tscha-liz-*za*-to] Fachbuch), **il racconto** ([rak-*kon*-to] Kurzgeschichte), **il romanzo** ([ro-*man*-zo] Roman), **il saggio** ([*sad*-dscho] Essay), **l'enciclopedia** ([än-tschi-klo-pä-*di*-ja] Enzyklopädie), **la biografia** ([bi-jo-gra-*fi*-ja] Biografie), **la guida turistica** ([*gwi*-da tu-*ris*-ti-ka] Reiseführer), **la poesia** ([po-e-*si*-ja] Gedicht), **la rivista** ([ri-*wis*-ta] Zeitschrift), **l'audiolibro** ([au-djo-*lib*-ro] Hörbuch)

Möchten Sie über ein Thema sprechen, benutzen Sie im Italienischen die Präposition **su** (über). Die Präposition **su** verschmilzt mit dem bestimmten Artikel des folgenden Wortes:

Artikel/ Präposition	il	lo	l'	la	i	gli	le
su	sul	sullo	sull'	sulla	sui	sugli	sulle

Tabelle 11.1: Präposition »su« + bestimmter Artikel

Ist in einem Satz ein Infinitiv (Grundform des Verbs) vorhanden, kann das Akkusativpronomen auch angehängt werden.

- ✔ **il romanzo: <u>Lo</u> può tenere per quattro settimane. – Può tener<u>lo</u> per quattro settimane.**
- ✔ **la rivista: <u>La</u> può tenere per due settimane. – Può tener<u>la</u> per due settimane.**
- ✔ **i saggi: <u>Li</u> può tenere per quattro settimane. – Può tener<u>li</u> per quattro settimane.**
- ✔ **le biografie: <u>Le</u> può tenere per quattro settimane. – Può tener<u>le</u> per quattro settimane.**

Ergänzen Sie die Sätze mit den passenden Präpositionen: sugli, sui, sull', sulla, sullo und den Akkusativpronomen: la, la, le, li, lo

a. Ecco il libro specializzato __________ pianeti. __________può tenere per quattro settimane.

b. Ecco la guida turistica ____________ USA. _________ può tenere per quattro settimane.

c. Ecco due romanzi storici ______antica Roma. ________ può tenere per quattro settimane.

d. Ecco la biografia ___________ vita di Verdi. ________ può tenere per quattro settimane.

e. Ecco le riviste____________________ sport. __________ può tenere per due settimane.

Tag 50: In der Oper – All'opera

Am Hochzeitstag, den Signor Bruni nie vergisst, möchte er seine Frau in die Oper einladen.

SIG. BRUNI:	**Amore mio, come vogliamo passare il nostro anniversario di nozze quest'anno?** [a-*mo*-re *mi*-jo, *ko*-me wol-*ja*-mo pas-*sa*-re il *nos*-tro an-ni-wer-*sa*-rjo di *noz*-ze *kwäst an*-no?] Meine Herzallerliebste, wie wollen wir dieses Jahr unseren Hochzeitstag begehen?
SIG.RA BRUNI:	**Tesoro, cosa ne pensi di andare all'opera? Mi piace »La Traviata«. È un grande dramma d'amore. La danno sabato al Teatro della Pergola.** [te-*zo*-ro, *ko*-za ne *pen*-si di an-*da*-re al-*lo*-pe-ra? mi *pja*-tsche la tra-*wja*-ta. *ä* un *gran*-de *dram*-ma da-*mo*-re. la *dan*-no *sa*-ba-to al te-*a*-tro *del*-la *per*-go-la. Schatz, was hältst du davon, in die Oper zu gehen? Mir gefällt »La Traviata«. Es ist ein großes Liebesdrama. Es läuft am Samstag im Teatro della Pergola.
SIG. BRUNI:	**Dobbiamo comprare i biglietti online. Che posti scegliamo?** [dob-*bja*-mo kom-*pra*-re i bil-*jet*-ti on-*lain*. *kä pos*-ti schel-*ja*-mo? Wie müssen die Tickets online kaufen. Welche Plätze wählen wir?
SIG.RA BRUNI:	**Possiamo prendere i posti in platea. Sono vicini al palcoscenico o posti in galleria? Che ne pensi?** [pos-*sja*-mo *pren*-de-re i *pos*-ti in pla-*tä*-ja. *so*-no vi-*tschi*-ni al pal-ko-*sche*-ni-ko o *po*-sti in gal-le-*ri*-ja. *kä* ne *pen*-si? Wir können Plätze im Parkett nehmen. Sind sie nah an der Bühne oder Plätze in der Galerie? Was denkst du?
SIG. BRUNI:	**Per il mio gioiello solo il meglio del meglio: i posti in platea.** [per il *mi*-jo dscho-*jäl*-lo *so*-lo il *mäl*-jo del *mäl*-jo: i *pos*-ti in pla-*tä*-a.] Für mein Juwel nur das Beste vom Besten: die Plätze im Parkett.

Kleiner Wortschatz

l'opera lirica	Oper	**passare**	verbringen	**l'anniversario**	Jahrestag
le nozze	Hochzeit	**il biglietto**	Ticket	**il posto**	Platz
scegliere	wählen	**la platea**	Parkett	**il palcoscenico**	Bühne

So können Sie Ihre große Liebe ansprechen

Tu sei (du bist) … **il mio amore** ([a-*mo*-re] meine Liebe), **il mio angelo** ([*an*-dsche-lo] mein Engel), **il mio cuore** ([*kwo*-re] mein Herz), **il mio gioiello** ([dscho-*jel*-lo] mein Juwel), **il mio principe** ([*prin*-tschi-pe] mein Prinz), **il mio sogno** ([*son*-jo] mein Traum), **il mio tesoro** ([te-*zo*-ro] mein Schatz), **la mia dolcezza** ([dol-*tschez*-za] meine Süße), **la mia passione** ([pas-*sjo*-ne] meine Leidenschaft), **la mia regina** ([re-*dschi*-na] meine Königin), **la mia stella** ([*stel*-la] meinen Stern), **la mia vita** ([*wi*-ta] mein Leben)

Für Ihren Opernbesuch

il baritono ([ba-ri-*to*-ne] Bariton), **il coro** ([*ko*-ro] Chor), **il costume** ([kos-*tu*-me] Kostüm), **il duetto** ([du-*et*-to] Duett), **il libretto** ([li-*bret*-to] Libretto), **il soprano** ([so-*pra*-no] Sopran), **il tenore** ([te-*no*-re] der Tenor), **la scena** ([*schä*-na] Szene), **l'arietta** ([a-*rjet*-ta] Arie), **l'atto** ([*at*-to] Akt), **l'opera buffa** ([*o*-pe-ra *buf*-fa] komische Oper), **l'operetta** ([ope-*ret*-ta] Operette), **l'orchestra** ([or-*kes*-tra] Orchester)

- **Prima gradinata** bezeichnet die erste Reihe oder die besten Plätze an einem Veranstaltungsort, die oft eine bessere Sicht auf die Bühne bieten. Sie sind in der Regel teurer.
- **Seconda gradinata** steht für die zweite Reihe oder die Plätze, die sich etwas weiter entfernt von der Bühne befinden. Diese Plätze sind oft günstiger.

Es gibt einige Begriffe im Italienischen, die auf **-ma** enden und trotzdem männlich sind. Sie sind meist griechischen Ursprungs:

- **il cinema** (Kino), **il clima** (Klima), **il dilemma** (Dilemma), **il dogma** (Dogma), **il dramma** (Drama), **il magma** (Magma), **il problema** (Problem), **il sistema** (System), **il tema** (Thema), **lo sperma** (Sperma)

Lesen Sie den Text:

L'Arena di Verona è un famoso anfiteatro situato nel centro della città di Verona, in Italia. È uno dei meglio conservati al mondo. L'Arena può ospitare circa 15.000 spettatori. Oggi, è nota per le opere liriche e i concerti. Ogni estate, molte persone visitano l'Arena per vedere spettacoli meravigliosi, come *Carmen* e *Aida*. L'atmosfera è magica e molti turisti vengono da tutto il mondo. L'Arena di Verona è un simbolo della città e rappresenta la storia e la cultura italiana. È un luogo da non perdere!

Sind diese Aussagen vero (richtig) oder falso (falsch)?

a.	L'Arena di Verona è situata nel centro di Roma.	v	f
b.	L'atmosfera all'Arena durante gli spettacoli è magica.	v	f
c.	Molti turisti internazionali visitano l'Arena.	v	f
d.	Gli spettacoli estivi all'Arena includono opere come *Carmen* e *La Boheme.*	v	f
e.	L'Arena di Verona è uno degli anfiteatri meno conservati al mondo.	v	f

Tag 51: Im Fitness-Studio – In palestra

Auf dem Weg ins Fitness-Studio trifft Frau Bruni ihre Nachbarin Luisa, die eine echte Sportskanone ist:

LUISA:	**Ciao, Matilda! Vai in palestra?** [*tscha*-o ma-*til*-da! *wai* in pa-*läs*-tra?] Hallo Matilda! Gehst du ins Fitness-Studio?
SIG.RA BRUNI:	**Sì, faccio sport almeno due volte la settimana. E tu?** [*si, fat*-tscho sport al-*me*-no *du*-e *wol*-te la set-ti-*ma*-na. e *tu*?] Ja, ich mache mindestens zweimal pro Woche Sport. Und du?
LUISA:	**Vado ad allenarmi molto spesso, quasi ogni giorno. Raramente salto un giorno.** [*wa*-do ad al-le-*nar*-mi *mol*-to *spes*-so, *kwa*-zi *on*-ji *schor*-no. ra-ra-*men*-te *sal*-to un *dschor*-no.] Ich gehe sehr oft trainieren, fast jeden Tag. Selten überspringe ich mal einen Tag.
SIG.RA BRUNI:	**Io, qualche volta, salto una settimana se sono malata.** [*i*-jo *kwal*-ke *wol*-ta *sal*-to *u*-na set-ti-*ma*-na se *so*-no ma-*la*-ta.] Ich lasse ab und zu eine Woche ausfallen, wenn ich krank bin.
LUISA:	**Capisco. Ma è importante farlo regolarmente!** [ka-*pis*-ko. ma *ä* im-por-*tan*-te far-*lo* re-go-lar-*men*-te. Das verstehe ich. Aber wichtig ist, es regelmäßig zu machen.
SIG.RA BRUNI:	**Esattamente! Vai a prendere il tuo borsone!** [ä-sat-ta-*men*-te! *wai* a *pren*-de-re il *tu*-o bor-*so*-ne!] Genau! Geh deinen Turnbeutel holen.

Kleiner Wortschatz

la palestra	Fitness-Studio	**allenarsi**	trainieren	**saltare**	überspringen
stanco/a	müde	**giocare a**	spielen	**il borsone**	Turnbeutel

Wie oft Sie etwas machen

a volte ([a *wol*-te] manchmal), **di tanto in tanto** ([di *tan*-to in *tan*-to] von Zeit zu Zeit), **non … mai** ([*mai*] nie), **ogni tanto** ([*on*-ji *tan*-to] ab und zu), **qualche volta** ([*kual*-ke *wol*-ta] manchmal), **raramente** ([ra-ra-*men*-te] selten), **regolarmente** ([re-go-lar-*men*-te] regelmäßig), **sempre** ([*sem*-pre] immer), **spesso** ([*späs*-so] oft), **talvolta** ([tal-*wol*-ta] gelegentlich)

Die beliebtesten Freizeitsportarten

il calcio ([*kal*-tscho] Fußball), **la pallavolo** ([pal-la-*wo*-lo] Volleyball), **la pallacanestro** [pal-la-ka-*näs*-tro, il basket Basketball), **il ciclismo** ([tschi-*klis*-mo] Radfahren), **il tennis** (Tennis), **il nuoto** ([nu-*o*-to] Schwimmen), **l'atletica leggera** ([at-*le*-ti-ka led-*dschä*-ra] Leichtathletik), **lo sciare** ([schi] Skifahren), **la ginnastica** ([dschin-*nas*-ti-ka] Turnen), **sport da combattimento** ([kom-bat-ti-*men*-to] Kampfsport)

Den Italienern ist es sehr wichtig, auch beim Sport **bella figura** (gute Figur) zu machen. Daher legen sie großen Wert auf modische und aktuelle Sportbekleidung.

Mit **quasi** (fast) und **molto** (sehr) können Sie die Begriffe noch näher bestimmen:

- ✔ **Vado in palestra quasi sempre.** (Ich gehe fast immer ins Fitness-Studio.)
- ✔ **Vado in palestra molto spesso.** (Ich gehe sehr oft ins Fitness-Studio.)

Mit **ogni** (jeder) können Sie eine regelmäßige Tätigkeit angeben:

- ✔ **Vado in palestra ogni settimana.** (Ich gehe jede Woche ins Fitness-Studio.)

1. Können Sie folgende Sportarten erraten?

a. alpinismo	1. Nordic Walking
b. andare in bicicletta	2. Bergwandern
c. camminata nordica	3. Handball
d. motociclismo	4. Bergsteigen
e. pallamano	5. Fahrrad fahren
f. sci acquatico	6. Motorsport
g. trekking	7. Wasserski

a. – __; b. – __; c. – __; d. – __; e. – __; f. – __; g. – __

2. Ergänzen Sie mit die Sätze den folgenden Sportarten: alpinismo, atletica leggera, calcio, camminata nordica, ciclismo, ginnastica, pallacanestro, pallamano, pallavolo, sport da combattimento, sci acquatico, tennis, trekking

a. Io faccio (+ bestimmter Artikel) ______________________________

b. Io gioco a ______________________________

Tag 52: Im Kino – Al cinema

Diego lädt Agneta ins Kino **Cinema Odeon** ein.

DIEGO: **Ciao cara mia! Vedo che stai già meglio.**
[*tscha*-o, *ka*-ra *mi*-ja. *we*-do *kä* stai *dscha mäl*-jo.]
Hallo, meine Liebe! Ich sehe, es geht dir schon besser.

AGNETA: **Sì, tutto bene, devo ancora evitare il sole.**
[*si tut*-to *bä*-ne, *de*-wo an-*ko*-ra e-wi-*ta*-re il *so*-le.]
Ja, alles gut, ich muss immer noch die Sonne meiden.

DIEGO: **Allora andiamo al cinema! Hai già visto l'ultimo film di Paola Cortellesi?**
[al-*lo*-ra an-*dja*-mo al *tschi*-ne-ma! ai *dscha wis*-to *lul*-ti-mo film di pa-*o*-la cor-tel-*le*-zi?]
Also lass uns ins Kino gehen! Hast du schon den letzten Film von Paola Cortellesi gesehen?

AGNETA: **No, non ancora. Di che cosa parla?**
[no, non an-*ko*-ra. di *kä ko*-za *par*-la?]
Nein, noch nicht. Worum geht es?

DIEGO: **Non voglio svelare troppo. Ma è una storia molto drammatica.**
[non *wol*-jo zwe-*la*-re *trop*-po. ma *ä u*-na *sto*-rja *mol*-to dram-*ma*-ti-ka.]
Ich will nicht zu viel verraten. Aber es ist eine sehr dramatische Geschichte.

AGNETA: **Mi piacciono i film della Cortellesi. Quando ci andiamo?**
[mi *piat*-tscho-no i film di kor-tel-*le*-zi. *kwan*-do tschi an-*dja*-mo?]
Mir gefallen die Filme von Cortellesi. Wann wollen wir gehen?

DIEGO: **Sabato sera? Ti va? Vengo a prenderti alle sei.**
[*sa*-ba-to *se*-ra? ti *wa*? *wen*-go a *pren*-der-ti al-le *säi*.]
Samstagabend? Passt es dir? Ich hole dich um sechs ab.

Kleiner Wortschatz

già	schon	**il film**	Film	**svelare**	verraten

Für Ihren Terminkalender

a breve termine ([a *bre*-we *tär*-mi-ne] kurzfristig), **a lungo termine** ([a *lun*-go *tär*-mi-ne] langfristig), **a medio termine** ([a *me*-djo *tär*-mi-ne] mittelfristig), **all'ora di pranzo** ([al-*lo*-ra di *pran*-zo] zur Mittagszeit), **fra breve** ([fra *bre*-we] in Kürze), **il mese scorso** ([*me*-ze *skor*-so] vergangenen Monat), **la prossima settimana** ([*pros*-si-ma set-ti-*ma*-na] nächste Woche), **l'anno scorso** ([*lan*-no *skor*-so] voriges Jahr), **più tardi** ([*pju tar*-di] später), **prossimo/a**

([*pros*-si-mo] nächster), **stamattina** ([sta-mat-*ti*-na] heute Morgen), **stasera** ([sta-*se*-ra] heute Abend), **tra poco** ([tra *po*-ko] bald), **ultimo/a** ([*ul*-ti-mo] letzter, neuester)

Manche Verben gibt es nur im Doppelpack:

- ✔ **andare a prendere** (abholen): **Vado a prendere mia madre all'aeroporto.** (Ich hole meine Mutter vom Flughafen ab.)
- ✔ **andare a vedere** (besuchen): **Vado a vedere mio padre a Roma.** (Ich besuche meinen Vater in Rom.)
- ✔ **andare a trovare** (besuchen): **Vado a trovare la mia amica a Milano.** (Ich besuche meine Freundin in Mailand.)

Wenn im Vorfeld ein Ort genannt wird und dieser im weiteren Verlauf nicht erneut erwähnt werden soll, kann er durch die Ortsangabe **ci** (dort, dorthin) ersetzt werden:

- ✔ **Lei abita a Milano. Ci lavora già da tre anni.** (Sie wohnt in Mailand. Sie arbeitet dort schon seit drei Jahren.)
- ✔ **La banca è chiusa. Ci vado domani.** (Die Bank ist geschlossen. Ich gehe morgen dorthin.)

Lesen Sie den Text über das Filmfestival in Venedig:

Il Festival del Cinema di Venezia è uno dei festival di film più importanti del mondo. Si tiene ogni anno in settembre nella splendida città di Venezia. Durante il festival, ci sono molte proiezioni di film, eventi e incontri con registi e attori. I film provengono da diversi paesi e generi. Molti film scelti per il festival ricevono premi prestigiosi. Il premio più famoso è il Leone d'Oro. Il festival attira molti turisti e appassionati di cinema. È un'ottima occasione per scoprire nuove pellicole e vivere l'atmosfera unica della laguna veneta.

Sind diese Aussagen vero (richtig) oder falso (falsch)?

a.	Il Festival del Cinema di Venezia si tiene ogni anno in ottobre.	v	f
b.	Il festival è uno dei festival di film più importanti del mondo.	v	f
c.	Durante il festival non ci sono incontri con registi e attori.	v	f
d.	Solo i film italiani vengono presentati al festival.	v	f
e.	Il premio più prestigioso del festival è il Leone d'Oro.	v	f
f.	Al festival vengono solo registi e attori.	v	f
g.	Il Festival del Cinema si svolge nella città di Roma.	v	f
h.	Durante il festival si possono vedere dei film.	v	f
i.	Ci sono molti film sulla laguna veneta.	v	f

Tag 53: Karneval in Venedig – Il carnevale a Venezia

Ying, Oksana und Rosanna sprechen über den Karneval in Venedig.

OKSANA: **Il prossimo anno voglio andare al Carnevale di Venezia. Vieni con me?**
[il *pros*-si-mo *an*-no *wol*-jo an-*da*-re al kar-ne-*wa*-le di we-*nä*-zja. *wjä*-ni kon *mä*?]
Im nächsten Jahr möchte ich auf den Karneval in Venedig. Kommst du mit?

ROSANNA: **Naturalmente. Dobbiamo comprare delle belle maschere.**
[na-tu-ral-*men*-te. dob-*bja*-mo kom-*pra*-re *del*-le *bäl*-le *mas*-ke-re.]
Natürlich. Wir müssen schöne Masken kaufen.

OKSANA: **Voglio indossare un costume colorato.**
[*wol*-jo in-dos-*sa*-re un kos-*tu*-me ko-lo-*ra*-to.]
Ich möchte ein buntes Kostüm tragen.

ROSANNA: **Possiamo fare molte foto e postarle su Instagram.**
[pos-*sja*-mo *fa*-re *mol*-te *fo*-to e pos-*tar*-li in *in*-sta-gram.]
Wir können viele Fotos machen und sie auf Instagram posten.

OKSANA: **E si possono vedere le sfilate e mangiare le frittelle.**
[e si *pos*-so-no we-*de*-re le sfi-*la*-te e man-*dscha*-re le frit-*tel*-le.]
Und man kann Paraden sehen und Frittelle essen.

ROSANNA: **E dove si possono comprare le maschere?**
[E *do*-we si *pos*-so-no *kom*-pra-er le *mas*-ke-re?]
Und wo kann man die Masken kaufen?

OKSANA: **Ci sono tanti negozi. Possiamo fare anche un giro in gondola.**
[tschi *so*-no *tan*-ti ne-*go*-zi. pos-*sja*-mo *fa*-re *an*-ke un *dschi*-ro in *gon*-do-la.]
Es gibt viele Geschäfte. Wir können auch eine Fahrt in einer Gondel machen.

Kleiner Wortschatz

postare	posten	**la sfilata**	Parade	**indossare**	tragen (Kleidung)

Für Ihren Venedig-Besuch

il Canal Grande ([*ka*-nal *gran*-de] Canal Grande), **il canale** ([ka-*na*-le] Kanal), **il carnevale** ([kar-ne-*wa*-le] Karneval), **il gondoliere** ([gon-dol-*jä*-re] Gondoliere), **il palazzo** ([pa-*laz*-zo] Palast), **il ponte** ([*pon*-te] Brücke), **il Settecento** ([set-te-*tschän*-to] 18. Jahrhundert), **il**

vaporetto ([wa-po-*ret*-to] Wassertaxi), **la basilica di San Marco** ([ba-*zi*-li-ka di san *mar*-ko] Markusbasilika), **la gondola** ([*gon*-do-la] Gondel), **la laguna** ([la-*gu*-na] Lagune), **la maschera** ([*mas*-ke-ra] Maske), **la Piazza San Marco** ([*pjaz*-za san *mar*-ko] Markusplatz), **la riva** ([*ri*-wa] Ufer), **Venezia** ([we-*nä*-zja] Venedig)

Frittelle sind traditionelle italienische Süßspeisen, die während des Karnevals genossen werden. Diese köstlichen, frittierten Teigbällchen sind oft mit Rosinen, Äpfeln oder Vanille gefüllt und mit Puderzucker bestäubt.

Das unpersönliche »man« wird im Italienischen mit **si** wiedergegeben. Während im Deutschen das Verb immer im Singular steht, verändert sich das Verb im Italienischen, je nachdem, ob danach Einzahl oder Mehrzahl steht:

- ✔ **A Venezia <u>si mangia</u> molto pesce.** (In Venedig isst man viel Fisch.) – **Al Carnevale <u>si mangiano</u> le frittelle.** (Im Karneval isst man Frittelle.)
- ✔ **A Venezia <u>si può</u> comprare il vetro di Murano.** (In Venedig kann man Glas aus Murano kaufen.) – **A Venezia <u>si possono</u> comprare delle maschere.** (In Venedig kann man Masken kaufen.)

Italienische Städte haben oft poetische Bezeichnungen: Venedig wird **La Serenissima** (die unendlich Heitere) genannt für ihre ruhige Schönheit, Rom als **L'Eterna** (die Ewige) wegen ihres historischen Erbes, Bologna als **La Dotta** (die Gelehrte) für ihre Universitätstradition, **La Rossa** (die Rote) für die Dächer und **La Grassa** (die Fette) für die Küche. Genua heißt **La Superba** (Die Hochnäsige) aufgrund des Stolzes der Genueser, während Florenz als **La Bella** (die Schöne) für ihre Renaissance-Architektur und Kunstwerke gilt.

Lesen Sie den Text über den Karneval in Venedig:

Il Carnevale di Venezia è una delle feste più belle e famose d'Italia. Ogni anno, migliaia di persone si incontrano in questa città magica per festeggiare. I partecipanti indossano maschere colorate e costumi splendidi. Durante il Carnevale, ci sono sfilate, concerti e attrazioni. La musica riempie le piazze e tutti ballano e si divertono. I primi eventi iniziano una o due settimane prima del Carnevale e durano fino al martedì grasso. È un'opportunità unica per vivere la tradizione e la cultura veneziana.

Sind diese Aussagen vero (richtig) oder falso (falsch)?

a.	Il Carnevale di Venezia è una festa famosa in Italia.	v	f
b.	Durante il Carnevale, i partecipanti non indossano maschere.	v	f
c.	Gli eventi del Carnevale di Venezia iniziano in gennaio.	v	f
d.	La musica è un elemento importante durante le celebrazioni del Carnevale.	v	f
e.	La festa finisce il martedì grasso.	v	f

Tag 54: Im Museum – Ist das Kunst oder kann das weg?

Signore Bruni geht mit Ying und Oksana ins **Museo di Arte Moderna e Contemporanea di Palazzo Vigoni** (Museum für moderne und zeitgenössische Kunst im Palazzo Vigoni).

SIG. BRUNI: **Buonasera, ragazze! Quale sezione volete vedere oggi?**
[*bwo*-na-*se*-ra, ra-*gaz*-ze. *kwa*-le sä-*zjo*-ne wo-*le*-te we-*de*-re *od*-dschi?]
Guten Abend, Leute! Welche Abteilung wollt ihr heute sehen?

OKSANA: **Gli impressionisti! Vorrei ammirare i quadri di Monet.**
[lji im-pres-si-jo-*nis*-ti! wor-*räi* am-mi-*ra*-re i *kwa*-dri di mo-*neh.*]
Die Impressionisten! Ich möchte die Bilder von Monet bewundern.

SIG. BRUNI: **E cosa ne pensate dell'arte astratta?**
[e *kä* ne pen-*sa*-te del-*lar*-te as-*trat*-ta?]
Was haltet ihr von abstrakter Kunst?

YING: **Non ne capisco molto, ma sono curiosa.**
[non ne ka-*pis*-ko *mol*-to, ma *so*-no ku-*rjo*-za.]
Ich verstehe nicht viel davon, aber ich bin neugierig.

OKSANA: **Anch'io. Possiamo vedere entrambe le esposizioni?**
[ank'*i*-jo. pos-*sja*-mo we-*de*-re en-*tram*-be le es-po-si-*zjo*-ni?]
Ich auch. Können wir beide Ausstellungen anschauen?

SIG. BRUNI: **Sì, iniziamo con gli impressionisti e poi andiamo al cubismo. Lì ci sono opere di Picasso.**
[si, i-ni-*zja*-mo kon lji im-pres-sjo-*ni*-sti e po-*ji* an-*dja*-mo al ku-*bis*-mo. *li* tschi *so*-no *o*-pe-re di pi-*kas*-so.]
Ja, wir beginnen mit den Impressionisten und dann gehen wir zum Kubismus. Es gibt dort Werke von Picasso.

Kleiner Wortschatz

la ragazza	Mädchen	**la sezione**	Abteilung	**il cubismo**	Kubismus
curioso/a	neugierig	**entrambe**	beide	**l'arte**	Kunst

Für Ihre künstlerische Ader

il colore ([ko-*lo*-re] Farbe, **il disegno** ([di-*sen*-jo] Zeichnung, **il museo** ([mu-*se*-jo] Museum, **il pittore** ([pit-*to*-re] Maler, **il quadro** ([*kwa*-dro] Gemälde, **il restauro** ([re-*stau*-ro] Restaurierung, **l'affresco** ([af-*fres*-ko] Fresko, **l'arte astratta** ([*ar*-te as-*trat*-ta] abstrakte Kunst, **l'artista** ([ar-*tis*-ta] Künstler, **l'esposizione** ([es-po-si-*zjo*-ne] Ausstellung, **l'opera d'arte** ([*o*-pe-ra *dar*-te] Kunstwerk, **la collezione** ([kol-le-zi-*jo*-ne] Sammlung, **la galleria** ([gal-le-*ri*-ja] Galerie, **la pittura** ([pit-*tu*-ra] Malerei, **la scultura** ([skul-*tu*-ra] Skulptur, **la visita guidata** ([*wi*-si-ta gwi-*da*-ta] Führung, **lo scultore** ([skul-*to*-re] Bildhauer

Wollen Sie einen klugen Kommentar zu einem Gemälde abgeben? Hier zwei Vorschläge:

- **Questo dipinto esprime emozioni profonde e colpisce con i suoi colori vivaci.**

  [*kwäs*-to di-*pin*-to es-*pri*-me e-mo-*zjo*-ni pro-*fon*-de e kol-*pi*-sche kon i *swo*-i ko-*lo*-ri wi-*wa*-tschi.]

  (Dieses Gemälde drückt tiefe Emotionen aus und beeindruckt mit lebhaften Farben.)

- **La tela, con la sua audace combinazione di colori e forme, sfida le convenzioni artistiche, rivelando una profondità emotiva che trascende il semplice atto della creazione.**

  [la *te*-la, kon la *su*-a au-*da*-tsche kom-bi-na-*zjo*-ne di ko-*lo*-ri e *for*-me, *zfi*-da le kon-wen-*zjo*-ni ar-*tis*-ti-ke, ri-we-*lan*-do *u*-na pro-fon-di-*ta* e-mo-*ti*-wa *kä* tra-*schän*-de il *sem*-pli-tsche *at*-to *del*-la krä-ja-*zjo*-ne.]

  (Die Leinwand, mit ihrer mutigen Kombination aus Farben und Formen, fordert künstlerische Konventionen heraus und offenbart eine emotionale Tiefe, die den bloßen Akt der Schöpfung übersteigt.)

Diese Begriffe werden oft in der Kunst- und Kulturgeschichte verwendet, um besondere Epochen und Stile zu kennzeichnen:

- **il Duecento** (13. Jahrhundert) – 1200 bis 1299
- **il Trecento** (14. Jahrhundert) – 1300 bis 1399
- **il Quattrocento** (15. Jahrhundert) – 1400 bis 1499
- **il Cinquecento** (16. Jahrhundert) – 1500 bis 1599
- **il Seicento** (17. Jahrhundert) – 1600 bis 1699
- **il Settecento** (18. Jahrhundert) – 1700 bis 1799
- **l'Ottocento** (19. Jahrhundert) – 1800 bis 1899
- **il Novecento** (20. Jahrhundert) – 1900 bis 1999

Von deutschen Wörten auf -ismus, lässt sich leicht das italienische Wort ableiten:

a. Impressionismus (ca. 1860–1900): ______________________

b. Kubismus (ca. 1907–1914): ______________________

c. Futurismus (ca. 1909–1944): ______________________

d. Expressionismus (ca. 1905–1920): ______________________

e. Surrealismus (ca. 1920–1940): ______________________

f. Minimalismus (ca. 1960–1970): ______________________

IN DIESEM KAPITEL

Die bedeutendsten italienischen Zeitungen kennenlernen

Kleidung und Möbel kaufen sowie ein Picknick veranstalten

Eis essen gehen und einen Tierpark besuchen

Kapitel 12
Zehnte Woche

Hier sind die fünf wichtigsten Zeitungen Italiens:

- **Corriere della Sera**, Erscheinungsort: Mailand, Gründung 1876, Tageszeitung, eine der ältesten und angesehensten Zeitungen Italiens, die eine breite Palette von Themen abdeckt, einschließlich Politik, Wirtschaft, Kultur und Sport. Bekannt für ihre tiefgründigen Analysen und Kommentare.
- **La Repubblica**, Erscheinungsort: Rom, Gründung 1976, Tageszeitung, eine der führenden Tageszeitungen Italiens, die sich stark auf politische Berichterstattung und investigativen Journalismus fokussiert. Das Blatt hat eine liberale Ausrichtung und berichtet auch umfassend über Kultur und Gesellschaft.
- **Il Sole 24 Ore**, Erscheinungsort: Mailand, Gründung 1965, Wirtschaftszeitung, spezialisiert auf Wirtschaftsnachrichten und -analysen. Sie wird von Fachleuten, Politikern und Unternehmensführern häufig gelesen und gilt als führende Quelle für Wirtschafts- und Finanzberichterstattung in Italien. Es gibt auch einen gleichnamigen Buchverlag, der für seine Publikationen in den Bereichen Wirtschaft, Finanzen, Recht und Kultur bekannt ist.
- **La Stampa**, Erscheinungsort: Turin, Gründung 1867, Tageszeitung, eine auflagenstarke Zeitung, die über nationale und internationale Nachrichten berichtet. Das Blatt ist für seine ausgewogene Berichterstattung und seinen umfassenden Kulturteil bekannt.
- **Il Messaggero**, Erscheinungsort: Rom, Gründung 1878, Tageszeitung, eine der ältesten Zeitungen Roms, die sich auf lokale und nationale Berichterstattung spezialisiert hat. Sie berichtet über eine Vielzahl von Themen und hat eine umfangreiche Leserschaft in der Hauptstadt.

Horoskope erfreuen sich in Italien großer Beliebtheit und sind fester Bestandteil vieler italienischer Zeitungen. Die Leser suchen oft nach astrologischen Einsichten, um ihre Zukunft zu deuten und persönliche Entscheidungen zu treffen.

Tag 55: Zeitung – Papier oder online?

Der tägliche Gang zum Zeitungskiosk gehört zur Morgenroutine wie das Zähneputzen. Oder?

SIG.RA BRUNI: **Luca, hai già comprato il giornale e hai letto l'oroscopo di oggi?**
[*lu*-ka, ai *dscha* kom-*pra*-to il gior-*na*-le e ai *let*-to lo-*ros*-ko-po di o-dschi?]
Luca, hast du schon die Zeitung gekauft und das Horoskop von heute gelesen?

SIG. BRUNI: **No, sono una tipica vergine, quindi scettica, non ci credo.**
[no so-no u-na ti-pi-ka *wer*-dschi-ne, *kwin*-di *schät*-ti-ko, non tschi *krä*-do.]
Nein, ich bin eine typische Jungfrau, also skeptisch, ich glaube nicht daran.

SIG.RA BRUNI: **Ed io sono gemelli, sempre molto curiosi. Voglio sapere come sono gli astri. Per favore, vai all'edicola e compra il giornale!**
[ed *i*-jo *so*-no dsche-*mäl*-li, *sem*-pre *mol*-to ku-*rjo*-si. *wol*-jo sa-*pe*-re *ko*-me *so*-no lji *as*-ti. per fa-*wo*-re, *wai* al-lä-*di*-ko-la e *kom*-pra il dschor-*na*-le!]
Und ich bin Zwilling, immer sehr neugierig. Ich möchte wissen, wie die Sterne stehen. Bitte geh zum Kiosk und kauf die Zeitung!

SIG. BRUNI: **Le vergini sono avare: Leggi l'oroscopo online!**
[le *wer*-dschi-ni *so*-no a-*wa*-re: *läd*-dschi lo-*ros*-ko-po on-*lain*!]
Jungfrauen sind geizig: Lies das Horoskop online!

SIG.RA BRUNI: **No! Il mio ascendente è bilancia e apprezza l'estetica, cioè il profumo del caffè e di un giornale appena stampato.**
[*no*! il *mi*-jo a-schen-*den*-te *ä* bi-*lan*-tscha e ap-*präz*-za läs-*te*-ti-ka, tscho-*ä* il pro-*fu*-mo del kaf-*fä* e di un dschor-*na*-le ap-*pe*-na stam-*pa*-to.]
Nein! Mein Aszendent ist Waage und wertschätzt Ästhetik, das heißt den Duft von Kaffee und einer frisch gedruckten Zeitung.

Kleiner Wortschatz

l'oroscopo	Horoskop	**il profumo**	Duft	**stampato/a**	gedruckt

Horoskop oder Hokuspokus?

Il segno zodicale ([*sen*-jo zo-di-*ka*-le] Sternzeichen: **l'ariete** ([a-*rjä*-te] Widder), **il toro** ([*to*-ro] Stier), **i gemelli** ([dsche-*mäl*-li] Zwillinge), **il cancro** ([*kan*-kro] Krebs), **il leone** ([le-*jo*-ne] Löwe), **la vergine** ([*wer*-dschi-ne] Jungfrau), **la bilancia** ([bi-*lan*-tscha] Waage), **lo scorpione**

([skor-*pjo*-ne] Skorpion), **il sagittario** ([sa-dschit-*ta*-rjo] Schütze), **il capricorno** ([ka-pri-*kor*-no] Steinbock), **l'acquario** ([a-*kwa*-rjo] Wassermann), **i pesci** ([*pe*-schi] Fische)

Eigenschaften von A bis Z

ambizioso/a ([am-bi-zi-*o*-zo] ehrgeizig), **avaro/a** ([a-*wa*-ro], geizig), **buffo/a** ([*buf*-fo] lustig), **curioso/a** ([ku-ri-*jo*-zo], neugierig), **determinato/a** ([de-ter-mi-*na*-to] entschlossen), **empatico/a** ([em-pa-*ti*-ko] empathisch), **flessibile** ([fles-*si*-bi-le] flexibel), **generoso/a** ([dschä-ne-*ro*-zo] großzügig), **intenso/a** ([in-*ten*-so] intensiv), **leale** ([le-*ja*-le] treu), **misterioso/a** ([mis-te-*rjo*-zo] geheimnisvoll), **nostalgico/a** ([nos-*tal*-gi-ko] nostalgisch), **ottimista** ([ot-ti-*mis*-ta] optimistisch), **pessimista** ([pes-si-*mis*-ta] pessimistisch), **quieto/a** ([kwi-*jä*-te] ruhig), **romantico/a** ([ro-*man*-ti-ko] romantisch), **sociale** ([so-*tscha*-le] gesellig), **scettico/a** ([*schät*-ti-ko] skeptisch), **tenace** ([te-*na*-tsche] hartnäckig), **unico/a** ([*u*-ni-ko] einzigartig), **visionario/a** ([wi-zjo-*na*-ri-jo] träumerisch), **zelante** ([dzä-*lan*-te] eifrig)

Manche Verben werden von der Präposition **a** begleitet. Wird der Sachverhalt im Kontext aufgenommen, wird dies mit **ci** (daran, es) wiedergegeben:

- ✔ **credere a** (glauben an) **Io non credo agli oroscopi. Ma mia moglie ci crede.** (Ich glaube nicht an Horoskope. Meine Frau glaubt daran.)
- ✔ **pensare a** (denken an) **Domani c'è il mio esame. Ci penso sempre.** (Morgen ist meine Prüfung. Ich muss immer daran denken.)

Ordnen Sie die Sternzeichen ihren Eigenschaften zu:

a. Ariete	**1.** Sono empatici e pensano agli altri.
b. Toro	**2.** Ama il divertimento e l'avventura.
c. Gemelli	**3.** È visionario e ha una grande immaginazione.
d. Cancro	**4.** È ambizioso, determinato e lavora molto.
e. Leone	**5.** È flessibile, ama la libertà e le avventure.
f. Vergine	**6.** È romantica e leale e cerca l'equilibrio.
g. Bilancia	**7.** È misterioso, pessimista e intenso.
h. Scorpione	**8.** È avara, scettica e ama l'organizzazione.
i. Sagittario	**9.** È tenace, ama la buona cucina e le cose belle.
j. Capricorno	**10.** Sono curiosi e sociali, amano parlare con gli altri.
k. Acquario	**11.** Ama la tranquillità, è nostalgico e molto sensibile.
l. Pesci	**12.** È generoso ed ama essere al centro dell'attenzione.

a. – __; b. – __; c. – __; d. – __; e. – __; f. – __; g. – __; h. – __; i. – __; j. – __; k. – __; l. – __

Hören Sie sich nun die Lösung an und sprechen Sie nach. (Track 22)

Tag 56: Kleidung kaufen – Alta moda

Der Hochzeitstag naht und Frau Bruni stellt fest, dass sie nichts zum Anziehen hat. Sie geht in eine Boutique und wird umgehend von einer **Commessa** (Verkäuferin) angesprochen:

COMMESSA: **Buongiorno, mi dica!**
[bwon-*dschor*-no, *di*-ka!)
Guten Tag, Sie wünschen?

SIG.RA BRUNI: **Buongiorno! Cerco un abito da sera.**
[bwon-*dschor*-no! *tschär*-ko un *a*-bi-to da *se*-ra.]
Guten Tag! Ich suche ein Abendkleid.

COMMESSA: **Quale colore preferisce? Abbiamo degli abiti champagne, blu, rosso scuro e viola.**
[*kwa*-le ko-*lo*-re pre-fe-*ri*-sche? ab-*bja*-mo *del*-ji *a*-bi-ti scham-*pan*-je, *blu, ros*-so *sku*-ro e wi-*jo*-la.]
Welche Farbe bevorzugen Sie? Wir haben champagnerfarbene, blaue, dunkelrote und violette Abendkleider

SIGRA. BRUNI: **Mi piace il nero. Di che materiale è?**
[mi *pja*-tsche il *ne*-ro. di *kä* ma-te-rja-le *ä*?]
Mir gefällt Schwarz. Aus welchem Material ist es?

COMMESSA: **È di seta. Lei porta una taglia 40 (quaranta), giusto?**
[*ä* di *se*-ta. *läi por*-ta *u*-na *tal*-ja kwa-*ran*-ta, *dschus*-to?]
Es ist aus Seide. Sie tragen eine Größe 40, richtig?

SIG.RA BRUNI: **La 42 (quarantadue) dopo le nostre vacanze in Sardegna. Provo quello nero. Dov'è il camerino.**
[la kwa-ran-ta-*du*-e *do*-po le *nos*-tre wa-*kan*-ze in sar-*den*-ja. *pro*-wo *kwäl*-lo *ne*-ro. do-*wä* il ka-me-*ri*-no?]
Größe 42, seit unserem Urlaub auf Sardinien. Ich probiere das Schwarze dort. Wo ist die Umkleidekabine?

COMMESSA: **Là in fondo. Abbiamo anche altri modelli, se Le interessa.**
[*la* in *fon*-do. ab-*bja*-mo *an*-ke *al*-tri mo-*del*-li, se le in-te-*räs*-sa.]
Dort hinten. Wir haben auch noch andere Modelle, falls Sie interessiert sind.

Kleiner Wortschatz

il modello	Modell	**il camerino**	Umkleide	**la taglia**	Größe
giusto/a	richtig	**là in fondo**	dort hinten	**alta moda**	Haute Couture

Kleider, Farben und Materialien

I vestiti ([wes-*ti*-ti], Kleidung): **i pantaloni** ([pan-ta-*lo*-ni] Hosen), **il cappotto** ([kap-*pot*-to] Mantel), **il vestito** ([wes-*ti*-to] Kleid), **la camicia** ([ka-*mi*-tscha] Hemd), **la giacca** ([*dschak*-ka] Jacke), **la gonna** ([*gon*-na] Rock), **la maglietta** ([mal-*jet*-ta] T-Shirt), **la scarpa** ([*skar*-pa] Schuh)

I colori ([ko-*lo*-ri] Farben): **azzurro/a** ([adz-*zur*-ro] mittelblau), **bianco/a** ([*bjan*-ko] weiß), **blu** ([blu] blau), **giallo/a** ([*dschal*-lo] gelb), **grigio/a** ([*gri*-dscho] grau), **nero/a** ([*ne*-ro] schwarz), **rosso/a** ([*ros*-so] rot), **verde** ([*wer*-de] grün),

I materiali ([ma-te-*rja*-li] Materialien): **il cashmere** ([*kasch*-mir] Kaschmir, **il cotone** ([ko-*to*-ne] Baumwolle, **il lino** ([*li*-no] Leinen, **il poliestere** ([po-li-*äs*-te-re] Polyester, **la lana** ([*la*-na] Wolle, **la seta** ([*se*-ta] Seide

Betreten Sie eine Boutique nur mit einem klaren Kaufwunsch! Das resolute **dica** (wörtlich: sprechen Sie) signalisiert: Stöbern ist nicht erwünscht. Und wundern Sie sich nicht, wenn Sie nicht in Ihre übliche Konfektionsgröße passen. Es liegt nicht an der Pasta. Bei Damenbekleidung entspricht die deutsche Größe 36 ungefähr der italienischen Größe 40, die 38 der italienischen 42 und so weiter. Bei Herrenbekleidung verhält es sich ähnlich. Die deutsche Größe 48 entspricht der italienischen Größe 52. Auch hier gilt: Italienische Größe = Deutsche Größe + 4.

Farben sind Adjektive und werden an das Substantiv angeglichen:

- ✔ **i pantaloni bianchi** (weiße Hose), **il vestito nero** (schwarzes Kleid), **la giacca rossa** (rote Jacke), **le calze verdi** (grüne Strümpfe)

Unverändert sind Farben,

- ✔ die von Substantiven abgeleitet werden: **champagne** (Champagner), **fucsia** (Fuchsie), **lilla** (Flieder), **marrone** (Esskastanie), **rosa** (Rose), **viola** (Veilchen)
- ✔ die aus mehreren Wörtern bestehen: **rosso scuro** (dunkelrot), **beige sabbia,** (sandbeige), **rosa polvere** (puderrosa), **verde chiaro** (hellgrün)
- ✔ wie **blu** (blau), **beige** (beige)

Ergänzen Sie mit der richtigen Adjektivendung:

a. Mi piace la maglietta ________ (rosso).

b. Lei ha dei pantaloni ________ (nero)?

c. Lui porta un cappello ________ (blu).

d. Noi abbiamo delle scarpe ________ (bianco).

e. Vorrei comprare una giacca ________ (grigio scuro).

f. Posso provare la giacca ________ (azzurro).

Tag 57: Möbel kaufen – Una sedia ergonomica

Frau Bruni arbeitet zunehmend im Homeoffice und geht in einen Möbelladen, um sich einzurichten. Sie wendet sich an einen **Commesso** (Verkäufer):

SIG.RA BRUNI: **Buongiorno! Ho bisogno dei mobili per il mio ufficio.**
[bwon-*dschor*-no! o bi-*son*-jo däi *mo*-bi-li per il *mi*-jo uf-*fi*-tscho.]
Guten Tag! Ich brauche Möbel für mein Arbeitszimmer.

COMMESSO: **Questa è una bella scrivania regolabile in altezza. Le piace?**
[*kwäs*-ta *ä* *u*-na *bäl*-la skri-wa-*ni*-ja re-go-*la*-bi-le in al-*täz*-za. le *pja*-tsche?]
Das hier ist ein schöner höhenverstellbarer Schreibtisch. Gefällt er Ihnen?

SIG.RA BRUNI: **Sì, mi piace molto. E quella là, che cos'è?**
[si, mi *pja*-tsche *mol*-to. e *kuäl*-la *la kä* co-*zä*?]
Ja, er gefällt mir sehr. Und das dort drüben, was ist das?

COMMESSO: **Quella è una sedia ergonomica. È molto comoda.**
[*kwäl*-la *ä* *u*-na *se*-dja er-go-*no*-mi-ka. *ä* *mol*-to *ko*-mo-da.]
Das dort ist ein ergonomischer Stuhl. Er ist sehr bequem.

SIG.RA BRUNI: **Ottimo! Posso provare quella sedia?**
[*ot*-ti-mo! *pos*-so pro-*wa*-re *kwäl*-la *se*-dja?]
Super! Kann ich den Stuhl dort mal ausprobieren.

COMMESSO: **Faccia pure! Ha anche bisogno di una lampada?**
[*fat*-tscha *pu*-re! a *an*-ke bi-*son*-jo di *u*-na *lam*-pa-da?
Machen Sie ruhig! Brauchen Sie auch eine Lampe?

Kleiner Wortschatz

il mobile	Möbelstück	**avere bisogno di**	brauchen
ergonomico/a	ergonomisch	**comodo/a**	bequem
regolabile	verstellbar	**l'altezza**	Höhe
là, lì	dort	**pure**	ruhig (*nach Imperativ*)

Für Ihr Büro

il tavolo da riunione ([*ta*-wo-lo da ri-un-*jo*-ne] Besprechungstisch), **l'armadietto** ([ar-ma-*djät*-to] Aktenschrank), **la cassettiera mobile** ([kas-set-*tjä*-ra *mo*-bi-le] Rollcontainer), **la lampada da scrivania** ([*lam*-pa-da da skri-wa-*ni*-ja] Schreibtischlampe), **la libreria** ([li-bre-*ri*-ja] Bücherregal), **la scrivania** ([skri-wa-*ni*-ja] Schreibtisch), **la sedia d'ufficio** ([*sä*-dja duf-*fi*-tscho] Bürostuhl), **lo scaffale** ([skaf-*fa*-le] Regal)

Auf **quello** (jener, das dort) deuten Sie hin, **questo** (dieser, das hier) ist in Reichweite:

- **Mi piace quel tavolo**. (Mir gefällt der Tisch dort). **Mi piace questo tavolo.** (Mir gefällt der Tisch hier).
- **Mi piace quell'armadietto**. (Mir gefällt der Aktenschrank dort.) **Mi piace quest'armadietto.** (Mir gefällt der Aktenschrank hier.)
- **Mi piace quello scaffale**. (Mir gefällt das Regal dort.) **Mi piace questo scaffale.** (Mir gefällt das Regal hier.)
- **Mi piace quella sedia**. (Mir gefällt der Sessel dort.) **Mi piace questa sedia.** (Mir gefällt der Sessel hier.)
- **Mi piacciono quei mobili**. (Mir gefallen die Möbel dort.) **Mi piacciono questi mobili.** (Mir gefallen die Möbel hier.)
- **Mi piacciono quegli scaffali**. (Mir gefallen die Regale dort.) **Mi piacciono questi scaffali.** (Mir gefallen die Regale hier.)
- **Mi piacciono quelle lampade**. (Mir gefallen die Lampen dort.) **Mi piacciono queste lampade.** (Mir gefallen die Lampen hier.)

Mit **avere bisogno di** (wörtlich: Bedarf haben an) können Sie »brauchen« sowohl im praktischen als auch im übertragenen Sinne übersetzen:

- **Ho bisogno di una lampada.** (Ich brauche eine Lampe.)
- **Hai bisogno dei (di + i) pomodori?** (Brauchst du Tomaten?)
- **Ho bisogno del (di + il) tuo amore.** (Ich brauche deine Liebe.)

Servire (wörtlich: dienen) verwenden Sie für den praktischen Gebrauch:

- **Mi serve una sedia ergonomica**. (wörtlich: Mir dient ein ergonomischer Stuhl.)
- **Mi servono due scaffali**. (wörtlich: Mir dienen zwei Regale.)

Übersetzen Sie:

a. Gefallen dir die Lampen dort? – Ja, diese Lampen hier sind sehr schön.

b. Gefällt euch der Schreibtisch hier? – Nein, der Schreibtisch dort ist schöner.

c. Gefallen dir diese Rollcontainer? – Nein, sie sind ein bisschen klein.

d. Brauchst du ein Regal? – Nein, dieses Regal gefällt mir nicht.

e. Gefällt Ihnen der Besprechungstisch hier? – Ja, aber die Farbe gefällt mir nicht.

Hören Sie sich nun die Lösung an und sprechen Sie nach. (Track 23)

Tag 58: Picknick im Park – Una festa sui prati

Am Wochenende möchte der Italienischkurs im **Parco Michelangelo** ein Picknick veranstalten, um den Sonnenuntergang über Florenz zu genießen. Ying organisiert das Event.

YING: **Ciao, ragazzi! Vogliamo fare un picnic al Parco Michelangelo sabato sera?**
[*tscha*-o ra-*gaz*-zi! wol-*ja*-mo *fa*-re un *pik*-nik al *par*-ko mi-ke-*lan*-dschä-lo *sa*-ba-to *se*-ra?]
Hallo, Leute! Wollen wir am Samstagabend ein Picknick im Parco Michelangelo machen?

OKSANA: **Che bello! Che cosa ci vuole per un picnic perfetto?**
[*kä bäl*-lo! *kä ko*-za tschi *wu*-jo-le per un *pik*-nik per-*fet*-to?]
Wie schön! Was braucht man für ein perfektes Picknick?

ROSANNA: **Ci vuole un couscous con il pollo.**
[tschi wu-*jo*-le un *kuss*-kuss kon il *pol*-lo.]
Man braucht ein Couscous mit Hähnchen.

YING: **Ci vuole qualche wonton, sono come i ravioli, cioè dei sacchetti di pasta ripieni.**
[tschi wu-*jo*-le *kwal*-ke won-*ton*, *so*-no *ko*-me i ra-*wjo*-li, tscho-*ä* däi sak-*ket*-ti di *pas*-ta ri-pi-*jä*-ni.]
Man braucht einige Wontons, sie sind wie Ravioli, das heißt gefüllte Teigtaschen.

AGNETA: **Ci vogliono anche una coperta ed alcuni piatti tipici svedesi ed argentini.**
(tschi *wol*-jo-no *an*-ke *u*-na ko-*per*-ta ed al-*ku*-ni *pjat*-ti *ti*-pi-tschi swe-*de*-zi ed ar-*dschen*-ti-ni.]
Man braucht auch eine Decke und einige typisch schwedische und argentinische Gerichte.

Kleiner Wortschatz

i ravioli	Teigtaschen	**il sacchetto**	Säckchen	**ripieno/a**	gefüllt

Für Ihren Picknickkorb:

il piatto di carta ([*pjat*-to di *kar*-ta] Pappteller), **il cestino** ([*tsches*-tino] der Korb), **il dolce** ([*dol*-tsche] Süßspeise), **il formaggio** ([for-*mad*-dscho] der Käse), **il panino** ([pa-*ni*-no] das Sandwich), **il prosciutto** ([pro-*schut*-to] der Schinken), **la bevanda** ([be-*wan*-da] das Getränk), **la coperta** ([ko-*per*-ta] die Decke), **la focaccia** ([fo-*kat*-tscha] italienisches Fladenbrot), **la frutta** ([*frut*-ta] das Obst), **le posate** ([po-*za*-te] das Besteck)

Focaccia ist ein traditionelles italienisches Fladenbrot, das aus hochwertigem Olivenöl, Wasser, Mehl und Salz hergestellt wird. Es zeichnet sich durch seine weiche, luftige Textur und die charakteristische, knusprige Kruste aus. Oft wird sie mit Kräutern und Gemüse belegt.

Im Italienischen sind **qualche** und **alcuni** zwei Ausdrücke, die beide »einige« bedeuten, sich jedoch in ihrer Verwendung unterscheiden:

Nach **qualche** steht immer der Singular:

- ✔ **Ho qualche amico italiano.** (Ich habe einige italienische Freunde.)
- ✔ **È venuto qualche amico.** (Es sind einige Freunde gekommen.)

Nach **alcuni/e** steht immer der Plural:

- ✔ **Ho alcuni amici italiani.** (Ich habe einige italienische Freunde.)
- ✔ **Sono venute alcune amiche.** (Es sind einige Freundinnen gekommen.)

Ci vuole (man braucht) wird verwendet, wenn das, was man braucht, im Singular steht:

- ✔ **Ci vuole pazienza.** (Man braucht Geduld.)
- ✔ **Ci vuole tempo.** (Es braucht Zeit.)

Ci vogliono (man braucht) wird verwendet, wenn das, was man braucht, im Plural steht:

- ✔ **Ci vogliono due ore.** (Man braucht zwei Stunden.)
- ✔ **Ci vogliono dei piatti di carta.** (Man braucht Pappteller.)

Was ist richtig? Unterstreichen Sie bitte.

a. Ho portato qualche/alcune banane.

b. Per un bel picnic ci vuole/ci vogliono molti spuntini.

c. Hai portato qualche/alcuni pomodoro?

d. Ci vuole/ci vogliono molto tempo per preparare i wonton.

e. Io vorrei portare qualche/alcuni dolce.

f. Ho alcuni/qualche problema con la plastica.

g. Ci vuole /ci vogliono anche lo champagne.

Tag 59: In der Eisdiele – In gelateria

Nach dem Kinobesuch lädt Diego Agneta in eine Eisdiele ein.

DIEGO:	**Hai voglia di prendere un gelato? Andiamo in gelateria?** [ai *wol*-ja di *pren*-de-re un dschä-*la*-to? an-*dja*-mo in dschä-la-te-*ri*-ja?] Hast du Lust auf ein Eis. Wollen wir in die Eisdiele gehen?
AGNETA:	**Sì, ho tanta voglia. Che gusti ci sono?** [*si*, o *tan*-ta *wol*-ja. *kä gus*-ti tschi *so*-no?] Ja, ich habe große Lust. Was für Sorten gibt es?
DIEGO:	**Ci sono molti gusti diversi, per esempio al cioccolato, alla vaniglia, allo champagne. Io prendo un cono di gelato alla banana e allo yoghurt.** [tschi *so*-no *mol*-ti *gus*-ti di-*wer*-si, per e-*zem*-pjo al tschok-ko-*la*-to, *al*-la wa-*nil*-ja, *al*-lo sham-*pan*-je. *i*-jo *pren*-do un *ko*-no di dschä-*la*-to *al*-la ba-*na*-na e *al*-lo *jo*-gurt.] Es gibt viele verschiedene Sorten, zum Beispiel Schokolade, Vanille, Champagner … Und ich nehme eine Waffel mit Banane - und Joghurteis.
AGNETA:	**Sei troppo goloso! Io prendo un gelato poco dolce, cioè al limone e alla pesca in coppetta.** [*säi trop*-po go-*lo*-so! *i*-jo *pren*-do un dschä-*la*-to *po*-ko *dol*-tsche, tscho-*ä* al li-*mo*-ne e *al*-la *pes*-ka in cop-*pät*-ta.] Du bist zu gierig! Ich nehme ein weniger süßes Eis, das heißt ein Zitronen- und Pfirsicheis im Becher.

Kleiner Wortschatz

la voglia	Lust	**la gelateria**	Eisdiele	**il gusto**	Geschmack
diverso/a	verschieden	**il cono**	Eiswaffel	**la coppetta**	Eisbecher

Beerenstarke Eissorten

i frutti di bosco ([*frut*-ti di *bos*-ko] Waldfrüchte), **il lampone** ([lam-*po*-ne] Himbeere), **il mirtillo** ([mir-*til*-lo] Heidelbeere), **il ribes** ([*ri*-bes] Johannisbeere), **la fragola** ([*fra*-go-la] Erdbeere), **la mora** ([*mo*-ra] Brombeere)

In Italien wird Eis nicht in Kugelform angeboten. Stattdessen spachtelt der **Gelataio** (Eisverkäufer) die verschiedenen **Gusti** (Geschmäcker) direkt auf die Waffel oder in den Becher. Der Ablauf ähnelt dem, wie man es in einer Bar kennt: Zunächst gehen Sie zur Kasse, wählen zwischen **gelato grande, medio oder piccolo** und bringen dann den Beleg zum Tresen, wo Sie aus einer Vielzahl köstlicher Sorten Ihr Eis auswählen können.

Die Geschmacksrichtung Ihrer Eiscreme geben Sie mit der Präposition **a** + Artikel wieder:

a + il: un gelato al limone (Zitroneneis), **un gelato al kiwi** (Kiwieis)

a + l': un gelato all'arancia (Orangeneis), **un gelato all'amarena** (Süßkirscheis)

a + lo: un gelato allo champagne (Champagnereis), **un gelato allo yoghurt** (Joghurteis)

a + la: un gelato alla banana (Bananeneis), **un gelato alla vaniglia** (Vanilleeis)

a + i: un gelato ai frutti di bosco (Waldfrüchteeis), **un gelato ai mirtilli** (Heidelbeereis)

Beziehen sich **troppo** (zu viel/e), **molto** (viel/e), **poco** (wenig/e), **tanto** (so viel/e) auf ein Substantiv, handelt es sich um ein Adjektiv und es wird an das Substantiv angepasst:

- **Ho mangiato troppo gelato.** (Ich habe zu viel Eis gegessen.)
- **Ho bevuto molta birra.** (Ich habe viel Bier getrunken.)
- **Ho pochi amici.** (Ich habe wenige Freunde.)
- **Ho tante idee.** (Ich habe so viele Ideen.)

Beziehen sich **troppo** (zu viel/e), **molto** (sehr), **poco** (wenig), **tanto** (so sehr) auf ein Verb oder Adjektiv handelt es sich um ein Adverb und es ist unveränderlich:

- **Ho mangiato troppo.** (Ich habe zu viel gegessen.) **Sono troppo stanco.** (Ich bin zu müde.)
- **Questa birra è molto aromatica.** (Dieses Bier ist sehr aromatisch.)
- **Sono poco interessato al calcio.** (Ich bin wenig an Fußball interessiert.)
- **Sono tanto triste.** (Ich bin so sehr traurig.)

Unterstreichen Sie die richtige Version:

a. Mi piace molto/molta/molti/molte il gelato al/all'/alla/ai cioccolato.

b. Il gelato al/all'/alla/ai tiramisù è troppo/troppa/troppi/troppe dolce.

c. Ho mangiato molto/molta/molti/molte gelato al/all'/alla/ai banana.

d. Ci sono poco/poca/pochi/poche gusti al/all'/alla/ai frutta.

e. Ho tanto/tanta/tanti/tante voglia di mangiare un gelato al/all'/alla/ai mango.

f. Il gelato al/all'/alla/ai caffè è molto/molta/molti/molte cremoso.

Tag 60: Ein Zoobesuch – Tierisch gut

Francesco und Diego wollen in den **Parco Zoo di Pistoia,** in der Nähe von Florenz. Sie sprechen über die Fauna ihrer Heimatländer.

FRANCESCO:	**Ciao Francesco! Hai voglia di andare allo zoo domenica?** [*tscha*-o fran-*tsches*-ko! ai *wol*-ja di an-*da*-re *al*-lo dzoo do-*me*-ni-ka?] Hi Francesco! Hast du Lust, am Sonntag in den Zoo zu gehen?
DIEGO:	**Sì, perché no! Che animali ci sono in Australia?** [si per-*kä* no! *kä* a-ni-*ma*-li tschi *so*-no in au-*stra*-lja?] Ja, warum nicht! Welche Tiere gibt es in Australien?
FRANCESCO:	**Ci sono canguri e koala, dingo e serpenti. Ed in Argentina?** [tschi *so*-no kan-*gu*-ri e ko-*a*-la, *din*-go e ser-*pen*-ti. ed in ar-dschen-*ti*-na?] Es gibt Kängurus, Koalas, Dingos und Schlagen. Und in Argentinien?
DIEGO:	**Da noi ci sono pinguini, lama, giaguari, condor e puma.** [da *noi* tschi *so*-no pin-gu-*i*-ni, *la*-ma, dscha-gu-*a*-ri, *kon*-dor e *pu*-ma.] Bei uns gibt es Pinguine, Lamas, Jaguare, Kondore und Pumas.
FRANCESCO:	**Che forte! Vorrei vedere i pinguini nello zoo, sono così carini.** [*kä* *for*-te! wor-*räi* we-*de*-re i pin-gu-*i*-ni *nel*-lo *dzoo*, *so*-no ko-*si* ka-*ri*-ni.] Stark! Ich möchte die Pinguine im Zoo sehen, sie sind so süß.
DIEGO:	**Ed io vorrei vedere i lama.** [ed *i*-jo wor-*räi* we-*de*-re i *la*-ma.] Und ich möchte die Lamas sehen.
FRANCESCO:	**Stai attento altrimenti ti sputano!** [stai at-*ten*-to al-tri-*men*-ti ti *spu*-ta-no!] Pass nur auf, sonst spucken Sie dich an!

Kleiner Wortschatz

lo zoo	Zoo	**l'animale**	Tier	**il giaguaro**	Jaguar
sputare	spucken	**attento/a**	vorsichtig		

Tiernamen, fast bekannt

il bufalo, il canguro, il colibrì, il delfino, il dingo, il falco, il gorilla, il koala, il condor, il grillo, il lama, il leone, il pappagallo, il pellicano, il pinguino, il puma, il ratto, l'antilope, l'alligatore, l'alpaca, la giraffa, la pantera, la tigre, la vespa, la zebra, lo gnu [nju], **lo scorpione**

Tierisch, tierisch

l'asino ([*a*-si-no] Esel), **la balena** ([ba-*le*-na] Wal), **il cane** ([*ka*-ne] Hund), **il cavallo** ([ka-*wal*-lo] Pferd), **l'elefante** ([e-le-*fan*-te] Elefant), **la foca** ([*fo*-ka] Robbe), **il gatto** ([*gat*-to] Katze), **il lupo** ([*lu*-po] Wolf), **la mucca** ([*muk*-ka] Kuh), **la medusa** ([me-*du*-sa] Qualle), **l'oca** ([*o*-ka] Gans), **l'orso** ([*or*-so] Bär), **il pesce** ([*pe*-sche] Fisch), **il riccio** ([*rit*-tscho] Igel), **il serpente** ([ser-*pen*-te] Schlange), **il toro** ([*to*-ro] Stier), **l'uccello** ([ut-*tschäl*-lo] Vogel), **la volpe** ([*wol*-pe] Fuchs), **la zanzara** ([dzan-*dza*-ra] Stechmücke)

Bei der Pluralbildung ist einiges zu beachten:

- ✔ Wörter mit Akzent bilden keine Pluralformen: **i colibrì**
- ✔ unveränderlich: **i dingo, i gorilla, i koala, i condor, i lama, i puma**
- ✔ vor der Buchstabenfolge **gn** verwendet man **gli: gli gnu**

Italienische Sprichwörter sind tief in der Kultur und Geschichte des Landes verwurzelt und spiegeln Lebensweise, Werte und Weisheiten des italienischen Volkes wider. Sie sind oft metaphorisch und haben sich über Generationen hinweg überliefert:

- ✔ **Chi va piano, va sano e va lontano.** (Wer langsam geht, geht gesund und kommt weit.)
- ✔ **Meglio soli che mal accompagnati.** (Besser allein als schlecht begleitet.)
- ✔ **L'abito non fa il monaco.** (Ein Kutte macht noch keinen Mönch.)

Finden Sie die deutsche Entsprechung dieser italienischen Sprichwörter:

a. Non svegliare il cane che dorme.	**1.** Lieber die Taube in der Hand, als den Spatz in der Hand.
b. A caval donato non si guarda in bocca.	**2.** Bellende Hunde beißen nicht.
c. Quando il gatto non c'è, i topi ballano.	**3.** Einem geschenkten Gaul schaut man nicht ins Maul.
d. Dove c'è un cane, c'è un padrone.	**4.** Gäste sind wie Fische, nach drei Tagen stinken sie.
e. Il cane che abbaia non morde.	**5.** Wie der Herr, so's Gescherr.
f. Meglio un uccello in mano che due nel prato.	**6.** Wenn die Katze aus dem Haus ist, tanzen die Mäuse
g. Pesce che puzza, puzza dalla testa.	**7.** Wecke keine schlafende Hunde!
h. L'ospite è come il pesce: dopo tre giorni puzza.	**8.** Der Fisch stinkt vom Kopf her.

a. – __; b. – __; c. – __; d. – __; e. – __; f. – __; g. – __; h. – __

IN DIESEM KAPITEL

Ein Bankkonto eröffnen und einen Diebstahl bei der Polizeiwache melden

Ein Päckchen bei der Post aufgeben und am Bahnhof Informationen einholen

Auf der Autobahn fahren und am Flughafen einchecken

Kapitel 13
Elfte Woche

Begleiten Sie in den nächsten Tagen unsere Protagonisten auf die Bank, zur Post, zum Bahnhof, aufs Polizeirevier auf die Autobahn und zum Flughafen und lernen Sie, sich sprachlich dort zurechtzufinden. Oksana möchte in Italien bleiben und geht auf die Bank, um ein Konto zu eröffnen. Dazu braucht sie den **Codice fiscale**.

Der **Codice fiscale** ist eine italienische Steueridentifikationsnummer, die jedem Bürger und Unternehmen zugewiesen wird. Er dient zur Identifikation in staatlichen Angelegenheiten und ist vergleichbar mit einer Sozialversicherungsnummer.

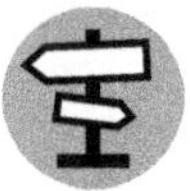

Cantuccini sind traditionelle toskanische Mandelkekse. Sie sind knusprig und werden meist zweimal gebacken, wodurch sie ihre charakteristische Textur erhalten. **Cantuccini** werden häufig mit Wein, insbesondere **vin santo**, serviert, in die sie getunkt werden.

Rosannas und Francescos Romreise steht unter keinem guten Stern. Zuerst bekommen sie keinen Platz mehr im Zug und zu guter Letzt landet Francesco auf dem Polizeirevier.

Diegos Eltern, das Ehepaar Delgado, möchte sich einen lang gehegten Wunsch erfüllen und auf der **Autostrada del Sole**, der wichtigsten Autobahn Italiens, von Nord- nach Süditalien fahren. Sie beginnt in Mailand im Norden und führt durch wichtige Städte wie Bologna, Florenz, Rom und Neapel, bis sie schließlich in Sizilien an der Küste endet.

In Italien wird auf Autobahnen eine Maut erhoben, die je nach Strecke und Fahrzeugtyp variiert. Mautgebühren können an Mautstationen oder elektronisch über **Telepass** bezahlt werden. Sie können den **Telepass** auf Banken, Postämtern und speziellen **Telepass**-Ladestellen erwerben oder online über die offizielle Website `www.telepass.com` oder durch die mobile App.

Tag 61: Auf der Bank – In banca

Oksana beschließt, in Italien zu bleiben, und geht auf die **Banco di Santo Spirito**, um sich ein Konto einrichten zu lassen. Sie wendet sich an eine **Bancaria** (Bankangestellte).

Hören Sie sich das Gespräch zwischen Oksana und der Bankangestellten an (Track 24).

OKSANA: **Buongiorno! Vorrei aprire un conto corrente. Ecco la mia carta d'identità ed il codice fiscale.**
[bwon-*dschor*-no. wor-*räi* a-*pri*-re un *kon*-to kor-*ren*-te. *äk*-ko la *mi*-ja *kar*-ta di-den-ti-*ta* ed il *ko*-di-tsche fis-*ka*-le.]
Guten Tag! Ich möchte ein Konto eröffnen. Hier ist mein Personalausweis und meine Steuernummer.

BANCARIA: **Ottimo! Deve versare un minimo di 50 (cinquanta) euro.**
[*ot*-ti-mo. *de*-we wer-*sa*-re un *mi*-ni-mo di tschin-*kwan*-ta *ä*-ju-ro.]
Sehr gut! Sie müssen eine Mindestsumme von 50 Euro einbezahlen.

OKSANA: **Va bene, posso farlo adesso.**
[wa *bä*-ne, *pos*-so *far*-lo a-*des*-so.]
Okay, ich kann das jetzt machen.

BANCARIA: **Compili questo modulo, per favore.**
[kom-*pi*-li *kwäs*-to *mo*-du-lo, per fa-*wo*-re.]
Füllen Sie dieses Formular aus, bitte.

OKSANA: **Grazie! Quando posso usare il conto?**
[*gra*-zje! *kwan*-do *pos*-so u-*za*-re il *kon*-to?]
Danke! Wann kann ich das Konto benutzen?

BANCARIA: **Di solito riceve la carta entro due o tre giorni.**
[di *so*-li-to ri-*tschä*-we la *kar*-ta *en*-tro *du*-e o *tre dschor*-ni.]
Üblicherweise erhalten Sie die Karte innerhalb von zwei oder drei Tagen.

Kleiner Wortschatz

il modulo	Formular	**il conto corrente**	Girokonto
la banca	Bank	**il minimo**	Minumum
la carta d'identità	Personalausweis	**il codice fiscale**	Steuernummer
entro	innerhalb		

Ohne Moos nichts los

i soldi ([*sol*-di] Geld), **il bancomat** ([ban-ko-*mat*] Geldautomat), **il credito** (*[krä*-di-to] Kredit), **il denaro** ([de-*na*-ro] Geld), **il deposito** ([de-*po*-zi-to] Einzahlung), **depositare** ([de-po-zi-*ta*-re] einzahlen), **il prelievo** ([pre-*ljä*-wo] Abhebung), **prelevare** ([pre-lä-*wa*-re] abheben), **il prestito** ([*prä*-sti-to] Darlehen), **prestare** ([präs-*ta*-re] leihen, **il risparmio** ([ri-*spar*-mi-jo] Ersparnis), **risparmiare** ([ris-par-*mja*-re] sparen), **il saldo** ([*sal*-do] Kontostand), **il trasferimento** ([tras-fe-ri-*men*-to] Überweisung), **trasferire** ([tras-fe-*ri*-re] überweisen), **l'investimento** ([in-wes-ti-*men*-to] Investition), **investire** ([in-wes-*ti*-re] investieren), **l'interesse** ([in-te-*räs*-se] Zins), **la carta di credito** ([*kar*-ta di *krä*-di-to] Kreditkarte), **la valuta** ([wa-*lu*-ta] Währung)

Verben: **controllare** ([kon-trol-*la*-re] überprüfen), **fatturare** ([fat-tu-*ra*-re] fakturieren), **pagare** ([pa-*ga*-re] bezahlen), **richiedere** ([ri-*kjä*-de-re] beantragen), **versare** ([wer-*sa*-re] überweisen), **compilare** ([kom-pi-*la*-re] ausfüllen), **ricevere** ([ri-*tschä*-we-re] erhalten), **usare** ([u-*za*-re] verwenden)

Die **Fontana di Trevi** in Rom ist einer der bekanntesten Brunnen der Welt und ein Meisterwerk barocker Kunst. Sie wurde im 18. Jahrhundert von dem Architekten **Nicola Salvi** entworfen. Traditionell werfen Besucher eine Münze über ihre linke Schulter in den Brunnen, um sicherzustellen, dass sie eines Tages nach Rom zurückkehren. Das ergibt eine beträchtliche Summe. Die Stadtverwaltung hat Maßnahmen ergriffen, um den Diebstahl zu reduzieren, darunter die Installation von Sicherheitskameras und die regelmäßige Reinigung, bei der das gesammelte Geld entnommen wird. Das gesammelte Geld wird für wohltätige Zwecke verwendet.

Ergänzen Sie mit folgenden Begriffen:

credito, interessi, investimento, prelevare, prestare, saldo, valuta

a. Prima di fare un ________, è consigliabile informarsi sui rischi.

b. Se il tuo ________ è negativo, significa che hai speso più di quanto hai depositato.

c. Puoi ________ dei soldi a un amico per aiutarlo?

d. Prima di viaggiare all'estero, è consigliabile informarsi sulla ________ locale.

e. Quando vuoi ________ dei soldi, devi avere il PIN corretto.

f. Gli ________ sui risparmi possono aumentare nel tempo.

g. Ho bisogno di un ________ per comprare una nuova macchina.

Tag 62: Auf der Post – All'ufficio postale

Ying möchte ein Paket mit den typisch toskanischen Cantuccini nach Shanghai schicken. Sie geht auf die Post und wendet sich an eine **Impiegata postale** (Postangestellte).

YING:	**Buongiorno! Vorrei spedire un pacchetto in Cina, a Shanghai.** (bwon-*dschor*-no. wor-*räi* spe-*di*-re un pak-*ket*-to in *tschi*-na, a schang-*hai*.] Guten Tag! Ich möchte ein Päckchen nach China, nach Shanghai, schicken.
IMPIEGATA:	**Allora, sono 350 (trecentocinquanta) grammi. Deve compilare il modulo doganale. Scriva il contenuto ed il valore.** [al-*lo*-ra, *so*-no tre-tschän-to-tschin-*kwan*-ta *gram*-mi. *de*-we kom-pi-*la*-re il *mo*-du-lo do-ga-*na*-le. *skri*-wa il kon-te-*nu*-to ed il wa-*lo*-re.] Also, das sind 350 Gramm. Sie müssen das Zollformular ausfüllen. Geben Sie den Inhalt des Päckchens und den Wert an.
YING:	**Quanto tempo impiega il pacchetto?** [*kwan*-to *tem*-po im-*pjä*-ga il pak-*ket*-to?] Wie lange braucht das Päckchen?
IMPIEGATA:	**Vuole inviarlo come raccomandata?** [wu-*jo*-le in-wi-*ar*-lo *ko*-me rak-ko-man-*da*-ta?] Möchten Sie es als Einschreiben versenden?
YING:	**Sì, per favore. Quanto costa e quanto tempo impiega?** [sì, per fa-*wo*-re. *kwan*-to *kos*-ta e *kwan*-to *tem*-po im-*pje*-ga?] Ja, bitte. Was kostet es und wie lange dauert es?
IMPIEGATA:	**Costa 30 (trenta) euro ed è in Cina fra due settimane circa.** [*kos*-ta *tren*-ta *ä*-ju-ro ed *ä* in *tschi*-na fra *du*-e set-ti-*ma*-ne *tschir*-ka.] Es kostet 30 Euro und ist in circa zwei Wochen in China.

Kleiner Wortschatz

la posta	Post	**l'ufficio postale**	Postamt	**spedire**	schicken
il pacchetto	Päckchen	**il modulo doganale**	Zollformular	**il contenuto**	Inhalt
il valore	Wert	**la raccomandata**	Einschreiben	**impiegare**	brauchen

Hier geht die Post ab

il francobollo ([fran-ko-*bol*-lo] Briefmarke), **affrancare** ([af-fran-ka-re] frankieren), **il destinatario** ([de-sti-na-*ta*-rjo] Empfänger), **il pacco** ([*pak*-ko] Paket), **il postino** ([pos-*ti*-no] Briefträger), **imbucare** ([im-bu-*ka*-re] einwerfen), **inviare** ([in-wi-*ja*-re] schicken), **l' indirizzo**

([in-di-*riz*-zo] Adresse), **la busta** ([*bus*-ta] Umschlag), **la cartolina** ([kar-to-*li*-na] Postkarte), **la cassetta postale** ([kas-*set*-ta pos-*ta*-le] Briefkasten), **la corrispondenza** ([kor-ris-pon-*den*-za] Korrespondenz), **la lettera** ([*let*-te-ra] Brief), **la ricevuta** ([ri-tschä-*wu*-ta] Quittung), **ricevere** ([ri-*tschä*-we-re] erhalten), **la spedizione** ([spe-di-*zjo*-ne] Versand), **spedire** ([spe-*di*-re] schicken), **l'orario di apertura** ([o-*ra*-rjo di a-per-*tu*-ra] Öffnungszeiten)

Il Postino (Der Postmann) ist ein italienischer Film aus dem Jahr 1994, der auf der Insel Lipari spielt. Die Geschichte handelt von einem einfachen Postboten, der sich mit dem berühmten chilenischen Dichter Pablo Neruda anfreundet. Durch Nerudas Poesie entdeckt der Protagonist die Kraft der Worte und verliebt sich in eine junge Frau. Der Film thematisiert die Bedeutung von Sprache und die Sehnsucht nach Liebe. Er wurde mit zahlreichen Preisen ausgezeichnet, darunter einem Oscar für die beste Filmmusik, und erhielt insgesamt vier Nominierungen für den Oscar.

Das italienische Verb **impiegare** (dauern, brauchen) wird häufig im Zusammenhang mit Zeit verwendet, um anzugeben, wie lange etwas dauert oder wie viel Zeit für eine bestimmte Aktivität benötigt wird:

✔ **Ho <u>impiegato</u> due ore per finire il lavoro.** (Ich habe zwei Stunden <u>gebraucht</u>, um die Arbeit zu beenden.)

✔ **<u>Quanto tempo impiega</u> la riparazione del computer?** (<u>Wie lange dauert</u> die Reparatur des Computers?

Ergänzen Sie die Sätze mit folgenden Begriffen:

affrancare, cassetta postale, destinatario, francobollo, imbucare, impiega, indirizzo, posta, postino, spedizione, ufficio postale

a. Vado all'____________________ per inviare una lettera.

b. Ho bisogno di un ____________________ per il mio pacco.

c. La ____________________ è chiusa il lunedì.

d. Devo ____________________ la lettera nella ____________________.

e. Devo ____________________ la cartolina prima di spedirla.

f. Il ____________________ porta la posta ogni mattina.

g. Ho ricevuto una ricevuta per la ____________________.

h. Dov'è l'____________________ della mia scuola?

i. La posta normale ____________________ circa tre giorni per arrivare al ____________________.

Hören Sie sich nun die Lösung an und sprechen Sie nach. (Track 25)

Tag 63: Am Bahnhof – Alla stazione

Rosanna und Diego wollen am Wochenende nach Rom fahren. Im Internet finden Sie keinen freien Platz im Zug. Sie versuchen es sehr früh am Ticketschalter am Bahnhof **Santa Maria Novella** in Florenz. Sie wenden sich an einen **Bigliettaio** (Fahrkartenverkäufer).

ROSANNA: **Buongiorno! Due biglietti di andata e ritorno da Firenze a Roma per sabato, per favore. Che treni ci sono?**
[bwon-*dschor*-no! *du*-e bil-*jet*-ti di an-*da*-ta e ri-*tor*-no da fi-*ren*-ze a *ro*-ma per *sa*-ba-to, per fa-*wo*-re. *kä tre*-ni tschi *so*-no?
Guten Morgen! Bitte zwei Rückfahrtickets von Florenz nach Rom für Samstag. Welche Züge gibt es?

BIGLIETTAIO: **Mi dispiace, ma non ci sono più posti liberi né la mattina né il pomeriggio. Sfortunatamente è tutto completo.**
[mi dis-*pja*-tsche, ma *non* tschi *so*-no *pju pos*-ti *li*-be-ri *ne* la mat-*ti*-na *ne* il po-me-*rid*-dscho. sfor-tu-na-ta-*men*-te ä *tut*-to kom-*plä*-to.]
Tut mir leid, aber es gibt keine freien Plätze mehr, weder am Vormittag noch am Nachmittag. Bedauerlicherweise ist alles ausgebucht.

ROSANNA: **Dobbiamo andare a Roma o in pullman o in aereo.**
[dob-*bja*-mo an-*da*-re a *ro*-ma *o* in *pull*-man *o* in a-*ä*-re-jo.]
Wir müssen entweder mit dem Bus oder mit dem Flugzeug nach Rom fahren.

FRANCESCO: **Per me va bene sia il volo sia il pullman.**
[per *mä* wa *bä*-ne *si*-ja il *wo*-lo *si*-ja il *pull*-man.]
Für mich geht sowohl der Flug als auch der Bus klar.

Kleiner Wortschatz

il biglietto	Ticket	**mi dispiace**	es tut mir leid
sfortunatamente	bedauerlicherweise	**completo/a**	ausgebucht
il pullman	Reisebus	**l'aereo**	Flugzeug
il bigliettaio	Fahrkartenverkäufer	**il treno**	Zug

Für Ihre Bahnreise

Am Bahnhof: **il binario** ([bi-*na*-rjo] Gleis, Bahnsteig), **il passeggero** ([pas-sed-*dschä*-ro] Passagier), **il ritardo** ([ri-*tar*-do] Verspätung), **la biglietteria** ([bil-jät-te-*ri*-ja] Fahrkartenschalter), **la macchinetta** ([mak-ki-*net*-ta] Fahrkartenautomat), **la partenza** ([par-*ten*-za] Abfahrt), **la prenotazione** ([pre-no-ta-*zjo*-ne] Reservierung), **l'arrivo** ([ar-*ri*-wo] Ankunft), **l'orario** ([o-*ra*-rjo] Fahrplan)

Im Zug: **il controllore** ([kon-trol-*lo*-re] Zugbegleiter), **il regionale** ([re-dscho-*na*-le] Regionalzug), **il treno** ([*trä*-no] Zug), **il vagone letto** ([wa-*go*-ne *let*-to] Schlafwagen), **la classe** ([*klas*-se] Klasse), **la cuccetta** ([kut-*tschet*-ta] Liegewagen), **l'intercity** ([in-ter-*si*-ti] Intercity), **lo scompartimento** ([skom-par-ti-*men*-to] Zugabteil)

Folgende »pfeilschnellen Züge« gibt es in Italien. Sie werden von Trenitalia betrieben, Teil der **Ferrovie dello Stato Italiane** (**FS**), der italienischen Eisenbahngesellschaft:

- **Il Frecciarossa** (wörtlich: roter Pfeil) ist der schnellste Zug, er verbindet große Städte wie Mailand, Rom, Florenz und Neapel und erreicht Geschwindigkeiten von bis zu 300 Stundenkilometern.
- **Il Frecciargento** (wörtlich: silberner Pfeil) verbindet Städte in Mittel- und Süditalien und erreicht Geschwindigkeiten von bis zu 250 Stundenkilometern.
- **Il Frecciabianca** (wörtlich: weißer Pfeil) verbindet Städte, die nicht direkt an das Hochgeschwindigkeitsnetz angeschlossen sind mit Geschwindigkeiten bis zu 200 Stundenkilometern.

Busse haben in Italien verschiedene Bezeichnungen:

- **l'autobus** (Stadtbus), kurze Strecken innerhalb des Stadtgebietes
- **il pullman** (Reisebus), mit allen Bequemlichkeiten ausgestattet, lange Distanzen
- **la corriera** (Linienbus), einfacher Langstreckenbus, fährt bestimmte Routen

Zweiteilige Konnektoren können folgendes ausdrücken:

- Gleichwertigkeit: **Può prendere sia il Frecciarossa sia/che il Frecciargento.** (Sie können sowohl den Frecciarossa als auch den Frecciargento nehmen.)
- Option: **Prenda o il Frecciarossa o il Frecciargento.** (Nehmen Sie entweder den Frecciarossa oder den Frecciargento.)

  Wenn Sie **né … né** (weder … noch) verwenden, wird der Satz doppelt und dreifach verneint:

- Negation: **Non può prendere né il Frecciarossa né il Frecciargento.** (Sie können weder den Frecciarossa noch den Frecciargento nehmen.)

Ergänzen Sie mit né … nè, o … o, sia … sia

a. Frecciarossa collega ___________ Roma ___________ Firenze.

b. Prenda ___________ la cucetta ___________ il vagone letto, se vuole dormire.

c. Mi piace viaggiare ___________ in prima ___________ seconda classe.

d. Non mi piace ___________ viaggare in treno ___________ in aero. Preferisco andare in macchina.

Tag 64: Auf der Polizei – Alla questura

In Rom nehmen Francesco und Rosanna den Bus der Linie 64 zum Petersplatz und prompt wird Francescos Geldbeutel geklaut. Er geht zur Polizei:

FRANCESCO: **Senta, scusi! Ho un problema.**
[*sen*-ta, *sku*-zi! o un pro-*blä*-ma.]
Entschuldigen Sie bitte! Ich habe ein Problem.

POLIZIOTTO: **Come posso aiutarLa?**
[*ko*-me *pos*-so a-ju-*tar*-la?]
Wie kann ich Ihnen helfen?

FRANCESCO: **Ieri, sull'autobus della linea 64 (sessantaquattro) mi hanno rubato il portafoglio.**
[*je*-ri sull-*au*-to-bus *del*-la *li*-ne-ja ses-san-ta-*kwat*-tro mi *an*-no ru-*ba*-to il por-ta-*fol*-jo.]
Gestern wurde mir im Bus der Linie 64 die Brieftasche gestohlen.

POLIZIOTTO: **Mi dispiace. Sia sulla linea 64 (sessantaquattro) che sulla 75 (settantacinque) verso il Colosseo ci sono sempre dei furti.**
[mi dis-*pja*-tsche. *si*-a *sul*-la *li*-ne-ja ses-san-ta-*kwat*-tro *kä* *sul*-la settan-ta-*tschin*-kwe *wer*-so il ko-los-*se*-jo tschi *so*-no *sem*-pre däi *fur*-ti.]
Tut mir leid. Sowohl in der Linie 64 als auch in 75 in Richtung Kolosseum gibt es immer wieder Diebstähle.

FRANCESCO: **Cosa posso fare? Ho perso molti soldi. Più di 200 (duecento) euro.**
[*ko*-za *pos*-so *fa*-re? o *per*-so *mol*-ti *sol*-di. *pju* di *du*-e-*tschän*-to *ä*-ju-ro.]
Was kann ich machen? Ich habe viel Geld verloren. Über 200 Euro.

POLIZIOTTO: **Purtroppo è difficile trovare i ladri, ma può fare una denuncia.**
[pur-*trop*-po *ä* dif-*fi*-tschi-le tro-*wa*-re i *la*-dri, ma pu-*o* *fa*-re *u*-na de-*nun*-tscha.]
Leider ist es schwierig, die Diebe zu finden, aber Sie können Anzeige erstatten.

Kleiner Wortschatz

rubare	stehlen	**il portafoglio**	Brieftasche	**verso**	in Richtung
perdere	verlieren	**perso**	verloren	**il ladro**	Dieb

Auf der Wache

il carabiniere ([ka-ra-bin-*jä*-re] Carabiniere), **il commissario** ([kom-mis-*sa*-ri-jo] Kommissar), **il delitto** ([de-*lit*-to] Verbrechen), **il poliziotto** ([po-li-*zjot*-to] Polizist), **il vigile**

([*wi*-dschi-le] Verkehrspolizist), **l'arresto** ([ar-*res*-to] Festnahme), **arrestare** ([ar-res-*ta*-re] festnehmen), **l'investigazione** ([in-we-sti-ga-*zjo*-ne] Untersuchung), **l'uniforme** ([u-ni-*for*-me] Uniform), **la denuncia** ([de-*nun*-tscha] Anzeige), **denunciare** ([de-nun-*tscha*-re] anzeigen), **la fuga** ([*fu*-ga] Flucht), **fuggire** ([fud-*dschi*-re] fliehen), **la multa** ([*mul*-ta] Bußgeld), **la polizia** ([po-li-*zi*-ja] Polizei), **la questura** ([*kwe*s-*tu*-ra] Polizeirevier), **la sicurezza** ([si-ku-*räz*-za] Sicherheit)

In Italien gibt es zwei Hauptkräfte für die öffentliche Sicherheit: die **Polizia di Stato** und die **Carabinieri**. Erstere ist eine zivile Sicherheitsbehörde und für die Aufrechterhaltung der öffentlichen Ordnung in städtischen Gebieten zuständig. Die **Carabinieri** hingegen unterstehen dem Militär und übernehmen sowohl militärische als auch zivile Aufgaben, insbesondere in ländlichen Regionen. Beide arbeiten eng zusammen, haben aber unterschiedliche Zuständigkeiten und Organisationen.

Einige Verben erfordern im Deutschen den Dativ, während sie im Italienischen den Akkusativ verlangen, und umgekehrt:

- ✔ mit Akkusativ: **aiutare** (helfen) – **Posso aiutarLa**? (Kann ich Ihnen helfen?)
- ✔ mit Akkusativ: **ringraziare** (danken) – **La ringrazio**. (Ich danke Ihnen.)
- ✔ mit Dativ: **chiedere** (fragen) – **Le ho chiesto**. (Ich habe sie gefragt.)
- ✔ mit Dativ: **domandare** (fragen) – **Gli ho domandato**. (Ich habe ihn gefragt.)
- ✔ mit Dativ: **telefonare** (telefonieren) – **Gli telefono stasera**. (Ich rufe ihn heute Abend an.)

Lesen Sie den Text:

I carabinieri sono una forza di polizia in Italia. Hanno il compito di mantenere l'ordine pubblico e garantire la sicurezza dei cittadini. I Carabinieri indossano un'uniforme nera con una striscia rossa. Sono presenti in tutte le città italiane e anche nelle zone rurali. Inoltre, i carabinieri possono intervenire in situazioni di emergenza, come incendi o incidenti stradali. Sono molto rispettati dalla popolazione e lavorano anche per proteggere l'ambiente e il patrimonio culturale.

Sind diese Aussagen vero (richtig) oder falso (falsch)?

a. I carabinieri sono una forza di polizia in Italia. vero falso

b. I carabinieri indossano un'uniforme rossa. vero falso

c. I carabinieri lavorano solo nelle grandi città. vero falso

d. I carabinieri possono intervenire in situazioni di emergenza. vero falso

e. I carabinieri non si occupano della protezione dell'ambiente. vero falso

Tag 65: Auf der Autobahn – Sull'autostrada del Sole

Herr und Frau Delgado planen eine Tour auf der **autostrada del Sole**, auch bekannt als A1.

SIG.RA DELGADO: **Hai preparato tutto per il viaggio sull'autostrada del sole?**
[ai pre-pa-*ra*-to *tut*-to per il *wjad*-dscho sul-lau-to-*stra*-da del *so*-le?]
Hast du alles vorbereitet für unsere Reise auf der Autostrada del Sole?

SIG. DELGADO: **Paghiamo il pedaggio in contanti o con la carta di credito?**
[pa-*gja*-mo il pe-*dad*-dschio in *kon*-tant-i o kon la *kar*-ta di *krä*-di-to?]
Zahlen wir die Maut bar oder mit der Kreditkarte?

SIG.RA DELGADO: **Possiamo usare il Telepass. È molto comodo, no?**
[pos-*sja*-mo u-*za*-re il *te*-le-pass. ä *mol*-to *ko*-mo-do, *no*?
Wir können den Telepass benutzen. Das ist sehr bequem, oder?

SIG. DELGADO: **Ottima idea! Abbiamo anche l'acqua e gli spuntini?**
[*ot*-ti-ma i-*dä*-ja. ab-*bja*-mo *an*-ke *la*-kwa e lji spun-*ti*-ni?]
Gute Idee! Haben wir auch Wasser und Proviant?

SIG.RA DELGADO: **Sì, è tutto pronto. E per fortuna c'è anche il sole.**
[si, ä *tut*-to *pron*-to. e per for-*tu*-na tschä *an*-ke il *so*-le.]
Ja, alles ist bereit. Und zum Glück scheint auch die Sonne.

Kleiner Wortschatz

l'autostrada	Autobahn	**il pedaggio**	Maut	**comodo/a**	bequem

Für Ihre Autobahnfahrt

i lavori in corso ([la-*wo*-ri in *kor*-so] Baustelle), **il casello** ([ka-*säl*-lo] Mautstelle), **il limite di velocità** ([il *li*-mi-te di we-lo-tschi-*ta*] Geschwindigkeitsbegrenzung), **il raccordo** ([rak-*kor*-do] Anschlussstraße), **il traffico** ([*traf*-fi-ko] Verkehr), **il veicolo** ([we-*i*-ko-lo] Fahrzeug), **la corsia d'emergenza** ([kor-*si*-ja de-mer-*dschän*-za] Standstreifen), **la corsia di sorpasso** ([kor-*si*-ja di sor-*pas*-so] Überholspur), **la sosta** ([*sos*-ta] Halt, Pause), **la strada** ([*stra*-da] Straße), **la targa** ([*tar*-ga] Nummernschild), **l'area di servizio** ([*a*-rä-a di ser-*wi*-zjo] Raststätte), **l'entrata** ([en-*tra*-ta] Einfahrt), **l'uscita** ([u-*schi*-ta] Ausfahrt)

Verben: **accelerare** ([at-tschä-le-ra-re] beschleunigen), **entrare** ([en-*tra*-re] auffahren), **frenare** ([fre-*na*-re] bremsen), **guidare** ([gwi-*da*-re] fahren), **rallentare** ([ral-len-*ta*-re] verlangsamen), **sorpassare** ([sor-pas-*sa*-re] überholen), **uscire** ([u-*schi*-re] runterfahren)

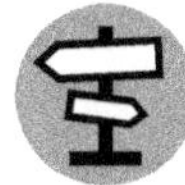

Runter von der Autobahn und rauf auf eine der schönsten Panoramastraßen Italiens:

- **Strada delle Dolomiti** (SS51) – Diese Straße führt durch die Dolomiten und bietet atemberaubende Bergpanoramen.
- **Strada del Barolo** – Diese Straße führt durch die Weinregion Langhe in Piemont und bietet wunderschöne Ausblicke auf Weinberge und Hügel.
- **Strada Panoramica della Val d'Orcia** – Diese Straße in der Toskana bietet atemberaubende Ausblicke auf die sanften Hügel und das charakteristische Landschaftsbild der Region.
- **Amalfitana** (SS163) – Die Küstenstraße entlang der Amalfiküste ist berühmt für ihre spektakulären Ausblicke auf das Meer und die charmanten Dörfer.
- **Orientale Sarda** (SS125) – Diese Straße führt entlang der Küste Sardiniens und bietet spektakuläre Ausblicke auf das Meer und die Küstenlinie.

Hier das unregelmäßige Verb **uscire** (ausgehen, rausfahren):

Pronomen/ Infinitiv	**(io)**	**(tu)**	**(lui, lei, Lei)**	**(noi)**	**(voi)**	**(loro)**
uscire	esco	esci	esce	usciamo	uscite	escono

Tabelle 12.1: Konjugation »uscire« (ausgehen)

Das Verb **uscire** ist sehr vielseitig:

- ausgehen: **Stasera esco con i miei amici**. (Heute Abend gehe ich mit meinen Freunden aus.)
- herauskommen, erscheinen: **Alcuni giornali italiani escono ogni giorno**. (Einige italienische Zeitungen kommen jeden Tag heraus/erscheinen jeden Tag.)
- runterfahren: **Devi uscire dall'autostrada a Firenze Nord**. (Du musst bei Florenz Nord von der Autobahn runterfahren.)
- verlassen: **Il direttore è uscito dall'ufficio alle nove**. (Der Direktor hat um neun das Büro verlassen.)

Kombinieren Sie:

a. Quando vuoi aumentare la velocità	**1.** devi frenare.
b. Se un'auto è troppo vicina	**2.** devi sorpassare.
c. Quando c'è un'auto molto lenta	**3.** devi uscire al casello.
d. Se ci sono i lavori in corso	**4.** devi accelerare.
e. Quando esci dall'autostrada	**5.** devi rallentare.

a. – __; b. – __; c. – __; d. – __; e. – __

Tag 66: Am Flughafen – All'aeroporto

Nach zwei Wochen reist das Ehepaar Delgado ab. Ihr Sohn Diego begleitet sie zum Flughafen. Sie checken ein und sprechen mit einer **Addetta al check-in** (Check-in-Mitarbeiterin):

SIG.RA DELGADO:	**Abbiamo un volo per Buenos Aires. Ecco i biglietti.** [ab-*bja*-mo un wo-lo per bu-ä-nos äi-res. äk-ko i bil-jet-ti.] Wir haben einen Flug nach Buenos Aires. Hier sind die Tickets.
ADDETTA:	**La Sua valigia è troppo pesante. Deve pagare l'eccedenza.** [la *su*-a wa-*li*-dscha ä *trop*-po pe-*zan*-te. *de*-we pa-*ga*-re let-tschä-*den*-za.] Ihr Koffer ist zu schwer: Sie müssen für die Überschreitung bezahlen.
SIG.RA DELGADO:	**Quanto viene? Devo pagare molto?** [*kwan*-to wi-*jä*-ne? *de*-wo pa-*ga*-re *mol*-to?] Was kostet das? Muss ich viel bezahlen?
ADDETTA:	**Deve pagare 144 (centoquarantaquattro) euro, Signora.** [*de*-we pa-*ga*-re tschän-to-kwa-ran-ta-*kwat*-tro *ä*-ju-ro, sin-*jo*-ra.] Sie müssen 144 Euro bezahlen, Signora.
SIG.RA DELGADO:	**Oh no! Costa troppo! Diego, apri la valigia e togli le ceramiche.** [o *no*! *kos*-ta *trop*-po! *djä*-go, *a*-pri la wa-*li*-dscha e *tol*-ji le tsche-*ra*-mi-ke.] Oh nein! Das kostet zu viel! Diego, mach den Koffer auf und nimm die Keramiken heraus.

Kleiner Wortschatz

l'addetto/a	Mitarbeiter/in	**il volo**	Flug	**pesante**	schwer
l'eccedenza	Überschreitung	**il bagaglio**	Gepäck	**in più**	zu viel
togliere	herausnehmen	**la ceramica**	Keramik		

Für Ihre Flugreise

il bagaglio ([ba-*gal*-jo] Gepäck), **il cancello** ([kan-*tschäl*-lo] Gate), **il carrello** ([kar-*räl*-lo] Gepäckwagen), **il check in** ([tschäck-*in*] Einchecken), **il controllo bagagli** ([kon-*trol*-lo ba-*gal*-ji] Gepäckskontrolle), **il controllo passaporti** ([kon-*trol*-lo pas-sa-*por*-ti] Passkontrolle), **il tabellone dei voli** ([ta-bel-*lo*-ne däi *wo*-li] Anzeigetafel), **il terminal** ([*ter*-mi-nal] Terminal), **il trasporto** ([tras-*por*-to] Transport), **la partenza** (par-*ten*-za] Abflug), **l'aerolinea** ([a-e-ro-*li*-ne-ja] Fluglinie), **l'aeroporto** ([a-e-ro-*por*-to] Flughafen), **l'arrivo** ([ar-*ri*-wo] Ankunft), **l'imbarco** ([im-*bar*-ko] Boarding)

Verben: **arrivare** ([ar-ri-*wa*-re] ankommen), **atterrare** ([at-ter-*ra*-re] landen), **controllare** ([kon-trol-*la*-re] kontrollieren), **decollare** ([de-kol-*la*-re] abheben), **imbarcare** ([im-bar-*ka*-re] einsteigen), **partire** ([par-*ti*-re] abfahren/abfliegen), **registrare** ([re-dschis-*tra*-re] einchecken), **sbarcare** ([sbar-*ka*-re] aussteigen), **volare** ([wo-*la*-re] fliegen)

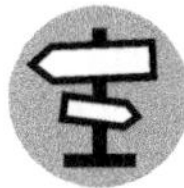

Was den Deutschen Reinhard Meys *Über den Wolken* ist, ist den Italienern **Domenico Modugnos** *Volare*. Der Song wurde 1958 von **Domenico Modugno** und **Franco Migliacci** geschrieben wurde. Der Titel, offiziell *Nel blu dipinto di blu*, beschreibt das Gefühl des Fliegens und der Freiheit. **Modugno**, ein italienischer Sänger und Schauspieler, gewann mit diesem Hit zwei Grammys und gilt als einer der Pioniere der modernen italienischen Musik. *Volare* ist bis heute ein zeitloser Klassiker.

Bisogna (man muss) ist ein unpersönliches Verb. Es wird verwendet, um eine Notwendigkeit oder eine Verpflichtung auszudrücken, ohne eine bestimmte Person zu benennen, die diese Handlung ausführen muss:

✔ **Bisogna avere un biglietto per volare.** (Man muss ein Ticket haben, um zu fliegen.)

Ergänzen Sie den Text mit folgenden Begriffen: addetti, aereo, aeroporto, atterrano, biglietto, bisogna, check in, decollano, Firenze, luogo, tabellone, trovare, voli, volo

a. L'aeroporto Amerigo Vespucci a ____________ è molto importante.

b. Ogni giorno, molti aerei ______________ e _______________.

c. I passeggeri devono fare il ______________ prima di salire sull'________________.

d. Ci sono diversi __________ che partono per molte città.

e. Quando arrivi all'_______________ puoi vedere il ____________ con gli orari dei voli.

f. Se hai un __________ per una destinazione, ________________ arrivare in tempo.

g. Gli ______________ sono disponibili per aiutarti.

h. Puoi anche ___________ negozi e ristoranti mentre aspetti il tuo __________.

i. L'aeroporto Amerigo Vespucci è un ____________ molto interessante.

Hören Sie sich nun die Lösung an und sprechen Sie nach (Track 26).

IN DIESEM KAPITEL

Überlegungen zu nachhaltiger Mobilität und Umweltschutz anstellen

Umweltbewusstsein in der Gemeinschaft fördern

Gemeinschaftsaktivitäten ausrichten und soziale Bindungen stärken

Kapitel 14
Zwölfte Woche

Das Thema Umwelt beschäftigt auch das Ehepaar Bruni und sie liebäugeln mit der Anschaffung eines E-Autos.

Viele Städte in Italien, einschließlich Florenz, fördern elektrisch betriebene Fahrzeuge, um umweltfreundlichen Verkehr zu unterstützen. Es gibt spezielle Parkplätze für E-Autos, die oft in der Nähe von Ladestationen liegen. In vielen Fällen können diese Ladestationen kostenlos oder zu reduzierten Preisen genutzt werden. Auch in Florenz genießen E-Autos Sonderprivilegien, wenn es um die Einfahrt in verkehrsberuhigte Zonen geht. Die Stadt hat auch die Anzahl der Ladestationen in den letzten Jahren erhöht.

Die Schüler der Sprachschule **Dante al Dente** diskutieren über die Vermeidung von Plastikmüll.

Auch die Auswirkungen des Klimawandels in den Herkunftsländern der Schüler kommen auf den Tisch.

Fühlen Sie sich eingeladen, wenn Ying, Agneta, Oksana, Rosanna, Diego und Francesco über den Klimawandel und über nachhaltige Energien in China, Schweden, der Ukraine, Marokko, Argentinien und Australien sprechen.

Eingeladen sind Sie auch, wenn der Unterricht wegen Krankheit online stattfinden muss und zum Semesterabschlussfest, das im Innenhof der Sprachschule **Dante al Dente** stattfindet.

Tag 67: E-Autos – Auto elettriche

Beim Frühstück liest Frau Bruni einen interessanten Artikel im **Corriere Fiorentino** (lokale Zeitung) über E-Autos.

Hören Sie sich das Gespräch zwischen Signora und Signor Bruni an (Track 27).

SIG.RA BRUNI: **Hai letto questo articolo sul giornale? La città di Firenze offre molti vantaggi per chi ha le auto elettriche.**
[ai let-to *kwäs*-to ar-*ti*-ko-lo sul dschor-*na*-le? la tschit-*ta* di fi-*rän*-ze *of*-fre *mol*-ti wan-*tad*-dschi per *ki* ha le *au*-to e-*lät*-tri-ke.]
Hast du diesen Zeitungsartikel gelesen? Die Stadt Florenz bietet viele Vorteile für diejenigen, die E-Autos haben.

SIG. BRUNI: **Sì, è permesso guidare un veicolo elettrico in centro città a traffico limitato.**
[*si*, *ä* per-*mäs*-so gwi-*da*-re un wä-*ji*-ko-lo e-*lät*-tri-ko in *tschän*-tro tschit-*ta* a *traf*-fi-ko li-mi-*ta*-to.]
Ja, man darf mit einem E-Auto in der verkehrsberuhigten Innenstadt fahren.

SIG.RA BRUNI: **E si può parcheggiare senza pagare niente.**
[e si pu-*o* par-ked-*dscha*-re sän-sa pa-*ga*-re *njän*-te.]
Und man kann, ohne etwas zu bezahlen, parken.

SIG. BRUNI **E le nuove stazioni di ricarica sono gratuite.**
[e le nu-*ow*-e sta-zi-*jo*-ni di ri-*ka*-ri-ka *so*-no gra-*tu*-i-te.]
Und die neuen Ladestationen sind gratis.

SIG.RA BRUNI: **Ho visto un bel modello. Ha un'autonomia di 300 (trecento) chilometri.**
[o *wis*-to un bel mo-*däl*-lo. a un-au-to-no-*mi*-ja di tre-*tschän*-to ki-*lo*-me-tri.]
Ich habe ein schönes Modell gesehen. Es hat eine Reichweite von 300 Kilometern.

Kleiner Wortschatz

offrire	anbieten	**limitato/a**	limitiert	**gratuito/a**	gratis
l'auto elettrica	E-Auto				

E-Mobilität

eco-sostenibile ([*ä*-ko-sos-te-*ni*-bi-le] umweltfreundlich), **i costi di gestione** ([*kos*-ti di dschäs-*tjo*-ne] Betriebskosten), **il cavo di ricarica** ([*ka*-wo di ri-*ka*-ri-ka] Ladekabel), **il motore elettrico** ([mo-*to*-re e-*lät*-tri-ko] Elektromotor), **il veicolo ibrido** ([we-*i*-ko-lo i-*bri*-do] Hybridfahrzeug), **la batteria** ([bat-te-*ri*-ja] Batterie), **la bicicletta elettrica** ([bi-tschi-*klet*-ta e-*lät*-tri-ka] E-Bike], **la ricarica** ([ri-*ka*-ri-ka] Aufladung), **la sostenibilità** ([sos-te-ni-bi-li-*ta*] Nachhaltigkeit), **la stazione di ricarica** ([sta-*zjo*-ne di ri-*ka*-ri-ka] Ladestation), **l'autonomia** ([au-to-no-*mi*-ja] Reichweite), **le emissioni zero** ([e-mis-*sjo*-ni *dschä*-ro] Null-Emissionen), **l'infrastruttura di ricarica** ([in-fra-strut-*tu*-ra di ri-*ka*-ri-ka] Ladeinfrastruktur)

Verben: **caricare** ([ka-ri-*ka*-re] laden), **emissionare** ([e-mis-sjo-*na*-re] ausstoßen), **ricaricare** ([ri-ka-ri-*ka*-re] aufladen), **sviluppare** ([zwi-lup-*pa*-re] entwickeln)

Italienische Automobilkonzerne sind weltweit bekannt für ihr Design. Zu den bekanntesten Marken gehören **Fiat, Ferrari, Lamborghini** und **Maserati**. Fiat ist der größte Hersteller des Landes, während **Ferrari** und **Lamborghini** für ihre Hochleistungs-Sportwagen berühmt sind. Diese Marken repräsentieren eine Kombination aus Tradition, Handwerkskunst und modernster Technologie. **Fiat** hat verschiedene Elektrofahrzeuge in seiner Modellpalette, darunter den Fiat 500e.

Augen auf …

- ✔ bei diesen Begriffen: **la mano – le mani** (Hand, Hände), **la radio – le radio** (Radio, Radios)
- ✔ bei Begriffen, die auf einem Konsonant enden: **il tram – i tram** (Straßenbahn, Straßenbahnen), **l'autobus – gli autobus** (Stadtbus, Stadtbusse), **il pullman – i pullman** (Reisebus, Reisebusse)
- ✔ bei Abkürzungen: **la bici**(cletta) – **le bici**(clette), (Fahrrad, Fahrräder), **la foto** (grafia) – **le foto**(grafie) (Foto, Fotos), **la moto**(cicletta) – **le moto**(ciclette) (Motorrad, Motorräder), **l'auto**(mobile) – **le auto**(mobili) (Automobil, Automobile), **la metro** (politana) – **le metro**(politane) (Metro, Metros)

Welches Wort passt nicht in die Reihe:

a. autobus – corriera – metro – pullman

b. aereo – metro – pullman – treno

c. autobus – metro – tram – treno

d. Fiat – Lamborghini – Maserati – Mercedes

e. motocicletta – auto elettrica – treno – tram

Tag 68: Müll reduzieren – Jute statt Plastik

Vor dem Picknick wird beratschlagt, wie man Plastik reduzieren kann.

ROSANNA: **Per le bevande usiamo contenitori di vetro invece di bottiglie di plastica.**
[per le be-*wan*-de u-*zja*-mo kon-te-ni-*to*-ri di *we*-tro in-*we*-tsche di bot-*til*-je di *plas*-ti-ka.]
Für die Getränke nehmen wir Glasbehälter statt Plastikflaschen.

YING: **Portiamo piatti e bicchieri di carta e posate di bambù.**
[por-*tja*-mo *pjat*-ti e bik-*kje*-ri di *kar*-ta e po-*za*-te di bam-*bu*.]
Wir nehmen Teller und Becher aus Papier und Besteck aus Bambus mit.

DIEGO: **Mettiamo tutto in un cestino da picnic.**
[met-*tja*-mo *tut*-to in un tsches-*ti*-no di *pik*-nik.]
Wir packen alles in einen Picknickkorb.

AGNETA: **E compriamo prodotti sfusi al mercato per evitare imballaggi.**
[e kom-pri-*ja*-mo pro-*dot*-ti *zfu*-zi al mer-*ka*-to per e-wi-*ta*-re im-bal-*lad*-dschi.]
Und wir kaufen lose Produkte auf dem Markt, um Verpackungen zu vermeiden.

OKSANA: **E cosa facciamo con i resti del picnic?**
[e *ko*-za fat-*tscha*-mo kon i *res*-ti del *pik*-nik?]
Und was machen wir mit den Resten vom Picknick?

FRANCESCO: **Ma, quali resti? Sarà un picnic sostenibile!**
[ma *kwa*-li *res*-ti? sa-*ra* un *pik*-nik sos-te-*ni*-bi-le.]
Welche Reste? Das wird ein nachhaltiges Picknick!

Kleiner Wortschatz

la plastica	Plastik	**sfuso/a**	lose	**il vetro**	Glas
il contenitore	Behälter	**l'imballaggio**	Verpackung	**sostenibile**	nachhaltig
la carta	Pappe, Papier	**il bambù**	Bambus	**il cestino**	Korb

Für die Umwelt

i rifiuti ([ri-*fju*-ti] Abfälle), **il compostaggio** ([kom-pos-*tad*-dscho] Kompostierung, **il riciclaggio** ([ri-tschi-*klad*-dscho] Recyceln), **la sostenibilità** ([sos-te-ni-bi-li-*ta*] Nachhaltigkeit), **l'ambiente** ([am-bi-*än*-te] Umwelt), **le risorse naturali** ([ri-*sor*-se na-tu-*ra*-li] natürliche Ressourcen), **l'ecosistema** ([e-ko-sis-*te*-ma] Ökosystem), **l'inquinamento**

([in-kwi-na-*me*-nto] Verschmutzung), **organico/a** ([or-*ga*-ni-ko] organisch), **riutilizzabile** ([ri-u-ti-liz-*za*-bi-le] wiederverwendbar)

Verben: **compensare** ([kom-pen-*sa*-re] ausgleichen), **conservare** ([kon-ser-*wa*-re] bewahren), **educare** ([e-du-*ka*-re] aufklären/erziehen), **eliminare** ([e-li-mi-*na*-re] beseitigen), **proteggere** ([pro-*täd*-dsche-re] schützen), **riciclare** ([ri-tschik-*la*-re] recyceln), **riutilizzare** ([ri-u-ti-liz-*za*-re] wiederverwenden), **sostenere** ([sos-te-*ne*-re] unterstützen)

In Italien sind Plastiktüten, insbesondere die dünnen Einwegplastiktüten, seit 2011 weitgehend verboten. Stattdessen wird die Verwendung von biologisch abbaubaren Tüten, wie solchen aus Maisstärke, gefördert. Diese Tüten sind umweltfreundlicher sowie eine empfohlene Alternative für Einzelhandel und Verbraucher.

Für die Konjunktion »statt« können Sie gleichermaßen **invece di** oder **anziché** verwenden:

✔ **Dobbiamo usare un sacco di stoffa invece di una busta di plastica.** (Wir müssen einen Stoffbeutel statt einer Plastiktüte verwenden.)

✔ **Dobbiamo usare una busta di stoffa anziché una busta di plastica.** (Wir müssen einen Stoffbeutel statt einer Plastiktüte verwenden.)

Ergänzen Sie den Text mit folgenden Begriffen:

ambiente, compostaggio, conservare, imballaggi, organici, proteggere, riciclaggio, rifiuti, riutilizzare, sostenibili, sostenibilità, riutilizzabili

a. Per proteggere il nostro _________, è importante ridurre i _________.

b. Possiamo contribuire alla _________ attraverso il _________ dei materiali.

c. È fondamentale _________ le risorse e trovare modi per _________ gli oggetti invece di buttarli via.

d. Ogni piccolo gesto conta: ad esempio, possiamo usare borse _________ e scegliere prodotti con meno _________.

e. Inoltre, il _________ è essenziale per ridurre i rifiuti _________.

f. È il nostro dovere _________ il pianeta e promuovere comportamenti _________.

Hören Sie sich nun die Lösung an und sprechen Sie nach (Track 28).

Tag 69: Klimawandel – Cambiamento Climatico

Während des Picknicks unterhalten sich die Freunde über den Klimawandel in ihren Heimatländern.

YING: **In Cina ci sono sempre più inondazioni, tifoni e siccità. E com'è la situazione nei vostri paesi?**
[in *tschi*-na tschi *so*-no *sem*-pre *pju* in-on-da-*zjo*-ni, ti-*fo*-ni e sit-tschi-*ta*. e ko-*mä* la si-tu-a-*zjo*-ne *näi wos*-tri pa-*e*-zi?]
In China gibt es immer mehr Überschwemmungen, Taifune und Trockenheit. Und wie ist die Situation in euren Heimatländern?

ROSANNA: **In Marocco ci sono sempre meno risorse idriche.**
[in ma-*rok*-ko tschi *so*-no *sem*-pre *me*-no ri-*sor*-se *i*-dri-ke.]
In Marokko gibt es immer weniger Wasserreserven.

AGNETA **In Svezia si osserva un forte scioglimento dei ghiacciai. Questo ha effetti sull'ecosistema e sugli sport invernali.**
[in *zwä*-zja si os-*ser*-wa un *for*-te schol-ji-*me*-nto *däi* gjat-*tschai*. *kwäs*-to a ef-*fät*-ti sul-lä-ko-sis-*te*-ma e *sul*-ji sport in-wer-*na*-li.]
In Schweden beobachtet man eine starke Gletscherschmelze. Dies hat Auswirkungen auf das Ökosystem und den Wintersport.

OKSANA **In Ucraina la biodiversità è minacciata.**
[in u-kra-*ji*-na la bi-jo-di-wär-si-*ta ä* mi-nat-*tscha*-ta.]
In der Ukraine ist die Biodiversität bedroht.

FRANCESCO: **In Australia ci sono terribili incendi nei boschi.**
[in au-*stra*-lja tschi *so*-no ter-*ri*-bi-li in-*tschän*-di *näi bos*-ki.]
In Australien gibt es schrecklich Buschbrände.

DIEGO: **In Argentina le coste sono minacciate dall'innalzamento del livello del mare.**
[in ar-dschän-*ti*-na le *kos*-te *so*-no mi-nat-*tscha*-te dal-lin-al-za-*men*-to del li-*wäl*-lo del *ma*-re.]
In Argentinien sind die Küstenregionen vom Anstieg des Meeresspiegels bedroht.

Kleiner Wortschatz

il paese	Land	**il tifone**	Taifun	**lo scioglimento**	Schmelze
l'effetto	Auswirkung	**invernale**	winterlich	**minacciato/a**	bedroht
il ghiacciaio	Gletscher	**l'incendio**	Brand	**il bosco**	Wald, Busch
la costa	Küste	**osservare**	beobachten		

Der Klimawandel und seine Folgen

il cambiamento climatico ([kam-bja-*men*-to kli-*ma*-ti-ko] Klimawandel), **il riscaldamento globale** ([ris-kal-da-*men*-to glo-*ba*-le] globale Erwärmung), **l'innalzamento** ([in-al-za-*men*-to] Anstieg), **il livello del mare** ([li-*wäl*-lo del *ma*-re] Meeresspiegel), **l'inondazione** ([in-on-da-*zjo*-ne] Überschwemmung), **la biodiversità** ([bi-jo-di-wer-si-*ta*] Biodiversität), **la risorsa idrica** ([ri-*sor*-sa *i*-dri-ka] Wasserreserve), **la siccità** ([sit-tschi-*ta*] Trockenheit), **l'effetto serra** ([ef-*fät*-to *sär*-ra] Treibhauseffekt), **l'emissione** ([e-mis-*sjo*-ne] Emission), **l'inquinamento atmosferico** ([in-kwi-na-*men*-to at-mos-*fe*-ri-ko] Luftverschmutzung),

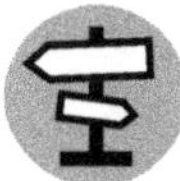

In Italien sind besonders die Küstenregionen, die einen Anstieg des Meeresspiegels, häufigere Extremwetterereignisse und veränderte Niederschlagsmuster erleben, stark vom Klimawandel betroffen. In Küstenstädten wie Venedig führt die Überflutung durch höhere Wasserstände zu Herausforderungen. Gleichzeitig kämpfen die Alpen mit dem Rückgang von Gletschern und einer Verkürzung der Skisaison, was negative Auswirkungen auf den Tourismus hat. Landwirtschaftliche Regionen, insbesondere in Süditalien und in der Toskana, sind durch Dürre bedroht.

Die Präposition **su** hat meist die Bedeutung von »auf« und verschmilzt mit dem bestimmten Artikel des folgenden Wortes:

Artikel/ Präposition	il	lo	l'	la	i	gli	le
su	sul	sullo	sull'	sulla	sui	sugli	sulle

Tabelle 14.1: Präposition »su« plus bestimmter Artikel

Ergänzen Sie mit »avere effetto su« plus bestimmter Artikel:

a. Le ondate di caldo ______________________ scioglimento dei ghiacciai.

b. Il cambiamento climatico ______________ risorse idriche in molte regioni.

c. Il riscaldamento globale ___________________________ ecosistemi.

d. L'effetto serra ______________________________________ clima.

e. L'aumento delle temperature ___________________________ ghiacciai.

f. Le emissioni di CO2 ______________________________ inquinamento dell'aria.

g. L'inquinamento atmosferico ____________________ salute delle persone.

Hören Sie sich nun die Lösung an und sprechen Sie nach (Track 29).

Tag 70: Erneuerbare Energien – Energie rinnovabili

Ying aus China, dem weltweit größten Produzenten an Solar-, Wind- und Wasserkraft, spricht mit Signor Bruni über erneuerbare Energien in Italien.

YING: **L'energia solare è molto popolare qui in Italia. Ci sono tanti pannelli solari sui tetti.**
[le-ner-*dschi*-ja so-*la*-re *ä mol*-to po-po-*la*-re kwi in i-*ta*-lja. tschi *so*-no *tan*-ti pan-*nel*-li so-*la*-ri *sui tet*-ti.]
Solarenergie ist sehr beliebt hier in Italien. Es gibt viele Solarmodule auf den Dächern.

SIG. BRUNI: **Anche l'energia eolica si usa sempre di più. Ci sono molti parchi eolici, soprattutto in Sardegna e in Puglia.**
[*an*-ke le-ner-*dschi*-ja ä-*jo*-li-ka si *u*-sa *sem*-pre di *pju*. tschi *so*-no *mol*-ti *par*-ki ä-*jo*-li-tschi so-prat-*tut*-to in sar-*den*-ja e in *pul*-ja.]
Genau! Auch die Windkraft wird immer häufig genutzt. Es gibt viele Windparks, vor allem auf Sardinien und in Apulien.

YING: **Anche l'energia idroelettrica è importante per voi? La Cina è il maggiore produttore di energie rinnovabili al mondo.**
[*an*-ke le-ner-*dschi*-ja i-dro-e-*let*-tri-ka *ä* im-por-*tan*-te per woi? *tschi*-na *ä* il mad-*dscho*-re pro-dut-*to*-re di e-ner-*dschi*-je rin-no-*wa*-bi-li al *mon*-do.]
Ist auch Wasserkraft wichtig für euch? China ist der größte Produzent von erneuerbaren Energien weltweit.

SIG. BRUNI: **Certo! Lungo i fiumi Po, Adda ed Arno e naturalmente anche nelle Alpi ci sono molte dighe.**
[*schär*-to! *lun*-go i *fju*-mi *po*, *ad*-da ed *ar*-no e na-tu-ral-*men*-te *an*-ke *nel*-le *al*-pi tschi *so*-no *mol*-te *di*-ge.]
Natürlich. Entlang der Flüsse Po, Adda und Arno und natürlich auch in den Alpen gibt es viele Staudämme.

Kleiner Wortschatz

popolare	beliebt	**il tetto**	Dach	**soprattutto**	vor allem
il produttore	Produzent	**il maggiore**	größter	**il mondo**	Welt
lungo	entlang	**il fiume**	Fluss	**le Alpi**	Alpen

Das gibt Energie

il pannello solare ([pan-*näl*-lo so-*la*-re] Solarmodul), **il parco eolico** ([*par*-ko e-*jo*-li-ko] Windpark), **il parco solare** ([*par*-ko so-*la*-re] Solarpark), **la diga** ([*di*-ga] Staudamm),

la geotermia ([dsche-o-ter-*mi*-ja] Geothermie), **la turbina eolica** ([tur-*bi*-na e-*jo*-li-ka] Windrad), **l'energia eolica** ([e-ner-*dschi*-ja e-*jo*-li-ka] Windkraft), **l'energia idroelettrica** ([e-ner-*dschi*-ja i-dro-e-*let*-tri-ka] Wasserkraft), **l'energia rinnovabile** ([e-ner-*schi*-ja rin-no-*wa*-bi-le] erneuerbare Energie), **l'energia solare** ([e-ner-*dschi*-ja so-*la*-re] Solarstrom), **l'impianto fotovoltaico** ([im-*pjan*-to fo-to-wol-*ta*-i-ko] Photovoltaikanlage), **l'impianto idroelettrico** ([im-*pjan*-to i-dro-e-*let*-tri-ko] Wasserkraftwerk)

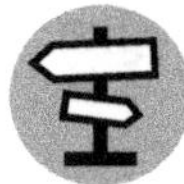

Italien setzt verstärkt auf erneuerbare Energien, insbesondere Solar- und Windkraft. Mit über 22.000 Solaranlagen ist das Land führend in der Solarenergieproduktion in Europa. Über 10 Prozent des Stroms stammt aus Photovoltaikanlagen. Zudem hat das Land zahlreiche Windparks. Geothermie spielt ebenfalls eine wichtige Rolle, insbesondere in der Toskana. Mit diesen Maßnahmen verfolgt Italien das Ziel, bis 2030 55 Prozent seines Stroms aus erneuerbaren Quellen zu gewinnen.

Die Präpositon **in** steht auch vor den Regionen Italiens. In manchen Fällen verschmilzt sie mit dem bestimmten Artikel:

- ✔ Norditalien: **in Piemonte** (im Piemont), **in Valle d'Aosta** (im Aostatal), **in Liguria** (in Ligurien), **in Lombardia** (in der Lombardei), **in Alto Adige** (in Südtirol), <u>**nel**</u> **Veneto** (in Venetien), **in Friuli Venezia Giulia** (in Friaul-Julisch Venetien), **in Emilia-Romagna** (in der Emilia-Romagna)
- ✔ Mittelitalien: <u>**nel**</u> **Lazio** (im Latium), <u>**nelle**</u> **Marche** (in den Marken), **in Toscana** (in der Toskana), **in Umbria** (in Umbrien)
- ✔ Süditalien: **in Abruzzo** (in den Abruzzen), **in Basilicata** (in der Basilikata), **in Calabria** (in Kalabrien), **in Campania** (in Kampanien), **in Puglia** (in Apulien), **in Sicilia** (auf Sizilien), **in Sardegna** (auf Sardinien)

Bei einer Richtungsangabe ändert sich der Artikel nicht:

- ✔ **Sono in Piemonte.** (Ich bin im Piemont) **Vado in Piemonte.** (Ich fahre ins Piemont.)

Bitte übersetzen Sie:

a. Auf Sardinien gibt es viele Windparks. ____________________

b. In der Toskana gibt es viel Geothermie. ____________________

c. In Apulien gibt es viele Windräder. ____________________

d. In Südtirol gibt es viele Staudämme. ____________________

e. Im Latium gibt es viele Solarparks. ____________________

f. In der Lombardei gibt es viele Wasserkraftanlagen. ____________________

Hören Sie sich nun die Lösung an und sprechen Sie nach (Track 30).

Tag 71: Online-Unterricht – Lezione online

Herr Bruni hat sich beim Möbelschleppen den Fuß gebrochen und möchte deshalb den Unterricht online abhalten. Er telefoniert mit der **Segretaria** (Sekretärin).

SIG. BRUNI: **Signora, ho il piede rotto. Però, non voglio saltare nessuna lezione. Allora, devo insegnare online.**
[sin-*jo*-ra, o il *pjä*-de *rot*-to. pe-*ro* non *wol*-jo sal-*ta*-re nes-*su*-na le--*zjo*-ne. al-*lo*-ra, *de*-wo in-sen-*ja*-re on-*lain*.]
Signora, ich habe mir den Fuß gebrochen. Ich möchte aber keine Unterrichtsstunde ausfallen lassen. Ich muss also online unterrichten.

SEGRETARIA: **Mi dispiace molto. Può organizzare una videoconferenza, copiare il link ed inviarlo a tutti.**
[mi dis-*pja*-tsche *mol*-to. pu-*jo* or-ga-niz-*za*-re *u*-na wi-de-jo-kon-fe--*ren*-za, ko-*pja*-re il link ed in-wi-*ar*-lo a *tut*-ti.]
Das tut mir sehr leid. Sie können eine Videokonferenz erstellen, den Link kopieren und ihn an alle senden.

SIG. BRUNI **Non ho nessun indirizzo email dei miei studenti.**
[non o nes-*sun* in-di-*riz*-zo i-*mäil* däi mi-*jäi* stu-*de*-nti.]
Ich habe keinerlei Adressen meiner Studenten.

SEGRETARIA: **Non c'è problema, professore. Io preparo tutto e i Suoi studenti devono solo cliccare sul link per partecipare.**
[non *tschä* pro-*blä*-ma, pro-fes-*so*-re. *i*-jo pre-*pa*-ro *tut*-to e i su-*o*-ji stu-*den*-ti *de*-wo-no *so*-lo klik-*ka*-re sul link per par-te-tschi-*pa*-re.]
Kein Problem, Herr Professor. Ich bereite alles vor und ihre Studenten müssen nur den Link anklicken, um teilzunehmen.

Kleiner Wortschatz

rotto/a	gebrochen	**saltare**	überspringen	**copiare**	kopieren
insegnare	unterrichten	**organizzare**	organisieren		

Für Ihren Fernunterricht

il collegamento audio ([kol-le-ga-*men*-to *au*-djo] Audioverbindung), **il collegamento video** ([col-le-ga-*men*-to *wi*-de-jo] Videoverbindung), **il forum di discussione** ([*fo*-rum di dis-kus-*sjo*-ne] Diskussionsforum), **il materiale didattico** ([ma-te-ri-*ja*-le di-*dat*-ti-ko] Lehrmaterial), **il webinar** ([we-bi-*nar*] Webinar), **la chat dal vivo** ([tschät dal *wi*-wo] Live-Chat), **la condivisione dello schermo** ([kon-di-wi-*sjo*-ne *del*-lo *skär*-mo] Bildschirmfreigabe), **la lezione a distanza** ([le-*zjo*-ne a dis-*tan*-za] Fernunterricht), **la lezione virtuale** ([le-*zjo*-ne wir-tu-*a*-le] virtuelle Lektion), **la partecipazione** ([par-te-tschi-pa-*zjo*-ne] Teilnahme), **la piattaforma online** ([pjat-ta-*for*-ma on-*lain*]

Online-Plattform), **la registrazione** ([re-dschis-tra-*zjo*-ne] Aufzeichnung), **la videoconferenza** ([wi-de-o-ko-fe-*ren*-za] Videokonferenz), **l'accessibilità** ([at-tschäs-sa-bi-li-*ta*] Zugänglichkeit), **l'indirizzo** [(in-di-*riz*-zo] Adresse), **l'interazione** ([in-ter-a-*zjo*-ne] Interaktion)

Verben: **ascoltare** [as-kol-*ta*-re] zuhören, **chattare** [tschät-*ta*-re] chatten, **cliccare** ([klik-*ka*-re] klicken), **condividere** [kon-di-*wi*-de-re] teilen (z.B. Bildschirm teilen), **connettersi** [kon-*net*-ter-si] sich verbinden, **disconnettersi** [dis-kon-*net*-ter-si] sich trennen, **discutere** ([dis-*ku*-te-re] diskutieren), **partecipare a** ([par-te-tschi-*pa*-re] teilnehmen an, **presentare** [prä-zen-*ta*-re] präsentieren, **registrare** [re-dschis-*tra*-re] aufnehmen, **salvare** ([sal-*wa*-re] speichern)

Stehen in einem Satz **niente** (nichts), **nulla** (nichts) oder **nessuno** (niemand, keiner), wird auch das Verb verneint:

- ✔ **Non ho mangiato niente.** (Ich habe nichts gegessen.)
- ✔ **Non ho fatto nulla.** (Ich habe nichts gemacht.)
- ✔ **Non ho visto nessuno.** (Ich habe niemanden gesehen.)

Stehen **niente** (nichts), **nulla** (nichts) oder **nessuno** (niemand, keiner) am Satzanfang, entfällt die doppelte Verneinung:

- ✔ **Niente è successo.** (Nicht ist passiert.)
- ✔ **Nessuno è venuto.** (Niemand ist gekommen.)
- ✔ **Nulla è impossibile.** (Nichts ist unmöglich.)

Welche Definition ist richtig?

a. la lezione a distanza

1. Un incontro online per discutere.
2. Un modo di insegnare senza essere in presenza.

b. l'accessibilità

1. La capacità di accedere a risorse online.
2. La disponibilità di un collegamento internet.

c. la registrazione

1. Un documento che mostra le presenze.
2. Un processo per salvare una videoconferenza.

d. il materiale didattico

1. Risorse utilizzate per la lezione.
2. Un tipo di interazione virtuale.

a. – __; b. – __; c. – __; d. – __

Tag 72: Sommerfest – Finire in bellezza

Als krönenden Abschluss plant Signor Bruni ein Fest im Innenhof des Instituts. Er ist neugierig, welche Pläne seine Schüler haben.

SIG. BRUNI: **Ciao a tutti! Quali sono i vostri piani per il futuro?**
(*tscha*-o a *tut*-ti. *kwa*-li *so*-no i *wos*-tri *pja*-ni per il fu-*tu*-ro?]
Hallo Leute! Was sind eure Pläne für die Zukunft?

YING: **Io torno in Cina per studiare arte.**
[*i*-jo *tor*-no in *tschi*-na per stu-*dja*-re *ar*-te.]
Ich kehre zurück nach China, um Kunst zu studieren.

OKSANA: **Fortunatamente ho ottenuto un lavoro in ospedale. Sono felice.**
[for-tu-na-ta-*men*-te o ot-te-*nu*-to un la-*wo*-ro in os-pe-*da*-le. *so*-no fe-*li*-tsche.]
Zu Glück habe ich Arbeit im Krankenhaus bekommen. Ich bin glücklich.

ROSANNA: **Fra poco inizio una formazione per diventare cuoca.**
[fra *po*-ko i-*ni*-zjo *u*-na for-ma-*zjo*-ne per di-wen-*ta*-re kwo-ka.]
Ich beginne in Kürze eine Ausbildung, um Köchin zu werden.

DIEGO: **Prima vado in Svezia e poi faccio il master in musica a Firenze.**
[*pri*-mo *wa*-do in *zwe*-zja e poi *fat*-tscho il *mas*-ter in *mu*-zi-ka a fi-*ren*-ze.]
Zuerst gehe ich nach Schweden und dann mache ich meinen Master in Musik in Florenz.

AGNETA: **Vorrei presentare Diego alla mia famiglia e poi torno a Firenze per studiare romanistica.**
[wor-*räi* pre-sen-*ta*-re di-*jä*-go *al*-la *mi*-ja fa-*mi*-li-ja e *poj tor*-no a fi-*ren*-ze per stu-*dja*-re ro-ma-*nis*-ti-ka.]
Ich möchte Diego meiner Familie vorstellen und dann kehre ich nach Florenz zurück, um Romanistik zu studieren.

FRANCESCO: **Vorrei vedere l'Europa e poi studiare ecologia in Australia.**
[wor-*räi* we-*de*-re lä-ju-*ro*-pa e *poj* stu-di-*ja*-re e-ko-lo-*dschi*-ja in au-*stra*-li-ja.]
Ich möchte Europa sehen und dann in Australien Ökologie studieren.

SIG. BRUNI: **Che belle notizie! Buona fortuna a tutti! Salute! Il buffet è aperto.**
(*kä bäl*-le ([no-*ti*-zje! *bwo*-na for-*tu*-na a *tut*-ti! sa-*lu*-te! il buf-*fet* ä a-*pär*-to.]
Was für gute Nachrichten! Viel Glück euch allen! Prost! das Büfett ist eröffnet.

Kleiner Wortschatz

ottenere	bekommen	**fra poco**	in Kürze	**il piano**	Plan
la formazione	Ausbildung	**la cuoca**	Köchin	**la notizia**	Nachricht
buona fortuna	viel Glück	**il buffet**	Büfett	**ecologia**	Ökologie

Adjektive und ihr Gegenteil

alto/a ([*al*-to] hoch) – **basso/a** ([*bas*-so] niedrig), **cortese** ([kor-*te*-ze] freundlich) – **scortese** ([skor-*te*-ze] unfreundlich), **divertente** ([di-wer-*tän*-te] lustig) – **noioso/a** ([noi-*jo*-so] langweilig), **facile** ([*fa*-tschi-le] einfach) – **difficile** ([dif-*fi*-tschi-le] schwierig), **felice** ([fe-*li*-tsche] glücklich) – **triste** ([*tris*-te] traurig), **lungo/a** ([*lun*-go] lang) – **corto/a** ([*kor*-to] kurz), **nuovo/a** ([nu-*o*-wo] neu) – **vecchio/a** ([*wäk*-kjo] alt), **ricco/a** ([*rik*-ko] reich) – **povero/a** ([*po*-we-ro] arm), **sano/a** ([*sa*-no] gesund) – **malato/a** ([ma-*la*-to] krank), **veloce** ([we-*lo*-tsche] schnell) – **lento/a** ([*län*-to] langsam)

Die Redewendung **finire in bellezza** bedeutet wörtlich »in Schönheit enden«. Man möchte auszudrücken, dass etwas auf positive und beeindruckende Weise zu einem Abschluss kommt, wie bei Veranstaltungen oder Aufführungen.

Fügt man einem Adjektiv die Endung -**mente** hinzu, erhält man ein Adverb. Es bezieht sich auf das Verb (ad-Verb) im Satz.

- ✔ Adjektivendung -**o** wird zu -**a**: **silenziosọ – silenziosạmente** (leise): **Entrate in chiesa silenziosamente!** (Betretet die Kirche leise!)
- ✔ Adjektivendung -**e** + **mente**: **elegante – elegantemente** (elegant): **La signora Bruni si veste sempre elegantemente.** (Frau Bruni zieht sich immer elegant an.)
- ✔ Adjektivendung -**re** (Endbuchstabe entfällt): **regolarẹ – regolarmente** (regelmäßig): **La signora Bruni fa regolarmente sport.** (Frau Bruni macht regelmäßig Sport)
- ✔ Adjektivendung -**le** (Endbuchstabe entfällt): **normale – normalmente** (normal): **Normalmente mangiamo poco.** (Normalerweise essen wir wenig.)

Ausnahmen: **buono/a – bene** (gut), **cattivo – male** (schlecht)

Adverb oder Adjektiv? Ergänzen Sie!

a. (lento) L'autobus arriva ____________. Il mio Wi-Fi è troppo ____________.

b. (tranquillo) Lui parla ________________. La camera è ________________.

c. (felice) Oksana è ____________del suo lavoro. Il bambino gioca ____________.

d. (facile) Risolviamo____________ il problema. Questo esercizio è __________.

e. (difficile) L'esame è ____________. Lui si può concentrare ____________.

f. (veloce) Maria corre __________ al parco. Lei ha una macchina __________.

IN DIESEM KAPITEL

Sätze ergänzen, übersetzen und korrigieren

Verbformen erkennen und anwenden

Texte verstehen und Fragen dazu beantworten

Übungen zu Betonung und Wortschatz

Kapitel 15
Test zum dritten Lernmonat

Sie haben es geschafft. Die Sprachschule **Dante al Dente** gratuliert Ihnen. In nur drei Monaten haben Sie sehr viel erreicht. Bleiben Sie jetzt am Ball. Lernen Sie weiter oder halten Sie Ihre frisch erworbenen Kenntnisse auf kleiner Flamme am Leben.

1. Ordnen Sie die Verbformen in folgende Kategorien ein.

agiscono, andate, andiamo, aprite, capite, copriamo, costruisco, danno, esco, fa, finiamo, offri, partiamo, preferite, puliscono, scopri, seguo, sente, servo, sta, vado, vai, vanno, viene

a. io: __________

b. tu: __________

c. lui, lei, Lei: __________

d. noi: __________

e. voi: __________

f. loro __________

2. Lesen Sie den Text.

Le pasticcerie italiane sono famose in tutto il mondo. Lì puoi trovare dolci deliziosi come cannoli e panettone. Le pasticcerie offrono anche biscotti e torte fresche. Gli italiani amano mangiare un dolce con un caffè, specialmente dopo il menù. Inoltre, molte pasticcerie preparano dolci per le feste e le celebrazioni. È un piacere visitare una pasticceria e scoprire le varie specialità regionali.

Sind die Aussagen v (vero) oder f (falso)?

a. Le pasticcerie italiane sono famose solamente in Germania.	v	f
b. Si possono trovare solo torte nelle pasticcerie.	v	f
c. Gli italiani mangiano dolci dopo i pasti.	v	f
d. Nelle pasticcerie si possono ordinare dolci per le feste.	v	f
e. In Italia esistono anche molti dolci regionali.	v	f

a. – __; b. – __; c – __; d – __; e – __

3. Ergänzen Sie mit den Verbformen und übersetzen Sie.

a. Francesco (volere) _______ comprare un nuovo computer.

____.

b. (io) (potere) _______ fare una domanda?

____.

c. (tu) (potere) _______ rispondere alla mia email presto?

____.

d. (Lei) (dovere) _______ lavorare anche di notte.

____.

e. Gli studenti (volere) _______ viaggiare molto.

____.

4. Unterstreichen Sie die zu betonende Silbe.

a. allergologo, cardiologo, dermatologo, oncologo, psicologo, radiologo

b. aereo, euro, fragola, gondola, gratuito, isola, lettere, musica, modulo, oroscopo, scatola

c. albero, camera, comodo, lampada, mobili, ospite, tavolo, vergine

d. Cagliari, Genova, Napoli, Olbia, Otranto, Sassari, Veneto

e. abitano, capiscono, dormono, parlano, prendono, vendono, vivono

5. Bestellen Sie ein Vier-Gänge-Menü.

Antipasto: bruschetta al pomodoro, carpaccio di manzo, insalata di mare

Primo Piatto: spaghetti aglio e olio, lasagne al ragù, risotto ai frutti di mare

Secondo Piatto: pollo alla griglia, sogliola al limone, parmigiana di melanzane

Dessert: tiramisù, gelato alla fragola, macedonia

Bestellen Sie zunächst die ersten drei Gänge. Schreiben Sie ganze Sätze und vergessen Sie nicht den bestimmten Artikel vor der Speise.

a. Bestellen Sie die jeweiligen Fischgerichte.

______________________________.

______________________________.

______________________________.

b. Bestellen Sie die jeweiligen Fleischgerichte.

______________________________.

______________________________.

______________________________.

c. Bestellen Sie die jeweiligen vegetarischen Gerichte.

______________________________.

______________________________.

______________________________.

d. Bestellen Sie das vegane Dessert.

______________________________.

______________________________.

6. Ergänzen Sie die Sätze mit in, negli, nei, nel, nel, nell', nella, nelle.

a. Ciao! Sono ________ Italia. Sono ________ ristorante Ritalia con i miei amici.

b. ________ città ci sono molti monumenti e ________ negozi si trova la bella moda.

c. ________ alberghi ci sono belle stanze ed io vivo ________ appartamento vicino al parco.

d. ________ piazze ci sono artisti che suonano. Mi piace molto stare ________ Veneto.

7. Übertragen Sie die Sätze ins Passato prossimo.

a. Io vedo un film.

Io ______________________________ un film.

b. Tu apri la porta.

Tu ______________________________ la porta.

c. Noi veniamo a casa.

Noi ______________________________ a casa.

d. Loro chiudono la finestra.

Loro ______________________________ la finestra.

e. Le piace questo libro?

Le ______________________________ questo libro?

8. Bilden Sie Sätze im Passato prossimo und ergänzen Sie Artikel und Präpositionen.

a. io: andare/spesso/palestra

____

b. tu: giocare/raramente/golf

____

c. noi: ogni settimana/fare/ginnastica

____

d. loro: qualche volta/andare/bicicletta

____

e. lui: andare/vedere/regolarmente/suoi genitori

____

9. Ergänzen Sie die Sätze und übersetzen Sie sie.

a. Per la mia camera da letto (io avere bisogno di) ____________ un armadio marron__.

b. Per un bagno moderno (volerci) ____________________ due lavabi grand__.

c. Mi (servire) ____________________ un grande frigorifero bianc___.

d. Ho (impiegare) ____________________ due ore per fare il test.

e. Per la festa di capodanno (bisogna) __________ indossare la biancheria intima ross___.

10. Wo leben folgende Tiere überwiegend? Ordnen Sie zu.

alligatore, balena, colibrì, condor, delfino, dingo, falco, farfalla, foca, gatto, gnu, gorilla, koala, lama, medusa, mucca, pesce, riccio, scorpione, uccello, vespa, zanzara

Ergänzen Sie mit dem bestimmten Artikel und der Pluralform.

a. sulla terra: ______________________________

b. nell'acqua: ______________________________

c. nell'aria: ______________________________

11. Verneinen Sie die folgenden Fragen mit den Formen von nessuno und niente.

a. Hai visto plastica nel fiume?

No, _______ ho visto ___________________ plastica nel fiume.

b. Qualcuno ha raccontato di riciclo?

No, _______ ha raccontato _________________ di riciclo.

c. Hai fatto qualcosa per ridurre i rifiuti?

No, _______ ho fatto ___________________ per ridurre i rifiuti.

d. C'è dell'acqua in questa zona?

No, _______ c'è ______________________ acqua in questa zona.

e. Qualcuno ha ricevuto aiuto per il progetto?

No, _______ ha ricevuto _______ aiuto per il progetto.

12. Finden Sie die elf Sach- und Grammatikfehler und korrigieren Sie sie.

a. Abbiamo fatti una vacanza in Lazio.

b. Siamo andata da Firenze a Roma in autobus.

c. In Roma abbiamo fatto molti foti.

d. Ho domandato una persona dov'è il Colosseo.

e. Oggi sera ho buttato una moneta nella Bocca della Verità.

f. Vado regolare al corso d'italiano.

13. Lesen Sie den Text.

I treni Frecciarossa, Frecciargento e Frecciabianca sono parte del sistema ferroviario italiano. Il Frecciarossa è un treno molto veloce e collega le grandi città come Roma, Milano e Napoli. Il Frecciargento è un po' più lento, ma offre comfort e servizi. Collega città come Roma e Venezia. Infine, il Frecciabianca è il treno regionale che collega città più piccole e offre un viaggio più tranquillo. Tutti e tre i treni sono moderni e hanno servizi come Wi-Fi e ristorazione. Viaggiare con questi treni è un'esperienza comoda e veloce.

Sind diese Aussagen v (vero) oder f (falso)

a.	Il Frecciarossa collega delle metropoli italiane.	v	f
b.	Il Frecciargento è un treno lento.	v	f
c.	Il Frecciabianca è un treno regionale.	v	f
d.	Tutti i treni hanno Wi-Fi.	v	f
e.	I treni Frecciarossa e Frecciargento non offrono ristorazione.	v	f

a. – __; b. – __; c. – __; d. – __; e. – __

14. Bringen Sie die Anleitung zur Videokonferenz in die richtige Reihenfolge.

a. Aspetta che l'organizzatore inizi la riunione.

b. Apri il programma o l'app della videoconferenza.

c. Accendi il computer o il tablet.

d. Scrivi il tuo nome e clicca su "Entra" o "Join".

___, ___, ___, ___

Teil IV
Der Top-Ten-Teil

Besuchen Sie uns auf www.fuer-dummies.de oder unseren Social-Media-Kanälen:

Facebook
www.facebook.com/fuerdummies

Instagram
www.instagram.com/furdummies

YouTube
www.youtube.com/@dummies-mann

IN DIESEM TEIL ...

Manchmal bleibt nur wenig Zeit, darüber nachzudenken, wie man einen Satz grammatikalisch korrekt formuliert. In solchen Fällen helfen vorgefertigte »Wortpakete« dabei, schnell reagieren zu können. Werden Sie zum Beispiel von Ihren Freunden aufgefordert: »Du lernst jetzt schon seit drei Monaten Italienisch, sag doch mal etwas!«, ist es hilfreich, vorbereitet zu sein und schlagfertig reagieren zu können. Dafür habe ich Ihnen zehn Redewendungen zusammengestellt, mit denen Sie überall einen bleibenden Eindruck hinterlassen.

Um zudem das Risiko einer **brutta figura** zu vermeiden, stelle ich Ihnen anschließend die zehn tückischsten falschen Freunde vor, vor denen Sie sich in Acht nehmen sollten. Und vergessen Sie nicht: Selbst wenn Sie einmal auf einen davon hereinfallen sollten, bleibt Ihnen immer noch der Spaß, die Lacher auf Ihrer Seite zu haben.

Kapitel 16

Zehn Redewendungen, mit denen Sie bella figura machen

In diesem Kapitel lernen Sie zehn gebrauchsfertige Floskeln kennen, die in kurze Dialoge eingebettet sind. Damit können Sie elegant und ohne großes Überlegen häufige Alltagssituationen kommentieren.

Hören Sie sich die Phrasen an und sprechen Sie sie laut nach. Am besten mehrmals, denn sie sollten wirklich sitzen – und achten Sie auf die Betonung (Track 31)!

Senta scusi, permette una domanda?

Sie sitzen in Rom im Bus und wollen zur Piazza Navona. Sie wissen nicht, wo Sie aussteigen müssen. Deshalb sprechen Sie einen anderen Fahrgast an:

A: **Senta scusi, permette una domanda?**
[*sen*-ta sk-*u*-si, per-*met*-te *u*-na do-*man*-da?]
Entschuldigen Sie, darf ich Sie etwas fragen (wörtlich: gestatten Sie eine Frage)?

B: **Sì, signora, certo, dica!**
[*si* sin-*jo*-ra, *tschär*-to, *di*-ka!]
Ja, natürlich, fragen Sie!

A: **Per Piazza Navona, dove devo scendere?**
[per *pjaz*-za na-*wo*-na, *do*-we *de*-wo *schen*-de-re?]
Zur Piazza Navona, wo muss ich aussteigen?

Neue Vokabeln

- ✔ **permettere** = gestatten
- ✔ **scendere** = aussteigen

Potrebbe portare ancora ...

Der Rotwein im Restaurant hat Ihnen gemundet. Sie möchten eine weitere Flasche bestellen.

A: **Senta scusi!**
[*sen*-ta *sku*-si!]
Entschuldigen Sie!

B: **Prego, signora!**
[*prä*-go, sin-*jo*-ra!]
Ja bitte?

A: **Potrebbe portare un'altra bottiglia di vino rosso, per favore?**
[po-*treb*-be por-*ta*-re un-*al*-tra bot-*til*-ja di *wi*-no *ros*-so, per fa-*wo*-re?]
Könnten die noch eine Flasche Rotwein bringen, bitte?

Neue Vokabeln

- ✔ **un altro** = ein anderer, ein weiterer, noch ein(e)
- ✔ **potrebbe portare** = könnten Sie bringen

La vedo in ottima forma

Komplimente sind das A und O des italienischen Miteinanders. Geizen Sie nicht damit und erlernen Sie diese hohe Kunst. Signor Bruni betritt nach den Ferien das Büro der Sprachenschule.

SIG.RA ROSSI: **Buongiorno, professore.**
[bwon-*dschor*-no, pro-fes-*so*-re.]
Guten Morgen, Herr Professor.

SIG. BRUNI: **Buongiorno, signora Rossi. Che bello rivederLa. La vedo in ottima forma.**
[bwon-*dschor*-no, sin-*jo*-ra *ros*-si. kä *bäl*-lo ri-we-*der*-la. la *we*-do in *ot*-tima *for*-ma.]
Guten Morgen, Frau Rossi. Wie schön, Sie wiederzusehen. Ich sehe, Sie sind in Topform.

Neue Vokabeln

- ✔ **in ottima forma** = in Topform (wörtlich: optimaler Form)
- ✔ **rivedere** = wiedersehen

Questo vino è buono ma ...

Der Kellner möchte wissen, ob Ihnen der Wein mundet. Speisen Sie ihn nicht mit einem banalen **buono** (gut) ab. Nehmen Sie noch einen Schluck und »kauen« Sie den Wein, bevor Sie antworten. Mit folgender Antwort werden Sie sicher auftrumpfen.

CAMERIERE: **Le piace il vino?**
[le *pja*-tsche il *wi*-no?]
Schmeckt Ihnen der Wein?

OSPITE: **Sì, il vino è buono, ma ha un retrogusto un po' amarognolo.**
[*si*, il *wi*-no ä *bwo*-no, ma *a* un re-tro-*gus*-to un *po* a-ma-*ron*-jo-lo.]
Ja, der Wein ist gut, aber er hat im Abgang eine leichte Bitternote.

Neue Vokabeln

- ✔ **retrogusto** = Ab-, Nachgang (bei Wein)
- ✔ **amarognolo** = bitter

In bocca al lupo

Wünscht man jemandem Glück, hört man im Deutschen häufig »Hals- und Beinbuch«. Kein sehr frommer Wunsch, wörtlich genommen. Im Italienischen kommt hingegen der legendäre Wolf ins Spiel, der in vielen italienischen Sprichwörtern lauert. Und auch hier ist der Wunsch alles anderes als fromm.

OKSANA: **Domani c'è il mio esame di lingua.**
[do-*ma*-ni *tschä* il *mi*-o e-*sa*-me di *lin*-gwa.]
Morgen ist mein Sprachtest.

SIG. BRUNI: **In bocca al lupo!**
[in *bok*-ka al *lu*-po.]
Viel Glück! (wörtlich: Im Maul des Wolfes!)

OKSANA: **Crepi il lupo.**
[*krä*-pi il *lu*-po.]
Möge der Wolf krepieren.

Neue Vokabeln

- ✔ **bocca** = Mund, Maul
- ✔ **lupo** = Wolf
- ✔ **crepare** = krepieren, sterben

Tutte le strade portano a Roma

Das Sprichwort **Tutte le strade portano a Roma** bedeutet wörtlich »Alle Wege führen nach Rom« – und ist damit der deutschen Entsprechung ziemlich ähnlich. Es wird meistens verwendet, um auszudrücken, dass es viele Wege gibt, um ein Ziel zu erreichen.

YING: **Professore, qual'è il metodo più efficace per imparare una lingua: fare un corso intensivo, vivere nel paese, leggere un libro o guardare i film italiani?**
[pro-fes-*so*-re, kwa-*lä* il *mä*-to-do pi-*ju* ef-fi-*ka*-tsche per im-pa-*ra*-re *u*-na *lin*-gwa: *fa*-re un *kor*-so in-ten-*si*-wo, *wi*-we-re nel pa-*je*-se, *lä*-dsche-re un *li*-bro o gwar-*da*-re i film i-ta-li-*a*-ni?]
Herr Professor, welche Methode ist die effizienteste, um Italienisch zu lernen: einen Intensivkurs machen, im Land leben, ein italienisches Buch lesen oder italienische Filme sehen?

SIG. BRUNI: **Beh, è tutto utile! Tutte le strade portano a Roma!**
[bäh, ä *tut*-to *u*-ti-le! *tut*-te le *stra*-de *por*-ta-no a *ro*-ma!]
Nun ja, das ist alles nützlich! Viele Wege führen nach Rom!

Neue Vokabeln

- ✔ **metodo** = Methode
- ✔ **efficace** = wirksam, effizient
- ✔ **utile** = nützlich

Prego, si accomodi

Dieser Satz eignet sich gleich für drei Fälle:

- ✔ Sie bitten jemanden herein.
- ✔ Sie fordern jemanden auf, sich zu setzen.
- ✔ Sie fordern jemanden auf, es sich bequem zu machen.

Oksana hat ein Vorstellungsgespräch in der Kinderklinik in Florenz.

OKSANA: **Buongiorno, ho un colloquio di lavoro alle nove e trenta.**
[bwon-*dschor*-no, *o* un kol-*lo*-kwi-o di la-*wo*-ro *al*-le *no*-we e *tren*-ta.]
Guten Tag, ich habe um halb zehn ein Vorstellungsgespräch.

SEGRETARIA: **Prego, dottoressa, si accomodi!**
[*prä*-go, dot-to-*res*-sa, si ak-*ko*-mo-di!]
Bitte, Frau Doktor, kommen Sie herein und setzen Sie sich.

Neue Vokabeln

- ✔ **accomodarsi** = es sich bequem machen

Il conto, per favore

Pagare prego war gestern! Die Frage nach der Rechnung erfolgt in einem italienischen Restaurant zusammen mit der letzten Bestellung.

CAMERIERE: **Qualcos'altro? Un tiramisù, una grappa, un caffè?**
[kwal-kos-*al*-tro? un ti-ra-mi-*su*, *u*-na *grap*-pa, un kaf-*fä*?]
Darf's noch etwas sein? Ein Tiramisu, ein Grappa, ein Espresso?

SIG. BRUNI: **Sì, due caffè e il conto, per favore.**
[*si*, *du*-e kaff-*ä* e il *kon*-to per fa-*wo*-re.]
Ja, zwei Espressi und die Rechnung, bitte.

Neue Vokabeln

- **qualcosa** = etwas
- **qualcos'altro** = noch etwas, etwas anderes
- **il conto** = die Rechnung

Complimenti alla mamma!

Ist die Tochter besonders hübsch, hat sie den Doktortitel gemacht oder hat der Sohn eine Goldmedaille gewonnen, erntet auch die Mutter des schönen und erfolgreichen Nachwuchses Applaus – mit dieser Redwendung.

SIG.RA ROSSI: **Buongiorno professore, questa è mia figlia Lavinia. Si è appena laureata.**
[bwon-*dschor*-no pro-fes-*so*-re, ku-*es*-ta *ä mi*-a *fil*-ja la-*vin*-ja. si *ä* ap-*pe*-na lau-re-*a*-ta.]
Guten Morgen, Herr Professor, das ist meine Tochter Lavinia. Sie hat gerade ihren Hochschulabschluss gemacht.

SIG. BRUNI: **Complimenti alla mamma!**
[kom-pli-*men*-ti al-la *mam*-ma!]
Kompliment an die (Frau) Mama!

Neue Vokabeln

- **appena** = gerade, soeben
- **laurearsi** = Uniabschluss machen, Diplom machen, Bachelor/Master machen
- **il complimento** = Kompliment

Figurati – Si figuri!

Das italienische Wort **figurati** (Du-Form) beziehungsweise **si figuri** (Sie-Form) kann je nach Kontext unterschiedlich ins Deutsche übersetzt werden. Hier sind einige der gängigsten Übersetzungen:

- ✔ Mach dir nichts daraus! / Machen Sie sich nichts daraus!
- ✔ Stell dir nur vor! / Stellen Sie sich nur vor!
- ✔ Keine Ursache! (als Antwort auf ein Dankeschön)
- ✔ Aber natürlich/gerne/kein Problem! (als Antwort auf eine Frage)

AGNETA: **Diego, puoi mettermi la crema sulla schiena?**
[di-ä-go, pwoi *met*-ter-mi la *krä*-ma sul-la *skie*-na?]
Diego, kannst du meinen Rücken eincremen?

DIEGO: **Figurati! Lo faccio molto volentieri.**
[fi-*gu*-ra-ti! lo fa-*tscho mol*-to wo-len-*tje*-ri.]
Aber natürlich! Das mache ich doch glatt.

Neue Vokabeln

- ✔ **figurarsi** = sich vorstellen
- ✔ **la schiena** = der Rücken

Kapitel 17

Zehn Wörter, die leicht zu verwechseln sind

Fettnäpfe lauern überall: in der Bar und im Restaurant, im toskanischen Häuschen, im Bücherregal, in der Eisdiele und sogar im Vatikan. Damit Sie nicht hineintreten, stellt Ihnen dieses Kapitel zehn Wörter vor, die Sie nicht verwechseln sollten. Dazu gibt es Beispielsätze, bei denen Sie üben und den richtigen Begriff auswählen können. Außerdem finden Sie am Ende des Kapitels einen Wortschatz mit nützlichen Vokabeln aus diesem Kapitel.

Ein warmes Bier, bitte.

Una birra calda, per favore heißt nicht etwa »Ein kaltes Bier, bitte«, sondern genau das Gegenteil. »Kalt« heißt **freddo** und »warm« heißt **caldo**. Wasserhähne sind auch entsprechend mit **f** und **c** gekennzeichnet.

a. Vorrei un cappuccino, ma **caldo/freddo,** per favore.

b. Per me un vino bianco, ma bello **freddo/caldo**, per favore.

c. La doccia non funziona. C'è solo acqua **calda/fredda**.

Ich habe ein Bordell gekauft.

Ho comprato un casino in Toscana heißt nicht etwa, dass Sie ein Häuschen in der Toskana gekauft haben, sondern ein Bordell. Die Verkleinerung von **la casa** ist **la casetta. Il casino** ist »der Puff« oder auch »das Durcheinander«. Das Spielcasino heißt **il casinò**. Kleiner Akzent, großer Unterschied!

a. Stasera vado in un **casino/casinò** per giocare alla roulette.

b. In agosto vogliamo affittare **una casetta/un casino** in montagna.

c. **Che casino/casinò!** Non trovo più niente!

Schon wieder ein Regal zum Geburtstag!

»Das Geschenk« heißt **il regalo** und **lo scaffale** ist »das Regal«.

a. Devo ancora comprare **i regali/gli scaffali** per Natale.

b. Ho comprato **un regalo/uno scaffale** per il mio ufficio.

c. Devi comprare **un nuovo regalo/scaffale** per i tuoi libri.

Obacht beim Ballspiel!

In einer Eisdiele in Italien wird Eis nicht in Bällchenform verkauft, sondern **a gusti**. **La palla** ist »der Ball«, **le palle** stehen für »die Eier«, »die Hoden«. **Che palle** können Sie als Schimpfwort einsetzen, wenn sie Frust oder Langeweile ausdrücken möchten.

a. Vorrei giocare **a palla/a palle**.

b. Vorrei un gelato **a due palle/a due gusti**.

c. **Che palle/che palla**, devo lavorare anche domenica!

Und für mich einen doppelten Eilzug, bitte.

Un espresso hat in einer italienischen Bar nichts zu suchen, denn es bedeutet »ein Eilbrief«, »ein Eilzug«, den Sie auf der Post beziehungsweise am Bahnhof finden. Möchten Sie in der Bar einen Espresso trinken, sagen Sie einfach **un caffè**.

a. Quando parte **il caffè/l'espresso** per Roma?

b. Vorrei **un espresso/un caffè macchiato**.

c. Quando ho bisogno di una risposta veloce, mando sempre **un espresso/un caffè**.

Einen Whiskey mit Eiscreme, bitte.

»Eis« im Sinne von »gefrorenes Wasser« heißt auf Italienisch **il ghiaccio**. »Eis« im Sinne von »Eiscreme« hingegen **il gelato**.

a. Uno spritz con **il gelato/il ghiaccio** per favore.

b. Un caffè affogato con **il gelato/con il ghiaccio** alla vaniglia, per favore.

c. Vogliamo rompere **il ghiaccio/il gelato**.

Papperlapapp – Papst, Papa und Pampe

Il Papa bedeutet »der Papst«, **il papà** ist »der Papa, Vati« und **la pappa** steht für »der Brei«.

a. Domenica vado in Piazza San Pietro per vedere **il papa/il papà**.

b. Mangia **la pappa/il papà!**

c. Il mio **papa/papà** è ingegnere.

Visite machen

Domani vorrei visitare mia madre heißt nicht etwa »Morgen möchte ich meine Mutter besuchen«, sondern »Morgen möchte ich meine Mutter untersuchen«. **Visitare** bedeutet »besichtigen«, »eine Leibesvisitation durchführen«. Sofern Sie nicht der Arzt Ihrer Mutter sind, verwenden Sie für »besuchen« bei Personen **vedere**, **andare a vedere**, **andare a trovare**.

a. Domenica vorrei **visitare/vedere** mia madre.

b. Oksana deve **visitare/andare a vedere** i suoi pazienti.

c. Sabato vorrei **visitare/andare a vedere** un museo.

Ich nehme Spaghetti alla bolognese!

Alla bolognese ist in Italien keine traditionelle Zubereitungsart von Pasta. Für die Fleischsoße verwenden Sie den Ausdruck **al ragù**. Das Wort **bolognese** bedeutet »aus Bologna stammend, nach Bologna-Art«.

a. Per me gli **spaghetti alla bolognese/al ragù**.

b. Il dialetto **bolognese/al ragù** mi piace.

c. Abbiamo organizzato una serata **alla bolognese/al ragù**.

Für mich einen scharfen Penis, bitte?!

Per me le pene all'arrabbiata versus **Per me le penne all'arrabbiata**. Kleines **n**, große Wirkung! Meinen Sie die Nudel aus Hartweizengrieß, sprechen Sie einen Doppelkonsonanten: [*pen*-ne]. **Il pene** [*pe*-ne] bedeutet »Penis«. Auch sehr ähnlich, aber etwas ganz anderes ist **una penna**, nämlich »Feder, Stift«.

a. Io amo gli spaghetti, **le penne/il pene** e le trenette.

b. Si ha fatto male **il pene/le penne**.

c. Dammi **una penna/il pene**, devo firmare il contratto.

Kleiner Wortschatz

affittare [af-fit-*ta*-re]	mieten
affogato/a [af-fo-*ga*-to/a]	ertrunken
all'arrabbiata [al-la-rab-*bja*-ta]	(scharf gewürzt)
alla bolognese [al-la bo-lo-*nje*-se]	nach Bologna-Art
arrabbiato/a [a-rab-*bja*-to/a]	zornig
bella figura f [*bäl*-la fi-*gu*-ra]	guter Eindruck
bolognese [bo-lo-*nje*-se]	aus Bologna stammend
caffè affogato m [kaf-*fä* af-fo-*ga*-to]	Espresso mit Vanilleeis
casetta f [kas-*set*-ta]	Häuschen
casino m [ka-*zi*-no]	Bordell, Durcheinander
casinò m [ka-zi-*no*]	Spielcasino
contratto m [kon-*trat*-to]	Vertrag
dammi [*dam*-mi]	Gib mir …
dialetto m [dja-*let*-to]	Dialekt
doccia f [*dot*-tscha]	Dusche
espresso m [es-*pres*-so]	Eilzug, Eilbrief
farsi male [*far*-si *ma*-le]	sich wehtun
funzionare [fun-zjo-*na*-re]	funktionieren
ghiaccio m [*gjat*-tscho]	Eis (gefrorenes Wasser)
gusto m [*gus*-to]	Geschmack
palla f [*pal*-la]	Ball
palle pl [*pal*-le]	Hoden, »Eier«
Papa m [*pa*-pa]	Papst
papà m [pa-*pa*]	Papa, Vati
pappa f [*pap*-pa]	Brei
paziente m/f [pa-*zjen*-te]	Patient/-in
pene m [*pe*-ne] Penis	Penis
penna f [*pen*-na]	Stift, Feder
penne pl [*pen*-ne]	Nudeln mit Loch
rompere [*rom*-pe-re]	brechen
roulette f [ro-*lett*]	Roulette
scaffale m [skaf-*fa*-le]	Regal
serata f [se-*ra*-ta]	Abend, Abendveranstaltung
vaniglia f [wa-*nil*-ja]	Vanille
visitare [wi-si-*ta*-re]	besichtigen, untersuchen

Teil V
Anhang

Unsere Lerntipps

Sie haben Ihr Ziel erreicht und sind in die italienische Sprache eingetaucht! Zum Abschluss noch ein paar letzte Lerntipps, die ich Ihnen mit auf den weiteren Weg geben möchte. Bedenken Sie immer: Ohne Vokabeln keine Sprache. So wichtig Grammatik und Co sind, es steht und fällt alles mit dem eigenen Vokabular. Doch wie prägt man sich all die Wörter auf Dauer ein? Eselsbrücken sind eine hervorragende Methode. Hier sind einige Tipps, wie Sie sich welche erstellen können:

- ✔ Verknüpfen Sie die Vokabel mit einem Bild oder einer Szene, die Sie sich leicht vorstellen können: Eine Katze steht vor einem Gatter – **gatto** (die Katze).
- ✔ Nutzen Sie den Klang der Vokabel und reimen Sie sie mit einem deutschen Wort: In tanke oft bei Esso – **spesso** (oft).
- ✔ Überlegen Sie, ob es für das Wort im Deutschen ein Fremdwort gibt: Tierarzt – Veterinär – **veterinario** (Tierarzt), Hubschrauber – Helikopter – **elicottero**.
- ✔ Erfinden Sie kleine Sätze, die die neue Vokabel enthalten: Ich trinke mit meinem **cognato** (Schwager) einen Cognac.
- ✔ Profitieren Sie von den zahlreichen Lehnwörtern aus dem Italienischen, zum Beispiel: **balletto** (Ballett), **musica** (Musik), **pianoforte** (Piano, Klavier), **violino** (Violine), **zucchero** (Zucker), **camera** (Kammer, Zimmer) und viele mehr.

Eselsbrücken sind individuell und können an eigene Interessen und Vorlieben angepasst werden. Experimentieren Sie mit verschiedenen Techniken und finden Sie heraus, welche Methode für Sie am besten funktioniert!

IN DIESEM TEIL ...

In diesem Abschnitt werden Sie die Grundlagen der italienischen Sprache kennenlernen, beginnend mit dem italienischen Alphabet und der Aussprache.

Anschließend begeben Sie sich in die Welt der Verbkonjugationen, die Ihnen helfen werden, Sätze korrekt zu bilden. Sie erhalten zahlreiche Beispielsätze, die Ihnen die Anwendung der Regeln im Alltag erleichtern. Zudem besprechen wir die Präpositionen und deren vielfältige Verwendung, um Ihre Ausdrucksfähigkeit zu erweitern.

Nicht zuletzt behandeln wir die Zahlen, die für alltägliche Situationen von Bedeutung sind. Diese kompakte Übersicht soll Ihnen als praktisches Nachschlagewerk dienen und Ihnen den Einstieg in die italienische Sprache erleichtern.

IN DIESEM KAPITEL

Buchstaben, Zahlen und Aussprache

Grammatikalische Fachbegriffe

Erläuterungen zu den Wortarten

Die wichtigsten unregelmäßigen Verben

Kapitel 18

Alphabet, Aussprache und Kurzgrammatik

Drei Monate lang haben Sie Grammatik, Vokabeln und Besonderheiten des Italienischen kennengelernt. Dabei sind Sie allerhand Regeln, Fachbegriffen und Co begegnet – und womöglich schwirrt Ihnen etwas der Kopf. Doch keine Sorge: In diesem Kapitel können Sie von Aussprachetipps über Konjugation bis hin zu Groß- und Kleinschreibung noch einmal alles nachlesen.

Alphabet – Mehr als A und O

Das italienische Alphabet besteht aus 21 Buchstaben. Hinzu kommen noch fünf Buchstaben, die nur in Fremdwörtern (zum Beispiel juta, karate, weekend, xilofono, yoga) oder in Eigennamen (zum Beispiel Walter, Xaver) Verwendung finden.

Im italienischen Alphabet befinden sich, genau wie im deutschen, **Vokale** und **Konsonanten**. Unter einem Vokal versteht man die Selbstlaute a, e, i, o, u. Alle anderen Buchstaben (beziehungsweise damit verschriftlichte Laute) werden als Konsonanten bezeichnet.

Um Ihnen das Ganze schmackhaft zu machen, habe ich für das Buchstabieralphabet (soweit möglich) Nudelsorten gewählt. Lassen Sie sich die Buchstabensuppe schmecken!

- a a **anelli** (Nudeln in Ringform)
- b bi **bucatini** (lange Nudeln mit Loch)
- c ci [tchi] **cicatelli** (Nudeln in Form einer Erbsenschote)
- d di **ditalini** (kurze dicke Röhrennudeln)
- e e **eliche** (schraubenförmige Nudeln)
- f effe **farfalle** (Schmetterlingsnuden)
- g [dschi] **gemelli** (zwei ineinander verdrehte Röhrennudeln)
- h acca **hotel**
- i i **intrecci** (zu Zöpfen geflochtene halblange Nudeln)
- l elle **linguine** (ähnlich wie Spaghetti, aber flach, breiter und dünner)
- m emme **maccheroni** (röhrenförmige dicke Nudeln)
- n enne **nastrini** (wie Spaghetti, nur etwas breiter und dünner)
- o o **orecchiette** (Öhrchennudeln)
- p pi **penne** (Röhrennudeln mit schräger Schnittkante)
- q qu **quadratini** (quadratisch oder rechteckig geschnittene Nudeln)
- r erre **rigatoni** (kurze, röhrenförmige geriffelten Nudeln)
- s esse **spaghetti** (lange Nudeln)
- t ti **trenette** (ähnlich wie Linguine, aber etwas dicker)
- u u **Udine** (Stadt in Norditalien)
- v vu/vi **vermicelli** (sehr dünne, lange, fadenartige Nudeln)
- z zeta **ziti** (fingerlange, röhrenförmige und relativ dicke Nudeln)

Hören Sie nun das Nudelalphabet und sprechen Sie es nach (Track 1).

Weitere Buchstaben:

- j i lunga **Jesolo**
- k cappa **karate**
- w vu doppia **weekend**
- x ics **xilofono**
- y ipsilon **yoga**

Buchstaben sind weiblich und erhalten daher den Artikel **la**: **la bi**.

Doppelkonsonanten benennen Sie so:

- bb = **doppia bi** oder **bi bi**
- cc = **doppia c** oder **ci ci**

Umlaute

Im Italienischen gibt es keine Umlaute. Möchten Sie Ihren Namen buchstabieren, der einen Umlaut enthält, haben Sie folgende Optionen:

- ä = a con la dieresi/a con i puntini (wörtlich: a mit Diärese/mit Pünktchen)
- ö = o con la dieresi/o con i puntini
- ü = u con la dieresi/u con i puntini

Aussprache

Die Aussprache im Italienischen ist erfrischend einfach. Es gilt lediglich zu beachten, wann ein Zischlaut gesprochen wird und wann nicht. Ansonsten sprechen Sie die Wörter so aus, wie sie geschrieben werden.

Zischen oder nicht zischen

Die Buchstaben **c** und **g** können Zischlaute anzeigen, je nachdem, welcher Buchstabe folgt.

Der Buchstabe c

Folgt dem Buchstaben **c** ein **e** oder **i**, wird ein stimmloser Zischlaut [tsch] gesprochen wie in »tschüss«:

- **arrivederci** ([ar-ri-we-*der*-tschi] auf Wiedersehen)
- **cappuccino** ([kap-put-*tschi*-no] Cappuccino)
- **cento** ([*tschä*-nto] hundert)
- **cinema** ([*tschi*-ne-ma] Kino)
- **dicembre** ([di-*tschem*-bre] Dezember)

Folgt der Kombination **ci** ein Vokal, wird das **i** nicht ausgesprochen:

- **arancia** ([a-*ran*-tscha] Orange)
- **ciabatta** ([tscha-*bat*-ta] Weißbrot)
- **ciao** ([*tscha*-o] tschüss)
- **cioccolato** ([tschok-ko-*la*-to] Schokolade)

Alle anderen Kombinationen mit dem Buchstaben **c** werden wie [k] in »Kino« gesprochen:

- **amiche** ([a-*mi*-ke] Freundinnen)
- **amico** ([a-*mi*-ko]Freund)

- ✔ **cantina** ([kan-*ti*-na] Keller)
- ✔ **cura** ([*ku*-ra] Kur)

Folgt der Kombination **sc** ein **i** oder **e**, entsteht ebenfalls ein stimmloser Zischlaut: [sch] wie in »Scherz« – beachten Sie, dass hier jedoch kein [t]-Laut zu Beginn mitgesprochen wird:

- ✔ **ascensore** ([a-schen-*so*-re] Aufzug, Lift)
- ✔ **pesce** ([*pä*-sche] Fisch)
- ✔ **piscina** ([pi-*schi*-na] Schwimmbad)
- ✔ **cuscino** ([ku-*schi*-no] Kissen)

Folgt der Kombination **sci** ein Vokal, wird das **i** nicht ausgesprochen:

- ✔ **sciarpa** ([*schar*-pa] Schal)
- ✔ **sciopero** ([*scho*-pe-ro] Streik)
- ✔ **prosciutto** ([pro-*schut*-to] Schinken)

Alle anderen Kombinationen mit den Buchstaben **sc** werden wie [sk] in »Skala« gesprochen:

- ✔ **bruschetta** [brus-*ket*-ta]
- ✔ **scala** ([*ska*-la] Treppe, Leiter)
- ✔ **scomodo** (*sko*-mo-do] unbequem)
- ✔ **scultura** (skul-*tu*-ra] Skulptur)

Der Buchstabe g

Folgt dem Buchstaben **g** ein **e** oder **i**, entsteht ein stimmhafter Zischlaut [dsch] wie in »Dschungel«:

- ✔ **cugina** ([ku-*dschi*-na] Cousine)
- ✔ **gelato** ([dschä-*la*-to] Eis)
- ✔ **Germania** ([dschär-*ma*-nja] Deutschland)
- ✔ **giro** ([*dschi*-ro] Runde)

Folgt der Kombination **gi** ein Vokal, wird das **i** nicht ausgesprochen:

- ✔ **giorno** ([*dschor*-no] Tag)
- ✔ **Giuseppe** ([dschu-*säp*-pe] Giuseppe)
- ✔ **loggia** ([*dod*-dscha] Loggia)

Alle anderen Kombinationen mit dem Buchstaben **g** werden wie [g] in »Geld« gesprochen:

- ✔ **funghi** ([*fun*-gi] Pilze)
- ✔ **galleria** ([gal-le-*ri*-ja] Galerie, Tunnel)
- ✔ **gondola** ([*gon*-do-la] Gondel)
- ✔ **gusto** ([*gus*-to] Geschmack)
- ✔ **spaghetti** ([spa-*get*-ti] Spaghetti)

Weitere Ausspracheregeln

Die Buchstabenfolge **gli** wird wie [lji] in »Million« ausgesprochen:

- ✔ **aglio** ([*al*-jo] Knoblauch)
- ✔ **figlio** ([*fil*-jo] Sohn)
- ✔ **tagliatelle** ([tal-ja-*tel*-le] Bandnudeln)

Die Buchstabenfolge **gn** wird [nj] wie in »Cognac« ausgesprochen:

- ✔ **bagno** ([*ban*-jo] Bad)
- ✔ **gnocchi** ([*njok*-ki] kleine Kartoffelklöße)
- ✔ **lasagne** [la-*san*-je]

Das **v** wird wie [w] in »Wasser« gesprochen:

- ✔ **vacanza** ([wa-*kan*-za] Urlaub)
- ✔ **Venezia** ([we-*nä*-zja] Venedig)
- ✔ **vino** ([*wi*-no] Wein)

Das **h** wird generell nicht ausgesprochen:

- ✔ **ha** ([*a*] er, sie hat)
- ✔ **hanno** ([*an*-no] sie haben)
- ✔ **hotel** ([o-*täl*] Hotel)

In der Mitte des Wortes hat der Buchstabe **h** die Funktion, einen Zischlaut zu vermeiden. Faustregel: Bei **h** nicht zischen!

- ✔ **Lamborghini** [lam-bor-*gi*-ni]
- ✔ **radicchio** [ra-*dik*-kjo] Radicchio, eine Salatsorte)
- ✔ **spaghetti** [spa-*get*-ti]
- ✔ **zucchini** [dzuk-*ki*-ni]

Betonung

In der Regel werden italienische Wörter auf der vorletzten Silbe betont. Wird ein Wort auf der letzten Silbe betont, wird dies mit einem Akzent gekennzeichnet.

Am häufigsten wird der Gravis (von oben links nach unten rechts) verwendet:

- **caffè** ([kaf-*fä*] Kaffee)
- **casinò** ([ka-si-*no*] Spielcasino)
- **città** ([tschit-*ta*] Stadt)
- **lunedì** ([lu-ne-*di*] Montag)
- **ragù** ([ra-*gu*] Fleischsoße)

Der Akut (von unten links nach oben rechts) ist seltener und steht nur auf dem Buchstaben **e** und hauptsächlich bei französischstämmigen Wörtern, Bindewörtern und Zahlen, die auf **-tré** enden.

- **paté** ([pa-*te*] Pastete)
- **perché** ([per-*ke*] weil)
- **puré** ([pu-*re*] Püree)
- **trentatré** ([tren-ta-*tre*] dreiunddreißig)

Hören Sie sich die italienischen Begriffe ab **cento** an und wiederholen Sie sie (Track 2).

Groß- und Kleinschreibung

Im Italienischen wird in der Regel alles kleingeschrieben. Großschreibung gilt nur bei:

- Eigennamen: **Italia** (Italien), **Francesco** (Franziskus), **Toscana** (Toskana), **Roma** (Rom)
- Am Satzanfang: **Ti amo.** (Ich liebe dich.)
- Feiertagen: **Natale** (Weihnachten), **Pasqua** (Ostern)
- Gott: **Dio** (Gott), **il Signore** (der Herr)

Das Substantiv

Unter einem Substantiv versteht man ein Hauptwort. Substantive haben ein grammatikalisches Geschlecht (im Deutschen: männlich, weiblich oder sächlich) und können in der Einzahl oder Mehrzahl auftreten. Im Italienischen gibt es nur zwei Geschlechter: männlich und weiblich. Italienische Substantive enden im Singular meist auf **-o**, **-a** oder **-e** und im Plural auf **-i** oder **-e**.

Das Geschlecht

Substantive, die auf **-o** enden, sind meist männlich:

- ✔ **un gelato** (ein Eis)
- ✔ **un libro** (ein Buch)
- ✔ **un vino** (ein Wein)

Substantive, die auf **-a** enden, sind meist weiblich:

- ✔ **una birra** (ein Bier)
- ✔ **una pasta** (ein Nudelgericht)
- ✔ **una pizza** (eine Pizza)

Substantive, die auf **-e** enden, können männlich oder weiblich sein:

- ✔ weiblich: **una torre** (ein Turm)
- ✔ männlich: **un pane** (ein Brot)
- ✔ weiblich: **una pensione** (eine Pension)

Singular und Plural

Unter Singular versteht man die Einzahl, unter Plural die Mehrzahl. Die Unterscheidung zwischen Singular und Plural ist wichtig und wird oft durch bestimmte Endungen oder Änderungen im Wort angezeigt.

Im Plural ändern sich die Endungen der Substantive wie folgt:

Singularendung **-o** – Pluralendung **-i**

- ✔ **un gelato** (ein Eis) – **due gelati** (zwei Eis)
- ✔ **un libro** (ein Buch) – **due libri** (zwei Bücher)
- ✔ **un vino** (ein Wein) – **due vini** (zwei Weine)

Singularendung **-a** – Pluralendung **-e**

- **una birra** (ein Bier) – **due birre** (zwei Bier)
- **una pasta** (ein Nudelgericht) – **due paste** (zwei Nudelgerichte)
- **una pizza** (eine Pizza) – **due pizze** (zwei Pizzen)

Singularendung **-e** – Pluralendung **-i**

- **un pane** (ein Brot) – **due pani** (zwei Brote)
- **una pensione** (eine Pension) – **due pensioni** (zwei Pensionen)
- **una torre** (ein Turm) – **due torri** (zwei Türme)

Pluralsonderformen

Enden die Substantive im Singular auf **-co**, **-ca**, **-go** oder **-ga**, würde das Schriftbild im Plural einen Zischlaut anzeigen. Um das zu vermeiden, wird ein **h** eingefügt:

- **un succo** (ein Saft) – **due succhi** (zwei Säfte)
- **una discoteca** (eine Diskothek) – **due discoteche** (zwei Diskotheken)
- **un fungo** (ein Pilz) – **due funghi** (zwei Pilze)
- **una riga** (eine Zeile) – **due righe** (zwei Zeilen)

Fremd- und Lehnwörter, Begriffe, die auf **-ista** enden und Substantive, die auf Akzent enden, bilden Sonderformen:

- **un bar** (eine Bar) – **due bar** (zwei Bars)
- **un caffè** (ein Kaffee) – **due caffè** (zwei Kaffee)
- **un giornalista** (ein Journalist) – **due giornalisti** (zwei Journalisten)

Der Artikel

Unter einem Artikel versteht man einen Begleiter, der das Geschlecht eines Substantivs anzeigt. Es gibt bestimmte (der, die, das) und unbestimmte Artikel (ein, eine).

Bestimmter Artikel im Singular

Im Italienischen existieren vier bestimmte Artikeln im Singular. Sie richten sich nach dem Geschlecht und dem Anfangsbuchstaben des folgenden Substantivs.

Männliche Artikel im Singular

- ✔ **il** vor Substantiven wie **il vino** (der Wein), **il caffè** (der Kaffee)
- ✔ **lo** vor Substantiven, die mit gn, s + Konsonant, pn, ps, x, y oder z beginnen: **lo gnomo** (der Gnom), **lo studente** (der Student), **lo pneumatico** (der Reifen), **lo psicologo** (der Psychologe), **lo xilofono** (das Xylophon), **lo yoghurt** (der Joghurt), **lo zucchero** (der Zucker)
- ✔ **l'** vor Substantiven, die mit Vokal beginnen: **l'amico** (der Freund), **l'italiano** (der Italiener), **l'ucraino** (der Ukrainer)

Weibliche Artikel im Singular

- ✔ **la** vor Substantiven wie **la birra** (das Bier), **la signora** (die Frau), **la svedese** (die Schwedin)
- ✔ **l'** vor Substantiven, die mit Vokal beginnen: **l'amica** (die Freundin), **l'italiana** (die Italienerin), **l'ucraina** (die Ukrainerin)

Bestimmter Artikel im Plural

Während im Deutschen der Artikel im Plural immer »die« lautet, gibt es im Italienischen je nach Geschlecht und Zahl drei verschiedene bestimmte Artikel.

Männliche Artikel im Plural

- ✔ **i** vor Substantiven wie **i vini** (die Weine), **i caffè** (die Kaffees)
- ✔ **gli** vor Substantiven, die auf gn, s + Konsonant, pn, ps, x, y oder z beginnen: **gli gnomi** (die Gnome), **gli studenti** (die Studenten), **gli pneumatici** (die Reifen), **gli psicologi** (die Psychologen), **gli xilofoni** (die Xylophone), **gli yoghurt** (die Joghurt), **gli zuccheri** (die Zuckerstückchen) – und vor Substantiven, die mit Vokal beginnen: **gli amici** (die Freunde), **gli italiani** (die Italiener), **gli ucraini** (die Ukrainer)

Weiblicher Artikel im Plural

- ✔ **le** vor Substantiven wie **le birre** (die Biere), **le signore** (die Frauen), **le svedesi** (die Schwedinnen) – und ebenfalls vor Substantiven, die mit Vokal beginnen: **le amiche** (die Freundinnen), **le italiane** (die Italienerinnen), **le ucraine** (die Ukrainerinnen)

Unbestimmter Artikel im Singular

Im Italienischen existieren vier unbestimmte Artikel im Singular. Sie richten sich nach dem Geschlecht und dem Anfangsbuchstaben des folgenden Substantivs.

Männliche Artikel im Singular

- **un** vor Substantiven wie **un caffè** (ein Kaffee), **un vino** (ein Wein), **un amico** (ein Freund), **un italiano** (ein Italiener), **un ucraino** (ein Ukrainer)
- **uno** vor Substantiven, die auf gn, s + Konsonant, pn, ps, x, y oder z beginnen: **uno gnomo** (ein Gnom), **uno studente** (ein Student), **uno pneumatico** (ein Reifen), **uno psicologo** (ein Psychologe), **uno xilofono** (ein Xylophon), **uno yoghurt** (ein Joghurt), **uno zucchero** (ein Zuckerstückchen)

Weibliche Artikel im Singular

- **una** vor Substantiven wie **una birra** (ein Bier), **una signora** (eine Frau), **una svedese** (eine Schwedin)
- **un'** vor Substantiven, die mit Vokal beginnen: **un'amica** (eine Freundin), **un'italiana** (eine Italienerin), **un'ucraina** (eine Ukrainerin)

Teilungsartikel

»Ich kaufe Kartoffeln.« Hier steht im Deutschen kein Artikel. In solchen Fällen verwendet das Italienische jedoch den Teilungsartikel.

Unter dem Teilungsartikel versteht man die Verschmelzung der Präposition **di** + Artikel.

Artikel/ Präposition	il	lo	l'	la	i	gli	le
Di	del	dello	dell'	della	dei	degli	delle

Tabelle 18.1: Präposition »di« plus bestimmter Artikel

- **Io mangio del (di + il) pane.** (wörtlich: Ich esse von dem Brot.)
- **C'è ancora della (di + la) farina?** (wörtlich: Ist noch von dem Mehl da?)
- **Io compro delle (di + le) patate.** (wörtlich: Ich kaufe von den Kartoffeln.)
- **Io compro dei (di + i) pomodori.** (wörtlich: Ich kaufe von den Tomaten.)

Adjektive

Unter einem Adjektiv versteht man ein Eigenschaftswort. Adjektive können somit Informationen über das Aussehen, das Verhalten oder den Zustand von Dingen, Personen oder Lebewesen geben.

Im Italienischen gibt es Adjektive, die in der Grundform auf **-o** enden. Diese erhalten je nach Geschlecht und Zahl des Substantivs vier verschiedene Endungen: **-o, -a, -i, -e**. Daneben gibt es Adjektive, die in der Grundform auf **-e** enden. Diese unterscheiden nicht zwischen männlich und weiblich und bilden nur die Endungen **-e** im Singular und **-i** im Plural.

Singular und Plural

Singular		Plural	
piccolo	piccola	piccoli	piccole
grande		grandi	

Tabelle 18.2: Adjektivendungen im Singular und Plural

Ein Adjektiv wird in Geschlecht und Zahl grundsätzlich an das Substantiv angeglichen.

- ✔ **un gelato piccolo** (ein kleines Eis) – **due gelati piccoli** (zwei kleine Eiscremes)
- ✔ **una birra piccola** (ein kleines Bier) – **due birre piccole** (zwei kleine Bier)
- ✔ **un gelato grande** (ein großes Eis) – **due gelati grandi** (zwei große Eiscremes)
- ✔ **una birra grande** (ein großes Bier) – **due birre grandi** (zwei große Biere)

Pluralsonderformen

Enden die Adjektive im Singular auf **-co, -ca, -go, -ga**, würde das Schriftbild im Plural einen Zischlaut anzeigen. Um das zu vermeiden, wird ein **h** eingefügt:

- ✔ **un libro tedesco** (ein deutsches Buch) – **due libri tedeschi** (zwei deutsche Bücher)
- ✔ **una birra tedesca** (ein deutsches Bier) – **due birre tedesche** (zwei deutsche Biere)
- ✔ **un giorno lungo** (ein langer Tag) – **due giorni lunghi** (zwei lange Tage)
- ✔ **una notte lunga** (eine lange Nacht) – **due notti lunghe** (zwei lange Nächte)

Farbadjektive

Farbadjektive, die einen Gegenstand wie **sabbia** (Sand) oder **marrone** (Esskastanie), eine Blume wie **viola** (Veilchen) oder eine Pflanze wie **lilla** (Flieder) beschreiben, bleiben unverändert:

- ✔ **i pantaloni marrone, viola, lilla, sabbia** … (braune, violette, lila, sandfarbene Hosen)

Ebenfalls unverändert bleiben Farbadjektive, die im Italienischen Fremdwörter sind:

- ✔ **un cappotto beige** (ein beiger Mantel)
- ✔ **un pigiama blu** (ein blauer Pyjama)
- ✔ **una giacca pink** (eine pinkfarbene Jacke)

Werden die Farben mit **chiaro** (hell) oder **scuro** (dunkel) kombiniert, bleibt das Farbadjektiv ebenfalls unverändert:

- **la camicia verde chiaro** (eine hellgrünes Hemd)
- **la gonna grigio scuro** (ein dunkelgrauer Rock)

Die Adjektive *molto, tanto, troppo, poco*

Beziehen sich diese Begriffe auf ein Substantiv, dann handelt es sich um Adjektive. Folglich werden sie auch so behandelt.

- **Ho molta fame.** (Ich habe viel Hunger.)
- **Ho tanta sete.** (Ich habe so viel Durst.)
- **Ho troppi problemi.** (Ich habe zu viele Probleme.)
- **Ho pochi soldi.** (Ich habe wenig Geld.)

Stellung im Satz

Das Adjektiv steht in der Regel nach dem Substantiv.

- **un libro italiano** (ein italienisches Buch)

Nur wenige Adjektive können vor dem Substantiv stehen:

- **un grande gelato** (ein großes Eis)
- **una piccola birra** (ein kleines Bier)
- **un vecchio amico** (ein alter Freund)

Adverbien

Ein Adverb ist ein Umstandswort und kann Informationen über Zeit, Ort, Art und Weise, Grund oder Wahrscheinlichkeit liefern. Adverbien können sich auf Verben, Adjektive oder andere Adverbien beziehen.

Die Adverbien *molto, tanto, troppo, poco*

Hier bezieht sich das Adverb auf das Adjektiv:

- **Sono molto felice.** (Ich bin sehr glücklich.)
- **Sono tanto triste.** (Ich bin so traurig.)

- **Sono troppo stanco.** (Ich bin zu müde.)
- **Sono poco interessato.** (Ich bin wenig interessiert.)

Adjektiv + *-mente*

Fügt man einem Adjektiv die Endung **-mente** hinzu, erhält man ein Adverb. Es bezieht sich auf das Verb im Satz.

- **Faccio regolarmente sport.** (Ich mache regelmäßig Sport.)
- **Mi vesto sempre elegantemente.** (Ich ziehe mich immer elegant an.)
- **Sicuramente viene in ritardo.** (Er kommt sicherlich zu spät.)

Ausnahmen:

- **Ho mangiato bene.** (Ich habe gut gegessen.)
- **Ho dormito male.** (Ich habe schlecht geschlafen.)
- **Parla piano, per favore!** (Sprich leise, bitte!)
- **È arrivato presto alla festa.** (Er ist früh zum Fest gekommen.)

Häufigkeitsadverbien

Diese Adverbien liefern Informationen über die Zeit:

- **sempre** (immer): **Pulisco sempre i denti.** (Ich putze immer die Zähne.)
- **ogni** (jeden): **Pulisco il bagno ogni giorno/ogni settimana/ogni mese.** (Ich putze jeden Tag/jede Woche/jeden Monat das Bad.)
- **spesso** (oft): **Pulisco (molto) spesso le cucina.** (Ich putze [sehr] oft die Küche.)
- **raramente** (selten): **Pulisco (molto) raramente la scala.** (Ich putze [sehr] selten die Treppe.)
- **non … mai** (nie): **Non pulisco mai. Ho una perla.** (Ich putze nie. Ich habe eine Perle.)
- weitere Häufigkeitsadverbien sind: **Ogni tanto/qualche volta/a volte/di tanto in tanto pulisco le finestre.** (Ab und zu/manchmal/hin und wieder/ab und an putze ich die Fenster.)

Pronomen

Ein Pronomen ist ein Fürwort, das für eine Person oder Sache steht. Pronomen helfen, Wiederholungen in der Sprache zu vermeiden, und machen Sätze flüssiger.

Personalpronomen

Personalpronomen stehen für Personen oder Sachen.

Subjektpronomen

Ein Subjektpronomen ist ein Pronomen, das als Subjekt eines Satzes fungiert. Nach einem Subjektpronomen fragen Sie mit »wer oder was?«.

	Subjektpronomen					
deutsch	ich	du	er, sie, Sie	wir	ihr	sie
italienisch	io	tu	lui, lei, Lei	noi	voi	loro

Tabelle 18.3: Subjektpronomen

Die Verwendung der Subjektpronomen im Italienischen ist nicht zwingend erforderlich, kann aber zu Betonungszwecken verwendet werden.

- ✔ **Ti amo**. (Ich liebe dich.)
- ✔ **Io ti amo**. (*Ich* liebe dich.)

Akkusativpronomen

Ein Akkusativpronomen ist ein Personalpronomen, das im Akkusativ steht und somit das direkte Objekt eines Satzes bezeichnet. Nach einem Akkusativpronomen fragen Sie mit »wen oder was?«.

	Akkusativpronomen					
deutsch	mich	dich	ihn, sie, Sie	uns	euch	sie
italienisch	mi	ti	lo, la, La	ci	vi	li, le

Tabelle 18.4: Akkusativpronomen

- ✔ **(Io) lo amo**. (Ich liebe ihn.)
- ✔ **(Lui) la ama**. (Er liebt sie.)
- ✔ **Ho due bambini. Li amo.** (Ich habe zwei Kinder. Ich liebe sie.)

Dativpronomen

Ein Dativpronomen ist ein Personalpronomen, das im Dativ steht. Nach einem Dativpronomen fragen Sie mit »wem?«.

	Dativpronomen					
deutsch	mir	dir	ihm, ihr, Ihnen	uns	euch	ihnen
italienisch	mi	ti	gli, le, Le	ci	vi	gli, loro

Tabelle 18.5: Dativpronomen

- **Io gli do il libro.** (Ich gebe ihm das Buch.)
- **Lui le dá il libro.** (Er gibt ihr das Buch.)
- **Noi gli diamo il libro.** / **Noi diamo loro il libro.** (Wir geben ihnen das Buch.)

Die Verwendung von **loro** (ihnen) nach dem Verb findet man vorwiegend in der gesprochenen Sprache.

Reflexivpronomen

Unter einem Reflexivpronomen (rückbezügliches Fürwort) versteht man ein Pronomen, das sich auf das Subjekt eines Satzes zurückbezieht. Es wird verwendet, um eine Handlung zu kennzeichnen, die das Subjekt an sich selbst ausführt.

	Reflexivpronomen					
deutsch	mich	dich	sich	uns	euch	sich
italienisch	mi	ti	si	ci	vi	si

Tabelle 18.6: Reflexivpronomen

- **Io mi lavo**. (Ich wasche mich.)
- **Lui si lava**. (Er wäscht sich.)
- **I bambini si lavano**. (Die Kinder waschen sich.)

Possessivpronomen

Unter einem Possessivpronomen versteht man ein besitzanzeigendes Fürwort. Es stellt eine Beziehung zwischen einer Person und einem Objekt her, das zu dieser Person gehört.

Artikel/ Possessivpronomen	il ... amico	la ... amica	i ... amici	le ... amiche
Mein	mio	mia	miei	mie
Dein	tuo	tua	tuoi	tue
sein/ihr/Ihr	suo/Suo	sua/Sua	suoi/Suoi	sue/Sue
Unser	nostro	nostra	nostri	nostre
Euer	vostro	vostra	vostri	vostre
Ihr	loro	loro	loro	loro

Tabelle 18.7: Possessivpronomen

Das Possessivpronomen steht im Italienischen mit dem bestimmten Artikel:

- **Questa è la mia borsa**. (Das ist meine Tasche.)

Loro bedeutet »ihr« und bezieht sich auf mehrere Personen.

- **Questi sono Paola e Luigi e questi sono i loro bambini**. (Das sind Paola und Luigi und das sind ihre Kinder.)

Bei Verwandtschaftsbezeichnungen im Singular entfällt der bestimmte Artikel, außer vor **loro**.

- **Questa è mia zia.** (Das ist meine Tante.)

Demonstrativpronomen

Unter einem Demonstrativpronomen versteht man ein hinweisendes Fürwort. Es wird verwendet, um auf Personen oder Dinge hinzudeuten oder sie hervorzuheben.

Questo (dieses, das hier) halten Sie in der Hand:

- **Io amo questo pullover, questo impermeabile, questo scialle, questa camicia, questi pantaloni, questi stivali, queste camicette.** (Ich liebe diesen Pullover, diesen Trenchcoat, diesen Schal, dieses Hemd, diese Hosen, diese Stiefel und diese Blusen hier.)

Auf **quello** (jenes, das dort) deuten Sie hin:

- **Posso provare quel pullover, quell'impermeabile, quello scialle, quella camicia, quei pantaloni, quegli stivali e quelle camicette?** (Kann ich den Pullover dort, den Trenchcoat dort, den Schal dort, das Hemd dort, die Hosen dort, die Stiefel dort und die Blusen dort probieren?)

Interrogativpronomen

Unter Interrogativpronomen versteht man Fragefürwörter, die verwendet werden, um nach bestimmten Informationen zu fragen. Sie leiten in der Regel eine Frage ein:

- **dove, di dove, da dove**

- **Dove sei?** (Wo bist du?)
- **Di dove sei?** (Woher bist du?)
- **Da dove vieni ora?** (Woher kommst du jetzt?)

✔ **che cosa, che, cosa**

- **Che cosa pensi?** (Was denkst du?)
- **Che pensi?** (Was denkst du?)
- **Cosa pensi?** (Was denkst du?)

✔ **chi, a chi**

- **Chi è il ragazzo con i capelli rossi?** (Wer ist er Junge mit den roten Haaren?)
- **A chi devo dare le chiavi?** (Wem muss ich die Schlüssel geben?)

✔ **quando, quanto**

- **Quando viene?** (Wann kommt er?)
- **Quanto viene?** (Wie viel macht es?)

✔ **come, come mai, perché**

- **Come stai?** (Wie geht es dir?)
- **Perchè studi l'italiano?** (Warum lernst du Italienisch)
- **Come mai studi l'italiano?** (Warum lernst du Italienisch?)

Verben im Präsens

Unter Verben versteht man Zeitwörter. Sie beschreiben eine Handlung oder einen Vorgang und sind eine der zentralen Wortarten in der Grammatik. Verben können in verschiedenen Zeitformen stehen, zum Beispiel im Präsens.

Unter Präsens versteht man die Zeitform, die Handlungen und Vorgänge beschreibt, die aktuell in der Gegenwart stattfinden.

Regelmäßige Verben

Im Italienischen gibt es drei Verbgruppen: Verben , die auf **-are**, **-ere** und **-ire** enden. Ihre Formen folgen alle einem bestimmten Muster, abhängig davon, wer etwas tut.

Konjugation der Verben auf -are

Unter Konjugation versteht man die Veränderung von Verben, um verschiedene grammatische Informationen auszudrücken.

Stellvertretend für alle regelmäßigen Verben auf **-are** wird **parlare** (sprechen) konjugiert.

Subjektpronomen	Verb	deutsch
(io)	parlo	ich spreche
(tu)	parli	du sprichst
(lui, lei, Lei)	parla	er, sie spricht, Sie sprechen
(noi)	parliamo	wir sprechen
(voi)	parlate	ihr sprecht
(loro)	parlano	sie sprechen

Tabelle 18.8: Konjugation »parlare« (sprechen)

Konjugation der Verben auf -ere

Stellvertretend für alle regelmäßigen Verben auf **-ere** wird **vivere** (leben) konjugiert.

Subjektpronomen	Verb	deutsch
(io)	vivo	ich lebe
(tu)	vivi	du lebst
(lui, lei, Lei)	vive	er, sie lebt, Sie leben
(noi)	viviamo	wir leben
(voi)	vivete	ihr lebt
(loro)	vivono	sie leben

Tabelle 18.9: Konjugation »vivere« (leben)

Konjugation der Verben auf -ire

Stellvertretend für alle regelmäßigen Verben auf **-ire** wird **dormire** (schlafen) konjugiert.

Subjektpronomen	Verb	deutsch
(io)	dormo	ich schlafe
(tu)	dormi	du schläfst
(lui, lei, Lei)	dorme	er, sie schläft, Sie schlafen
(noi)	dormiamo	wir schlafen
(voi)	dormite	ihr schlaft
(loro)	dormono	sie schlafen

Tabelle 18.10: Konjugation »dormire« (schlafen)

Konjugation der Verben auf -ire mit Stammerweiterung

Eine Untergruppe der Verben auf **-ire** stellen die Verben mit der Stammerweiterung **-isc** dar. Die häufigsten Verben dieser Gruppe sind: **agire** (handeln, agieren), **capire** (verstehen), **preferire** (bevorzugen), **pulire** (putzen). Stellvertretend wird **capire** (verstehen) konjugiert.

Subjektpronomen	Verb	deutsch
(io)	capisco	ich verstehe
(tu)	capisci	du verstehst
(lui, lei, Lei)	capisce	er, sie versteht, Sie verstehen
(noi)	capiamo	wir verstehen
(voi)	capite	ihr versteht
(loro)	capiscono	sie verstehen

Tabelle 18.11: Konjugation »capire« (verstehen)

Unregelmäßige Verben

Unter einem unregelmäßigen Verb versteht man ein Verb, dessen Konjugation von den gängigen Regeln abweicht, die für regelmäßige Verben gelten.

Tabelle 18.12 zeigt die wichtigsten unregelmäßigen Verben und deren Konjugation.

Pronomen/ Infinitiv	(io)	(tu)	(lui, lei, Lei)	(noi)	(voi)	(loro)
andare (gehen)	vado	vai	va	andiamo	andate	vanno
avere (haben)	ho	hai	ha	abbiamo	avete	hanno
bere (trinken)	bevo	bevi	beve	beviamo	bevete	bevono
dare (geben)	do	dai	dà	diamo	date	danno
dipingere (malen)	dipingo	dipingi	dipinge	dipingiamo	dipingete	dipingono
dire (sagen)	dico	dici	dice	diciamo	dite	dicono
essere (sein)	sono	sei	è	siamo	siete	sono
fare (machen)	faccio	fai	fa	facciamo	fate	fanno
ridurre (reduzieren)	riduco	riduci	riduce	riduciamo	riducete	riducono
rimanere (bleiben)	rimango	rimani	rimane	rimaniamo	rimanete	rimangono
salire (hinaufsteigen)	salgo	sali	sale	saliamo	salite	salgono
scegliere (auswählen)	scelgo	scegli	sceglie	scegliamo	scegliete	scelgono
stare (sich befinden)	sto	stai	sta	stiamo	state	stanno
tenere (halten)	tengo	tieni	tiene	teniamo	tenete	tengono
uscire (ausgehen)	esco	esci	esce	usciamo	uscite	escono
venire (kommen)	vengo	vieni	viene	veniamo	venite	vengono

Tabelle 18.12: Liste unregelmäßiger Verben

Reflexive Verben

Unter reflexiven Verben versteht man rückbezügliche Verben, das heißt, die Handlung des Subjekts ist auf es selbst zurückgerichtet. Subjekt und Objekt der Handlung sind identisch.

Stellvertretend für alle reflexiven Verben wird **lavarsi** (sich waschen) konjugiert. Das Reflexivpronomen steht vor dem Verb.

Subjektpronomen	Reflexivpronomen	Verbformen	deutsch
(io)	mi	lavo	ich wasche mich
(tu)	ti	lavi	du wäschst dich
(lui, lei, Lei)	si	lava	er, sie wäscht sich, Sie waschen sich
(noi)	di	laviamo	wir waschen uns
(voi)	vi	lavate	ihr wascht euch
(loro)	si	lavano	sie waschen sich

Tabelle 18.13: Konjugation reflexive Verben

- ✔ **(Io) mi lavo.** (Ich wasche mich.)
- ✔ **(Tu) ti trucchi.** (Du schminkst dich.)
- ✔ **(Lui) si diverte.** (Er amüsiert sich.)

C'è und ci sono

Die italienischen Begriffe **c'è** und **ci sono** bedeuten beide »es gibt«. Dabei wird **c'è** für die Einzahl und **ci sono** für die Mehrzahl verwendet.

C'è (da ist, da gibt es, da findet statt) ist die kontrahierte (zusammengezogene) Form von **ci è** und wird verwendet, um auf einen einzelnen Gegenstand oder eine Person hinzuweisen.

- ✔ **C'è una farmacia qui vicino**? (Gibt es eine Apotheke hier in der Nähe?)
- ✔ **C'è la signora Bruni?** (Ist Frau Bruni da?)
- ✔ **Oggi c'è una festa in centro**. (Heute findet im Zentrum ein Fest statt.)

Ci sono (da sind, da gibt es, da finden statt) ist die Pluralform und wird verwendet, um auf mehrere Dinge oder Personen hinzuweisen.

- ✔ **Ci sono troppi turisti**. (Da sind zu viele Touristen.)
- ✔ **Ci sono molti problemi**. (Es gibt viele Probleme.)
- ✔ **Ci sono molti concerti in piazza.** (Auf der Piazza finden viele Konzerte statt.)

Modalverben

Unter Modalverben versteht man eine spezielle Gruppe von Verben, die verwendet werden, um die Bedeutung des Hauptverbs zu modifizieren. Die wichtigsten Modalverben im Italienischen sind **potere** (dürfen, können), **dovere** (müssen) und **volere** (wollen).

Das Modalverb *potere* (können, dürfen)

Es gibt Auskunft über Fähigkeiten und eine Erlaubnis.

Subjektpronomen	Verb	deutsch
(io)	posso	ich kann, ich darf
(tu)	puoi	du kannst, du darfst
(lui, lei, Lei)	può	er, sie kann, Sie können er, sie darf, Sie dürfen
(noi)	possiamo	wir können, wir dürfen
(voi)	potete	ihr könnt, ihr dürft
(loro)	possono	sie können, sie dürfen

Tabelle 18.14: Konjugation »potere« (können)

Weitere Beispiele:

- ✔ **Oggi posso lavorare.** (Ich kann heute arbeiten.)
- ✔ **Fuori puoi fumare**. (Draußen darfst du rauchen.)
- ✔ **Lui oggi non può giocare a calcio.** (Er kann heute nicht Fußball spielen.)

Das Modalverb *dovere* (müssen, sollen)

Es gibt Auskunft über Notwendigkeiten.

Subjektpronomen	Verb	deutsch
(io)	devo	ich muss, ich soll
(tu)	devi	du musst, du sollst
(lui, lei, Lei)	deve	er, sie muss, Sie müssen er, sie soll, Sie sollen
(noi)	dobbiamo	wir müssen, wir sollen
(voi)	dovete	ihr müsst, ihr sollt
(loro)	devono	sie müssen, sie sollen

Tabelle 18.15: Konjugation »dovere« (müssen)

Weitere Beispiele:

- ✔ **Oggi devo lavorare fino alle dieci.** (Heute muss ich bis zehn Uhr arbeiten.)
- ✔ **Devi parlare lentamente.** (Du musst langsam sprechen.)
- ✔ **Non parliamo il tedesco.** (Wir sprechen kein Deutsch.)

Das Modalverb *volere* (wollen)

Es gibt Auskunft über Wünsche und Ähnliches.

Subjektpronomen	Verb	deutsch
(io)	voglio	ich will
(tu)	vuoi	du willst
(lui, lei, Lei)	vuole	er, sie will, Sie wollen
(noi)	vogliamo	wir wollen
(voi)	volete	ihr wollt
(loro)	vogliono	sie wollen

Tabelle 18.16: Konjugation »volere« (wollen)

Weitere Beispiele:

- ✔ **Oggi voglio lavorare solo fino alle quattro.** (Ich will heute nur bis vier Uhr arbeiten.)
- ✔ **Vuoi un caffè?** (Willst du einen Kaffee?)
- ✔ **Vogliamo guardare la tivù.** (Wir wollen fernsehen.)

(Io) voglio (ich will) ist grammatikalisch korrekt, klingt aber nicht besonders elegant. Verwenden Sie stattdessen **io vorrei** (ich möchte):

- ✔ **Oggi vorrei lavorare solo fino alle quattro.** (Ich möchte heute nur bis vier Uhr arbeiten.)

Unpersönliche Verben

Unter unpersönlichen Verben versteht man Verben, die nicht auf eine bestimmte Person verweisen. Sie treten hauptsächlich in der dritten Person auf.

Wiedergabe von »man«

Ähnlich dem deutschen »man« gibt es das italienische **si**. Es ist eine grammatikalische Konstruktion, die verwendet wird, um allgemeine Aussagen oder Handlungen auszudrücken, ohne eine bestimmte Person zu benennen. Es handelt sich dabei um eine Form der unpersönlichen Sprache (**si-impersonale**).

Je nach Objekt steht das Verb im Singular oder im Plural:

- ✔ **Si può mangiare la pasta.** (Man kann Pasta essen.)
- ✔ **Si possono mangiare gli spaghetti.** (Man kann Spaghetti essen.)

Weitere unpersönliche Verben

Auch die Verben **piacere** (gefallen), **bisogna** (man muss), **volerci** (man braucht), **servire** (brauchen) werden hauptsächlich in der dritten Person verwendet:

- ✔ **Mi piace il pullover.** (Mir gefällt der Pullover.) – **Mi piacciono i pantaloni.** (Mir gefallen die Hosen.)

Auch bei den folgenden Verben für »brauchen« steht im Italienischen nicht das Subjekt im Vordergrund, sondern der Gegenstand, der benötigt wird:

- ✔ **Bisogna riservare.** (Man muss reservieren.)
- ✔ **Ci vuole un ora per andare a Napoli.** (Man braucht eine Stunde bis Neapel.) – **Ci vogliono due ore per andare a Milano.** (Man braucht zwei Stunden bis Mailand.)
- ✔ **Mi serve una cipolla.** (wörtlich: Mir dient eine Zwiebel. frei: Ich brauche eine Zwiebel.) – **Mi servono due pomodori.** (wörtlich: Mir dienen zwei Tomaten. frei: Ich brauche zwei Tomaten.)

Imperativ

Unter einem Imperativ versteht man die Befehlsform. Sie wird verwendet, um Aufforderungen, Befehle oder Anweisungen auszudrücken.

Verben auf -are

Hier endet der Imperativ in der Du- Form auf **-a**:

- ✔ **mangia** (iss), **balla** (tanz), **guarda** (schaut)

und in der Sie-Form auf **-i**:

- ✔ **mangi** (essen Sie), **balli** (tanzen Sie), **guardi** (schauen Sie)

und in der Ihr-Form auf **-ate**:

- ✔ **mangiate** (esst), **ballate** (tanzt), **guardate** (schaut)

Verben auf -ere und -ire

Hier endet der Imperativ in der Du-Form auf **-i**:

- ✔ **prendi** (nimm), **dormi** (schlaf), **pulisci** (putz)

und in der Sie-Form auf **-a**:

- ✔ **prenda** (nehmen Sie), **dorma** (schlafen Sie), **pulisca** (putzen Sie)

und in der Ihr-Form auf **-ete** beziehungsweise **-ite**:

- ✔ **prendete** (nehmt), **dormite** (schlaft), **pulite** (putzt)

Verben im Passato prossimo (Perfekt)

Unter dem Perfekt versteht man eine der Zeitformen, die verwendet wird, um Handlungen oder Ereignisse auszudrücken, die in der Vergangenheit stattgefunden haben. Das Perfekt ist eine zusammengesetzte Vergangenheitsform und besteht aus Hilfsverb + Partizip Perfekt. Im Italienischen wird es **Passato prossimo** genannt.

Regelmäßige Partizipbildung

Unter einem Partizip Perfekt versteht man das Mittelwort der Vergangenheit. Es ist eine Verbform, die Eigenschaften eines Verbs und eines Adjektivs in sich vereint.

- ✔ Verben auf **-are** bilden das Partizip auf **-ato: mangiare** (essen) – **mangiato** (gegessen)
- ✔ Verben auf **-ere** bilden das Partizip auf **-uto: avere** (haben) – **avuto** (gehabt)
- ✔ Verben auf **-ire** bilden das Partizip auf **-ito: dormire** (schlafen) – **dormito** (geschlafen)

Hilfsverben

Hilfsverben sind Verben, die andere Verben »unterstützen«, um verschiedene grammatikalische Zeiten zu bilden. Sie tragen selbst meist nicht die Hauptbedeutung des Satzes, sondern helfen, die Modalität oder die Zeitform auszudrücken. Sowohl im Italienischen als auch im Deutschen werden dafür **avere** (haben) und **essere** (sein) verwendet.

Hilfsverb *avere* (haben)

Mit den Formen von **avere** (haben) bilden Sie diejenigen Vergangenheitsformen, die auch im Deutschen mit »haben« gebildet werden. Das Partizip ist unverändert.

- ✔ **Ho mangiato una mela.** (Ich habe einen Apfel gegessen.)
- ✔ **Ho avuto molti problemi.** (Ich habe viele Probleme gehabt.)
- ✔ **Ho dormito tutta la notte.** (Ich habe die ganze Nacht geschlafen.)

Ausnahmen bestätigen wie immer die Regel: **ho viaggiato** (ich bin gereist), **ho nuotato** (ich bin geschwommen), **ho camminato** (ich bin gewandert).

Hilfsverb *essere* (sein)

Mit den Formen von **essere** (sein) bilden Sie diejenigen Vergangenheitsformen, die auch im Deutschen mit »sein« gebildet werden. Das Partizip gleicht sich an die Person an, die die Handlung durchführt.

- ✔ **Sono andato a Roma.** (Ich [= Mann] bin nach Rom gefahren.)

- **Sono andata a Roma.** (Ich [= Frau] bin nach Rom gefahren.)
- **Siamo andati a Roma.** (Wir [= gemischte Gruppe oder nur Männer] sind nach Rom gefahren.)
- **Siamo andate a Roma.** (Wir [= nur Frauen] sind nach Rom gefahren.)

Unregelmäßige Partizipbildung

Hier eine Liste der zwanzig am meisten verwendeten Verben und ihre Partizipien.

- **aprire** (öffnen) – **aperto** (geöffnet)
- **bere** (trinken) – **bevuto** (getrunken)
- **chiedere** (fragen) – **chiesto** (gefragt) (ebenso: **richiedere** [fordern])
- **chiudere** (schließen) – **chiuso** (geschlossen)
- **coprire** (zudecken) – **coperto** (zugedeckt) (ebenso: **scoprire** [entdecken])
- **dipingere** (malen) – **dipinto** (gemalt)
- **dire** (sagen) – **detto** (gesagt)
- **discutere** (diskutieren) – **discusso** (diskutiert)
- **essere** (sein) – **stato/a** (gewesen)
- **fare** (machen) – **fatto** (gemacht)
- **leggere** (lesen) – **letto** (gelesen)
- **mettere** (setzen, legen) – **messo** (gesetzt, gestellt)
- **prendere** (nehmen) – **preso** (genommen)
- **ridere** (lachen) – **riso** (gelacht)
- **rimanere** (bleiben) – **rimasto/a** (geblieben)
- **rispondere** (antworten) – **risposto** (geantwortet)
- **scrivere** (schreiben) – **scritto** (geschrieben)
- **vedere** (sehen) – **visto** (gesehen)
- **venire** (kommen) – **venuto/a** (gekommen) (ebenso: **prevenire** [zuvorkommen])
- **vivere** (leben) – **vissuto** (gelebt)

Verneinung

Mit **non** (nicht, kein) wird die Bedeutung eines Satzes oder eines Ausdrucks verneint. **Non** steht vor dem ersten konjugierten Verb:

- **Non sono stanco.** (Ich bin nicht müde.)
- **No, non ho fame.** (Nein, ich habe keinen Hunger.)
- **Non vorrei andare a casa.** (Ich möchte nicht nach Hause gehen.)
- **Oggi non ho lavorato.** (Heute habe ich nicht gearbeitet.)

Im Italienischen existiert zudem die doppelte Verneinung: Verwendet man **nessuno** (kein, niemand) oder **niente**, **nulla** (nichts), steht zusätzlich ein **non** (nicht) im Satz Die doppelte Verneinung im Deutschen findet man nur im süddeutschen Raum: I han koi Geld net. (Ich habe kein Geld nicht.)

- **Non ho nessun problema.** (wörtlich: Ich habe nicht kein Problem.)
- **Non ho visto nessuno.** (wörtlich: Ich habe nicht keinen gesehen.)
- **Non vedo nulla.** (wörtlich: Ich sehe nicht nichts.)
- **Non ho mangiato niente.** (wörtlich: Ich habe nicht nichts gegessen.)

Präpositionen

Unter einer Präposition versteht man ein Verhältniswort. Es liefert Informationen über Ort, Zeit, Richtung, Grund und andere Umstände.

Die Präposition *a*

Artikel/ Präposition	il	lo	l'	la	i	gli	le
A	al	allo	all'	alla	ai	agli	alle

Tabelle 18.17: Präposition »a« plus bestimmter Artikel

Die Präposition **a** beziehungsweise **a** + bestimmter Artikel steht bei folgenden Orts- und Richtungsangaben:

- **a Roma** (in/nach Rom)
- **a Capri** (auf/nach Capri)
- **a casa** (zu/nach Hause)

Weitere Orts- und Richtungsangaben mit der Präposition **a**:

al bar (in der/die Bar), **al ristorante** (im/ins Restaurant), **al mercato** (auf dem/den/zum Markt), **al supermercato** (im/zum Supermarkt), **al cinema** (im/ins Kino), **al parco** (im/in den Park), **al mare** (am/ans Meer), **all'estero** (im/ins Ausland), **all'aeroporto** (am/zum Flughafen), **alla stazione** (am/zum Bahnhof), **all'albergo** (im/zum/ins Hotel), **al corso d'italiano** (beim/zum Italienischkurs)

Die Präposition *di*

Artikel/ Präposition	il	lo	l'	la	i	gli	le
Di	del	dello	dell'	della	dei	degli	delle

Tabelle 18.18: Präposition »di« plus bestimmter Artikel

Die Präposition **di** beziehungsweise **di** + bestimmter Artikel steht bei:

- ✔ Herkunftsstadt – **Sono di Roma.** (Ich bin aus Rom.)
- ✔ Materialien – **Amo il pullover di lana.** (Ich liebe den Pullover aus Wolle.)
- ✔ Besitz – **La casa del vicino è grande.** (Das Haus des Nachbarn ist groß.)

Weitere Beispiele mit der Präposition **di**:

il vestito di seta (Seidenkleid), **il filetto di manzo** (Rinderfilet), **la torta di noci** (Nusskuchen), **il corso di surf** (Surfkurs), **il libro di storia** (Geschichtsbuch)

Die Präposition *da*

Artikel/ Präposition	il	lo	l'	la	i	gli	le
Da	dal	dallo	dall'	dalla	dai	dagli	dalle

Tabelle 18.19: Präposition »da« plus bestimmter Artikel

Die Präposition **da** beziehungsweise **da** + bestimmter Artikel steht bei folgenden Zusammenhängen:

- ✔ **il treno da Napoli** (der Zug aus Neapel)

Weiterhin bei Personen:

- ✔ **da mia madre** (bei/zu meiner Mutter)
- ✔ **dal medico** (beim/zum Arzt)

Weitere Beispiele mit der Präposition **da**:

la camera da letto (Schlafzimmer), **da bambina** (als Kind), **un film da vedere** (ein sehenswerter Film), **l'acqua dal rubinetto** (Leitungswasser), **muoio dal caldo** (ich sterbe vor Hitze), **lontano dagli occhi, lontano dal cuore** (aus den Augen aus dem Sinn)

Die Präposition *in*

Artikel/ Präposition	il	lo	l'	la	i	gli	le
In	nel	nello	nell'	nella	nei	negli	nelle

Tabelle 18.20: Präposition »in« plus bestimmter Artikel

Die Präposition **in** beziehungsweise **in** + bestimmter Artikel steht bei folgenden Orts- und Richtungsangaben:

- ✔ **in Europa** (in Europa, nach Europa)
- ✔ **in Germania** (in Deutschland, nach Deutschland)
- ✔ **in Sardegna** (auf Sardinien, nach Sardinien)

Weitere Orts- und Richtungsangaben mit der Präposition **in**:

in vacanza (im/in den Urlaub), **in ufficio** (im/ins Büro), **in strada** (auf der/auf die Straße), **in città** (in der/in die Stadt), **in fabbrica** (in der/in die Fabrik), **in chiesa** (in der/in die Kirche), **in ospedale** (im/ins Krankenhaus), **in discoteca** (in der/in die Disko), **in banca** (in der/zur Bank), **in palestra** (im/ins Fitnessstudio)

Die Präposition *su*

Artikel/ Präposition	il	lo	l'	la	i	gli	le
Su	sul	sullo	sull'	sulla	sui	sugli	sulle

Tabelle 18.21: Präposition »su« plus bestimmter Artikel

Die Präposition **su** beziehungsweise **su** + bestimmter Artikel steht bei folgenden Orts- und Richtungsangaben:

- ✔ **sul tavolo** (auf dem/den Tisch)
- ✔ **sulla sedia** (auf dem/den Stuhl)
- ✔ **sui giornali** (in den Zeitungen)

Weitere Beispiele mit der Präposition **su**:

sul computer (auf dem/den Computer), **sul muro** (an der/die Wand), **su internet** (im/ins Internet)

Die Präposition *per*

Die Präposition **per** geht keine Verschmelzung mit dem bestimmten Artikel ein. Sie steht bei folgenden Richtungsangaben:

- ✔ **È questo il treno per Napoli?** (Ist das der Zug nach Neapel?)

Weitere Anwendungsmöglichkeiten:

- ✔ **Io studio l'italiano per poter comunicare con la gente.** (Ich lerne Italienisch, um mit den Leuten zu kommunizieren.)
- ✔ **Faccio tutto per te.** (Ich mache alles für dich)

Weitere Beispiele mit der Präposition **per**:

la cassetta per le lettere (Briefkasten), **per esempio** (zum Beispiel), **per persona** (pro Person), **per fortuna** (zum Glück), **per cento euro** (für hundert Euro)

Konjunktionen

Unter Konjunktionen versteht man Bindewörter, die Wörter, Wortgruppen oder Sätze miteinander verbinden und in Beziehung setzen.

Einteilige Konjunktionen

Hier eine Liste der zehn häufigsten einteiligen Konjunktionen der italienischen Sprache:

- ✔ **e, ed** (und)
- ✔ **o, oppure** (oder)
- ✔ **ma** (aber)
- ✔ **perché** (weil)
- ✔ **però** (jedoch)
- ✔ **quando** (wenn, sobald)
- ✔ **se** (wenn, falls)
- ✔ **anche se** (obwohl)
- ✔ **mentre** (während)

Zweiteilige Konjunktionen

Zweiteilige Bindewörter sind nützlich, um Zusammenhänge und Differenzen in der Kommunikation klarer darzustellen:

- ✔ **sia ... sia** (sowohl ... als auch): **Mangio sia la carne sia il pesce.** (Ich esse sowohl Fleisch als auch Fisch.)
- ✔ **non solo ... ma anche** (nicht nur ... sondern auch): **Non imparo solo l'italiano ma anche il francese.** (Ich lerne nicht nur Italienisch, sondern auch Französisch.)
- ✔ **o ... o** (entweder ... oder): **O andiamo al cinema o restiamo a casa.** (Entweder gehen wir ins Kino oder wir bleiben zu Hause.)
- ✔ **né ... né** (weder ... noch): **Non mangio né la carne né il pesce.** (Ich esse weder Fleisch noch Fisch.)

Zahlen auf einen Blick

In Tabelle 18.22 finden Sie die Grund- und Ordnungszahlen.

	Grundzahl	Ordnungszahl		Grundzahl	Ordnungszahl
0	zero		30	trenta	trentesimo
1	uno	primo	40	quaranta	quarantesimo
2	due	secondo	50	cinquanta	cinquantesimo
3	tre	terzo	60	sessanta	sessantesimo
4	quattro	quarto	70	settanta	settantesimo
5	cinque	quinto	80	ottanta	ottantesimo
6	sei	sesto	90	novanta	novantesimo
7	sette	settimo	100	cento	centesimo
8	otto	ottavo	101	centouno	centunesimo
9	nove	nono	102	centodue	centoduesimo
10	dieci	decimo	108	centootto, centotto	centottesimo
11	undici	undicesimo	200	duecento	duecentesimo
12	dodici	dodicesimo	201	duecentouno	duecentunesimo
13	tredici	tredicesimo	300	trecento	trecentesimo
14	quattordici	quattordicesimo	550	cinquecento-cinquanta	cinquecentocin-quantesimo
15	quindici	quindicesimo	623	seicentoventitré	seicentoventi-treesimo
16	sedici	sedicesimo	1.000	mille	millesimo
17	Diciassette	diciassettesimo	1.001	milleuno, mille e uno	millesimo primo

	Grundzahl	Ordnungszahl		Grundzahl	Ordnungszahl
18	diciotto	diciottesimo	1.100	millecento	millecentesimo
19	Diciannove	diciannovesimo	1.500	millecinquecento	millecinque-centesimo
20	venti	ventesimo	2.000	duemila	duemillesimo
21	ventuno	ventunesimo	3.000	tremila	tremillesimo
22	ventidue	ventiduesimo	10.000	diecimila	diecimillesimo
23	ventitré	ventitreesimo	24.897	ventiquattromilaot-tocentonovantasette	-simo
24	ventiquattro	ventiquattresimo	100.000	centomila	centomillesimo
25	venticinque	venticinquesimo	1.000.000	un milione	milionesimo
26	ventisei	ventiseiesimo	1.000.000.000	un miliardo	miliardesimo
27	ventisette	ventisettesimo			
28	ventotto	ventottesimo			
29	ventinove	ventinovesimo			

Tabelle 18.22: Grund- und Ordnungszahlen

Hören Sie sich nun die Grundzahlen an und sprechen Sie sie nach (Track 3).

Kapitel 19
Lösungen

Kapitel 1: Erste Woche

Tag 1

Aufgabe 1: **a.** Ciao, stai; **b.** bene, tu; **c.** non, male;

Aufgabe 2: a – 8; b – 7; c – 4; d – 5; e – 3; f – 2; g – 6; h – 1

Tag 2

a. Buongiorno, sta; **b.** Ciao, stai; **c.** Ciao, state; **d.** Arrivederci; **e.** Ciao; **f.** Buonasera, sta; **g.** Buonanotte

Tag 3

a. tedesca; **b.** americana; **c.** argentino; **d.** inglese; **e.** italiano; **f.** francese; **g.** cinese

Tag 4

a. benvenuto; **b.** Questo, argentino; **c.** questa, cinese; **d.** Benvenuta

Tag 5

a. (Io) parlo bene il tedesco.

b. (Tu) parli l'inglese?

c. (Lui) parla lo spagnolo e lo svedese.

d. (Noi) parliamo l'italiano e l'inglese.

e. (Voi) parlate un po' il cinese?

Tag 6

a. cappuccino, cinema, pace; **b.** formaggio, Genova, Gisella; **c.** caffè, macchiato, radicchio, zucchini; **d.** funghi, gusto, Lamborghini, spaghetti; **e.** formaggio

Kapitel 2: Zweite Woche

Tag 7

a. caffè, succo di arancia; **b.** schweppes; **c.** coca cola, limonata, spremuta; **d.** acqua minerale, aranciata

Tag 8

a. tre cornetti; **b.** quattro pizzette; **c.** sei acque; **d.** due spuntini; **e.** sette aranciate

Tag 9

a. caffè, caffè corretto; **b.** caffè corretto; **c.** caffellatte, cappuccino; **d.** caffè macchiato, latte macchiato; **e.** caffè freddo; **f.** caffè tedesco, caffè lungo

Tag 10

a. Io vorrei un caffè ristretto.

b. Per me uno spuntino, per favore.

c. Io prendo una birra tedesca.

d. Vorrei provare lo spritz.

e. Un caffè e un'acqua minerale.

f. Una pizzetta ed uno sherry.

Tag 11

caffè; città; codice; lavoro; macchiato; medicina; medico; perché; prendiamo; prosecco; scontrino; spuntino; studiare; zucchero

Tag 12

a – 3; b – 2; c – 3; d – 1; e – 1; f – 3; g – 3; h – 2; i – 1

Kapitel 3: Dritte Woche

Tag 13

a. del pane; **b.** dei limoni; **c.** delle arance; **d.** della frutta; **e.** del caffè; **f.** dell'uva; **g.** degli spinaci; **h.** degli zucchini

Tag 14

a. bottiglia; **b.** vino; **c.** lattine; **d.** coca cola; **e.** pacchetto; **f.** biscotti; **g.** tubetto; **h.** pomodoro; **i.** scatola; **j.** pomodori; **k.** pelati; **l.** vasetto; **m.** confezione; **n.** pasta

Tag 15

a. panetteria; **b.** salumeria; **c.** un (negozio di) alimentari, panetteria; **d.** salumeria; **e.** pasticceria; **f.** cartoleria; **g.** tabaccheria; **h.** profumeria; **i.** libreria; **j.** macelleria

Tag 16

a – 4; b – 3; c – 1; d – 6; e – 7; f – 2; g – 8; h – 5

Tag 17

a. Posso avere un etto di carne macinata?

b. Posso avere due etti di carne di agnello?

c. Posso avere mezzo chilo di carne di manzo?

d. Posso avere un chilo di carne di vitello?

Tag 18

a. 250 Gramm Mascarpone; **b.** 3 Eier; **c.** 100 Gramm Zucker; **d.** Kaffee; **e.** Löffelbiskuits; **f.** Kakaopulver

g. Vorgehensweise

h. Du musst die Eidotter vom Eiweiß trennen.

i. Du musst die Eidotter mit Zucker schaumig schlagen.

j. Du musst den Mascarpone hinzugeben.

k. Du musst das Eiweiß zu Eischnee schlagen.

l. Du musst alles vorsichtig mischen/unterheben.

m. Du musst die Löffelbiskuits in den Kaffee tunken und abwechselnd mit Creme bedecken.

n. Du musst Kakao darüberstreuen.

o. Guten Appetit.

Kapitel 4: Vierte Woche

Tag 19

a. Müller: Milano – u con la dieresi/u con due puntini – Livorno – Livorno – Empoli – Roma

b. Schmidt: Salerno – Como – acca – Milano – Imola – Domodossola – Torino

c. Schneider: Salerno – Como – acca – Napoli – Empoli – Imola – Domodossola – Empoli – Roma

d. Fischer: Firenze – Imola – Salerno – Como – acca – Empoli – Roma

e. Weber: Washington – Empoli – Bologna – Empoli – Roma

Tag 20

a. (Lui) abita al primo piano.

b. (Lei) lavora al decimo piano.

c. (Noi) viviamo al quindicesimo piano.

d. (Voi) siete all'ottavo piano.

e. (Loro) dormono al ventitreesimo piano.

Tag 21

a. Che ore sono. Che ora è?

b. Il treno va da Palermo a Messina.

c. La colazione è dalle sei e trenta fino alle dieci e quarantacinque.

d. Il pranzo è dalle tredici alle quindici e trenta.

e. A che ora è la cena?

Tag 22

a. la cena; l'ascensore; la palestra; la colazione; la spiaggia privata; la sauna; la piscina; la cassaforte; il Wi-Fi

b. gli asciugamani; i parcheggi

Tag 23

Aufgabe 1: **a.** l'una e un quarto; **b.** le dieci e mezzo; **c.** le cinque e tre quarti / le sei meno un quarto; **d.** mezzogiorno; **e.** le nove e quaranta / le dieci meno venti

Aufgabe 2: **a.** Sono le otto. **b.** Sono le tredici e trenta. **c.** Sono le quindici e quindici. **d.** Sono le dieci e quarantacinque. **e.** Sono le ventitré.

Tag 24

a. dentista; **b.** medico; **c.** avvocato; **d.** chirurgo; **e.** chimico; **f.** insegnante

Kapitel 5: Test zum ersten Lernmonat

1. Kommunizieren Sie mit folgenden Personen.

a. Buongiorno.

b. Buongiorno, professoressa.

c. Buonasera, dottoressa.

d. Grazie, signora

e. Buona notte, signorina.

2. Ordnen Sie diese Begriffe den entsprechenden Kategorien zu.

a. l'argentino, lo spagnolo; **b.** l'australiano, l'inglese; **c.** l'austriaco, il tedesco; **d.** il brasiliano, il portoghese; **e.** il marocchino, l'arabo

3. Ergänzen Sie mit den Verben in der richtigen Form.

a. mangio; **b.** comprano; **c.** lavora; **d.** visitiamo; **e.** viaggiate; **f.** cucini

4. Was ist richtig? Unterstreichen Sie.

a. sto; **b.** sei; **c.** stiamo; **d.** state; **e.** sono

5. Bilden Sie den Plural und schreiben Sie die Zahlen aus.

a. nove ragazzi tedeschi; **b.** cinque caffè americani; **c.** sette città inglesi; **d.** quattro dottori cinesi; **e.** tre champagne francesi

6. Übersetzen Sie.

a. Ying e(d) io abbiamo ventidue anni.

b. (Tu) hai ventitré anni?

c. Agneta e Francesco hanno venticinque anni.

d. Diego ha ventinove anni.

e. Oksana: (Io) ho ventotto anni.

7. Ergänzen Sie mit den Verben in der richtigen Form.

a. scrivo; **b.** vivono; **c.** legge; **d.** chiudiamo; **e.** vendete

8. Bringen Sie den Dialog in die richtige Reihenfolge.

c.; e.; a.; b.; d.

9. Übersetzen Sie und schreiben Sie die Zahlen aus.

a. Due chili di patate e sei etti di piselli costano cinque euro settantacinque.

b. Un'insalata e tre etti di carote costano due euro sessantasei.

c. Due cipolle e mezzo chilo di spinaci costano tre euro trentacinque.

d. Un cavolfiore e un cetriolo costano tre euro ottantuno.

e. Un etto di prosciutto costa quattro euro novantanove.

10. Weisen Sie den Verbformen ihre deutsche Übersetzung zu.

a – 2; b – 6; c – 7; d – 8; e – 4; f – 3; g – 1; h – 9; i – 10; j – 5

11. Übersetzen Sie folgende Sätze.

a. (Io) dormo molto bene.

b. (Tu) dormi bene?

c. Lui dorme bene e lei dorme male.

d. (Noi) dormiamo abbastanza bene.

e. (Voi) dormite bene?

f. (Loro) dormono molto male.

12. Bilden Sie Fragesätze mit den Formen von »preferire« und dem bestimmten Artikel.

a. (Tu) preferisci l'orata o la sogliola?

b. (Lei) preferisce le vongole o le cozze?

c. (Lui) preferisce il calamaro o l'astice?

d. (Voi) preferite il pesce spada o i gamberetti?

13. Vervollständigen Sie die Sätze mit den Formen von »venire«.

a. vieni; **b.** vengono; **c.** viene; **d.** venite; **e.** veniamo; **f.** vengo

14. Setzen Sie die richtige Präposition ein.

a. all'; **b.** all'; **c.** al; **d.** alla; **e.** allo

15. Verbinden Sie die Uhrzeiten mit den passenden Aktivitäten.

a – 4; b – 1; c – 2; d – 3

16. Beantworten Sie die Fragen mit der umgangssprachlichen Uhrzeit.

a. Sono le due e mezzo/mezza.

b. La lezione finisce all'una e un quarto.

c. La cena è alle sette e tre quarti/alle otto meno un quarto.

d. Sono le undici e venti.

17. Ordnen Sie die Berufe den entsprechenden Personen zu.

a. dottoressa, psicologa, scrittrice

b. direttore, fisico, oncologo

c. avvocato, dentista, docente, giornalista, ingegnere, insegnante, medico

d. architetti, cardiologi, pianisti, tassisti

e. artiste, professoresse, radiologhe

18. Ergänzen Sie.

a. Marina è medico, ma fa la tassista.

b. Eugenio è insegnante, ma fa il cameriere.

c. Vittoria è studentessa, ma fa la babysitter.

d. Nicoletta è archeologa, ma fa la segretaria.

e. Monica è avvocato, ma fa l'artista.

Kapitel 6: Fünfte Woche

Tag 25

a. mi chiamo; **b.** ti senti; **c.** si sveglia; **d.** ci alziamo; **e.** vi divertite; **f.** si sposano; **g.** ci riposiamo; **h.** ti chiami; **i.** si sente; **j.** ci svegliamo

Tag 26

a. voglio; **b.** vuoi; **c.** vogliamo; **d.** vogliono; **e.** vuole; **f.** vuole; **g.** volete

Tag 27

Aufgabe 1: **a.** la bruschetta, la caprese; **b.** il carpaccio, la bresaola; **c.** il prosciutto e melone; **d.** la bresaola; e. la caprese

Aufgabe 2:

a. la bresaola, il carpaccio, il prosciutto e melone, il vitello tonnato

b. la caprese

c. la bruschetta

d. la bruschetta, le olive marinate, la verdura grigliata

Tag 28

Aufgabe 1:

a. carpaccio, filetto, pesce, pollo

b. antipasto, insalata, ossobuco

c. sformato di patate, spezzatino

d. bistecca, sogliola, trota

e. carciofi, fagioli, ravioli

f. spaghetti, spinaci, zucchini

g. lasagne, patate, penne, tagliatelle, trenette

Aufgabe 2:

a. carpaccio, antipasto

b. lasagne, penne, ravioli, spaghetti, tagliatelle, trenette

c. bistecca, filetto, ossobuco, pollo, spezzatino

d. pesce, sogliola, trota

e. carciofi, fagioli, insalata, patate, sformato di patate, spinaci, zucchini

Tag 29

a. Come antipasto prendo la bruschetta.

b. Come primo piatto prendo gli spaghetti alla carbonara.

c. Come primo piatto prendo gli spaghetti al pomodoro.

d. Come primo piatto prendo il risotto ai funghi.

e. Come secondo piatto prendo l'ossobuco.

Tag 30

a. mette; **b.** mettono; **c.** scalda, soffrigge; **d.** uniscono; **e.** scola, versa; **f.** aggiunge

Kapitel 7: Sechste Woche

Tag 31

a. agosto (kein Herbstmonat); **b.** stagione (kein Monat); **c.** grande (grande stagione existiert nicht); **d.** Corsica (gehört nicht zu Italien)

Tag 32

a. In Sicilia è soleggiato e fa molto caldo.

b. A Cagliari c'è il sole ed è ventoso.

c. In Abruzzo fa freddo e nevica.

d. A Bari fa caldo e piove.

e. In Campania è nuvoloso e piovoso.

Tag 33

a. bel, piace; **b.** bello, piace; **c.** bella, piace; **d.** belle, piacciono; **e.** bell', piace; **f.** bei, piacciono; **g.** begli, piacciono

Tag 34

a. ha comprato; **b.** ha fatto; **c.** hanno ballato; **d.** ha visitato

Tag 35

a. -i, -o; b. -e, -o; c. -o, -o; d. -a, -o; e. -i, -o

Tag 36

a. Sono andata in Toscana ed ho fatto un corso di yoga.

b. Sono stato al mare ed ho scoperto la costa.

c. Siamo state in Sicilia e siamo salite sull'Etna.

d. Abbiamo incontrato un amico ed abbiamo preso una birra.

e. Siamo arrivati a Roma ed abbiamo visto il papa.

Kapitel 8: Siebte Woche

Tag 37

a. -a, la loro; **b.** -o, mio; **c.** -o, nostro; **d.** -a, sua; **e.** -o, tuo; **f.** -o, vostro

Tag 38

a. Il loro, la loro; **b.** Mio, mia; **c.** I nostri, il loro; **d.** Sua, suo; **e.** I tuoi; **f.** I vostri, la loro

Tag 39

a. pranzo (kein Festakt); **b.** delizioso (bezieht sich nicht auf einen Vorgang); **c.** resurrezione (kein Essen); **d.** Natale (kein Begriff für das Osterfest)

Tag 40

a. il primo gennaio; **b.** il sei gennaio; **c.** il venticinque aprile; **d.** il primo novembre; **e.** il sei dicembre; **f.** il ventiquattro dicembre; **g.** il trentuno dicembre

Tag 41

a. si è messo; **b.** si è truccata; **c.** si è unita; **d.** si sono divertiti; **e.** si è preparata; **f.** si è addormentato

Tag 42

a. al; **b.** a; **c.** allo; **d.** al; **e.** ai

Kapitel 9: Achte Woche

Tag 43

a. Mi fanno male le spalle.

b. Ti fa male il piede?

c. Ho mal di denti.

d. Gli fa male la testa.

e. Vi fanno male le dita?

f. Avete mal di pancia?

g. I bambini hanno mal di orecchi.

Tag 44

a. Bevi; **b.** Prendi; **c.** Mangia; **d.** Resta; **e.** Non lavorare

Tag 45

a. la depressione, dallo; **b.** il reflusso, dal; **c.** la cistite, dall'; **d.** mal di schiena, dall'; **e.** l'artrite, dal reumatologo

Tag 46

a. salute; **b.** farmacista, medicina; **c.** pastiglie, consigliare; **d.** sonniferi; **e.** antibiotici; **f.** chiedere, adatta

Tag 47

a. più, del; **b.** meno, delle; **c.** meno, del; **d.** meno, delle; **e.** più, degli; **f.** più, dello

Tag 48

a. a, a; **b.** ai; **c.** al; **d.** tu; **e.** ai, di; **f.** che; **g.** le, al

Kapitel 10: Test zum zweiten Lernmonat

1. Ergänzen Sie mit den entsprechenden Verbformen und bringen Sie die Wochentage in die richtige Reihenfolge.

a. si divertono; **b.** mi sveglio; **c.** ti senti; **d.** si riposa; **e.** si sposano; **f.** ci alziamo; **g.** vi divertite

b.; f.; c.; a.; d.; e.; g.

2. Kombinieren Sie.

a – 2; b – 5; c – 1; d – 4; e – 3

3. Beantworten Sie die Fragen mit »volere« und dem Getränk in Klammern.

a. Noi vogliamo una birra.

b. Lei vuole una bottiglia di vino bianco.

c. Io voglio due litri di vino sfuso.

d. Loro vogliono un litro di vino bianco.

e. Noi vogliamo mezzo litro di vino rosso.

4. Welches Wort passt nicht in die Reihe?

a. neve (Schnee); **b.** ombrellone (Sonnenschirm); **c.** spiaggia (Strand); **d.** Panettone (Weihnachtskuchen); **e.** Pandoro (Lebensmittel)

5. Ergänzen Sie mit der richtigen Form des Verbs im Passato prossimo.

a. ho mangiato; **b.** sono andati; **c.** ha letto; **d.** sono venute; **e.** avete visitato

6. Vervollständigen Sie die Sätze mit dem Hilfsverb »essere« oder »avere« und der Partizipendung.

a. è rimasta; **b.** abbiamo avuto; **c.** siete partite; **d.** ho nuotato; **e.** hai camminato

7. Übersetzen Sie.

a. Marina ha comprato due etti di formaggio.

b. Diego ha conosciuto Agneta a Firenze.

c. Rosanna ha bevuto un prosecco.

d. La signora Bruni ha fatto le valigie.

e. Antonella ha riso molto.

8. Finden Sie die Fehler und korrigieren Sie sie.

a. Io <u>ho</u> sciato sulle Alpi.

b. Tu hai comprato <u>uno scaffale</u> per i tuoi libri.

c. Noi abbiamo visto un <u>bel</u> film.

d. Loro <u>hanno viaggiato</u> in Sicilia.

e. Lei ha <u>letto</u> un libro interessante.

9. Kombinieren Sie die Daten mit den entsprechenden Feiertagen.

a – 5; b – 3; c – 6; d – 2; e – 1; f – 4

10. Übersetzen Sie.

a. Questa è mia madre Gabriella.

b. Questo è suo nonno Teobaldo.

c. Questa è tua figlia Dania?

d. Questa è nostra nonna Carolina.

e. Questo è vostro zio Edoardo?

f. Questo è il loro figlio Francesco.

11. Ergänzen Sie die Endungen.

a. venuti i miei; **b.** venuta tua; **c.** venuto suo; **d.** venute le nostre; **e.** venuti vostra, vostro

12. Bilden Sie Sätze mit dem Verb »dire« im Präsens.

a. (Tu) che cosa dici di questo film?

b. (Lui) perché dice sempre di no?

c. (Noi) che cosa diciamo ai nostri genitori?

d. (Voi) perché dite questo?

e. (Loro) quando dicono la verità?

13. Bilden Sie mit den folgenden Wörtern einen korrekten Satz mit dem Verb im Passato prossimo.

a. Io mi alzo presto.

b. Tu ti lavi la faccia.

c. Noi ci prepariamo per la scuola.

d. Voi vi divertite alla festa?

e. Loro si mettono un costume.

14. Ordnen Sie diese Körperteile von oben nach unten.

a.; f.; i.; b.; c.; g.; h

15. Du oder Sie? Ordnen Sie diese Verben in der Befehlsform.

a. bevi, chiudi, mangia, prendi, pulisci, scusa, stai, studia, vai, vieni

b. alzi, apra, dica, dorma, faccia, guarisca, legga, senta, vada

c. ballate, comprate, dite, fate, lavorate, uscite, viaggiate

16. Übersetzen Sie.

a. Non mangi lo zucchero!

b. Chiuda gli occhi!

c. Apra la bocca!

d. Non mangiare la carne!

e. Prenda questa medicina!

Kapitel 11: Neunte Woche

Tag 49

a. sui, Lo; **b.** sugli, La; **c.** sull', Li; **d.** sulla, La; **e.** sullo, Le

Tag 50

a. falso; **b.** vero; **c.** vero; **d.** falso; **e.** falso

Tag 51

Aufgabe 1: a – 4; b – 5; c – 1; d – 6; e – 3; f – 7; g – 2

Aufgabe 2:

a. l'alpinismo, l'atletica leggera, la camminata nordica, il ciclismo, la ginnastica, lo sport di combattimento, lo sci acquatico, il trekking

b. calcio, pallacanestro, pallamano, pallavolo, tennis

Tag 52

a. falso; **b.** vero; **c.** falso; **d.** falso; **e.** vero; **f.** falso; **g.** falso; **h.** vero; **i.** falso

Tag 53

a. vero; **b.** falso; **c.** falso; **d.** vero; **e.** vero

Tag 54

a. impressionismo; **b.** cubismo; **c.** futurismo; **d.** espressionismo; **e.** surrealismo; **f.** minimalismo

Kapitel 12: Zehnte Woche

Tag 55

a – 2; b – 9; c – 10; d – 11; e – 12; f – 8; g – 6; h – 7; i – 5; j – 4; k – 3; l – 1

Tag 56

a. rossa; **b.** neri; **c.** blu; **d.** bianche; **e.** marrone; **f.** grigio scuro; **g.** azzurra

Tag 57

a. Ti piacciono quelle lampade? – Sì, queste lampade sono molto belle.

b. Vi piace questa scrivania? – No, quella scrivania è più bella.

c. Ti piacciono queste cassettiere mobili? – No, sono un po'piccole.

d. Hai bisogno di uno scaffale? – Non, questo scaffale non mi piace.

e. Le piace questo tavolo da riunione? – Sì, ma il colore non mi piace.

Tag 58

a. alcune; **b.** ci vogliono; **c.** qualche; **d.** Ci vuole; **e.** qualche; **f.** qualche; **g.** Ci vuole

Tag 59

a. molto, al; **b.** al, troppo; **c.** molto, alla; **d.** pochi, alla; **e.** tanta, al; **f.** al, molto

Tag 60

a – 7; b – 3; c – 6; d – 5; e – 2; f – 1; g – 8; h – 4

Kapitel 13: Elfte Woche

Tag 61

a. investimento; **b.** saldo; **c.** prestare; **d.** valuta; **e.** prelevare; **f.** interessi; **g.** credito

Tag 62

a. ufficio postale; **b.** francobollo; **c.** posta; **d.** imbucare, cassetta postale; **e.** affrancare; **f.** postino; **g.** spedizione; **h.** indirizzo; **i.** impiega, destinatario

Tag 63

a. sia ... sia; **b.** o ... o; **c.** sia ... sia; **d.** né ... né

Tag 64

a. vero; **b.** falso; **c.** falso; **d.** vero; **e.** falso

Tag 65

a – 4; b – 1; c – 2; d – 5; e – 3

Tag 66

a. Firenze; **b.** decollano, atterrano; **c.** check in, aereo; **d.** voli; **e.** aeroporto, tabellone; **f.** biglietto, bisogna; **g.** adetti; **h.** trovare, volo; **i.** luogo

Kapitel 14: Zwölfte Woche

Tag 67

a. metro (kein Bus); **b.** aereo (Luftfahrzeug); **c.** autobus (kein Schienenfahrzeug); **d.** Mercedes (keine italienische Automarke); **e.** motocicletta (fährt mit Benzin)

Tag 68

a. ambiente, rifiuti; **b.** sostenibilità, riciclaggio; **c.** conservare/proteggere, riutilizzare; **d.** riutilizzabili, imballaggi; **e.** compostaggio, organici; **f.** proteggere/conservare, sostenibili

Tag 69

a. hanno effetto sullo; **b.** ha effetto sulle; **c.** ha effetto sugli; **d.** ha effetto sul; **e.** ha effetto sui; **f.** hanno effetto sull'; **g.** ha effetto sulla

Tag 70

a. In Sardegna ci sono molti parchi eolici.

b. In Toscana c'è molta geotermia.

c. In Puglia ci sono molte turbine eoliche.

d. In Alto Adige ci sono molte dighe.

e. Nel Lazio ci sono molti parchi solari.

f. In Lombardia ci sono molti impianti idroelettrici.

Tag 71

a – 2; b – 2; c – 2; d – 1

Tag 72

a. lentamente, lento; **b.** tranquillamente, tranquilla; **c.** felice, felicemente; **d.** facilmente, facile; **e.** difficile, difficilmente; **f.** velocemente, veloce

Kapitel 15: Test zum dritten Lernmonat

1. Ordnen Sie die Verbformen in folgende Kategorien ein.

a. costruisco, esco, seguo, servo, vado

b. offri, scopri, vai

c. fa, sente, sta, viene

d. andiamo, copriamo, finiamo, partiamo

e. andate, aprite, capite, preferite

f. agiscono, danno, puliscono, vanno

2. Lesen Sie den Text.

a – f; b – f; c – v; d – v; e – v

3. Ergänzen Sie mit den Verbformen und übersetzen Sie.

a. vuole. Francesco will einen neuen Computer kaufen.

b. Posso. Kann ich eine Frage stellen?

c. Puoi. Kannst du bald auf meine E-Mail antworten?

d. deve. Sie muss auch nachts arbeiten.

e. vogliono. Die Studenten wollen viel reisen.

4. Unterstreichen Sie die zu betonende Silbe.

a. allergologo, cardiologo, dermatologo, oncologo, psicologo, radiologo

b. aereo, euro, fragola, gondola, gratuito, isola, lettere, musica, modulo, oroscopo, scatola

c. albero, camera, comodo, lampada, mobili, ospite, tavolo, vergine

d. Cagliari, Genova, Napoli, Olbia, Otranto, Sassari, Veneto

e. abitano, capiscono, dormono, parlano, prendono, vendono, vivono

5. Bestellen Sie ein Vier-Gänge-Menü.

a. Come antipasto prendo l'insalata di mare. Come primo piatto prendo il risotto ai frutti di mare. Come secondo piatto prendo la sogliola al limone.

b. Come antipasto prendo il carpaccio di manzo. Come primo piatto prendo le lasagne al ragù. Come secondo piatto prendo il pollo alla griglia.

c. Come antipasto prendo la bruschetta al pomodoro. Come primo piatto prendo gli spaghetti aglio e olio. Come secondo piatto prendo la parmigiana di melanzane.

d. Come dessert prendo la macedonia.

6. Ergänzen Sie die Sätze mit in, negli, nei, nel, nel, nell', nella, nelle.

a. in, nel, **b.** Nella, nei; **c.** Negli, nell'; **d.** Nelle, nel

7. Übertragen Sie die Sätze ins Passato prossimo.

a. Io ho visto un film.

b. Tu hai aperto la porta.

c. Noi siamo venuti/e a casa.

d. Loro hanno chiuso la finestra.

e. Le è piaciuto questo libro?

8. Bilden Sie Sätze im Passato prossimo und ergänzen Sie Artikel und Präpositionen.

a. (Io) sono andato/a spesso in palestra.

b. (Tu) hai giocato raramente a golf.

c. Ogni settimana (noi) abbiamo fatto la ginnastica.

d. Qualche volta (loro) sono andati/e in bicicletta.

e. (Lui) è andato a vedere regolarmente i suoi genitori.

9. Ergänzen Sie die Sätze und übersetzen Sie sie.

a. (io) ho bisogno – marrone. Für mein Zimmer brauche ich einen braunen Schrank.

b. ci vogliono – grandi. Für ein modernes Bad braucht man zwei große Waschbecken.

c. serve – bianco. Ich brauche einen großen weißen Kühlschrank.

d. impiegato. Ich habe zwei Stunden gebraucht, um den Test zu machen.

e. bisogna – rossa. Für das Neujahrsfest muss man rote Unterwäsche tragen.

10. Wo leben folgende Tiere? Ordnen Sie zu. Ergänzen Sie mit dem bestimmten Artikel und der Pluralform.

a. i dingo, i gatti, gli gnu, i gorilla, i koala, i lama, le mucche, i ricci, gli scorpioni

b. gli alligatori, le balene, i delfini, le foche, le meduse, i pesci

c. i colibrì, i condor, i falchi, le farfalle, gli uccelli, le vespe, le zanzare

11. Beantworten Sie die folgenden Fragen mit den Formen von nessuno und niente.

a. non, nessuna; **b.** nessuno, niente; **c.** non, niente; **d.** non, nessun'; **e.** nessuno, nessun

12. Finden Sie die Fehler und korrigieren Sie sie.

a. Abbiamo fatto una vacanza nel Lazio.

b. Siamo andati/e da Firenze a Roma in pullman.

c. A Roma abbiamo fatto molte foto.

d. Ho domandato a una persona dov'è il Colosseo.

e. Stasera ho buttato una moneta nella Fontana di Trevi.

f. Vado regolarmente al corso d'italiano.

13. Lesen Sie den Text.

a. vero; **b.** falso; **c.** vero; **d.** vero; **e.** falso

14. Bringen Sie die Anleitung zur Videokonferenz in die richtige Reihenfolge.

c) b) d) a)

Kapitel 17: Zehn Wörter, die leicht zu verwechseln sind.

1. **Ein warmes Bier, bitte:** a. caldo; b. freddo; c. fredda
2. **Ich habe ein Bordell gekauft:** a. casinò; b. casetta; c. che casino
3. **Schon wieder ein Regal zum Geburtstag:** a. i regali; b. uno scaffale; c. un nuovo scaffale
4. **Obacht beim Ballspiel:** a. palla; b. a due gusti; c. che palle
5. **Und für mich einen doppelten Eilzug, bitte:** a. l'espresso; b. un caffè macchiato; c. un espresso
6. **Einen Wiskey mit Eiscreme, bitte:** a. il ghiaccio; b. il gelato; c. il ghiaccio
7. **Papperlapapp – Papst, Papa und Pampe:** a. il papa; b. la pappa; c. papà
8. **Visite machen:** a. vedere; b. visitare; c. visitare
9. **Ich nehme Spaghetti alla bolognese:** a. al ragù; b. bolognese; c. alla bolognese
10. **Für mich einen scharfen Penis, bitte:** a. le penne; b. il pene; c. una penna

Deutsch – Italienisch

* unregelmäßige Konjugation im Präsens

\# unregelmäßiges Partizip Perfekt

13\. Jahrhundert (Duecento m [du-e-*tschän*-to])

14\. Jahrhundert (Trecento m [tre-*tschän*-to])

15\. Jahrhundert (Quattrocento m [kwat-tro-*tschän*-to])

16\. Jahrhundert (Cinquecento m [tschin-kwe-*schän*-to])

17\. Jahrhundert (Seicento m [säi-*tschän*-to])

18\. Jahrhundert (Settecento m [set-te-*tschän*-to])

19\. Jahrhundert (Ottocento m [ot-to-*tschän*-to])

20\. Jahrhundert (Novecento m [no-we-*tschän*-to])

A

ab und zu (ogni tanto [*on*-ji *tan*-to])

Abend (sera f [*se*-ra])

Abendveranstaltung (serata f [se-*ra*-ta])

Abenteuer (avventura f [aw-wen-*tu*-ra])

Aberglaube (superstizione f [su-per-sti-*zjo*-ne])

abfahren (partire [par-*ti*-re])

Abfahrt (partenza f [par-*ten*-za])

Abfälle (rifiuti pl [ri-*fju*-ti])

abfliegen (partire [par-*ti*-re])

Abflug (partenza f [par-*ten*-za])

abgießen (scolare [sko-*la*-re])

abhalten (tenersi*[si *ten*-go-no])

abheben (Flugzeug) (decollare [de-kol-*la*-re])

abheben (Geld) (prelevare [pre-lä-*wa*-re])

Abhebung (Geld) (prelievo m [pre-*ljä*-wo])

abholen (andare a prendere [an-*da*-re a *pren*-de-re])

abkühlen (raffreddare [raf-fred-*da*-re])

ablöschen (sfumare [*zfu*-ma-re])

Abruzzen (Abruzzo m [a-*bruz*-zo])

abstrakt (astratto/a [as-*trat*-to])

Abteilung (sezione f [se-*zjo*-ne])

abwechseln (alternare [al-ter-*na*-re])

acht (otto [*ot*-to])

Achter (ottavo/a [ot-*ta*-wo])

Achtung (attenzione f [at-ten-*zjo*-ne])

Adresse (indirizzo m [in-di-*riz*-zo])

Affe (scimmia f [*schim*-mja])

agieren (agire »isc« [a-*dschi*-re])

ähnlich (simile a [*si*-mi-le])

Akt (atto m [*at*-to])

Aktenschrank (armadietto m [ar-ma-*djät*-to])

akzeptieren (accettare [at-tschet-*ta*-re])

Alligator (alligatore m [al-li-ga-*to*-re])

Allergie (allergia f [al-ler-*dschi*-ja])

Allergietest (test allergologico m [test al-ler-go-*lo*-dschi-ko])

allergisch (allergico/a [al-*ler*-dschi-ko/a])

Allergologe (allergologo [al-ler-*dscho*-lo-go])

Allergologin (allergologa [al-ler-*dscho*-lo-ga])

alles (tutto [*tut*-to])

Alpaka (alpaca m [al-*pa*-ka])

Alpen (Alpi pl [*al*-pi])

also (allora [al-*lo*-ra])

also (folglich) (quindi [*kwin*-di])

alt (vecchio/a [*wäk*-kjo])

Amerikaner/-in (americano/a [a-me-ri-*ka*-no])

amerikanisch (americano/a [a-me-ri-*ka*-no])

Analyse (analisi f [a-*na*-li-si])

anbieten (offrire# [of-*fri*-re])

anbraten (soffriggere# [sof-*frid*-sche-re])

anfangen (cominciare [ko-min-*tscha*-re])

Angebot (offerta f [of-*fer*-ta])

angenehm (piacevole [pja-*tchä*-wo-le])

Angsterkrankung (ansia f [*an*-sja])

ankommen (arrivare [ar-ri-*wa*-re])

Ankunft (arrivo m [ar-*ri*-wo])

Anschlussstraße (raccordo m [rak-*kor*-do])

Ansprache (brindisi m [*brin*-di-zi])

Anstieg (inalzamento m [in-al-za-*men*-to])
Antibiotikum (antibiotico m [an-ti-*bjo*-ti-ko])
Antihistaminikum (antistaminico m [an-tis-ta-*mi*-ni-ko])
Antilope (antilope f [an-ti-*lo*-pe])
Antioxidantien (antiossidanti pl [an-ti-os-si-*dan*-ti])
antworten (rispondere# [ri-*spon*-de-re])
Anwalt, Anwältin (avvocato m [aw-wo-*ka*-to])
Anzeige (denuncia f [de-*nun*-tscha])
anzeigen (denunciare [de-nun-*tscha*-re])
Anzeigetafel (tabellone dei voli m [ta-bel-*lo*-ne däi *wo*-li])
anziehen (Kleidung) (mettersi# [*mät*-ter-si]), (indossare [in-dos-*sa*-re])
Aostatal (Valle d'Aosta f [*wal*-le da-*os*-ta])
Aperitif (aperitivo m [a-pe-ri-*ti*-wo])
Aperol Spritz (Cocktail) (Aperol Spritz m ([a-pe-*rol spritz*])
Apfel (mela f [*me*-la])
Apotheke (farmacia f [far-ma-*tschi*-ja])
ApothekerIn (farmacista m/f [far-ma-*tschis*-ta])
Appetit (appetito m [ap-pe-*ti*-to])
Appetithäppchen (stuzzichino m [stuz-zi-*ki*-no])
Aprikose (albicocca f [al-bi-*kok*-ka])
April (aprile m [a-*pri*-le])
Apulien (Puglia f [*pul*-ja])
Araber/-in (arabo/a [*a*-ra-bo])
arabisch (arabo/a [*a*-ra-bo])
Arbeit (lavoro m [la-*wo*-ro])
arbeiten (lavorare [la-wo-*ra*-re])
Arbeitsstätte (luogo di lavoro m [lu-*o*-go di la-*wo*-ro])
Architekt/-in (architetto m [ar-ki-*tet*-to])
Architektur (architettura f [ar-ki-tet-*tu*-ra])
Argentinier/-in (argentino/a [ar-dschen-*ti*-no])
argentinisch (argentino/a [ar-dschen-*ti*-no])
Argument (argomento m [ar-go-*men*-to])
Arie (arietta f [a-*rjet*-ta])
Arm (braccio m [*brat*-tscho])
arm (povero/a [*po*-we-ro])
Arthritis (artrite f [ar-*tri*-te])
Artikel (articolo m [ar-*ti*-ko-lo])
Artischocke (carciofo m [kar-*scho*-fo])
Arzt, Ärztin (medico m [*me*-di-ko])
Arztpraxis (studio medico m [*stu*-djo *me*-di-ko])
Aspirin (aspirina f [as-pi-*ri*-na])
Asthma (asma m [*az*-ma])
astronomisch (astronomico/a [as-tro-*no*-mi-ko])
Atelier (studio artistico m [*stu*-djo ar-*tis*-ti-ko])
Aubergine (melanzana f [me-lan-*za*-na])
auch (anche [*an*-ke])
Audioverbindung (collegamento audio m [kol-le-ga-*men*-to *au*-djo])
auf Wiedersehen (arrivederci [ar-ri-we-*där*-tschi]), (arrivederLa [ar-ri-ve-*där*-la])
Aufenthalt (soggiorno m [sod-*dschor*-no])
Auferstehung (resurrezione f [re-sur-re-*zjo*-ne])
auffahren (entrare [en-*tra*-re])
aufladen (ricaricare [ri-ka-ri-*ka*-re])
Aufladung (ricarica f [ri-*ka*-ri-ka])
Auflauf (sformato m [zfor-*ma*-to])
Aufmerksamkeit (attenzione f [at-ten-*zjo*-ne])
aufräumen (mettere# in ordine [*mät*-te-re in *or*-di-ne])
Aufsatz (saggio m [*sad*-dscho]), (tema m [*te*-ma])
aufstehen (alzarsi [al-*zar*-si])
Aufteilung (condivisione f [kon-di-wi-*sjo*-ne])
aufwachen (svegliarsi [zwel-*jar*-si])
aufzeichnen (salvare [sal-*wa*-re])
Aufzeichnung (registrazione f [re-dschis-tra-*zjo*-ne])
Aufzug (ascensore m [a-schen-*so*-re])
Auge (occhio m [*ok*-kjo])
August (agosto m [a-*go*-sto])
aus dem Ofen (sfornato/a [sfor-*na*-to])
Ausbildung (formazione f [for-ma-*zjo*-ne])
ausdrücken (esprimere# [es-*pri*-mere])
Ausfahrt (uscita f [u-*schi*-ta])
Ausflug (gita f [*dschi*-ta])
ausfüllen (compilare [kom-pi-*la*-re])
ausgebucht (completo/a [kom-*plä*-to])
ausgehen (uscire* [u-*schi*-re])
ausgewogen (bilanciato/a [bi-lan-*tscha*-to])
ausgleichen (compensare [kom-pen-*sa*-re])
auslassen (saltare [sal-*ta*-re])
Aussicht (vista f [*wis*-ta])
aussteigen (sbarcare [sbar-*ka*-re])
Ausstellung (esposizione f [es-po-si-*zjo*-ne])

ausstoßen (emissionare [e-mis-sjo-*na*-re])

Australien (Australia f [au-*stra*-lja])

AustralierIn (australiano/a [aus-tra-*lja*-no])

australisch (australiano/a [aus-tra-*lja*-no])

Auswahl (selezione f [se-le-*zjo*-ne]), (varietà f [wa-rje-*ta*])

Auswirkung (effetto m [ef-*fät*-to])

Autobahn (autostrada f [au-to-*stra*-da])

Automobil (auto(mobile) f [au-to-*mo*-bi-le])

B

Bäckerei (panetteria m [pa-net-te-*ri*-ja])

Bad (bagno m [*ban*-jo])

Badewanne (vasca da bagno f [*was-ka* da *ban*-jo])

Badezimmer (bagno m [*ban*-jo])

Bahnhof (stazione f [sta-*zjo*-ne])

Bahnsteig (binario m [bi-*na*-rjo])

bald (presto [präs-to])

bald (in Kürze) (tra poco [tra *po*-ko])

Ballaststoffe (fibre pl [*fib*-re])

Balsamessig (aceto balsamico m [a-*tschä*-to bal-*sa*-mi-ko])

Bambus (bambù m [bam-*bu*])

Banane (banana f [ba-*na*-na])

Bandnudeln, schmal (fettucci-ne pl [fet-tut-*tschi*-ne])

Bandnudeln, schmal (trenette pl [tre-*net*-te])

Bank (banca f [*ban*-ka])

Bär (orso m [*or*-so])

bar (Barzahlung) (in contanti [in *kon-tan*-ti])

Bariton (baritono m [ba-ri-*to*-ne])

Basilikata (Basilicata f [ba-zi-li-*ka*-ta])

Basketball (basket m [*bas*-ket]), (pallacanestro m ([pal-la-ka-*näs*-tro])

Batterie (batteria f [bat-te-*ri*-ja])

Bauch (pancia f [*pan*-tscha])

bauen (costruire »isc« [ko-stru-*ji*-re])

Baumwolle (cotone m [ko-*to*-ne])

Baustelle (lavori in corso pl [la-*wo*-ri in *kor*-so])

beantragen (richiedere# [ri-*kjä*-de-re])

bedauerlicherweise (sfortuna-tamente [sfor-tu-na-ta-*men*-te])

bedrohen (minacciare [mi-nat-*tscha*-re])

bedroht (minacciato/a [mi-nat-*tscha*-to])

beeindrucken (colpire »isc« [kol-*pi*-re])

beenden (finire »isc« [fi-*ni*-re])

beginnen (cominciare [ko-min-*tscha*-re])

begleiten (accompagnare [ak-kom-pan-*ja*-re])

beglückwünschen (augurare [au-gu-*ra*-re])

behalten (tenere* [te-*ne*-re])

Behälter (contenitore m [kon-te-ni-*to*-re])

beide (entrambe [en-*tram*-be])

Bein (gamba f [*gam*-ba])

beitreten (accedere# [at-*tsche*-de-re])

bekommen (ottenere*# [ot-te-*ne*-re])

beliebt (popolare [po-po-*la*-re])

Bellini (Cocktail) (Bellini m ([bel-*li*-ni])

beobachten (osservare [os-ser-*wa*-re])

bequem (comodo/a [*ko*-mo-do])

bereit (pronto/a [*pron*-to])

Bergsteigen (alpinismo m [al-pi-*nis*-mo])

Bergwandern (trekking m [*träk*-king])

Beruf (professione f [pro-fes-*sjo*-ne])

beschleunigen (accelerare [at-tschä-le-ra-re])

beseitigen (eliminare [e-li-mi-*na*-re])

besonders (in particolare [in par-ti-ko-*la*-re])

Besprechungstisch (tavolo da riunione m [*ta*-wo-lo da ri-un-*jo*-ne])

besser (meglio [*mäl*-jo])

Besteck (posate pl [po-*za*-te])

bestellen (ordinare [or-di-*na*-re])

bestimmt (specifico/a [spe-*tschi*-fi-ko])

bestreuen (spolverare [zpol-we-*ra*-re])

besuchen (von Personen) (an-dare a trovare [an-*da*-re a tro-*wa*-re]), (andare a vedere [an-*da*-re a we-*de*-re])

betreten (accedere# [at-*tsche*-de-re])

Betriebskosten (costi di gestio-ne pl [*kos*-ti di dschäs-*tjo*-ne])

Bett (letto m [*let*-to])

bevorzugen (preferire »isc« [pre-fe-*ri*-re])

bewahren (conservare [kon-ser-*wa*-re])

Beweis (prova f [*pro*-wa])

bewölkt (nuvoloso/a [*nu*-wo-*lo*-so])

bezahlen (pagare [pa-*ga*-re])

Bibliothek (biblioteca f [bib-ljo-*tä*-ka])

Bibliothekar/-in (biblioteca-rio/a m/f [bib-ljo-tä-*ka*-rjo])

Bier (birra f [*bir*-ra])

Bilanz (bilancio m [bi-*lan*-tscha])

Bildhauer (scultore m [skul-*to*-re])

Bildhauerin (scultrice f [skul-*tri*-tsche])

Bildschirm (schermo m ([*skär*-mo])

Bildschirmfreigabe (condivisione dello schermo f [kon-di-wi-*sjo*-ne *del*-lo *skär*-mo])

Biodiversität (biodiversità f [bi-jo-di-wer-si-*ta*])

Biografie (biografia f [bi-jo-gra-*fi*-ja])

Biologie (biologia f [bi-jo-lo-*dschi*-a])

biologisch abbaubar (biodegradabile [bi-jo-de-gra-*da*-bi-le])

Biomasse (biomassa f [bi-jo-*mas*-sa])

Birne (pera f [*pe*-ra])

bisschen (poco [*po*-ko]), (po' [*po*])

Blasenentzündung (cistite f [tschis-*ti*-te])

Blätterteigtasche (sfogliatella f [zfol-ja-*täl*-la])

blau (blu [*blu*])

Blauschimmelkäse (gorgonzola m [gor-gon-*zo*-la])

bleiben (restare [res-*ta*-re]), (rimanere*# [ri-ma-*ne*-re])

Blumenkohl (cavolfiore m [ka-wol-*fjo*-re])

Bluthochdruck (ipertensione f [i-per-ten-*sjo*-ne])

Boarding (imbarco m [im-*bar*-ko])

Bohne, dicke (fagiolo m [fa-*dscho*-lo])

Bohne, grün (fagiolino m [fa-dscho-*li*-lo])

Boot (barca f [*bar*-ka])

böse (cattivo/a [kat-*ti*-wo])

Brand (incendio m [in-*tschän*-djo])

Brasilianer/-in (brasiliano/a [bra-zi-lj*a*-no])

brasilianisch (brasiliano/a [bra-zi-lj*a*-no])

Brasilien (Brasile m [bra-*zi*-le])

Braten (arrosto m [ar-*ros*-to])

Bratentopf (casseruola f [kas-se-ru-*o*-la])

brauchen (avere* bisogno di [avere bi-*son*-jo *di*]), (impiegare [im-pjä-*ga*-re]), (volerci* [wo-*ler*-tschi])

braun (marrone [mar-*ro*-ne])

breit (largo/a [*lar*-go])

bremsen (frenare [fre-*na*-re])

Brief (lettera m [*let*-te-ra])

Briefkasten (cassetta postale f [kas-*set*-ta pos-*ta*-le])

Briefmarke (francobollo m [fran-ko-*bol*-lo])

Brieftasche (portafoglio m [por-ta-*fol*-jo])

Briefträger (postino m [pos-*ti*-no])

Brombeere (mora f [*mo*-ra])

Brot (pane m [*pa*-ne])

Brötchen (panino m [pa-*ni*-no])

Brücke (ponte m [*pon*-te])

Bruder (fratello m [fra-*tel*-lo])

Brühe (brodo m [*bro*-do])

Brühwurst (mortadella f [mor-ta-*däl*-la])

Brust (petto m [*pät*-to])

buchen (prenotare [pre-no-*ta*-re])

Bücherregal (libreria f [li-bre-*ri*-ja])

Buchladen (libreria f [li-bre-*ri*-ja])

buchstabieren (fare*# lo spelling [*fa*-re lo *spel*-ling])

Buchung (prenotazione f [pre-no-ta-zjo-ne])

Buddhist/-in (buddista m/f [bud-*dis*-ta])

buddhistisch (buddista ([bud-*dis*-ta])

Büfett (buffet m [buf-*fä*])

Bühne (palcoscenico m [pal-ko-*sche*-ni-ko])

Bündnerfleisch (bresaola f [bre-sa-*jo*-la])

Büro (ufficio m [uf-*fit*-tscho])

Bürostuhl (sedia d'ufficio f [*sä*-dja duf-*fi*-tscho])

Bußgeld (multa f [*mul*-ta])

C

Canal Grande (Canal Grande m [*ka*-nal *gran*-de])

Caprese (Tomaten-Mozzarella-Salat) (caprese f [kap-*re*-se])

Carabiniere (carabiniere m [ka-ra-bin-*jä*-re])

Carpaccio (carpaccio m [kar-*pat*-tscho])

Champagner (champagne m [scham-*pan*-je])

champagnerfarben (champagne [scham-*pan*-je])

Chat (chat f [tschät])

Chemie (chimica f [*ki*-mi-ka])

Chemiker/-in (chimico/a m/f [*ki*-mi-ko])

China (Cina f [*tschi*-na])

Chinese, Chinesin (cinese [tschi-*ne*-se])

chinesisch (cinese [tschi-*ne*-se])

Chirurg/-in (chirurgo/a ([ki-*rur*-go])

Cholesterinspiegel (colesterolo m [ko-les-te-*ro*-lo *al*-to])

Chor (coro m [*ko*-ro])

Christ/-in (cristiano/a m/f [kris-tj*a*-no])

christlich (cristiano/a [kris-tj*a*-no])

Coca Cola (coca cola f [*ko*ka *ko*la])

Code (codice m [*ko*-di-tsche])

Comic (fumetto m [fu-*met*-to])
Conditioner (balsamo m [bal-*sa*-mo])
Couchtisch (tavolino m [ta-wo-*li*-no])
Cousin (cugino m [ku-*dschi*-no])
Cousine (cugina f [ku-*dschi*-na])
Creme (crema f [*krä*-ma])

D

Dach (tetto m [*tet*-to])
daher (per questo [per *kwäs*-to])
danke (grazie [*gra*-zje])
danken (ringraziare [rin-gra-*zja*-re])
dann (poi [poj])
Darlehen (prestito m [*prä*-sti-to])
darüber (sopra [*so*-pra])
das heißt (cioè [tscho-*ä*])
davon (ne [ne])
dazugeben (unire »isc« [u-*ni*-re])
Decke (coperta f [ko-*per*-ta])
dein (tuo/a [*tu*-jo])
dekorieren (decorare (de-ko-*ra*-re])
Delfin (delfino m [del-*fi*-no])
Deodorant (deodorante m [de-jo-do-*ran*-te])
Depression (depressione f [de-pres-*sjo*-ne])
der dort, jeder (quello/a [*kwäl*-lo])
der hier, dieser (questo/a [*kwä*-sto])
Dermatologe (dermatologo m [der-ma-*to*-lo-go])
Dermatologin (dermatologa f [der-ma-*to*-lo-ga])
derselbe (stesso/a [*stes*-so])
Desinfektionsmittel (disinfettante m [dis-in-fet-*tan*-te])
Dessous (lingerie f [lin-dsche-*ri*-je])
deutsch (tedesco/a [te-*des*-ko])
Deutscher, Deutsche (tedesco/a [te-*des*-ko])
Deutschland (Germania f [dschär-*ma*-nja])
Dezember (dicembre m [di-*tschäm*-bre])
Diabetes (diabete m [dja-*be*-te])
Diarrhöe (diarrea f [dja-*rä*-a])
Diät (dieta f [dj*ä*-ta])
didaktisch (didattico/a [di-*dat*-ti-ko])
Dieb (ladro m [*la*-dro])
dienen (servire [ser-*wi*-re])
Dienstag (martedì m [mar-te-*di*])
Dilemma (dilemma m [di-*läm*-ma])
Dingo (dingo m [*din*-go])
direkt (proprio [*pro*-prjo])
Direktor (direttore [di-ret-*to*-re])
Direktorin (direttrice [di-ret-*tri*-tche])
Diskussionsforum (forum di discussione m [*fo*-rum di dis-kus-sjo-ne])
diskutieren (discutere# [dis-*ku*-te-re])
doch nicht (non … mica [non … *mi*-ca])
Dogma (dogma m [*dog*-ma])
Doktor (dottore m [dot-*to*-re])
Doktorin (dottoressa f [dot-to-*räs*-sa])
Dokument (documento m [do-ku-*men*-to])
Donnerstag (giovedì m [dscho-we-*di*])
Doppelzimmer (camera doppia f [*ka*-me-ra *dop*-pja])
Doppelzimmer mit Ehebett (camera matrimoniale f [*ka*-me-ra ma-tri-mo-nj*a*-le])
dort (ci [*tschi*]), (là [*la*]), (lì [*li*])
Dose (lattina f [lat-*ti*-na]), (scatola f [*ska*-to-la])
Dozent/-in (docente m/f (do-*tschän*-te])
Dragees (pastiglia f [pas-*til*-ja])
Drama (dramma m [*dram*-ma])
drehen (girare [dschi-*ra*-re])
drei (tre [*trä*])
Dritter, Dritte (terzo/a [*tär*-zo])
Dromedar (dromedario m [dro-me-*da*-rjo])
du (tu [*tu*])
Duett (duetto m [du-*et*-to])
Duft (profumo m [pro-*fu*-mo])
dunkel (scuro/a [*sku*-ro])
Durchfall (diarrea f [dja-*rä*-a])
dürfen (potere* [po-*te*-re])
Durst (sete f [*se*-te])
Dusche (doccia f [*dot*-tscha])

E

E-Auto (auto elettrica f [*au*-to e-*lät*-tri-ka])
E-Bike (bicicletta elettrica f [bi-tschi-*klet*-ta e-*lät*-tri-ka])
Edelstein (gioiello m [dscho-*jel*-lo])
effektiv (efficace [ef-fi-*ka*-tsche])
Ehe… (matrimoniale [ma-tri-mo-nj*a*-le])
Ehefrau (moglie f [*mol*-je])
Ehemann (marito m [ma-*ri*-to])
ehrgeizig (ambizioso/a ([am-bi-zi-*o*-zo])
Ei (uovo m [u-*o*-wo])
Eierschaumcreme (zabaglione m [dza-bal-*jo*-ne])
eifrig (zelante [dzä-*lan*-te])
Eigelb (tuorlo m ([tu-*or*-lo])
einchecken (check in m [tschäck-*in*])
einchecken (registrare [re-dschis-*tra*-re])

einfach (semplice [*sem*-pli-tsche]), (facile [*fa*-tschi-le])
Einfahrt (entrata f [en-*tra*-ta])
Eingang (ingresso m [in-*gres*-so])
einheimisch (locale [lo-*ka*-le])
einige (alcuni/e [al-*ku*-ni]), (qualche [*kwal*-ke])
eins (uno [*u*-no])
einschlafen (addormentarsi [ad-dor-men-*tar*-si])
Einschreiben (raccomandata [rak-ko-man-*da*-ta])
einsteigen (imbarcare [im-bar-*ka*-re])
eintauchen (immergere# [im-*mer*-dsche-re])
Einwegplastik (plastica monouso f [*plas*-ti-ka mo-no-*u*-so])
einwerfen (imbucare [im-bu-*ka*-re])
einzahlen (depositare [de-po-zi-*ta*-re])
Einzahlung (deposito m [de-*po*-zi-to])
einzeln (singolo/a [*sin*-go-lo])
Einzelzimmer (camera singola f [*ka*-me-ra *sin*-go-la])
einzigartig (unico/a [*u*-ni-ko])
Eisbecher (coppetta f [cop-*pet*-ta])
Eiscreme (gelato m [dsche-*la*-to])
Eisdiele (gelateria f [dschä-la-te-*ri*-ja])
Eisgetränk (granita f [gra-*ni*-ta])
Eisverkäufer (gelataio m [dschä-la-*tajo*])
Eiswaffel (cono m [*ko*-no])
Eiweiß (albume m [al-bu-me])
Ekzem (eczema m [äk-*ze*-ma])
Elefant (elefante m [e-le-*fan*-te])
elegant (elegante [e-le-*gan*-te])
elektonisch (elettronico/a [e-let-*tro*-ni-co])
Elektromotor (motore elettrico m [mo-*to*-re e-*let*-tri-ko])
Elektrotechnik (elettrotecnica f [e-let-tro-*tek*-ni-ka])
Eltern (genitori pl [dsche-ni-*to*-ri])
Emilia-Romagna (Emilia-Romagna f [e-*mil*-ja ro-*man*-ja])
Emission (emissione [e-mis-*sjo*-ne])
Emotion (emozione f [e-mo-*zjo*-ne])
emotional (emotivo/a [e-mo-*ti*-wo])
empathisch (empatico/a [em-pa-*ti*-ko])
Empfänger (destinatario m [de-sti-na-*ta*-rjo])
empfehlen (consigliare [kon-sil-*ja*-re])
empfindlich (sensibile [sen-*si*-bi-le])
Energie (energia f [e-ner-*dschi*-ja])
Energieeffizienz (efficienza energetica f [ef-fi-*tschän*-za e-ner-*dschä*-ti-ka])
Energiequelle (fonte energetica f [*fon*-te e-ner-*dschä*-ti-ka])
Engel (angelo m [*an*-dsche-lo])
Engländer/-in (inglese [in-*gle*-se])
englisch (inglese [in-*gle*-se])
Enkel/-in (nipote m/f [ni-*po*-te])
entdecken (scoprire# [sko-*pri*-re])
enthalten (contenere [kon-te-*ne*-re])
entlang (lungo [*lun*-go])
entschlossen (determinato/a [de-ter-mi-*na*-to])
entschuldigen (scusare [sku-*za*-re])
Entsorgung (smaltimento m [zmal-ti-*men*-to])
entweder ... oder (o ... o ([*o* ... *o*])
entwickeln (sviluppare [zwi-lup-*pa*-re])
Erbse (pisello m [pi-*zel*-lo])
Erdbeere (fragola f [*fra*-go-la])
Erdgeschoss (pianterreno m [pjan-ter-*re*-no])
erforschen (esplorare [es-plo-*ra*-re])
erfreut (lieto/a [lj*e*-to])
erfüllend (gratificante [gra-ti-fi-*kan*-te])
ergonomisch (ergonomico/a [er-go-*no*-mi-ko])
erhalten (ricevere# [ri-*tschä*-we-re])
Erkältung (raffreddore m [raf-fred-*do*-re])
ermitteln (indagare [in-da-*ga*-re])
Ermittlung (indagine f [in-*da*-dschi-ne])
Ernährung (alimentazione f [a-li-men-ta-*zjo*-ne]), (nutrizione f [nu-tri-*zjo*-ne])
Ernährungsberater/-in (nutrizionista m/f [nu-tri-zjo-*nis*-ta])
erneuerbar (rinnovabile f [rin-no-*wa*-bi-le])
Ersparnis (risparmio m [ri-*spar*-mjo])
erster (primo/a [*pri*-mo])
erster Gang (primo piatto m [*pri*-mo *pjat*-to])
Erwärmung (riscaldamento m [ris-kal-da-*men*-to])
erwarten (aspettare [as-pet-*ta*-re])
erziehen (educare [e-du-*ka*-re])
Esel (asino m [*a*-si-no])
Espresso mit Milch (caffè macchiato m [kaf-*fä* mak-*kja*-to])
Espresso mit Schuss (caffè corretto m [kaf-*fä* kor-*ret*-to])

Espresso, doppelter (caffè doppio m [kaf-*fä dop*-pjo])
Espresso, koffeinfreier (caffè decaffeinato m [kaf-*fä* de-kaf-fe-ji-*na*-to])
Espresso, stärkerer (caffè ristretto m [kaf-*fä* ri-*stret*-to])
Espresso, verdünnter (caffè lungo m [kaf-*fä lun*-go]), (caffè tedesco m ([kaf-*fä* te-*des*-ko])
Essay (saggio m [*sad*-dscho])
essen (mangiare [man-*dscha*-re])
Essig (aceto m [a-*tschä*-to])
Esskastanie (marrone m [mar-*ro*-ne])
etwas (qualcosa [kwal-*ko*-za])
euer (vostro/a [*wos*-tro])
ewig (eterno/a [e-*tär*-no])
existieren (esistere [e-*sis*-te-re])
Expressionismus (espressionismo m ([es-pres-sjo-*niz*-mo])

F

Fachbuch (libro specializzato m [*li*-bro spe-tscha-liz-*za*-to])
Fähigkeit (capacità f [ka-pa-tschi-*ta*])
fahren (guidare [gwi-*da*-re])
fahren (andare* [an-*da*-re])
Fahrkartenautomat (macchinetta f [mak-ki-*net*-ta])
Fahrkartenschalter (biglietteria f [bil-jät-te-*ri*-ja])
Fahrkartenverkäufer (bigliettaio m [bil-jet-*ta*-jo])
Fahrplan (orario m [o-*ra*-rjo])
Fahrrad (bici(cletta) f [bi-tschi-*klet*-ta])
Fahrzeug (veicolo m [we-*i*-ko-lo])
fakturieren (fatturare [fat-tu-*ra*-re])
Falke (falco m [*fal*-ko])
Familie (famiglia f [fa-*mi*-lja])
Farbe (colore m [ko-*lo*-re])
Faschingskostüm (costume m di carnevale [kos-*tu*-me di kar-ne-*wa*-le])
fast (quasi [*kwa*-zi])
Februar (febbraio m [feb-*bra*-jo])
feiern (celebrare [*tschä*-le-bra-re]), (festeggiare [fes-ted-*dscha*-re])
fein (fine [*fi*-ne])
Fenster (finestra f [fi-*nes*-tra])
Fern... (a distanza ([a dis-*tan*-za])
Fernseher (televisore m ([te-le-wi-*so*-re])
Fernunterricht (lezione a distanza f [le-*zjo*-ne a dis-*tan*-za])
Ferragosto (Ferragosto m [fer-ra-*gos*-to])
Fest (festa f [*fäs*-ta])
Festmahl (cenone m [tsche-*no*-ne])
Festnahme (arresto m [ar-*res*-to])
festnehmen (arrestare [ar-res-*ta*-re])
Fett (grasso m [*gras*-so])
fett (grasso/a [*gras*-so])
Feuchtigkeitscreme (crema idratante f [*krä*-ma i-dra-*tan*-te])
Feuerwerk (fuochi d'artificio pl [fu-*o*-ki dar-ti-*fi*-tscho])
Fieber (febbre f [*fäb*-bre])
Filet (filetto m [fi-*let*-to])
Film (film m [film])
finden (trovare [tro-*wa*-re])
Finger (dito m [*di*-to])
Fisch (pesce m [*pe*-sche])
Fischgeschäft (pescheria f [pes-ke-*ri*-ja])
FischverkäuferIn (pescivendolo/a m/f [pe-schi-*wen*-do-lo])
Fitness-Studio (palestra f [pa-*läs*-tra])
Flasche (bottiglia f [bot-*til*-ja])
flexibel (flessibile [fles-*si*-bi-le])
Flieder (lilla m [*lil*-la])
fliegen (volare [wo-*la*-re])
fliehen (fuggire [fud-*dschi*-re])
Florentiner Art (alla fiorentina [*al*-la fjo-ren-*ti*-na])
Flucht (fuga f [*fu*-ga])
Flug (volo m [*wo*-lo])
Flughafen (aeroporto [a-ä-ro-*por*-to])
Fluglinie (aerolinea [a-e-ro-*li*-ne-ja])
Flugzeug (aereo m [a-*ä*-re-jo])
Flur (corridoio m [kor-ri-*do*-jo])
Fluss (fiume m [*fju*-mi])
Flusskrebs (gambero m [*gam*-be-ro])
Focaccia (Fladenbrot) (focaccia f [fo-*kat*-tscha])
folgen (seguire [se-*gwi*-re])
fördern (promuovere# [pro-mu-*o*-we-re])
Forelle (trota f [*tro*-ta])
Formular (modulo m [*mo*-du-lo
Forum (forum m [*fo*-rum])
Frage (domanda f [do-*man*-da])
fragen (chiedere# [*kjä*-de-re]), (domandare [do-man-*da*-re])
frankieren (affrancare [af-fran-*ka*-re])
Frankreich (Francia f [*fran*-tscha])
Franzose (francese [fran-*tsche*-se])
französisch (francese [fran-*tsche*-se])
Frappé (Erfrischungsgetränk) (frappé m [frap-*pe*])
Frau (signora f [sin-*jo*-ra])

Frauenarzt (ginecologo m [dschi-ne-*ko*-lo-go])

Frauenärztin (ginecologa f [dschi-ne-*ko*-lo-ga])

Fräulein (signorina f [sin-jo-*ri*-na])

Frecciabianca (Hochgeschwindigkeitszug) (Frecciabianca m [fret-tscha-*bjan*-ka])

Frecciargento (Hochgeschwindigkeitszug) (Frecciargento m [fret-tschar-*dschen*-to])

Frecciarossa (Hochgeschwindigkeitszug) (Frecciarossa m [fret-tscha-*ros*-sa])

Freigabe (condivisione f [kon-di-wi-*sjo*-ne])

Freiheit (libertà f [li-ber-*ta*])

Freitag (venerdì m [we-ner-*di*])

Fresko (affresco m [af-*fres*-ko])

Freund (amico m [a-*mi*-ko])

Freundin (amica f [a-*mi*-ka])

freundlich (cortese [kor-*te*-ze])

freut mich (piacere [pia-*tschä*-re])

Friaul-Julisch Venetien (Friuli Venezia Giulia m (fri-*ju*-li we-*nä*-zja *dschu*-lja])

frisch (fresco/a [*fres*-ko])

Frischkäse, quarkähnlicher (ricotta f [ri-kot-ta])

frittieren (friggere# [*frid*-dsche-re])

Fruchtsaft (succo di frutta m [*suk*-ko di frut-ta])

früh (presto/a [*präs*-to])

früher (prima [*pri*-ma])

Frühstück (colazione f [ko-la-*zjo*-ne])

Fruktose (fruttosio m [frut-*to*-sjo])

Fuchs (volpe f [*wol*-pe])

Fuchsie (fucsia f [*fuk*-sja])

fuchsienrot (fucsia ([*fuk*-sja])

fühlen (sentire [sen-*ti*-re])

Führung (visita guidata f [*wi*-si-ta gwi-*da*-ta])

fünf (cinque [*tschin*-kwe])

fünfter (quinto/a [*kwin*-to])

Fuß (piede m [*pjä*-de])

Fußball (calcio m [*kal*-tscho])

Futurismus (futurismo m [fu-tu-*riz*-mo])

G

Galerie (galleria f [gal-le-*ri*-ja])

Gang (Menü) (portata f [por-*ta*-ta])

Gans (oca f [*o*-ka])

Garnele (gambero m [*gam*-be-ro]), (gamberetto m [gam-be-*ret*-to])

Gast (ospite m [*os*-pi-te])

Gastroenterologe (gastroenterologo m [gas-tro-en-te-*ro*-lo-go])

Gastroenterologin (gastroenterologa f [gas-tro-en-te-*ro*-lo-ga])

Gate (cancello m [kan-*tschäl*-lo])

Gebäck (pasta f [*pas*-ta])

geben (dare* [da-re])

Gebet (preghiera f [pre-*gjä*-ra])

Gebirge (montagna f [mon-*tan*-ja])

gebrochen (rotto/a [*rot*-to])

Gebühr (commissione f [kom-mis-*sjo*-ne])

Geburtstag (compleanno f [kom-ple-*an*-no])

Gedicht (poesia f [po-e-*si*-ja])

gedruckt (stampato/a [stam-*pa*-to])

geeignet (adatto/a [a-*dat*-to])

gefallen (piacere* [pja-*tsche*-re])

gefüllt (ripieno/a [ri-*pje*-no])

gegen (contro [*kon*-tro])

gegenüber (di fronte a [di *fron*-te a])

gegrillt (grigliato/a [gril-*ja*-to])

geheimnisvoll (misterioso/a [mis-te-*rjo*-zo])

gehen (andare* [an-*da*-re])

geizig (avaro/a [a-*wa*-ro])

gekocht (cotto/a [*kot*-to])

gelb (giallo/a [*dschal*-lo])

Geld (denaro m [de-*na*-ro]) (soldi pl ([*sol*-di])

Geldautomat (bancomat m [ban-ko-*mat*])

gelegentlich (talvolta [tal-*wol*-ta])

gelehrt (dotto/a [*dot*-to])

gemahlen (macinato/a [ma-tschi-*na*-to])

Gemälde (dipinto m [di-*pin*-to]), (quadro m [*kwa*-dro])

gemischt (misto/a [*mis*-to])

Gemüse (verdura f [wer-*du*-ra])

genesen (guarire »isc« [gwa-*ri*-re])

Genf (Ginevra f [dschi-*nä*-wra])

genießen (godere [go-*de*-re])

geöffnet (aperto/a [a-*per*-to])

Geothermie (geotermia f [dsche-o-ter-*mi*-ja])

Gepäck (bagaglio m [ba-*gal*-jo])

Gepäckskontrolle (controllo bagagli m [kon-*trol*-lo ba-*gal*-ji])

Gepäckwagen (carrello m [kar-*räl*-lo])

gereift (stagionato/a [sta-dscho-*na*-to])

gerieben (grattugiato/a [grat-tu-*dscha*-to])

Geschäft (negozio m [ne-*go*-zjo])

Geschäfte (affari pl [af-*fa*-ri])

geschält (pelato/a [pe-*la*-to])

Geschenk (regalo m [re-*ga*-lo])

Geschichtsbuch (libro di storia m [*li*-bro di *sto*-rja])

geschieden (divorziato/a [di-wor-*zja*-to])

geschlossen (chiuso/a [*kju*-zo])

Geschmack (gusto m [*gus*-to])
Geschwindigkeitsbegrenzung (limite di velocità m [il *li*-mite di we-lo-tschi-*ta*])
Geschwister (fratelli pl [fra-*tel*-li])
gesellig (sociale [so-*tscha*-le])
gestern (ieri [*je*-ri])
gesund (sano/a [*sa*-no])
Getränk (bevanda f [be-*wan*-da])
Getreide (cereali pl [tschä-re-*ja*-li])
getrennt (separato/a [se-pa-*ra*-to])
Gewand (abito m [a-bi-to])
Gewicht (peso m [*pe*-zo])
gewohnt (abituato/a [a-bi-tu-*a*-to])
Giraffe (giraffa f [dschi-*raf*-fa])
Girokonto (conto corrente m [*kon*-to kor-*ren*-te])
Glas (vetro m [*we*-tro])
Glaube (fede f [*fe*-de])
glauben (credere ([*kre*-de-re])
gleichfalls (altrettanto [al-tret-*tan*-to])
Gleichgewicht (equilibrio m [e-kwi-*li*-bri-jo])
gleichmäßig (regolare [re-go-*la*-re])
Gleis (binario m [bi-*na*-rjo])
Gletscher (ghiacciaio m [gjat-*tschai*-jo])
global (globale [glo-*ba*-le])
Glück (fortuna f [for-*tu*-na])
glücklich (felice [fe-*li*-tsche])
Gluten (glutine m [*glu*-ti-ne])
Gnom (gnomo m [*njo*-mo])
Gnu (gnu m [*nju*])
Goldbrasse (orata f [o-*ra*-ta])
Gondel (gondola f [*gon*-do-la])
Gondoliere (gondoliere m [gon-dol-*jä*-re])
Gorilla (gorilla m [go-*ril*-la])
Gott (Dio m [*di*-jo])
Gramm (grammo m [*gram*-mo])
gratis (gratuito/a [gra-*tu*-i-to])
grau (grigio/a [*gri*-dscho])
Grille (grillo m [*gril*-lo])
grillen (grigliare [gril-*ja*-re])
Grippe (influenza f [in-flu-*än*-za])
groß (grande [*gran*-de])
Größe (taglia f [*tal*-ja])
Großeltern (nonni pl [*non*-ni])
Großmutter (nonna f [*non*-na])
größter, größer (maggiore [mad-*dscho*-re])
Großvater (nonno m [*non*-no])
großzügig (generoso/a [dschä-ne-*ro*-zo])
grün (verde [*wer*-de])
Grund (motivo m [mo-*ti*-wo])
Gurke (cetriolo m [tsche-tri-*jo*-lo])
gut (bene [*bä*-ne]), (buono/a [*bwo*-no])
gute Nacht (buona notte [*bwo*-na *not*-te])
guten Abend (buonasera [bwo-na-*se*-ra])
guten Tag (buongiorno [bwuon-*dschor*-no])
Gynäkologe (ginecologo m [dschi-ne-*ko*-lo-go])
Gynäkologin (ginecologa f [dschi-ne-*ko*-lo-ga])

H

haben (avere* [a-*we*-re])
hacken (tritare [tri-*ta*-re])
Hackfleisch (carne macinata f [(*kar*-ne ma-tschi-*na*-ta])
Hähnchen (pollo m ([*pol*-lo])
halb (mezzo/a ([*mäz*-zo])
hallo (ciao ([*tschao*])
hallo (am Telefon) (pronto [*pron*-to])
Hals (collo m [*kol*-lo])
Halt (sosta f [*sos*-ta])
halten (tenere* [te-*ne*-re])
Hamburger (hamburger m [*am*-bur-ger])
Hand (mano f [*ma*-no])
Handball (pallamano m [pal-la-*ma*-no])
handeln (agire »isc« [a-*dschi*-re])
Handtuch (asciugamano m [a-schu-ga-*ma*-no])
hartnäckig (tenace [te-*na*-tsche])
hässlich (brutto/a [*brut*-to])
Hauptgang (secondo (piatto) m [se-*kon*-do *pjat*-to])
Haus (casa f [*ka*-za])
Hauswein (vino della casa m [*wi*-no *del*-la *ka*-za])
Haut (pelle f [*pel*-le])
Hautarzt (dermatologo m [der-ma-*to*-lo-go])
Hautärztin (dermatologa f [der-ma-*to*-lo-ga])
Hefe (lievito m [li-*je*-wi-to])
Heidelbeere (mirtillo m [mir-*til*-lo])
heilen (curare [ku-*ra*-re])
heilig (santo/a [*san*-to])
Heiligabend (vigilia f [wi-*dschil*-ja])
Heiliger (santo m [*san*-to])
heiraten (sposarsi [spo-*sar*-si])
heiß (caldo/a [*kal*-do])
heißen (chiamarsi [kja-*mar*-si])
heiter (sereno/a [se-*re*-no])
Heizung (riscaldamento m [ris-kal-da-*men*-to])
helfen (aiutare [aju-*ta*-re])
hell (chiaro/a [*kja*-ro])
Hemd (camicia f [ka-*mi*-tscha])
herausfordern (sfidare [zfi-*da*-re])
Herausforderung (sfida f [*zfi*-da])
herauskommen (uscire* [u-*schi*-re])

herausnehmen (togliere*# [*tol*-je-re])

Herd (cucina f [ku-*tschi*-na])

Herr (padrone m [pa-*dro*-ne]), (signore m [sin-*jo*-re])

Herz (cuore f [*kwo*-re])

herzlich willkommen (benvenuto/a [bän-we-*nu*-to])

Herzspezialist (cardiologo m [kar-di-*o*-lo-go])

Herzspezialistin (cardiologa f [kar-di-*o*-lo-ga])

heute (oggi [*od*-dschi])

heute Abend (stasera [sta-*se*-ra])

heute Morgen (stamattina [sta-mat-*ti*-na])

Hexe (strega f [*strä*-ga])

hier (qui [*kwi*])

Himbeere (lampone m [lam-*po*-ne])

Himmel (cielo m [*tschä*-lo])

himmelblau (celeste [tschä-*les*-te])

hinaufsteigen (salire* [sa-*li*-re])

hinten (in fondo [in *fon*-do])

hinzufügen (aggiungere [ad-*dschun*-dsche-re])

Histamin (istamina f [is-ta-*mi*-na])

Hitzewelle (ondata di caldo f [on-*da*-ta di *kal*-do])

Hobby (hobby m [*ob*-bi])

hoch (alto/a [*al*-to])

hochnäsig (superbo/a [su-*per*-bo])

Hochsaison (alta stagione [*al*-ta sta-*dscho*-ne])

Hochzeit (nozze pl [*noz*-ze])

Höhe (altezza f [al-*täz*-za])

Hölle (inferno m [in-*fer*-no])

Hörbuch (audiolibro m [au-djo-*lib*-ro])

hören (sentire [sen-*ti*-re])

Hörnchen (cornetto m [kor-*net*-to])

Horoskop (oroscopo m [o-*ros*-ko-po])

Hose (pantaloni pl [pan-ta-*lo*-ni])

Hotel (albergo m [al-*ber*-go]), (hotel m [o-*tel*])

Hüfte (fianco m [*fjan*-ko])

Hummer (astice m [*as*-ti-tsche])

Hund (cane m [*ka*-ne])

hundert Gramm (etto m [*et*-to])

Hunger (fame f [*fa*-me])

Hustensaft (sciroppo per la tosse m [schi-*rop*-po per la *tos*-se])

Hybridfahrzeug (veicolo ibrido m [we-*i*-ko-lo i-*bri*-do])

Hypothek (mutuo m [*mu*-tu-o])

I

Igel (riccio m [*rit*-tscho])

immer (sempre [*sem*-pre])

Impressionismus (impressionismo m [im-pres-sjo-*niz*-mo])

in Kürze (fra breve [fra *bre*-we]), (fra poco [fra *po*-ko])

in Richtung (verso [*wer*-so])

Ingenieur/-in (ingegnere m/f [in-dschen-*jä*-re])

Ingenieurswesen (ingegneria f ([in-dschen-je-*ri*-ja])

Inhalt (contenuto m [kon-te-*nu*-to])

innerhalb, zwischen, binnen (entro [*en*-tro]), (fra [fra]), (tra [tra])

Insel (isola f [*i*-so-la])

insgesamt (in totale [in to-*ta*-le])

intensiv (intenso/a [in-*ten*-so])

Interaktion (interazione f [in-ter-a-zjo-ne])

Intercity (intercity m [in-ter-*si*-ti])

interessant (interessante [in-te-res-*san*-te])

Intoleranz (intolleranza f [in-tol-le-*ran*-za])

investieren (investire [in-wes-*ti*-re])

Investition (investimento m [in-wes-ti-*men*-to])

Italiener/-in (italiano/a [i-ta-li-*a*-no])

italienisch (italiano/a [i-ta-li-*a*-no])

J

ja (sì [*si*])

Jacke (giacca f [*dschak*-ka])

Jaguar (giaguaro m [dscha-gu-*a*-ro])

Jahr (anno m [*an*-no])

Jahrestag (anniversario m [an-ni-wer-*sa*-rjo])

Januar (gennaio m [dschen-*nai*-jo])

jeder (ogni [*on*-ji])

jemals (mai [*mai*])

jetzt (adesso ([a-*däs*-so])

Joghurt (yoghurt m [*jo*-gurt])

Johannes (Giovanni m [dscho-*wan*-ni])

Johannisbeere (ribes m [*ri*-bes])

Josef (Giuseppe m [dschu-*säp*-pe])

Journalist/-in (giornalista m/f [dschor-na-*lis*-ta])

Jude (ebraico m [ä-*bra*-ji-ko])

Jüdin (ebraica f [ä-*bra*-ji-ka])

jüdisch (ebraico/a [ä-*bra*-ji-ko])

Jugend (gioventù f [dscho-wen-*tu*])

Juli (luglio m [*lul*-jo])

Junge (ragazzo m [ra-*gaz*-zo])

Jungfrau (vergine f [*wer*-dschi-ne])

Juni (giugno m [*dschun*-jo])

Juwel (gioiello m [dscho-*jel*-lo])

Juweliergeschäft (gioielleria f [dscho-jel-le-*ri*-ja])

K

Kaffee (caffè m [kaf-*fä*])

Kaffee mit Milchschaum (cappuccino m [kap-put-*tschi*-no])

Kaffee, kalter mit Milch (caffè freddo m [kaf-*fä fred*-do])

Kakao (cacao m [ka-kau])

Kalabrien (Calabria f [ka-*la*-brja])

Kalb (vitello m [wi-*täl*-lo])

Kalbfleisch (carne di vitello f [*kar*-ne di wi-*tel*-lo])

Kalbsbeinscheibe (ossobuco m [*os*-so-*bu*-ko])

kalorienhaltig (calorico/a [ka-*lo*-ri-ko])

kalt (freddo/a [*fred*-do])

Kamm (pettine m [*pet*-ti-ne])

Kampanien (Campania f [kam-*pan*-ja])

Kampfsport (sport da combattimento m [sport di kom-bat-ti-*men*-to])

Kanal (canale m [ka-*na*-le])

Känguru (canguro m [kan-*gu*-ro])

Kanzlei (studio legale m [*stu*-djo le-*ga*-le])

Kapazität (capacità f [ka-pa-tschi-*ta*])

Kaper (cappero m [*kap*-pe-ro])

kaputt (rotto/a [*rot*-to])

Karaffe (caraffa f [ka-*raf*-fa])

Kardiologe (cardiologo m [kar-di-*o*-lo-go])

Kardiologin (cardiologa f [kar-di-*o*-lo-ga])

Karfreitag (venerdì santo m [we-ner-*di san*-to])

Karneval (carnevale m [kar-ne-*wa*-le])

Karotte (carota f [ka-*ro*-ta])

Karsamstag (sabato santo m [*sa*-ba-to *san*-to])

Kartoffel (patata f [pa-*ta*-ta])

Kartoffelklößchen (gnocchi pl [*njok*-ki])

Kaschmir (cashmere m [*kasch*-mir])

Käse (formaggio m [for-*mad*-dscho])

Kassenbon (scontrino m [skon-*tri*-no])

Katholik/-in (cattolico/a m/f [kat-*to*-li-ko])

katholisch (cattolico/a [kat-*to*-li-ko])

Katze (gatto m [*gat*-to])

kaufen (comprare [kom-*pra*-re])

kein (nessuno/a [nes-*su*-no])

keine Ursache (di nulla [di *nul*-la])

Keks (biscotto m [bis-*kot*-to])

Kellner (cameriere m [ka-me-*rje*-re])

Kellnerin (cameriera f [ka-me-*rje*-ra])

Keramik (ceramica f [tsche-*ra*-mi-ka])

Kerze (candela f [kan-*de*-la])

Kichererbse (cece m [*tschä*-tsche])

Kilo (chilo m [*ki*-lo])

Kind (bambino/a m/f [bam-*bi*-no])

Kinderarzt (pediatra m/f [pä-*di*-ja-tra])

Kinderärztin (pediatra m/f [pä-*di*-ja-tra])

Kinderbuch (libro per bambini m [*li*-bro per bam-*bi*-ni])

Kinderzimmer (camera dei bambini f [*ka*-me-ra *däi* bam-*bi*-ni])

Kirche (chiesa f [*kjä*-sa])

Kissen (cuscino m [ku-*schi*-no])

Kiste (cassa f [*kas*-sa])

Klasse (classe f [*klas*-se])

Kleid (abito m [a-bi-to]), (vestito m [wes-*ti*-to])

Kleidung (vestiti pl [wes-*ti*-ti])

klein (piccolo/a [*pik*-ko-lo])

Klimaanlage (aria condizionata f [*a*-rja kon-di-zjo-*na*-ta])

Klimawandel (cambiamento climatico m [kam-bja-*men*-to kli-*ma*-ti-ko])

Kloster (convento m [kon-*wen*-to])

knallpink (fucsia [*fuk*-sja])

kneten (impastare [im-pas-*ta*-re])

Knie (ginocchio m [dschi-*nok*-kjo])

Knoblauch (aglio m [*al*-jo])

Koala (koala m [ko-*a*-la])

Koch (cuoco m [*kwo*-ko])

Kochbuch (libro di cucina m [*li*-bro di ku-*tschi*-na])

köcheln (cuocere*# [*kuo*-tsche-re])

köcheln lassen (lasciar cuocere [la-*schar kuot*-sche-re])

kochen (cucinare [kut-schi-*na*-re])

kochend heiß (bollente [bol-*len*-te])

Köchin (cuoca f [*kwo*-ka])

Koffer packen (fare*# la valigia [*fa*-re la wa-*li*-dscha])

Kohle (carbone m [kar-*bo*-ne])

Köhler Art (alla carbonara [*al*-la kar-bo-*na*-ra])

Kolibri (colibrì m [ko-li-*bri*])

Kombination (combinazione f [kom-bi-na-*zjo*-ne])

komisch (buffo/a [*buf*-fo])

kommen (venire*# [we-*ni*-re])

Kommissar (commissario m [kom-mis-*sa*-rjo])

Konditor (pasticcere m [pas-tit-*tschä*-re])

Konditorei (pasticceria f [pas-tit-tschä-*ri*-ja])

Kondor (condor m [*kon*-dor])

konfessionslos (laico/a [*la*-ji-ko])

Königin (regina [re-*dschi*-na])

können (potere* [po-*te*-re])

konstruieren (costruire »isc« [ko-stru-*ji*-re])

Kontoauszug (estratto conto m [e-*strat*-to kon-to])

Kontostand (saldo m [*sal*-do])

kontrollieren (controllare [kon-trol-*la*-re])

Konvention (convenzione f [kon-wen-*zjo*-ne])

Konzert (concerto m [kon-*tschär*-to])

Kopf (testa m [*täs*-ta])

Kopfschmerzen (mal di testa m [mal di *täs*-ta])

kopieren (copiare [ko-*pja*-re])

Korb (cestino m [tsches-*ti*-no])

Korrespondenz (corrispondenza f [kor-ris-pon-*den*-za])

kosten (assaggiare [as-sad-*dscha*-re])

köstlich (delizioso/a [de-li-*zjo*-zo])

krank (malato/a [ma-*la*-to])

Krankenhaus (ospedale m [os-pe-*da*-le])

Krebs (gambero m [*gam*-be-ro]) (cancro m [*kan*-kro])

Krebsspezialist (oncologo m [on-*ko*-lo-go])

Krebsspezialistin (oncologa m [on-*ko*-lo-ga])

Kredit (credito m [*krä*-di-to])

Kreditkarte (carta di credito f [*kar*-ta di *krä*-di-to])

Krevette (gamberetto m [gam-be-*ret*-to])

Krippe (presepe m [pre-*se*-pe])

kristallklar (cristallino/a [kris-tal-*li*-no])

Krustentiere (crostacei pl [kros-*ta*-tschäi])

Kubismus (cubismo m [ku-*biz*-mo])

Küche (cucina f [ku-*tschi*-na])

Kuchen (torta f [*tor*-ta])

Kuchen mit kandierten Früchten (cassata f [kas-*sa*-ta])

Kuh (mucca f [*muk*-ka])

Kunst (arte f [*ar*-te])

Künstler/-in (artista m/f [ar-*tis*-ta])

künstlerisch (artistico/a ([ar-*tis*-ti-ko])

Kunstwerk (opera d'arte f [*o*-pe-ra *dar*-te])

Kurs (corso m [*kor*-so])

kurz (corto/a [*kor*-to])

kurz und gut (insomma [in-*som*-ma])

kurzfristig (a breve termine [a *bre*-we *tär*-mi-ne])

Kurzgeschichte (racconto m [rak-*kon*-to])

Küste (costa f [*kos*-ta])

L

Labor (laboratorio m [la-bo-ra-*to*-rjo])

lachen (ridere# [*ri*-de-re])

Lachs (salmone m [sal-*mo*-ne])

Ladeinfrastruktur (infrastruttura di ricarica f [in-fra-strut-*tu*-ra di ri-*ka*-ri-ka])

Ladekabel (cavo di ricarica m [*ka*-wo di ri-*ka*-ri-ka])

laden (caricare [ka-ri-*ka*-re])

Ladepunkt (punto di ricarica m [*pun*-to di ri-*ka*-ri-ka])

Ladestation (stazione di ricarica f [sta-*zjo*-ne di ri-*ka*-ri-ka])

Lagune (laguna f [la-*gu*-na])

Laktose (lattosio m [lat-*to*-sjo])

Lama (lama m [*la*-ma])

Lamm (agnello [an-*jel*-lo])

Lammfleisch (carne di agnello f [*kar*-ne di an-*jel*-lo])

Land (paese m [pa-*e*-ze])

landen (atterrare [at-ter-*ra*-re])

Landeshauptstadt (capoluogo m [ka-po-lu-*o*-go])

lang (lungo/a [*lun*-go])

langfristig (a lungo termine [a *lun*-go *tär*-mi-ne])

langsam (lento/a [*län*-to]), (piano [*pja*-no])

langweilig (noioso/a [noj-*o*-so])

Lasagne (lasagne pl [la-*zan*-je])

Latium (Lazio m [*la*-zjo])

Latte macchiato (Milch mit Espresso) (latte macchiato m [*lat*-te mak-*kja*-to])

Leben (vita [*wi*-ta])

leben (vivere# [*wi*-we-re])

Lebensmittelkennzeichnung (etichetta alimentare f [e-ti-*ket*-ta a-li-men-*ta*-re])

Lebensraum (habitat m [*a*-bi-tat])

lebhaft (vivace [wi-*wa*-tsche])

legen (mettere# [*mät*-te-re])

Lehr… (didattico/a [di-*dat*-ti-ko])

Lehramt (pedagogia f [pä-da-go-*dschi*-ja])

LehrerIn (insegnante m/f [in-sen-*jan*-te])

Lehrmaterial (materiale didattico m [ma-te-*rja*-le di-*dat*-ti-ko])

Leichtathletik (atletica leggera f [at-*le*-ti-ka led-*dschä*-ra])

Leidenschaft (passione f [pas-*sjo*-ne])

leider (purtroppo [pur-*trop*-po])

leidtun (dispiacere* [dis-pja-*tsche*-re])

leihen (prestare [präs-*ta*-re])

Leinen (lino m [*li*-no])

Leinwand (tela f ([*te*-la])

leise (silenzioso/a [si-len-*zjo*-zo])

lernen (studiare [stu-*dja*-re])

lesen (leggere# [*läd*-dsche-re])

letzter (ultimo/a [*ul*-ti-mo])

Leute, junge (ragazzi pl [ra-*ga*-zi])

Lexikon (enciclopedia f [än-tschi-klo-pä-*di*-ja])
Libretto (libretto m [li-*bret*-to])
lieb (caro/a [ka-ro])
Liebe (amore m [a-*mo*-re])
lieben (amare [a-*ma*-re])
Liegewagen (cuccetta f [kut-*tschet*-ta])
Ligurien (Liguria f [li-*gu*-rja])
lilafarben (lilla [*lil*-la])
limitiert (limitato/a [li-mi-*ta*-to])
Linguistik (linguistica f [lin-*gwis*-ti-ka])
Linienbus (corriera f [kor-*rje*-ra])
Liter (litro m [*li*-tro])
Literatur (Studienfach) (lettere pl [*let*-te-re])
Literatur (letteratura f [let-te-ra-*tu*-ra])
live (dal vivo f [dal *wi*-wo])
Löffel (cucchiaio m [kuk-*kjai*-o])
Löffelbiskuits (savoiardi pl [sa-wo-*jar*-di])
Lombardei (Lombardia f [lom-bar-*di*-ja])
lose (sfuso/a [*zfu*-zo])
Löwe (leone m [le-*jo*-ne])
Luft (aria f [*a*-ri-a])
Luftqualität (qualità dell'aria f [kwa-li-*ta* del-*la*-rja])
Luftverschmutzung (inquinamento atmosferico m [in-kwi-na-*men*-to at-mos-*fe*-ri-ko])
Lust (voglia f [*wol*-ja])
lustig (buffo/a [*buf*-fo])
lustig (divertente [di-wer-*tän*-te])

M

machen (fare*# [*fa*-re])
Mädchen (ragazza f [ra-*gaz*-za])
Magen-Darm-Spezialist (gastroenterologo m [gas-tro-en-te-*ro*-lo-go])
Magen-Darm-Spezialistin (gastroenterologa f [gas-tro-en-te-*ro*-lo-ga])
Magenschleimhautentzündung (gastrite f [gas-*tri*-te])
mager (magro/a [*ma*-gro])
Magma (magma m [*mag*-ma])
Mahlzeit (pasto m [*pas*-to])
Mai (maggio m [*mad*-dscho])
Mailänder Art (alla milanese [*al*-la mi-la-*ne*-ze])
Mais (mais m [mais])
Mal (volta f [*wol*-ta])
malen (dipingere*# [di-*pin*-dsche-re])
Maler (pittore m [pit-*to*-re])
Malerei (pittura f [pit-*tu*-ra])
malerisch (pittoresco/a [pit-to-*res*-ko])
man muss (bisogna [bi-*zon*-ja])
manchmal (a volte [a *wol*-te]), (qualche volta [*kual*-ke *wol*-ta])
Mangold (bietola f [bi-*ä*-to-la])
Mantel (cappotto m [kap-*pot*-to])
mariniert (marinato/a [ma-ri-*na*-to])
Marken (Marche pl [*mar*-ke])
Markusbasilika (basilica di San Marco f [ba-*zi*-li-ka di san *mar*-ko])
Markusplatz (Piazza San Marco f [*pjaz*-za san *mar*-ko])
Marokkaner/-in (marocchino/a [ma-rok-*ki*-no])
marokkanisch (marocchino/a [ma-rok-*ki*-no])
Marokko (Marocco m [marokko])
März (marzo m [*mar*-zo])
Maske (maschera f [*mas*-ke-ra])
Master (master m [*mas*-ter])
Material (materiale m [ma-te-rj*a*-le])
Mathematiker/-in (matematico/a [ma-te-*ma*-ti-ko])
Maus (topo m ([*to*-po])
Maut (pedaggio m [pe-*dad*-dschio])
Mautstelle (casello m [ka-*säl*-lo])
Mechatronik (meccatronica f [mek-ka-*tro*-ni-ka])
mediterran (mediterraneo/a [me-di-ter-*ra*-nä-jo])
Medizin (medicina f [me-di-*tschi*-na])
Meeresspiegel (livello del mare m [li-*wäl*-lo del *ma*-re])
Meeting (incontro m [in-*kon*-tro])
Mehl (farina f [fa-*ri*-na])
mehr (più [*pju*])
mein (mio/a [*mi*-jo])
Melone (melone m [me-*lo*-ne])
Messe (messa f [*mes*-sa])
Messer (coltello m [kol-*täl*-lo])
Metro (metro(politana) f [me-tro-po-li-*ta*-na])
Metzger (macellaio m [ma-tschel-*lai*-jo])
Metzgerei (macelleria f ([ma-tschel-le-*ri*-ja])
Miesmuschel (cozza f [*koz*-za])
Mikroplastik (microplastiche pl [mi-kro-*plas*-ti-ke])
Milch (latte m [*lat*-te])
Milchkaffee (caffellatte m [kaf-*fä*-*lat*-te])
Mineralstoffe (minerali pl [mi-ne-*ra*-li])
Mineralwasser mit Kohlensäure (acqua con gas f [*a*-kwa kon *gass*])
Mineralwasser ohne Kohlensäure (acqua senza gas f [*a*-kwa *sän*-sa *gass*])
Minibar (frigobar m [fri-go-*bar*])
Minimalismus (minimalismo m [mi-ni-ma-*liz*-mo])
Minimum (minimo m [*mi*-ni-mo])

mischen (mescolare [mes-ko-*la*-re])
mit (con [kon])
mit Thunfischpaste (tonnato/a [ton-*na*-to])
Mitarbeiter/in (addetto/a [a-*det*-to])
Mittag (mezzogiorno m [mäz-zo-*dschor*-no])
Mittagszeit (ora di pranzo f [*o*-ra di *pran*-zo])
mittelblau (azzurro/a [adz-*zur*-ro])
mittelfristig (a medio termine [a *me*-djo *tär*-mi-ne])
Mitternacht (mezzanotte f [mäz-za-*not*-te])
Mitternachtsmesse (messa di mezzanotte f [*mes*-sa di mez-za-*not*-te
Mittwoch (mercoledì m [mer-ko-le-*di*])
Möbel (mobili pl [*mo*-bi-li])
Möbelstück (mobile m [*mo*-bi-le])
Modell (modello m [mo-*del*-lo])
modern (moderno/a [mo-*der*-no])
möglich (possibile [pos-*si*-bi-le])
Monat (mese m [*me*-ze])
Mönch (monaco m [*mo*-na-ko])
Montag (lunedì m [lu-ne-*di*])
morgen (domani [do-*ma*-ni])
Morgen (mattina f [mat-*ti*-na]), (mattino m [mat-*ti*-no])
Moschee (moschea f [mos-*kä*-ja])
Moslem (mus(s)ulmano m [mu-zul-*ma*-no])
Moslima (mus(s)ulmana f [mu-zul-*ma*-na])
Motorrad (moto(cicletta) f [mo-to-tschi-*klet*-ta])
Motorsport (motociclismo m [mo-to-tschi-*klis*-mo])
müde (stanco/a [*stan*-ko])
Müll (spazzatura f [spaz-za-*tu*-ra])
Müller/-in (mugnaio/a m/f [mun-*jai*-jo])
Müllerin-Art (alla mugnaia [*al*-la mun-*jai*-ja])
Mund (bocca f [*bok*-ka])
Museum (museo m [mu-*se*-jo])
Musik (musica f [*mu*-si-ka])
Müsli (cereali pl [tschä-re-*ja*-li])
muslimisch (mus(s)ulmano/a [mu-zul-*ma*-no])
müssen (dovere* [do-*we*-re])
mutig (audace [au-*da*-tsche])
Mutter (madre f [*ma*-dre])

N

nachhaltig (sostenibile [sos-te-*ni*-bi-le])
Nachhaltigkeit (sostenibilità f [sos-te-ni-bi-li-*ta*])
Nachmittag (pomeriggio m [po-me-*rid*-dscho])
Nachricht (notizia f [no-*ti*-zja])
Nachsaison (bassa stagione f [*bas*-sa sta-*dscho*-ne])
nächster (prossimo/a [*pros*-si-mo])
Nacht (notte f [*not*-te])
Nachtisch (dessert m [des-*sert*])
nahrhaft (nutriente [nu-tri-*en*-te])
Nährstoff (nutrimento m [nu-tri-*men*-to])
Nahrung (cibo m [*tschi*-bo])
naja (insomma [in-*som*-ma])
Name (nome m [*no*-me])
Nase (naso m [*na*-so])
nass (bagnato/a [ban-*ja*-to])
natürlich (naturale [na-tu-*ra*-le])
Nebel (nebbia f [*neb*-bja])
neben (accanto a [ak-*kan*-to])
neblig (nebbioso/a [neb-bjo-so])
Neffe (nipote m [ni-*po*-te])
Negroni (Cocktail) (Negroni m [ne-*gro*-ni])
nehmen (prendere# [*pren*-de-re])
Nervenarzt (neurologo m [ne-ju-*ro*-lo-go])
Nervenärztin (neurologa f [ne-ju-*ro*-lo-ga])
neu (nuovo/a [nu-*o*-wo])
neuester (ultimo/a [*ul*-ti-mo])
neugierig (curioso/a [ku-rjo-zo])
Neujahrsglückwünsche (auguri di buon anno nuovo pl [au-*gu*-ri di buon *an*-no nu-*o*-wo])
neun (nove [*no*-we])
neunter (nono/a [*no*-no])
Neurologe (neurologo m [ne-ju-*ro*-lo-go])
Neurologin (neurologa f [ne-ju-*ro*-lo-ga])
Nichte (nipote f [ni-*po*-te])
nichts (niente [*njen*-te]), (nulla [*nul*-la])
nie (non ... mai [non ... *mai*])
niedrig (basso/a [*bas*-so])
niemals (non ... mai [non ... *mai*])
niemand (nessuno/a [nes-*su*-no])
Nilpferd (ippopotamo m [ip-po-*po*-ta-mo])
noch (ancora [an-*ko*-ra])
Nordic Walking (camminata nordica f [kam-mi-*na*-ta *nor*-di-ka])
normal (normale [nor-ma-le])
normalerweise (di solito [di *so*-li-to])
nostalgisch (nostalgico/a [nos-*tal*-gi-ko])
notiert (annotato/a [an-no-*ta*-to])
November (novembre m [no-*wäm*-bre])

Nudeln (pasta f [*pas*-ta])
Nudelsieb (scolapasta m [sko-la-*pas*-ta])
Null (zero m [*dzä*-ro])
Null-Emissionen (emissioni zero p [e-mis-*sjo*-ni *dschä*-ro])
Nummernschild (targa f [*tar*-ga])
nur (solo [*so*-lo])
Nuragen (nuraghi pl [nu-*ra*-gi])
Nuss (noce f [*no*-tsche])
Nutria (nutria f [*nu*-trja])
nutzen (utilizzare [u-ti-liz-*za*-re])

O

ob (se [se])
Obst (frutta f [*fru*-ta])
Obstsalat (macedonia f [ma-tsche-*don*-ja])
oder (o, oppure [o, op-*pu*-re])
offen (Wein) (sfuso/a [*zfu*-zo])
offenbaren (rivelare [ri-we-*la*-re])
öffnen (aprire# [a-*pri*-re])
Öffnungszeiten (orario di apertura m [o-*ra*-rjo di a-per-*tu*-ra])
oft (spesso [*späs*-so])
oh Gott (oddio [od-*di*-jo])
ohne (senza [*sän*-sa])
Ohr (orecchio m [o-*räk*-kjo])
okay (va bene [wa *bä*-ne])
Ökologie (ecologia f [e-ko-lo-*dschi*-ja])
Ökosystem (ecosistema m [e-ko-sis-*tä*-ma])
Oktober (ottobre m [ot-*to*-bre])
Öl (olio m [*ol*-jo])
Olive (oliva f [o-*li*-wa])
Olivenöl (olio d'oliva m [*ol*-jo do-*li*-wa])
Oma (nonna f [*non*-na])
Onkel (zio m [*dzi*-jo])
Onkologe (oncologo m [on-*ko*-lo-go])
Onkologin (oncologa m [on-*ko*-lo-ga])
online (online [*on*-lain])
Online-Plattform (piattaforma online f [pjat-ta-*for*-ma *on*-lain])
Opa (nonno m [*non*-no])
Oper (opera f [*o*-pe-ra])
Oper, komische (opera buffa [*o*-pe-ra *buf*-fa])
Operette (operetta f [ope-*ret*-ta])
optimal (benissimo [bä-*nis*-si-mo]), (ottimo/a [*ot*-ti-mo])
optimistisch (ottimista [ot-ti-*mis*-ta])
Orange (arancia f [a-*ran*-tscha])
orangefarben (arancione [a-ran-*tscho*-ne])
Orangenlimonade (aranciata f [a-ran-*tscha*-ta])
Orchester (orchestra f [or-*kes*-tra])
Ordnung (ordine f [*or*-di-ne])
Organisation (organizzazione f [or-ga-niz-za-*zjo*-ne])
organisieren (organizzare [or-ga-niz-*za*-re])
Ort (luogo m [lu-*o*-go])
Orthopäde (ortopedico m ([or-to-*pä*-di-ko])
Orthopädin (ortopedica f [or-to-*pä*-di-ka])
Osterei (uovo di Pasqua m [u-*o*-wo di *pas*-kwa])
Osterhase (coniglietto di Pasqua [ko-nil-*jet*-to di *pas*-kwa])
Ostermontag (Pasquetta f [pas-*kwet*-ta])
Ostern (Pasqua f [*pas*-kwa])
Ostersonntag (domenica di Pasqua f [do-*me*-ni-ka di *pas*-kwa])
Ostertaube (colomba di Pasqua [ko-*lom*-ba di *pas*-kwa])

P

Paar (coppia m [*kop*-pja])
Päckchen (pacchetto m [pak-*ket*-to])
Packung (confezione f [kon-fe-zjo-ne])
Paket (pacco m [*pak*-ko]), (pacchetto m [pak-*ket*-to])
Palast (palazzo m [pa-*laz*-zo])
Panna cotta (cremiges Dessert) (panna cotta f [*pan* na *kot* ta])
Panther (pantera f [pan-*te*-ra])
Papagei (pappagallo m [pap-pa-*gal*-lo])
Papier (carta f [*kar*-ta])
Pappe (carta f [*kar*-ta])
Pappteller (piatto di carta m [*pjat*-to di *kar*-ta])
Paprikaschote (peperone m [pe-pe-*ro*-ne])
Parade (sfilata f [sfi-*la*-ta])
Parfümerie (profumeria f [pro-fu-me-*ri*-ja])
Parkett (platea f [pla-*tä*-ja])
Parkplatz (parcheggio m [par-*ked*-dscho])
Passagier (passeggero m [pas-sed-*dschä*-ro])
Passkontrolle (controllo passaporti m [kon-*trol*-lo pas-sa-*por*-ti])
Passwort (password f [*pass*-word])
Pause (sosta f [*sos*-ta])
Pelikan (pellicano m [pel-li-*ka*-no])
perfekt (perfetto/a [per-*fet*-to])
Person (persona f [per-*so*-na])
Personalausweis (carta d'identità f [*kar*-ta di-den-ti-*ta*])
pessimistisch (pessimista [pes-si-*mis*-ta])
Pesto (pesto m [*päs*-to])

Petersilie (prezzemolo m [präz-*ze*-mo-lo])
Pfanne (padella f [pa-*del*-la])
Pferd (cavallo m [ka-*wal*-lo])
Pfirsich (pesca f [*pes*-ka])
Pflaster (cerotto m [tsche-*rot*-to])
Pflaume (prugna m [*prun*-ja])
Pfund (mezzo chilo m [*mäz*-zo *ki*-lo])
Philosophie (filosofia f [fi-lo-so-*fi*-ja])
Photovoltaikanlage (impianto fotovoltaico m [im-*pjan*-to fo-to-wol-*ta*-i-ko])
Physiker/-in (fisico/a m/f [*fi*-si-ko])
Pianist/-in (pianista m/f [pja-*nis*-ta])
Piemont (Piemonte m [pje-*mon*-te])
Pille (pasticca f [pas-*tik*-ka])
Pilz (fungo m [*fun*-go])
Pinguin (pinguino m [pin-gu -*i*-no])
Pinsel (pennello m [pen-*nel*-lo])
Pizzastück (pizzetta f [piz-*zet*-ta])
Plastik (plastica f [*plas*-ti-ka])
Plattform (piattaforma f [pjat-ta-*for*-ma])
Platz (posto m [*pos*-to])
Pole, Polin (polacco/a [po-*lak*-ko])
Polizei (polizia f [po-li-*zi*-ja])
Polizeirevier (questura f [kwes-*tu*-ra])
Polizist (poliziotto m [po-li-*zjot*-to])
Pollen (polline m [*pol*-li-ne])
polnisch (polacco/a [po-*lak*-ko])
Polyester (poliestere m [po-li-*äs*-te-re])
Portion (porzione f [por-*zjo*-ne])
Post (posta f [*pos*-ta])
Postamt (ufficio postale m [uf-*fi*-tscho pos-*ta*-le])
posten (postare [pos-*tar*-re])
Postkarte (cartolina f [kar-to-*li*-na])
Präsenz (presenza f [pre-*sen*-za])
Praxis (studio m [*stu*-djo])
Preis (prezzo m [*präz*-zo])
prickelnd (frizzante [friz-*zan*-te])
Prinz (principe m [*prin*-tschi-pe])
Prinzessin (principessa f [prin-tschi-*pes*-sa])
privat (privato/a [pri-*wa*-to])
probieren (provare [pro-*wa*-re])
Problem (problema m [pro-*blä*-ma])
Produzent (produttore m [pro-dut-*to*-re])
Professor (professore m [pro-fes-*so*-re])
Professorin (professoressa f [pro-fes-so-*räs*-sa])
Prosecco (prosecco m [pro-*sek*-ko])
Proteine (proteine pl [pro-tä-*ji*-ne])
Protestant/-in (protestante m/f [pro-tes-*tan*-te])
protestantisch (protestante [pro-tes-*tan*-te])
Prozess (processo m [pro-*tschäs*-so])
Prozession (processione f [pro-tsches-*sjo*-ne])
PsychiaterIn (psichiatra m/f [psi-*kja*-tra])
Psychologe (psicologo m [psi-*ko*-lo-go])
Psychologin (psicologa f [psi-*ko*-lo-ga])
Pudding (budino m [bu-*di*-no])
puderrosa (rosa polvere [*ro*-za *pol*-we-re])
Pulver (polvere f [*pol*-we-re])
Puma (puma m [*pu*-ma])
putzen (pulire »isc« [pu-*li*-re])

Q

Qualle (medusa f [me-*du*-sa])
Quittung (ricevuta m [ri-tschä-*wu*-ta])

R

Radicchio (radicchio m [ra-*dik*-kio])
Radio (radio f [*ra*-djo])
Radiologe (radiologo m [ra-djo-lo-go])
Radiologin (radiologa f [ra-djo-lo-ga])
Radsport (ciclismo m [tschi-*klis*-mo])
raffiniert (Zucker) (raffinato/a [raf-fi-*na*-to])
Ragout (spezzatino m [spez-za-*ti*-no])
Rasierer (rasoio m [ra-*zoi*-jo])
Raststätte (area di servizio f [*a*-rä-a di ser-*wi*-zjo])
Ratte (ratto m [*rat*-to])
Reaktion (reazione f [re-a-*zjo*-ne])
Rechnung (conto m [*kon*-to])
Recyceln (riciclaggio m [ri-tschi-*klad*-dscho])
recyceln (riciclare [ri-tschik-*la*-re])
reduzieren (ridurre*# [ri-*dur*-re])
Reflux (reflusso m [re-*flus*-so])
Regal (scaffale m [skaf-*fa*-le])
regelmäßig (regolare [re-go-*la*-re])
regelmäßig (regolarmente [re-go-lar-*men*-te])
Regen (pioggia f [*pjod*-dscha])
regnerisch (piovoso/a [pjo-*wo*-so])
Regenwald (foresta pluviale f [fo-*räs*-ta plu-*wja*-le])
Region (regione f [re-*dscho*-ne])

Regionalzug (regionale m [re-dscho-*na*-le])

regnen (piovere [*pjo*-we-re])

regulierbar (regolabile [re-go-*la*-bi-le])

Reibe (grattugia f [grat-*tu*-dscha])

reiben (grattugiare [grat-tu-*dscha*-re])

reich (ricco/a [*rik*-ko])

reichen (genügen) (bastare [*bas*-ta])

Reichweite (autonomia f [au-to-no-*mi*-ja])

Reifen (pneumatico m [pne-u-*ma*-ti-ko])

Reis (riso m [*ri*-zo])

Reise (viaggio [*wjad*-dscho])

Reisebus (pullman m [*pull*-mann])

Reiseführer (guida turistica f [*gwi*-da tu-*ris*-ti-ka])

reisen (viaggiare [wjad-*scha*-re])

Reisgericht (risotto m [ri-*zot*-to])

Religion (religione f [re-li-*dscho*-ne])

religiös (religioso/a [re-li-*dscho*-zo])

Republik Venedig (Serenissima f [se-re-*nis*-si-ma])

reserviert (riservato/a [ri-ser-*wa*-to])

Reservierung (prenotazione f [pre-no-ta-*zjo*-ne])

Ressourcen (risorse pl [ri-*sor*-se])

Restaurant (ristorante m [ri-sto-*ran*-te])

Restaurierung (restauro m [re-*stau*-ro])

Rezept (ricetta f [ri-*tschet*-ta])

Rezeption (reception f [re-*zäp*-zjon])

Rheumatologe (reumatologo m [re-u-ma-*to*-lo-go])

Rheumatologin (reumatologa f [re-u-ma-*to*-lo-ga])

richtig (giusto/a [*dschus*-to])

Riesengarnele (gamberone m [gam-be-*ro*-ne])

Rind (manzo m [*man*-zo])

Rindfleisch (carne di manzo f [*kar*-ne di man-zo])

Rippchen (costina f [kos-*ti*-na])

Robbe (foca f [*fo*-ka])

Rock (gonna f [*gon*-na])

roh (crudo/a [*kru*-do])

Rollcontainer (cassettiera mobile f [kas-set-*tjä*-ra *mo*-bi-le])

Roman (romanzo m [ro-*man*-zo])

Romanistik (romanistica f [ro-ma-*nis*-ti-ka])

romantisch (romantico/a [ro-*man*-ti-ko])

römischer Art (alla romana [*al*-la ro-*ma*-na])

Röntgenarzt (radiologo m [ra-*djo*-lo-go])

Röntgenärztin (radiologa f [ra-*djo*-lo-ga])

rosafarben (rosa [*ro*-za])

Rose (rosa f [*ro*-za])

Rosmarin (rosmarino m [roz-ma-*ri*-no])

rot (rosso/a [*ros*-so])

Roulade (involtino m [in-wol-*ti*-no])

Rücken (schiena f [*skje*-na])

Rückenschmerzen (mal di schiena m [mal di *skje*-na])

Rucola (rucola f [*ru*-ko-la])

Ruhe (tranquillità f [tran-kwil-li-*ta*])

ruhig (quieto/a [kwj*ä*-to])

ruhig *nach Imperativ* (pure [*pu*-re])

Rundfahrt (giro m [*dschi*-ro])

ruiniert (rovinato/a [ro-wi-*na*-to])

runterfahren (uscire* [u-*schi*-re])

rustikal (rustico/a [*rus*-ti-ko])

S

Säckchen (sacchetto m [sak-*ket*-to])

Safran (zafferano m [zaf-fe-*ra*-no])

Saft, frisch gepresst (spremuta f [spre-*mu*-ta])

sagen (dire*# [*di*-re])

Sahne (crema f [*krä*-ma]), (panna f [*pan*-na])

Saison (stagione f [sta-*dscho*-ne])

Salami (salame m [sa-*la*-me])

Salat (insalata f [in-sa-*la*-ta])

Salbe (pomata f [po-*ma*-ta])

Salz (sale m [*sa*-le])

Sammlung (collezione f [kol-le-*zjo*-ne])

Samstag ((sabato m [*sa*-ba-to])

sandbeige (beige sabbia [bäsch *sab*-bja])

Sandwich (panino m [pa-*ni*-no]), (tramezzino m [tra-mez-*zi*-no])

sanft (delicato/a [de-li-*ka*-to])

Sardinien (Sardegna f [sar-*den*-ja])

sauber (pulito/a [pu-*li*-to])

Sauna (sauna f [*sau*-na])

scannen (scansionare [skan-sjo-*na*-re])

Schachtel (scatola f [*ska*-to-la])

Schafskäse (pecorino m [pe-ko-*ri*-no])

Schatten (ombra f [*om*-bra])

Schatz (tesoro [te-*zo*-ro])

schauen (guardare [gwar-*da*-re])

Schaufenster (vetrina f [we-*tri*-na])

Scheck (assegno m [as-*sen*-jo])

Scheibe (fetta f [*fät*-ta])

schenken (regalare [re-ga-*la*-re])
schicken (inviare [in-*wja*-re]), (spedire »isc» [spe-*di*-re])
Schildkröte (tartaruga f [tar-ta-*ru*-ga])
Schinken (prosciutto m [pro-*schut*-to])
schlafen (dormire [dor-*mi*-re])
Schlafmittel (sonnifero m [son-*ni*-fe-ro])
Schlafsofa (divano letto m [di-*wa*-no *let*-to])
Schlafwagen (vagone letto m [wa-*go*-ne *lät*-to])
Schlafzimmer (camera da letto f [*ka*-me-ra da *let*-to])
schlagen (sbattere [*zbat*-tere])
Schlange (serpente m [ser-*pen*-te])
schlecht (cattivo/a [kat-*ti*-wo])
schließen (chiudere# [*kju*-de-re])
Schlüssel (chiave f [*kja*-we])
schmecken (sentire [sen-*ti*-re])
Schmelze (scioglimento m [schol-ji-*me*-nto])
Schmerzmittel (analgesico m [a-nal-*ge*-si-co])
schminken (truccarsi [truk-*kar*-si])
Schnee (neve f [*ne*-we])
Schneebesen (frusta f [*frus*-ta])
Schneeflocke (fiocco di neve m [*fjok*-ko di *ne*-we])
Schneidebrett (tagliere m [tal-*jä*-re])
schneiden (tagliare [tal-*ja*-re])
schneien (nevicare [ne-wi-*ka*-re])
schnell (veloce [we-*lo*-tsche])
Schnitzel (scaloppina f (ska-lop-*pi*-na])
Schokolade (cioccolato m [tschok-ko-*la*-ta])
Schokolade (Trinkschokolade) (cioccolata f [tschok-ko-*la*-ta])
schon (già [*dscha*])
schön (bello/a [*bäl*-lo])
schon wieder (ancora [an-*ko*-ra])
Schöpflöffel (mestolo m [*mes*-to-lo])
Schöpfung (creazione f [krä-ja-*zjo*-ne])
Schrank (armadio m [ar-*ma*-djo])
Schraubglas (vasetto m [wa-*zet*-to])
schrecklich (terribile [ter-*ri*-bi-le])
schreiben (scrivere# [*skri*-we-re])
Schreibtisch (scrivania f [skri-wa-*ni*-ja])
Schreibtischlampe (lampada da scrivania f [*lam*-pa-da da skri-wa-*ni*-ja])
Schreibwarengeschäft (cartoleria f [kar-to-le-*ri*-ja])
Schriftsteller (scrittore m [skrit-*to*-re])
Schriftstellerin (scrittrice f [skrit-*tri*-tsche])
Schuh (scarpa f [*skar*-pa])
Schule (scuola f [sku-*o*-la])
Schulter (spalla f [*spal*-la])
Schutz (protezione f [pro-te-*zjo*-ne])
Schütze (sagittario m [sa-dschit-*ta*-rjo])
schützen (proteggere# [pro-*täd*-dsche-re])
Schwager (cognato m [kon-*ja*-to])
Schwägerin (cognata f [kon-*ja*-ta])
schwarz (nero/a [*ne*-ro])
Schwede, Schwedin (svedese m/f [swe-*de*-se])
Schweden (Svezia f [*zwe*-zja])
schwedisch (svedese [swe-*de*-se])
Schweinefleisch (carne di maiale f [*kar*-ne di mai-*ja*-le])
Schweinemettwurst, rohe (salsiccia f [sal-*sit*-tschia])
Schweizer/-in (svizzero/a [*swiz*-ze-ro])
schweizerisch (svizzero/a [*swiz*-ze-ro])
schwer (pesante [pe-*zan*-te])
Schwester (sorella f [so-*rel*-la])
Schwiegereltern (suoceri pl [*swo*-tsche-ri])
Schwiegermutter (suocera f [*swo*-tsche-ra])
Schwiegersohn (genero m [*dsche*-ne-ro])
Schwiegertochter (nuora f [nu-*o*-ra])
Schwiegervater (suocero m (*swo*-tsche-ro])
schwierig (difficile [dif-*fi*-tschi-le])
Schwimmbad (piscina f [pi-*schi*-na])
schwimmen (nuotare [nu-jo-*ta*-re])
Schwimmen (nuoto m [nu-*o*-to])
sechs (sei [*sä*-i])
sechster (sesto/a [*säs*-to])
Seebarsch (spigola f [*spi*-go-la])
Seeteufel (coda di rospo f [*ko*-da di *ros*-po])
Seezunge (sogliola f [*sol*-jo-la])
sehen (vedere# [we-*de*-re])
sehr (molto [*mol*-to])
sehr gut (benissimo [bä-*nis*-si-mo]), (ottimo/a [*ot*-ti-mo])
Seide (seta f [*se*-ta])
sein (suo/a [*su*-jo])
sein (essere*# [*äs*-se-re])
SekretärIn (segretario/a [se-gre-*ta*-rjo])
Sekt (spumante m [spu-*man*-te])
selten (raro/a [*ra*-ro])
Senf (senape m [*sä*-na-pe])
September (settembre m [set-*täm*-bre])

Service (servizio m [ser-*wi*-zjo])
servieren (servire [ser-*wi*-re])
Sessel (poltrona f [pol-*tro*-na])
setzen (mettere# [*mät*-te-re])
Shampoo (shampoo m [*scham*-pu])
shoppen (fare shopping [*fa*-re *schop*-ping])
Shrimp (gamberetto m [gam-be-*ret*-to])
sich amüsieren (divertirsi [di-wer-*tir*-si])
sich anziehen (vestirsi [wes-*tir*-si])
sich ausruhen (riposarsi [ri-po-*sar*-si])
sich befinden (stare* [*sta*-re])
sich beschweren (lamentarsi [la-men-*tar*-si])
sich fühlen (sentirsi [sen-*tir*-si])
sich sorgen (preoccuparsi [pre-ok-ku-*par*-si])
sich überwerfen (Kleidung) (mettersi# [*mät*-ter-si])
sich versammeln (riunirsi [ri-u-*nir*-se])
sich vorbereiten (prepararsi [prä-pa-*rar*-si])
Sicherheit (sicurezza f [si-ku-*räz*-za])
sicherlich (certamente [tscher-ta-*men*-te])
sieben (sette [*set*-te])
siebter (settimo/a [*sät*-ti-mo])
Single (single m/f [*sin*-gel])
Sinn (mente f [*men*-te])
Sizilien (Sicilia f [si-*tschil*-ja])
skeptisch (scettico/a [*schet*-ti-ko])
Ski fahren (sciare [schi-*ja*-re])
Skorpion (scorpione m [skor-*pjo*-ne])
Skulptur (scultura f [skul-*tu*-ra])
Snack (spuntino m [spun-*ti*-no])
so (così [ko-*zi*])
so lala (così così [ko-*si*, ko-*si*])
so viel/e (tanto/a [*tan*-to])
Socke (calza f [*kal*-za])
soeben (appena [ap-*pe*-na])
Sofa (divano m [di-*wa*-no])
sofort (subito [*su*-bi-to])
Sohn (figlio m [*fil*-jo])
Solarmodul (pannello solare m [pan-*näl*-lo so-*la*-re])
Solarpark (parco solare m [*par*-ko so-*la*-re])
Solarstrom (energia solare f [e-ner-*dschi*-ja so-*la*-re])
Sonne (sole m [*so*-le])
Sonnenbrand (scottatura solare f [skot-ta-*tu*-ra so-*la*-re])
Sonnenschirm (ombrellone m [om-brel-*lo*-ne])
Sonnenstich (colpo di sole m [*kol*-po di *so*-le])
sonnig (soleggiato/a [so-led-*dscha*-to])
Sonntag (domenica f [do-*me*-ni-ka])
Sopran (soprano m [so-*pra*-no])
Sorbet (sorbetto m [sor-*bet*-to])
Sorte (tipo m [*ti*-po])
sowohl ... als auch (sia ... che [*si*-ja .... *kä*]), (sia ... sia [*si*-ja ... *si*-ja])
Spaghetti (spaghetti pl [spa-*get*-ti])
Spanier/-in (spagnolo/a [span-*jo*-lo])
spanisch (spagnolo/a [span-*jo*-lo])
sparen (risparmiare [ris-par-*mja*-re])
spät (tardi [*tar*-di])
später (più tardi [*pju tar*-di])
Spaziergang (passeggiata f [pas-sed-*dscha*-ta])
speichern (salvare [sal-*wa*-re])
Speise (vivanda f [wi-*van*-da])
Speisekarte (menu m [me-*nu*])
Speisesaal (sala da pranzo f [*sa*-la da *pran*-zo])
Sperma (sperma m [*sper*-ma])
Spiegel (specchio m [*spek*-kjo])
spielen (ein Instument) (suonare [swo-*na*-re])
spielen (ein Spiel) (giocare a [dscho-*ka*-re a])
Spinat (spinaci pl [spi-*na*-tschi])
Sprache (lingua f [*lin*-gua])
Spray (spray m [*sprai*])
sprechen (parlare [par-*la*-re])
Sprichwort (proverbio m [pro-*wer*-bjo])
spritzig (frizzante [friz-*zan*-te])
Sprudelwasser (acqua frizzante f [*a*-kwa friz-*zan*-te])
spucken (sputare [spu-*ta*-re])
Stadt (città f [tschit-*ta*])
Stadtbus (autobus m [au-to-*bus*])
Standstreifen (corsia d'emergenza f [kor-*si*-ja de-mer-*dschän*-za])
stark (forte [*for*-te])
statt (anziché [an-zi-*kä*]), (invece [in-*we*-tsche])
Statue (statua f [*sta*-tu-a])
Staub (polvere f [*pol*-we-re])
Staudamm (diga f [*di*-ga])
Steak (bistecca f [bis-*tek*-ka])
Stechmücke (zanzara f [dzan-*dza*-ra])
stehlen (rubare [ru-*ba*-re])
Steinbock (capricorno m [ka-pri-*kor*-no])
stellen (mettere# [*mät*-te-re])
Stern (stella f [*stel*-la])
Sternzeichen (segno zodicale m [*sen*-jo zo-di-*ka*-le])
Steuernummer (codice fiscale m [*ko*-di-tsche fis-*ka*-le])
Stier (toro m [*to*-ro])

stinken (puzzare [puz-*za*-re])
Stockwerk (piano m [*pja*-no])
Strand (spiaggia f [*spjad*-dscha])
Straße (strada f [*stra*-da])
Straßenbahn (tram m [tram])
Streik (sciopero m [*scho*-pe-ro])
stressig (stressante [stres-*san*-te])
Stromnetz (rete elettrica f [*re*-te e-*let*-tri-ka])
Strumpf (calza f [*kal*-za])
Stück (pezzo m [*päz*-zo])
Student (studente m [stu-*den*-te])
studieren (studiare [stu-dj*a*-re])
Stuhl (sedia f [*se*-dja])
Stunde (ora f [*o*-ra])
Südtirol (Alto Adige m [*al*-to *a*-di-tsche])
Surrealismus (surrealismo m [sur-re-ja-*liz*-mo])
süß (dolce [*dol*-tsche])
Süße (dolcezza f [dol-*tschez*-za])
Süßspeise (dolce m [*dol*-tsche])
Sweatshirt (felpa f [*fel*-pa])
sympathisch (simpatico/a [sim-*pa*-ti-ko])
Symptom (sintomo m [*sin*-to-mi])
Synagoge (sinagoga f [si-na-*go*-ga])
System (sistema m [sis-*te*-ma])
Szene (scena f [*schä*-na])

T

Tabakwarengeschäft (tabaccheria f [ta-bak-ke-*ri*-ja])
Tablette (compressa f [kom-*pres*-sa])
Tag (giornata f [dschor-*na*-ta]), (giorno m [*dschor*-no])
Tagliatelle (Bandnudeln) (tagliatelle pl [tal-ja-*tel*-le])
Taifun (tifone m [ti-*fo*-ne])
Tante (zia f [*dzi*-ja])
tanzen (ballare [bal-*la*-re])
tatsächlich (infatti [in-*fat*-ti])
Taxifahrer/-in (tassista m/f [tas-*sis*-ta])
Technik (tecnica f [*tek*-ni-ka])
Tee (tè, the m [*tä*])
Teig (pasta f [*pas*-ta])
Teigbällchen, frittiert (frittelle pl [frit-*tel*-le])
Teigröllchen (cannolo m [kan-*no*-lo])
Teigtaschen (ravioli pl [ra-*wjo*-li])
Teilnahme (partecipazione f [par-te-tschi-pa-*zjo*-ne])
teilnehmen an (partecipare a [par-te-tschi-*pa*-re a])
telefonieren (telefonare [te-le-fo-*na*-re])
Tempel (tempio m [*tem*-pjo])
Temperatur (temperatura f [tem-pe-ra-*tu*-ra])
Tennis (tennis m [*ten*-nis])
Tenor (tenore m [te-*no*-re])
Teppich (tappeto m [tap-*pet*-to])
Terminal (terminal m [*ter*-mi-nal])
Theater (teatro m [te-*ja*-tro])
Thema (argomento m [ar-go-*men*-to]), (tema m [*te*-ma])
Theologie (teologia f [te-jo-lo-*dschi*-ja])
Thunfisch (tonno m [*ton*-no])
Ticket (biglietto m [bil-*jet*-to])
tief (profondo/a [pro-*fon*-do])
Tiefe (profondità f [pro-fon-di-*ta*])
Tier (animale m [a-ni-*ma*-le])
Tiger (tigre f [*ti*-gre])
Tintenfisch (calamaro m [ka-la-*ma*-ro])
Tiramisù (tiramisù m [ti-ra-mi-*su*])
Tisch (tavolo m [*ta*-wo-lo])
Toast (toast m [tost])
Tochter (figlia f [*fil*-ja])
Tomate (pomodoro m [po-mo-*do*-ro])
Tomatenmark (pomodoro concentrato m [po-mo-*do*-ro kon-tschen-*tra*-to])
Topf (pentola f [*pen*-to-la])
Torte (torta elaborata f [*tor*-ta e-la-bo-*ra*-ta])
Tortellini (tortellini [tor-tel-*li*-ni])
Toskana (Toscana f [tos-*ka*-na])
Tour (giro m [*dschi*-ro])
traditionell (tradizionale [tra-di-zi-o-*na*-le])
trainieren (allenarsi [al-le-*nar*-si])
Transport (trasporto m [tras-*por*-to])
Traube (uva f [*u*-wa])
Traum (sogno m [*son*-jo])
träumerisch (visionario/a [wi-zjo-*na*-rjo])
traurig (triste [*tris*-te])
Treffen (incontro m [in-*kon*-tro])
Treibhaus (serra f [*sär*-ra])
Treibhauseffekt (effetto serra m [ef-*fät*-to *sär*-ra])
Treibhausgas (gas serra m [gas *sär*-ra])
trennen (separare [se-pa-*ra*-re])
Tresor (cassaforte m [kas-sa-*for*-te])
Tresterbrand (grappa f [*grap*-pa])
treu (leale [le-*ja*-le])
trinken (bere*# [*be*-re])
Trockenheit (siccità f [sit-tschi-*ta*])
trotz (nonostante [no-no-*stan*-te])
T-Shirt (maglietta f [mal-*jet*-ta])

Tube (tubetto m [tu-*bet*-to])
Tür (porta f [*por*-ta])
Turnbeutel (borsone m [bor-*so*-ne])
Turnen (ginnastica f [dschin-*nas*-ti-ka])
Tütchen (bustina f [bus-*ti*-na])
Tütchen (sacchettino m [sak-ket-*ti*-no])
Tüte (busta f [*bus*-ta])
Typ (tipo m [*ti*-po])

U

über (sopra [*so*-pra])
überbacken (al forno [al *for*-no])
überholen (sorpassare [sor-pas-*sa*-re])
Überholspur (corsia di sorpasso f [kor-*si*-ja di sor-*pas*-so])
übermorgen (dopodomani [do-po-do-*ma*-ni])
überprüfen (controllare [kon-trol-*la*-re])
Überschreitung (eccedenza f [et-tscha-*den*-za])
Überschwemmung (inondazione f [in-on-da-*zjo*-ne])
überspringen (saltare [sal-*ta*-re])
übersteigen (trascendere# [tra-*schän*-de-re])
überweisen (trasferire »isc« [tras-fe-*ri*-re]), (versare [wer-*sa*-re])
Überweisung (trasferimento m [tras-fe-ri-*men*-to])
übrigens (a proposito [a pro-*po*-si-to]), (tra l'altro ([tra *lal*-tro])
Ufer (riva f [*ri*-wa])
Uhr (orologio m [o-ro-*lo*-dscho])
Ukraine (Ucraina f [u-kra-*ji*-na])
Ukrainer/-in (ucraino/a [u-kra-*ji*-no])
ukrainisch (ucraino/a [u-kra-*ji*-no])
um … herum (attorno a [at-*tor*-no a])
Umbrien (Umbria f [*um*-bri-ja])
Umkleide (camerino m [ka-me-*ri*-no])
umrühren (mescolare [mes-ko-*la*-re])
Umschlag (busta f [*bus*-ta])
Umwelt (ambiente m [am-bi-*än*-te])
umweltfreundlich (ecosostenibile [*ä*-ko-sos-te-*ni*-bi-le])
Unannehmlichkeit (inconveniente m [in-kon-we-ni-*jen*-te])
unbedingt (assoluto/a [as-so-*lu*-to])
und (e, ed [e])
unfreundlich (scortese [skor-*te*-ze])
unglaublich (incredibile [in-kre-*di*-bi-le])
Unglück (sfortuna f [zfor-*tu*-na])
Uniform (uniforme f [u-ni-*for*-me])
Universität (università f [u-ni-wer-si-*ta*])
unser (nostro/a [*nos*-tro])
unsympathisch (antipatico/a [an-ti-*pa*-ti-ko])
unter (sotto [*sot*-to])
Unterricht (lezione f [le-*zjo*-ne])
unterrichten (insegnare [in-sen-*ja*-re])
unterstützen (sostenere* [sos-te-*ne*-re])
Untersuchung (investigazione f [in-we-sti-ga-*zjo*-ne])
Unterwäsche (biancheria intima f [bjan-ke-*ri*-ja *in*-ti-ma])
Urologe (urologo m [u-*ro*-lo-go])
Urologin (urologa f [u-*ro*-lo-ga])

V

Vater (padre m [*pa*-dre])
vegan (vegano/a [we-*ga*-no])
vegetarisch (vegetariano/a [we-ge-ta-*rja*-no])
Veilchen (viola f [wjo-la])
Venedig (Venezia f [we-*nä*-zja])
Venetien (Veneto m [*wä*-ne-to])
Venusmuschel (vongola f [*won*-go-la])
Verbindung (collegamento m [kol-le-ga-*men*-to])
Verbrechen (delitto m [de-*lit*-to])
verbringen (passare [pas-*sa*-re]), trascorrere# ([tras-*kor*-re-re])
vergangen (scorso/a [*me*-ze *skor*-so])
Vergnügen (divertimento m [di-wer-ti-*me*-nto])
verheiratet (sposato/a [spo-*za*-ti])
Verhör (interrogatorio m [in-ter-ro-ga-*to*-rjo])
verhören (interrogare [in-ter-ro-*ga*-re])
verkaufen (vendere [*wen*-de-re])
Verkehr (traffico m [*traf*-fi-ko])
Verkehrspolizist (vigile m [*wi*-dschi-le])
verlangsamen (rallentare [ral-len-*ta*-re])
verlieren (perdere# [*per*-de-re])
vermeiden (evitare [e-wi-*ta*-re])
Verpackung (imballaggio m [im-bal-*lad*-dscho])
verpassen (perdere# [*per*-de-re])
verraten (svelare [zwe-*la*-re])
Versand (spedizione f [spe-di-*zjo*-ne])

verschieden (diverso/a [di-*wer*-so])

Verschmutzung (inquinamento m [in-kwi-na-*me*-nto])

verschreiben (prescrivere [pre-*skri*-we-re])

Verspätung (ritardo m [ri-*tar*-do])

verstehen (capire »isc« [ka-*pi*-re])

verstellbar (regolabile [re-go-*la*-bi-le])

Verwandte, Verwandtschaft (parenti pl [pa-*ren*-ti])

verwenden (usare [u-*za*-re])

Video (video m [*wi*-de-o])

Videokonferenz (videoconferenza f [wi-de-o-kon-fe-*ren*-za])

Videoverbindung (collegamento video m [col-le-ga-*men*-to *wi*-de-jo])

viel/e (molto/a [*mol*-to])

vielleicht (forse [*for*-se]), (magari [ma-*ga*-ri])

vier (quattro [*kwat*-tro])

Viertel (quarto m [*kwar*-to])

vierter (quarto/a [*kwar*-to])

violett (viola [wjo-la])

virtuell (virtuale [wir-tu-*a*-le])

Viskose (viscosa f [wis-*ko*-za])

Vitamin (vitamina f [wi-ta-*mi*-na])

Vogel (uccello m [ut-*tschäl*-lo])

Volleyball (pallavolo m [pal-la-*wo*-lo])

Vollkorngetreide (cereali integrali pl [tchä-re-*ja*-li in-te-*gra*-li])

vom Grill (ai ferri [ai *fer*-ri]), (alla griglia [*al*-la *gril*-ja])

von Zeit zu Zeit (di tanto in tanto [di *tan*-to in *tan*-to])

vor (örtlich) (davanti a [da-*wan*-ti a])

vor (zeitlich) (fa [fa])

vor allem (soprattutto [so-prat-*tut*-to])

vorbeugen (prevenire*# [pre-we-*ni*-re])

Vorgehensweise (procedimento m [pro-tsche-di-*me*-nto])

vorgestern (l'altro ieri [lal-tro-*je*-ri])

vorig (scorso/a [*me*-ze *skor*-so])

Vormittag (mattina f [mat-*ti*-na]), (mattino m [mat-*ti*-no])

vorsichtig (attento/a [at-*ten*-to])

Vorspeise (antipasto m [an-ti-*pas*-to])

Vorstellungskraft (immaginazione f [im-ma-dschi-na-*zjo*-ne])

W

Waage (bilancia f [bi-*lan*-tscha])

Wachtel (quaglia f [*kwal*-ja])

wählen (scegliere*# [*schel*-je-re])

wahr (vero/a [*we*-ro])

Währung (valuta [wa-*lu*-ta])

Wal (balena f [ba-*le*-na])

Wald (bosco m [*bos*-ko])

Waldfrüchte (frutti di bosco pl [*frut*-ti di *bos*-ko])

wandern (camminare [kam-mi-*na*-re])

wann (quando [*kwan*-do])

warm (caldo/a [*kal*-do])

warten (aspettare [as-pet-*ta*-re])

warum (perché [per-*kä*])

was (che [*kä*]), (che cosa [*kä ko*-za]), (cosa ([*ko*-za])

Waschbecken (lavabo m [*la*-wa-bo])

Wasser (acqua f [*a*-kwa])

Wasserkraft (energia idroelettrica f [e-ner-*dschi*-ja i-dro-e-*let*-tri-ka])

Wasserkraftwerk (impianto idroelettrico m [im-*pjan*-to i-dro-e-*let*-tri-ko])

Wassermann (acquario m [a-*kwa*-rjo])

Wasserreserve (risorsa idrica f [ri-*sor*-sa *i*-dri-ka])

Wasserski (sci acquatico m [schi a-*kwa*-ti-ko])

Wassertaxi (vaporetto m [wa-po-*ret*-to])

WC (water m [*wa*-ter])

Webinar (webinar m [we-bi-*nar*])

weder … noch (né … né [*ne* … *ne*])

wehtun (far'* male [far *ma*-le])

Weihnachten (Natale m [na-*ta*-le])

Weihnachtsbaum (albero di Natale m [*al*-be-ro di na-*ta*-le])

Weihnachtsdekoration (decorazione natalizia f [de-ko-ra-*zjo*-ne na-ta-*li*-zja])

Weihnachtsgebäck (dolci natalizi pl [*dol*-tschi na-ta-*li*-zi])

Weihnachtskuchen (panettone m [pa-net-*to*-ne])

Weihnachtslied (canzone di Natale f [kan-*zo*-ne di na-*ta*-le])

Weihnachtsmann (babbo Natale m [*bab*-bo na-*ta*-le])

Weihnachtstradition (tradizione natalizia f [tra-di-*zjo*-ne na-ta-*li*-zja])

Weihnachtswünsche (auguri di buon Natale pl [au-*gu*-ri di *bwon* na-*ta*-le])

weil (perché [per-*kä*])

Wein (vino m [*wi*-no])

Wein, offener (vino sfuso m [*wi*-no *zfu*-zo])
weiß (bianco/a [*bjan*-ko])
Weißbrot (ciabatta f [tscha-*bat*-ta])
Weißbrotscheibe, geröstete (bruschetta f [brus-*ket*-ta])
weit entfernt (lontano/a [lon-*ta*-no])
Welt (mondo m [*mon*-do])
wenig/e (poco/a [*po*-ko])
weniger (meno [*me*-no])
wenn (se [se])
wer (chi [ki])
Wermut (Vermouth m [wer-*mutt*])
Wert (valore m [wa-*lo*-re])
Wespe (vespa f [*wes*-pa])
Wetter (tempo m [*tem*-po])
Widder (ariete m [a-*rjä*-te])
wie (come [*ko*-me])
wie viel (quanto/a [*kwan*-te])
wiederverwendbar (riutilizzabile [ri-u-ti-liz-*za*-bi-le])
wiederverwenden (riutilizzare [ri-u-ti-liz-*za*-re])
Wiese (prato m [*pra*-to])
Wind (vento m [*wen*-to])
windig (ventoso/a [wen-*to*-so])
Windkraft (energia eolica f [e-ner-*dschi*-ja e-*jo*-li-ka])
Windpark (parco eolico m [*par*-ko e-*jo*-li-ko])
Windrad (turbina eolica f [tur-*bi*-na e-*jo*-li-ka])
Windsurfen (windsurf m [*wind*-surf])
winterlich (invernale [in-wer-*na*-le])
wirklich (davvero [daw-*we*-ro])
Wirtschaft (economia f [ä-ko-no-*mi*-ja])
Witwe (vedova f [*we*-do-wa])
Witwer (vedovo m [*we*-do-wo])
WLAN (Wi-Fi m [*wai*-fai])
wo (dove [*do*-we])
Woche (settimana f [set-ti-*ma*-na])
Wodka (vodka m [*wod*-ka])
woher (di dove [di *do*-we])
Wohnhaus (palazzo m [pa-*laz*-zo])
Wohnzimmer (soggiorno m [sod-*dschor*-no])
Wolf (lupo m [*lu*-po])
Wolke (nuvola f [*nu*-wu-la])
Wolle (lana [*la*-na])
wollen (volere* [wo-*le*-re])
Wunder (miracolo m [mi-*ra*-ko-lo])
wünschen (desiderare [de-zi-de-*ra*-re])
Wurstwaren (salumi pl [sa-*lu*-mi])
Wurstwarengeschäft (salumeria f [sa-lu-me-*ri*-ja])
würzen (condire »isc« [kon-*di*-re])

X

Xylophon (xilofono m [xi-*lo*-fo-no])

Z

Zahlung, Zahlweise (pagamento m [pa-ga-*men*-to])
Zahn (dente m [*dän*-te])
Zahnarzt, Zahnärztin (dentista m/f [den-*tis*-ta])
Zahnarztpraxis (studio dentistico m [*stu*-djo den-*tis*-ti-ko])
Zahnbürste (spazzolino da denti m [spaz-zo-*li*-no da *den*-ti])
Zahnpasta (dentifricio m [den-ti-*fri*-tscho])
Zebra (zebra f [*dzr*-bra])
Zehe (dito m [*di*-to])
zehn (dieci [*djä*-tschi])
zehnter (decimo/a [*dä*-tschi-mo])
Zeichnung (disegno m [di-*sen*-jo])
zeigen (mostrare [mos-*tra*-re])
Zeitschrift (rivista f [ri-*wis*-ta])
Zeitung (giornale m [dschor-*na*-le])
Zentrum (centro m [*tschän*-tro])
Zeuge (testimone m [tes-ti-*mo*-ne])
ziemlich (abbastanza [ab-ba-*stan*-za])
Zimmer (camera f [ka-me-ra])
Zimmermädchen (cameriera f [ka-me-*rje*-ra])
Zins (interesse m [in-te-*räs*-se])
Zitrone (limone m [li-*mo*-ne])
Zitronenlikör (limoncello m [li-mon-*tschäl*-lo])
Zitronenlimonade (limonata f [li-mo-*na*-ta])
Zollformular (modulo doganale m [*mo*-du-lo do-ga-*na*-le])
Zoo (zoo m [dzoo])
zu (sehr (troppo [*trop*-po])
zu Schnee schlagen (montare a neve [mon-*ta*-re a *ne*-we])
zu viel/e (troppo/a [*trop*-po])
Zucchino (zucchino m [dzuk-*ki*-no])
Zucker (zucchero m [*dzuk*-ke-ro])
zudecken (coprire** [ko-*pri*-re])
zuerst (prima [*pri*-ma])

Zug (treno m [*tre*-no])

Zugabteil (scompartimento m [skom-par-ti-*men*-to])

Zugänglichkeit (accessibilità f [at-tschäs-sa-bi-li-*ta*])

Zugbegleiter (controllore m [kon-trol-*lo*-re])

zum Glück (per fortuna [per for-*tu*-na])

zum Schluss (alla fine [*al*-la *fi*-ne])

zwei (due [*du*-e])

zweiter (secondo/a [se-*kon*-do])

zweiter Gang (secondo (piatto) m [se-*kon*-do *pjat*-to])

Zwerg (gnomo m [*njo*-mo])

Zwiebel (cipolla f tschi-*pol*-la])

Zwillinge (gemelli pl [dsche-*mäl*-li])

Zwischensaison (media stagione f [*me*-dja sta-*dscho*-ne])

Italienisch – Deutsch

* unregelmäßige Konjugation im Präsens

\# unregelmäßiges Partizip Perfekt

A

a breve termine ([a *bre*-we *tär*-mi-ne] kurzfristig)

a distanza ([a dis-*tan*-za] Fern…)

a lungo termine ([a *lun*-go *tär*-mi-ne] langfristig)

a medio termine ([a *me*-djo *tär*-mi-ne] mittelfristig)

a proposito ([a pro-*po*-si-to] übrigens)

a volte ([a *wol*-te] manchmal)

abbastanza ([ab-ba-*stan*-za] ziemlich)

abito m ([a-bi-to] Gewand, Kleid)

abituato/a ([a-bi-tu-*a*-to] gewohnt)

Abruzzo m (a-*bruz*-zo] Abruzzen)

accanto a ([ak-*kan*-to] neben)

accedere# ([at-*tsche*-de-re] betreten, beitreten)

accelerare ([at-tschä-le-*ra*-re] beschleunigen)

accessibilità f ([at-tschäs-sa-bi-li-*ta*] Zugänglichkeit)

accettare ([at-tschet-*ta*-re] akzeptieren)

accompagnare ([ak-kom-pan-*ja*-re] begleiten)

aceto balsamico m ([a-*tschä*-to bal-*sa*-mi-ko] Balsamessig)

aceto m ([a-*tschä*-to] Essig)

acqua con gas f ([*a*-kwa kon *gass*] Mineralwasser mit Kohlensäure)

acqua f ([*a*-kwa] Wasser)

acqua frizzante f ([*a*-kwa friz-*zan*-te] Sprudelwasser)

acqua senza gas f ([*a*-kwa *sän*-sa *gass*] Mineralwasser ohne Kohlensäure)

acquario m ([a-*kwa*-ri-jo] Wassermann)

adatto/a ([a-*dat*-to] geeignet)

addetto/a ([a-*det*-to] Mitarbeiter/in)

addormentarsi ([ad-dor-men-*tar*-si] einschlafen)

adesso ([a-*däs*-so] jetzt)

aereo m ([a-*ä*-re-jo] Flugzeug)

aerolinea ([a-e-ro-*li*-ne-ja] Fluglinie)

aeroporto ([a-ä-ro-*por*-to] Flughafen)

affare m ([af-*fa*-re] Geschäft)

affrancare ([af-fran-*ka*-re] frankieren)

affresco m ([af-*fres*-ko] Fresko)

aggiungere ([ad-*dschun*-dsche-re] hinzufügen)

agire »isc« ([a-*dschi*-re] agieren, handeln)

aglio m ([*al*-jo] Knoblauch)

agnello ([an-*jel*-lo] Lamm)

agosto m ([a-*go*-sto] August)

ai ferri ([*ai fer*-ri] vom Grill)

aiutare ([ai-ju-*ta*-re] helfen)

al forno ([al *for*-no] überbacken)

albergo m ([al-*ber*-go] Hotel)

albero di Natale m ([*al*-be-ro di na-*ta*-le] Weihnachtsbaum)

albicocca f ([al-bi-*kok*-ka] Aprikose)

albume m ([al-bu-me] Eiweiß)

alcuni/e ([al-*ku*-ni] einige)

alimentazione f ([a-li-men-ta-*zjo*-ne] Ernährung)

alla carbonara ([*al*-la kar-bo-*na*-ra] Köhler Art)

alla fine ([*al*-la *fi*-ne] zum Schluss)

alla fiorentina ([*al*-la fjo-ren-*ti*-na] Florentiner Art)

alla griglia ([*al*-la *gril*-ja] vom Grill)

alla milanese ([*al*-la mi-la-*ne*-ze] Mailänder Art)

alla mugnaia ([*al*-la mun-*jai*-a] Müllerin-Art)

alla romana ([*al*-la ro-*ma*-na] römischer Art)

allenarsi ([al-le-*nar*-si] trainieren)

allergia f ([al-ler-*dschi*-ja] Allergie)

allergico/a ([al-*ler*-dschi-ko/a] allergisch)

allergologa ([al-ler-*dscho*-lo-ga] Allergologin)

allergologo ([al-ler-*dscho*-lo-go] Allergologe)

alligatore m ([al-li-ga-*to*-re] Aligator)

allora ([al-*lo*-ra] also, folglich)

alpaca m ([al-*pa*-ka] Alpaka)

Alpi pl ([*al*-pi] Alpen)

alpinismo m ([al-pi-*nis*-mo] Bergsteigen)

alta stagione ([*al*-ta sta-*dscho*-ne] Hochsaison)

alternare ([al-ter-na-re] abwechseln)

altezza f ([al-*täz*-za] Höhe)

Alto Adige m ([*al*-to *a*-di-tsche] Südtirol)

alto/a ([*al*-to] hoch)

altrettanto ([al-tret-*tan*-to] gleichfalls)

alzarsi ([al-*zar*-si] aufstehen)

amare ([a-*ma*-re] lieben)

ambiente m ([am-bi-*än*-te] Umwelt)

ambizioso/a ([am-bi-zi-*o*-zo] ehrgeizig)

americano/a ([a-me-ri-*ka*-no] Amerikaner/-in, amerikanisch)

amica f ([a-*mi*-ka Freundin)

amico m ([a-*mi*-ko Freund)

amore m ([a-*mo*-re] Liebe)

analgesico m ([a-nal-*ge*-si-co] Schmerzmittel)

analisi f ([a-*na*-li-si] Analyse)

anche ([*an*-ke] auch)

ancora ([an-*ko*-ra] noch, schon wieder)

andare a prendere ([an-*da*-re a *pren*-de-re] abholen)

andare a trovare ([an-*da*-re a tro-*wa*-re] besuchen von Personen)

andare a vedere ([an-*da*-re a we-*de*-re] besuchen von Personen)

andare* ([an-*da*-re] gehen, fahren)

angelo m ([*an*-dsche-lo] Engel)

animale m ([a-ni-*ma*-le] Tier)

anniversario m ([an-ni-wer-*sa*-rjo] Jahrestag)

anno m ([*an*-no] Jahr)

annotato/a ([an-no-*ta*-to] notiert)

ansia f ([*an*-sja] Angsterkrankung)

antibiotico m ([an-ti-*bjo*-ti-ko] Antibiotikum)

antilope f ([an-ti-*lo*-pe] Antilope)

antiossidanti pl ([an-ti-os-si-*dan*-ti] Antioxidantien)

antipasto m ([an-ti-*pas*-to] Vorspeise)

antipatico/a ([an-ti-*pa*-ti-ko] unsympathisch)

antistaminico m ([an-tis-ta-*mi*-ni-ko] Antihistaminikum)

anziché ([an-zi-*kä*] statt)

Aperol Spritz m ([a-pe-*rol spritz*] Cocktail)

aperto/a ([a-*per*-to] geöffnet)

appena ([ap-*pe*-na] soeben)

appetito m ([ap-pe-*ti*-to] Appetit)

aprile m ([a-*pri*-le] April)

aprire# ([a-*pri*-re] öffnen)

arabo/a ([*a*-ra-bo] Araber/-in, arabisch)

arancia f ([a-*ran*-tscha] Orange)

aranciata f ([a-ran-*tscha*-ta] Orangenlimonade)

arancione ([a-ran-*tscho*-ne] orangefarben)

architetto m ([ar-ki-*tet*-to] Architekt/-in)

architettura f ([ar-ki-tet-*tu*-ra] Architektur)

area di servizio f ([*a*-rä-a di ser-*wi*-zjo] Raststätte)

argentino/a ([ar-dschen-*ti*-no] Argentinier/-in, argentinisch)

argomento m ([ar-go-*men*-to] Argument, Thema)

aria condizionata f ([*a*-rja kon-di-zjo-*na*-ta] Klimaanlage)

aria f ([*a*-ri-a] Luft)

ariete m ([a-*rjä*-te] Widder)

arietta f ([a-*rjet*-ta] Arie)

armadietto m ([ar-ma-*djät*-to] Aktenschrank)

armadio m ([ar-*ma*-djo] Schrank)

arrestare ([ar-res-*ta*-re] festnehmen)

arresto m ([ar-*res*-to] Festnahme)

arrivare ([ar-ri-*wa*-re] ankommen)

arrivederci ([ar-ri-we-*där*-tschi] auf Wiedersehen)

arrivederLa ([ar-ri-ve-*där*-la] auf Wiedersehen)

arrivo m ([ar-*ri*-wo] Ankunft)

arrosto m ([ar-*ros*-to] Braten)

arte f ([*ar*-te] Kunst)

articolo m ([ar-*ti*-ko-lo] Artikel

artista m/f ([ar-*tis*-ta] Künstler/-in)

artistico/a ([ar-*tis*-ti-ko] künstlerisch)

artrite f ([ar-*tri*-te] Arthritis)

ascensore m ([a-schen-*so*-re] Aufzug)

asciugamano m ([a-schu-ga-*ma*-no] Handtuch)

asino m ([*a*-si-no] Esel)

asma m ([*az*-ma] Asthma)

aspettare ([as-pet-*ta*-re] warten, erwarten)

aspirina f ([as-pi-*ri*-na] Aspirin)

assaggiare ([as-sad-*dscha*-re] kosten)

assegno m ([as-*sen*-jo] Scheck)

assoluto/a ([as-so-*lu*-to] unbedingt)

astice m ([*as*-ti-tsche] Hummer)

astratto/a ([as-*trat*-to] abstrakt)

astronomico/a ([as-tro-*no*-mi-ko] astronomisch)

atletica leggera f ([at-*le*-ti-ka led-*dschä*-ra] Leichtathletik)

attento/a ([at-*ten*-to] vorsichtig)

attenzione f ([at-ten-*zjo*-ne] Achtung, Aufmerksamkeit)

atterrare ([at-ter-*ra*-re] landen)

atto m ([*at*-to] Akt)

attorno a ([at-*tor*-no a] um … herum)

audace ([au-*da*-tsche] mutig)

audiolibro m ([au-djo-*lib*-ro] Hörbuch)

augurare ([au-gu-*ra*-re] beglückwünschen)

auguri di buon anno nuovo pl ([au-*gu*-ri di buon *an*-no nu-*o*-wo] Neujahrsglückwünsche)

auguri di buon Natale pl ([au-*gu*-ri di *bwon* na-*ta*-le] Weihnachtswünsche)

Australia f ([au-*stra*-lja] Australien)

australiano/a ([aus-tra-*lja*-no] Australier/-in, australisch)

auto elettrica f ([*au*-to e-*lät*-tri-ka] E-Auto)

auto(mobile) f ([au-to-*mo*-bi-le] Automobil)

autobus m ([au-to-*bus*] Stadtbus)

autonomia f ([au-to-no-*mi*-ja] Reichweite)

autostrada f ([au-to-*stra*] Autobahn)

avaro/a ([a-*wa*-ro], geizig)

avere* ([a-*we*-re] haben)

avere* bisogno di ([avere bi-*son*-jo *di*] brauchen)

avventura f ([aw-wen-*tu*-ra] Abenteuer)

avvocato m ([aw-wo-*ka*-to] Anwalt, Anwältin)

azzurro/a ([adz-*zur*-ro] mittelblau)

B

Babbo Natale m ([*bab*-bo na-*ta*-le] Weihnachtsmann)

bagaglio m ([ba-*gal*-jo] Gepäck)

bagnato/a ([ban-*ja*-to] nass)

bagno m ([*ban*-jo] Bad, Badezimmer)

balena f ([ba-*le*-na] Wal)

ballare ([bal-*la*-re] tanzen)

balsamo m ([bal-*sa*-mo] Conditioner)

bambino/a m/f ([bam-*bi*-no] Kind)

bambù m ([bam-*bu*] Bambus)

banana f ([ba-*na*-na] Banane)

banca f ([*ban*-ka] Bank)

bancomat m ([ban-ko-*mat*] Geldautomat)

barca f ([*bar*-ka] Boot)

baritono m ([ba-ri-*to*-ne] Bariton)

basilica di San Marco f ([ba-*zi*-li-ka di san *mar*-ko] Markusbasilika)

Basilicata f (ba-zi-li-*ka*-ta] Basilikata)

basket m ([*bas*-ket] Basketball)

bassa stagione f ([*bas*-sa sta-*dscho*-ne] Nachsaison)

basso/a ([*bas*-so] niedrig)

bastare ([*bas*-ta] reichen, genügen)

batteria f ([bat-te-*ri*-ja] Batterie)

beige sabbia ([bäsch *sab*-bja] sandbeige)

Bellini m ([bel-*li*-ni] Cocktail)

bello/a ([*bäl*-lo] schön)

bene ([*bä*-ne] gut)

benissimo ([bä-*nis*-si-mo] sehr gut)

benvenuto/a ([bän-we-*nu*-to] herzlich willkommen)

bere*# ([*be*-re] trinken)

bevanda f ([be-*wan*-da] das Getränk)

biancheria intima f ([bjan-ke-*ri*-ja *in*-ti-ma] Unterwäsche)

bianco/a ([*bjan*-ko] weiß)

biblioteca f ([bib-ljo-*tä*-ka] Bibliothek)

bibliotecario/a m/f ([bib-ljo-tä-*ka*-ri-jo] Bibliothekar/-in)

bici(cletta) f ([bi-tschi-*klet*-ta] Fahrrad)

bicicletta elettrica f ([bi-tschi-*klet*-ta e-*lät*-tri-ka] E-Bike)

bietola f ([bi-*ä*-to-la) Mangold)

bigliettaio m ([bil-jet-*tai*-jo] Fahrkartenverkäufer)

biglietteria f ([bil-jät-te-*ri*-ja] Fahrkartenschalter)

biglietto m ([bil-*jet*-to] Ticket)

bilancia f ([bi-*lan*-tscha] Waage)

bilanciato/a ([bi-lan-*tscha*-to] ausgewogen)

bilancio m ([bi-*lan*-tscha] Bilanz)

binario m ([bi-*na*-rjo] das Gleis, Bahnsteig)

biodegradabile ([bi-jo-de-gra-*da*-bi-le] biologisch abbaubar)

biodiversità f ([bi-jo-di-wer-si-*ta*] Biodiversität)

biografia f ([bi-jo-gra-*fi*-ja] Biografie)

biologia f ([bi-jo-lo-*dschi*-a] Biologie)

biomassa f ([bi-jo-*mas*-sa] Biomasse)

birra f ([*bir*-ra] Bier)

biscotto m ([bis-*kot*-to] Keks)

bisogna ([bi-*zon*-ja] man muss)

bistecca f ([bis-*tek*-ka] Steak)

blu ([blu] blau)

bocca f ([*bok*-ka] Mund)

bollente ([bol-*len*-te] kochend heiß)

borsone m ([bor-*so*-ne] Turnbeutel)

bosco m ([*bos*-ko] Wald, Busch)

bottiglia f ([bot-*til*-ja] Flasche)

braccio m ([*brat*-tscho] Arm)

Brasile m ([brazile] Brasilien)

brasiliano/a ([bra-zi-*lja*-no], Brasilianer/-in, brasilianisch)

bresaola f ([bre-sa-*jo*-la] Bündnerfleisch)

brindisi m ([*brin*-di-zi] Ansprache, Toast)

brodo m ([*bro*-do] Brühe)

bruschetta f ([brus-*ket*-ta] geröstete Weißbrotscheibe)

brutto/a ([*brut*-to] hässlich)

buddista ([bud-*dis*-ta] buddhistisch)

buddista m/f ([bud-*dis*-ta] Buddhist/-in)

budino m ([bu-*di*-no] Pudding)

buffet m ([buf-*fä*] Büfett)

buffo/a ([*buf*-fo] komisch, lustig)

buona fortuna ([*bwo*-na for-*tu*-na] viel Glück

buona notte ([*bwo*-na *not*-te] gute Nacht)

buonasera ([bwo-na-*se*-ra] guten Abend)

buongiorno ([bwuon-*dschor*-no] guten Tag)

buono/a ([*bwo*-no] gut)

busta f ([*bus*-ta] Tüte, Umschlag)

bustina f ([bus-*ti*-na] Tütchen)

C

cacao m ([ka-kau] Kakao)

caffè corretto m ([kaf-*fä* kor-*ret*-to] Espresso mit Schuss)

caffè decaffeinato m ([kaf-*fä* de-kaf-fe-ji-*na*-to] koffeinfreier Espresso)

caffè doppio m ([kaf-*fä dop*-pjo] doppelter Espresso)

caffè freddo m ([kaf-*fä fred*-do] kalter Kaffee mit Milch)

caffè lungo m ([kaf-*fä lun*-go] verdünnter Espresso)

caffè m ([kaf-*fä*] Kaffee)

caffè macchiato m ([kaf-*fä* mak-*kja*-to] Espresso mit Milch)

caffè ristretto m ([kaf-*fä* ri-*stret*-to] stärkerer Espresso)

caffè tedesco m ([kaf-*fä* te-*des*-ko] verdünnter Espresso)

caffellatte m ([kaf-*fä*-*lat*-te] Milchkaffee)

Calabria f ([ka-*la*-bri-ja] Kalabrien)

calamaro m ([ka-la-*ma*-ro] Tintenfisch)

calcio m ([*kal*-tscho] Fußball)

caldo/a ([*kal*-do] warm, heiß)

calorico/a ([ka-*lo*-ri-ko] kalorienhaltig)

calza f ([*kal*-za] Socke, Strumpf)

cambiamento climatico m ([kam-bja-*men*-to kli-*ma*-ti-ko] Klimawandel)

camera da letto f ([*ka*-me-ra da *let*-to] Schlafzimmer)

camera dei bambini f ([*ka*-me-ra *däi* bam-*bi*-ni] Kinderzimmer)

camera doppia f ([*ka*-me-ra *dop*-pja] Doppelzimmer)

camera f ([*ka*-me-ra] Zimmer)

camera matrimoniale f ([*ka*-me-ra ma-tri-mo-nj*a*-le] Doppelzimmer mit Ehebett)

camera singola f ([*ka*-me-ra *sin*-go-la] Einzelzimmer)

cameriera f ([ka-me-*rje*-ra] Kellnerin, Zimmermädchen)

cameriere m ([ka-me-*rje*-re] Kellner)

camerino m ([ka-me-*ri*-no Umkleide)

camicia f ([ka-*mi*-tscha] Hemd)

camminare ([kam-mi-*na*-re] wandern)

camminata nordica f ([kam-mi-*na*-ta *nor*-di-ka] Nordic Walking)

Campania f ([kam-*pan*-ja] Kampanien)

Campari Soda m ([cam-*pa*-ri *so*-da] Aperitif)

Canal Grande m ([*ka*-nal *gran*-de] Canal Grande)

canale m ([ka-*na*-le] Kanal)

cancello m ([kan-*tschäl*-lo] Gate)

cancro m ([*kan*-kro] Krebs)

candela f ([kan-*de*-la] Kerze)

cane m ([*ka*-ne] Hund)

canguro m ([kan-*gu*-ro] Känguru)

cannolo m ([kan-*no*-lo] Teigröllchen)

canzone di Natale f ([kan-*zo*-ne di na-*ta*-le] Weihnachtslied)

capacità f ([ka-pa-tschi-*ta*] Kapazität, Fähigkeit)

capire »isc« ([ka-*pi*-re] verstehen)

capoluogo m ([ka-po-lu-*o*-go] Landeshauptstadt)

cappero m ([*kap*-pe-ro] Kaper)

cappotto m ([kap-*pot*-to] Mantel)

cappuccino m ([kap-put-*tschi*-no] Kaffee mit Milchschaum)

caprese f ([kap-*re*-se] Salat mit Tomaten und Mozzarella)

capricorno m ([ka-pri-*kor*-no] Steinbock)

caro/a ([ka-ro] lieb)

carabiniere m ([ka-ra-bin-*jä*-re] Carabiniere)

caraffa f ([ka-*raf*-fa] Karaffe)

carbone m ([kar-*bo*-ne] Kohle)

carciofo m ([kar-*scho*-fo] Artischocke)

cardiologa f ([kar-di-*o*-lo-ga] Kardiologin, Herzspezialistin)

cardiologo m ([kar-di-*o*-lo-go] Kardiologe, Herzspezialist)

caricare ([ka-ri-*ka*-re] laden)

carne di agnello f ([*kar*-ne di an-*jel*-lo] Lammfleisch)

carne di maiale f ([*kar*-ne di ma- *ja*-le] Schweinefleisch)

carne di manzo f ([*kar*-ne di man-zo] Rindfleisch)

carne di vitello f ([*kar*-ne di wi-*tel*-lo] Kalbfleisch)

carne macinata f (*kar*-ne ma-tschi-*na*-ta] (Hackfleisch)

carnevale m ([kar-ne-*wa*-le] Karneval)

carota f ([ka-*ro*-ta] Karotte)

carpaccio m ([kar-*pat*-tscho] Carpaccio)

carrello m ([kar-*räl*-lo] Gepäckwagen)

carta d'identità f ([*kar*-ta di-den-ti-*ta*] Personalausweis)

carta di credito f ([*kar*-ta di *krä*-di-to] Kreditkarte)

carta f ([*kar*-ta] Pappe, Papier)

cartoleria f ([kar-to-le-*ri*-ja] Schreibwarengeschäft)

cartolina f ([kar-to-*li*-na] Postkarte)

casa f ([*ka*-za] Haus)

casello m ([ka-*säl*-lo] Mautstelle)

cashmere m ([*kasch*-mir] Kaschmir)

cassa f ([*kas*-sa] Kiste)

cassaforte m ([kas-sa-*for*-te] Tresor)

cassata f ([kas-*sa*-ta] Kuchen mit kandierten Früchten)

casseruola f ([kas-se-ru-*o*-la] Bratentopf)

cassetta postale f ([kas-*set*-ta pos-*ta*-le] Briefkasten)

cassettiera mobile f ([kas-set-*tjä*-ra *mo*-bi-le] Rollcontainer)

cattivo/a ([kat-*ti*-wo] böse, schlecht)

cattolico/a ([kat-*to*-li-ko] katholisch)

cattolico/a m/f ([kat-*to*-li-ko] Katholik/-in)

cavallo m ([ka-*wal*-lo] Pferd)

cavo di ricarica m ([*ka*-wo di ri-*ka*-ri-ka] Ladekabel)

cavolfiore m ([ka-wol-*fjo*-re] Blumenkohl)

cece m ([*tschä*-tsche] Kichererbse)

celebrare ([*tschä*-le-bra-re] feiern)

celeste ([tschä-*les*-te] himmelblau)

cenone m ([tsche-*no*-ne] Festmahl)

centro m ([*tschän*-tro] Zentrum)

ceramica f ([tsche-*ra*-mi-ka] Keramik)

cereali integrali pl ([tchä-re-*ja*-li in-te-*gra*-li] Vollkorngetreide

cereali pl ([tschä-re-*ja*-li] Müsli, Getreide)

cerotto m ([tsche-*rot*-to] Pflaster)

certamente ([tscher-ta-*men*-te] sicherlich)

cestino m ([tsches-*ti*-no] Korb)

cetriolo m ([tsche-tri-*jo*-lo] Gurke)

champagne ([scham-*pan*-je] champagnerfarben)

champagne m ([scham-*pan*-je] Champagner)

chat f ([tschät] Chat)

che ([*kä*] was)

che cosa ([*kä ko*-za] was)

check in m ([tschäck-*in*] einchecken)

chi ([ki] wer)

chiamarsi ([kja-*mar*-si] heißen)

chiaro/a ([*kja*-ro] hell)

chiave f ([*kja*-we] Schlüssel)

chiedere# ([*kjä*-de-re] fragen)

chiesa f ([*kjä*-sa] Kirche)

chilo m ([*ki*-lo] Kilo)

chimica f ([*ki*-mi-ka] Chemie)

chimico/a m/f ([*ki*-mi-ko] Chemiker/-in)

chirurgo/a ([ki-*rur*-go] Chirurg/-in)

chiudere# ([*kju*-de-re] schließen)

chiuso/a ([*kju*-zo] geschlossen)

ci [*tschi*] dort)

ciabatta f ([tscha-*bat*-ta] Weißbrot)

ciao ([*tschao*] hallo)

cibo m ([*tschi*-bo] Nahrung)

ciclismo m ([tschi-*klis*-mo] Radsport)

cielo m ([*tschä*-lo] Himmel)

Cina f ([*tschi*-na] China)

cinese ([tschi-*ne*-se] Chinese, Chinesin, chinesisch)

cinque [*tschin*-kwe] fünf)

Cinquecento m [tschin-kwe-*schän*-to] 16. Jahrhundert)

cioccolata f ([tschok-ko-*la*-ta] Schokolade, Trinkschokolade)

cioccolato m ([tschok-ko-*la*-ta] Schokolade)

cioè ([tscho-*ä*] das heißt)

cipolla f (tschi-*pol*-la] Zwiebel)

cistite f ([tschis-*ti*-te] Blasenentzündung)

città f ([tschit-*ta*] Stadt)

classe f ([*klas*-se] Klasse)

coca cola f ([*ko*ka *ko*la] Coca-Cola)

coda di rospo f ([*ko*-da di *ros*-po] Seeteufel)

codice fiscale m ([*ko*-di-tsche fis-*ka*-le] Steuernummer)

codice m ([*ko*-di-tsche] Code)

cognata f ([kon-*ja*-ta] Schwägerin)

cognato m ([kon-*ja*-to] Schwager)

colazione f ([ko-la-*zjo*-ne] Frühstück)

colesterolo m ([ko-les-te-*ro*-lo *al*-to] Cholesterinspiegel)

colibrì m ([ko-li-*bri*] Kolibri]

collegamento audio m ([kol-le-ga-*men*-to *au*-djo] Audioverbindung)

collegamento m ([kol-le-ga-*men*-to] Verbindung)

collegamento video m ([col-le-ga-*men*-to *wi*-de-jo] Videoverbindung)

collezione f ([kol-le-*zjo*-ne] Sammlung)

collo m ([*kol*-lo] Hals)

colomba di Pasqua ([ko-*lom*-ba di *pas*-kwa] Ostertaube)

colore m ([ko-*lo*-re] Farbe)

colpire »isc« ([kol-*pi*-re] beeindrucken)

colpo di sole m ([*kol*-po di *so*-le] Sonnenstich)

coltello m ([kol-*täl*-lo] Messer)

combinazione f ([kom-bi-na-*zjo*-ne] Kombination)

come ([*ko*-me] wie)

cominciare ([ko-min-*tscha*-re] beginnen, anfangen)

commissario m ([kom-mis-*sa*-ri-jo] Kommissar)

commissione f ([kom-mis-*sjo*-ne] Gebühr)

comodo/a ([*ko*-mo-do] bequem)

compensare ([kom-pen-*sa*-re] ausgleichen)

compilare ([kom-pi-*la*-re] ausfüllen)

compleanno f ([kom-ple-*an*-no] Geburtstag)

completo/a ([kom-*plä*-to] ausgebucht)

comprare ([kom-*pra*-re] kaufen)

compressa f ([kom-*pres*-sa] Tablette)

con ([kon] mit)

concerto m [kon-*tschär*-to] Konzert)

condire »isc« ([kon-*di*-re] würzen)

condivisione dello schermo f ([kon-di-wi-*sjo*-ne *del*-lo *skär*-mo] Bildschirmfreigabe)

condivisione f ([kon-di-wi-*sjo*-ne] Freigabe, Aufteilung)

condor m ([*kon*-dor] Kondor)

confezione f ([kon-fe-*zjo*-ne] Packung)

coniglietto di Pasqua ([ko-nil-*jet*-to di *pas*-kwa] Osterhase)

cono m ([*ko*-no] Eiswaffel)

conservare ([kon-ser-*wa*-re] bewahren)

consigliare ([kon-sil-*ja*-re] empfehlen)

contenere ([kon-te-*ne*-re] enthalten)

contenitore m ([kon-te-ni-*to*-re] Behälter)

contenuto m ([kon-te-*nu*-to] Inhalt)

conto corrente m ([*kon*-to kor-*ren*-te] Girokonto)

conto m ([*kon*-to] Rechnung)

contro ([*kon*-tro] gegen

controllare ([kon-trol-*la*-re] kontrollieren, überprüfen)

controllo bagagli m ([kon-*trol*-lo ba-*gal*-ji] Gepäckskontrolle)

controllo passaporti m ([kon-*trol*-lo pas-sa-*por*-ti] Passkontrolle)

controllore m ([kon-trol-*lo*-re] Zugbegleiter)

convento m ([kon-*wen*-to] Kloster)

convenzione f ([kon-wen-*zjo*-ne] Konvention)

coperta f ([ko-*per*-ta] die Decke)

copiare ([ko-*pja*-re] kopieren)

coppetta f ([cop-*pet*-ta] Eisbecher)

coppia m ([*kop*-pja] Paar]

coprire# ([ko-*pri*-re] zudecken)

cornetto m ([kor-*net*-to] Hörnchen)

coro m ([*ko*-ro] Chor)

corridoio m ([kor-ri-*do*-jo] Flur)

corriera f ([kor-*rje*-ra] Linienbus)

corrispondenza f ([kor-ris-pon-*den*-za] Korrespondenz)

corsia d'emergenza f ([kor-*si*-ja de-mer-*dschän*-za] Standstreifen)

corsia di sorpasso f ([kor-*si*-ja di sor-*pas*-so] Überholspur)

corso m ([*kor*-so] Kurs)

cortese ([kor-*te*-ze] freundlich)

corto/a ([*kor*-to] kurz)

cosa ([*ko*-za] was)

così ([ko-*zi*] so)

così così [ko-*si*, ko-*si*] so lala)

costa f ([*kos*-ta] Küste)

costi di gestione pl ([*kos*-ti di dschäs-*tjo*-ne] Betriebskosten)

costina f ([kos-*ti*-na] Rippchen)

costruire »isc« ([ko-stru-*ji*-re] konstruieren, bauen)

costume di carnevale m ([kos-*tu*-me di kar-ne-*wa*-le] Faschingskostüm)

cotone m ([ko-*to*-ne] Baumwolle)

cotto/a ([*kot*-to] gekocht)

cozza f ([*koz*-za] Miesmuschel)

creazione f ([krä-ja-*zjo*-ne] Schöpfung)

credere ([*kre*-de-re] glauben)

credito m ([*krä*-di-to] Kredit)

crema f ([*krä*-ma] Creme, Sahne)

crema idratante f ([*krä*-ma i-dra-*tan*-te] Feuchtigkeitscreme)

cristallino/a ([kris-tal-*li*-no] kristallklar)

cristiano/a ([kris-*tja*-no] christlich)

cristiano/a m/f ([kris-*tja*-no] Christ/-in)

crostacei pl ([kros-*ta*-tsche-ji] Krustentiere)
crudo/a ([*kru*-do] roh)
cubismo m ([ku-*biz*-mo] Kubismus)
cuccetta f ([kut-*tschet*-ta] Liegewagen)
cucchiaio m ([kuk-*kjai*-o] Löffel)
cucina f ([ku-*tschi*-na] Herd, Küche)
cucinare ([kut-schi-*na*-re] kochen)
cugina f ([ku-*dschi*-na] Cousine)
cugino m ([ku-*dschi*-no] Cousin]
cuoca f ([*kwo*-ka] Köchin)
cuocere*# ([*kwo*-tsche-re] köcheln, kochen)
cuoco m ([ku-*jo*-ko] Koch)
cuore f ([*kwo*-re] Herz)
curare ([ku-*ra*-re] heilen)
curioso/a ([ku-rj*o*-zo], neugierig)
cuscino m ([ku-*schi*-no] Kissen)

D

dal vivo f ([dal *wi*-wo] live)
dare* ([da-re] geben)
davanti a ([da-*wan*-ti a] vor)
davvero ([daw-*we*-ro] wirklich)
decimo/a ([*dä*-tschi-mo] zehnter)
decollare ([de-kol-*la*-re] abheben)
decorare ([de-ko-*ra*-re] dekorieren)
decorazione natalizia f (de-ko-ra-*zjo*-ne na-ta-*li*-zja] Weihnachtsdekoration)
delfino m ([del-*fi*-no] Delfin)
delicato/a ([de-li-*ka*-to] sanft)
delitto m ([de-*lit*-to] Verbrechen)
delizioso/a ([de-li-*zjo*-zo] köstlich)
denaro m ([de-*na*-ro] Geld)
dente m ([*dän*-te] Zahn)
dentifricio m ([den-ti-*fri*-tscho] Zahnpasta)
dentista m/f ([den-*tis*-ta] Zahnarzt, Zahnärztin)
denuncia f ([de-*nun*-tscha] Anzeige)
denunciare ([de-nun-*tscha*-re] anzeigen)
deodorante m ([de-jo-do-*ran*-te] Deodorant)
depositare ([de-po-zi-*ta*-re] einzahlen)
deposito m ([de-*po*-zi-to] Einzahlung)
depressione f ([de-pres-*sjo*-ne] Depression)
dermatologa f ([der-ma-*to*-lo-ga] Dermatologin, Hautärztin)
dermatologo m ([der-ma-*to*-lo-go] Dermatologe, Hautarzt)
desiderare ([de-zi-de-*ra*-re] wünschen)
dessert m ([des-*sert*] Nachtisch)
destinatario m ([de-sti-na-*ta*-rjo] Empfänger)
determinato/a ([de-ter-mi-*na*-to] entschlossen)
di dove ([di *do*-we] woher, von wo)
di fronte a ([di *fron*-te a] gegenüber)
di nulla ([di *nul*-la] keine Ursache)
di solito ([di *so*-li-to] normalerweise)
di tanto in tanto ([di *tan*-to in *tan*-to] von Zeit zu Zeit)
diabete m ([dja-*be*-te] Diabetes)
diarrea f ([dja-*rä*-a] Durchfall, Diarrhöe)
dicembre m ([di-*tschäm*-bre] Dezember)
didattico/a ([di-*dat*-ti-ko] Lehr..., didaktisch)
dieci [*djä*-tschi] zehn)
dieta f ([dj*ä*-ta] Diät)
difficile ([dif-*fi*-tschi-le] schwierig)
diga f ([*di*-ga] Staudamm)
dilemma m ([di-*läm*-ma] Dilemma)
dingo m ([*din*-go] Dingo)
Dio m ([*di*-jo] Gott)
dipingere*# ([([di-*pin*-dsche-re] malen)
dipinto m ([di-*pin*-to] Gemälde)
dire*# ([*di*-re] sagen)
direttore ([di-ret-*to*-re] Direktor)
direttrice ([di-ret-*tri*-tche] Direktorin)
discutere# ([dis-*ku*-te-re] diskutieren)
disegno m ([di-*sen*-jo] Zeichnung)
disinfettante m ([dis-in-fet-*tan*-te] Desinfektionsmittel)
dispiacere* ([dis-pja-*tsche*-re] leidtun)
dito m ([*di*-to] Finger, Zehe)
divano letto m ([di-*wa*-no *let*-to] Schlafsofa)
divano m ([di-*wa*-no] Sofa)
diverso/a ([di-*wer*-so] verschieden)
divertente ([di-wer-*tän*-te] lustig)
divertimento m ([di-wer-ti-*me*-nto] Vergnügen)
divertirsi ([di-wer-*tir*-si] sich amüsieren)
divorziato/a ([di-wor-*zja*-to] geschieden
doccia f ([*dot*-tscha] Dusche)
docente m/f (do-*tschän*-te] Dozent/-in)
documento m ([do-ku-*men*-to] Dokument)

dogma m ([*dog*-ma] Dogma)
dolce ([*dol*-tsche] süß)
dolce m ([*dol*-tsche] Süßspeise)
dolcezza f ([dol-*tschez*-za] Süße)
dolci natalizi pl ([*dol*-tschi na-ta-*li*-zi] Weihnachtsgebäck)
domanda f ([do-*man*-da] Frage)
domandare ([do-man-*da*-re] fragen)
domani ([do-*ma*-ni] morgen)
domenica f ([do-*me*-ni-ka] Sonntag)
domenica di Pasqua f ([do-*me*-ni-ka di *pas*-kwa] Ostersonntag)
dopodomani ([do-po-do-*ma*-ni] übermorgen)
dormire ([dor-*mi*-re] schlafen)
dotto/a ([*dot*-to] gelehrt)
dottore m ([dot-*to*-re] Doktor]
dottoressa f ([dot-to-*räs*-sa] Doktorin]
dove ([*do*-we] wo
dovere* ([do-*we*-re] müssen)
dramma m ([*dram*-ma] Drama)
dromedario m ([dro-me-*da*-ri-jo] Dromedar)
due [*du*-e] zwei)
Duecento m ([du-e-*tschän*-to] 13. Jahrhundert)
duetto m ([du-*et*-to] Duett)

E

e, ed ([e] und)
ebraico/a ([ä-*bra*-ji-ko] jüdisch)
ebraico/a m/f ([ä-*bra*-ji-ko] Jude, Jüdin)
eccedenza f ([et-tscha-*den*-za] Überschreitung)
ecologia f ([e-ko-lo-*dschi*-ja] Ökologie)
economia f ([ä-ko-no-*mi*-ja] Wirtschaft)
ecosistema m ([e-ko-sis-*tä*-ma] Ökosystem)
eco-sostenibile ([*ä*-ko-sos-te-*ni*-bi-le] umweltfreundlich)
eczema m ([äk-*ze*-ma] Ekzem)
educare ([e-du-*ka*-re] aufklären/erziehen)
effetto m ([ef-*fät*-to] Auswirkung)
effetto serra m ([ef-*fät*-to *sär*-ra] Treibhauseffekt)
efficace ([ef-fi-*ka*-tsche] effektiv
efficienza energetica f ([ef-fi-*tschän*-za e-ner-*dschä*-ti-ka] Energieeffizienz)
elefante m ([e-le-*fan*-te] Elefant)
elegante ([e-le-*gan*-te] elegant)
elettronico/a ([e-let-*tro*-ni-co] elektonisch)
elettrotecnica f ([e-let-tro-*tek*-ni-ka] Elektrotechnik)
eliminare ([e-li-mi-*na*-re] beseitigen)
Emilia-Romagna f ([e-*mil*-ja ro-*man*-ja] Emilia-Romagna)
emissionare ([e-mis-sjo-*na*-re] ausstoßen)
emissione ([e-mis-*sjo*-ne] Emission)
emissioni zero p ([e-mis-*sjo*-ni *dschä*-ro] Null-Emissionen)
emotivo/a ([e-mo-*ti*-wo] emotional)
emozione f ([e-mo-*zjo*-ne] Emotion)
empatico/a ([em-pa-*ti*-ko] empathisch)
enciclopedia f ([än-tschi-klo-pä-*di*-ja] Lexikon)
energia eolica f ([e-ner-*dschi*-ja e-*jo*-li-ka] Windkraft)
energia idroelettrica f ([e-ner-*dschi*-ja i-dro-e-*let*-tri-ka] Wasserkraft)
energia rinnovabile f ([e-ner-*schi*-ja rin-no-*wa*-bi-le] erneuerbare Energie)
energia solare f ([e-ner-*dschi*-ja so-*la*-re] Solarstrom)
entrambe ([en-*tram*-be] beide)
entrare ([en-*tra*-re] auffahren)
entrata f ([en-*tra*-ta] Einfahrt)
entro ([*en*-tro] innerhalb)
equilibrio m ([e-kwi-*li*-bri-jo] Gleichgewicht)
ergonomico/a ([er-go-*no*-mi-ko] ergonomisch)
esistere ([e-*sis*-te] existieren)
esplorare ([es-plo-*ra*-re] erforschen)
esposizione f ([es-po-si-*zjo*-ne] Ausstellung)
espressionismo m ([es-pres-sjo-*niz*-mo] Expressionismus)
esprimere# ([es-*pri*-mere] ausdrücken)
essere*# ([*äs*-se-re] (sein)
estratto conto m ([e-*strat*-to kon-to] Kontoauszug)
eterno/a ([e-*tär*-no] ewig)
etichetta alimentare f ([e-ti-*ket*-ta a-li-men-*ta*-re] Lebensmittelkennzeichnung)
etto m ([*et*-to] hundert Gramm)
evitare ([e-wi-*ta*-re] vermeiden)

F

fa ([fa] vor (zeitlich)
facile ([*fa*-tschi-le] einfach)
fagiolino m ([fa-dscho-*li*-no] grüne Bohne)
fagiolo m ([fa-*dscho*-lo] dicke Bohne)
falco m ([*fal*-ko] Falke)
fame f ([*fa*-me] Hunger)
famiglia f ([fa-*mi*-lja] Familie
far'* male ([far *ma*-le] weh tun)
fare shopping ([*fa*-re *schop*-ping] shoppen)
fare*# ([*fa*-re] machen)
fare*# il master ([*fa*-re il *mas*-ter] Master machen)

fare*# la valigia ([*fa*-re la wa-*li*-dscha] Koffer packen)

fare*# lo spelling ([*fa*-re lo *spel*-ling] buchstabieren)

farina f ([fa-*ri*-na] Mehl)

farmacia f ([far-ma-*tschi*-ja] Apotheke

farmacista m/f ([far-ma-*tschis*-ta] Apotheker/-in)

fatturare ([fat-tu-*ra*-re] fakturieren)

febbraio m ([feb-*brai*-jo] Februar)

febbre f ([*fäb*-bre] Fieber)

fede f ([*fe*-de] Glaube)

felice ([fe-*li*-tsche] glücklich)

felpa f ([*fel*-pa] Sweatshirt)

Ferragosto m ([fer-ra-*gos*-to] Ferragosto)

festa f ([*fäs*-ta] Fest)

festeggiare ([fes-ted-*dscha*-to] feiern)

fetta f ([*fät*-ta] Scheibe)

fettuccine pl ([fet-tut-*tschi*-ne] schmale Bandnudeln)

fianco m ([*fjan*-ko] Hüfte)

fibre pl ([*fib*-re] Ballaststoffe)

figlia f ([*fil*-ja] Tochter)

figlio m ([*fil*-jo] Sohn)

filetto m ([fi-*let*-to] Filet)

film m ([film] Film)

filosofia f ([fi-lo-so-*fi*-ja] Philosophie)

fine ([*fi*-ne] fein)

finestra f ([fi-*nes*-tra] Fenster)

finire »isc« ([fi-*ni*-re] beenden)

fiocco di neve m (*fjok*-ko di *ne*-we] Schneeflocke)

fisico/a m/f ([*fi*-si-ko] Physiker/-in)

fiume m ([*fju*-me] Fluss)

flessibile ([fles-*si*-bi-le] flexibel)

foca f ([*fo*-ka] Robbe)

focaccia f ([fo-*kat*-tscha] italienisches Fladenbrot)

fonte energetica f ([*fon*-te e-ner-*dschä*-ti-ka] Energiequelle)

foresta pluviale f ([fo-*räs*-ta plu-*wja*-le] Regenwald)

formaggio m ([for-*mad*-dscho] Käse)

formazione f ([for-ma-*zjo*-ne] Ausbildung)

forse ([*for*-se] vielleicht)

forte ([*for*-te] stark)

fortuna f ([for-*tu*-na] Glück)

forum di discussione m ([*fo*-rum di dis-kus-*sjo*-ne] Diskussionsforum)

forum m ([*fo*-rum] Forum)

fra ([fra] innerhalb, zwischen, binnen)

fra breve ([fra *bre*-we] in Kürze)

fra poco ([fra *po*-ko] in Kürze)

fragola f ([*fra*-go-la] Erdbeere)

francese ([fran-*tsche*-se] Franzose, französisch)

Francia f ([*fran*-tscha] Frankreich)

francobollo m ([fran-ko-*bol*-lo] Briefmarke)

frappé m ([frap-*pe*] Erfrischungsgetränk)

fratelli pl ([fra-*tel*-li] Geschwister)

fratello m ([fra-*tel*-lo] Bruder)

Frecciabianca m ([fret-tscha-*bjan*-ka] Hochgeschwindigkeitszug)

Frecciargento m ([fret-tschar-*dschen*-to] Hochgeschwindigkeitszug)

Frecciarossa m ([fret-tscha-*ros*-sa] Hochgeschwindigkeitszug)

freddo/a ([*fred*-do] kalt)

frenare ([fre-*na*-re] bremsen)

fresco/a ([*fres*-ko] frisch)

friggere# ([*frid*-dsche-re] frittieren)

frigobar m ([fri-go-*bar*] Minibar)

frittelle pl ([frit-*tel*-le] frittierte Teigbällchen)

Friuli Venezia Giulia m (fri-*ju*-li we-*nä*-zja *dschu*-lja] [Friaul-Julisch Venetien)

frizzante ([friz-*zan*-te] prickelnd, spritzig)

frusta f ([*frus*-ta] Schneebesen)

frutta f ([*fru*-ta] Obst)

frutti di bosco pl ([*frut*-ti di *bos*-ko] Waldfrüchte)

fruttosio m ([frut-*to*-si-jo] Fruktose)

fucsia ([*fuk*-sja] knallpink, fuchsienrot)

fucsia f ([*fuk*-sja] Fuchsie)

fuga f ([*fu*-ga] Flucht)

fuggire ([fud-*dschi*-re] fliehen)

fumetto m ([fu-*met*-to] Comic)

fungo m ([*fun*-go] Pilz)

fuochi d'artificio pl ([fu-*o*-ki dar-ti-*fi*-tscho] Feuerwerk)

futurismo m ([fu-tu-*riz*-mo] Futurismus)

G

galleria f ([gal-le-*ri*-ja] Galerie)

gamba f ([*gam*-ba] Bein)

gamberetto m ([gam-be-*ret*-to] Shrimp, Krevette, Garnele)

gambero m ([*gam*-be-ro] Garnele, Krebs, Flusskrebs)

gamberone m ([gam-be-*ro*-ne] Riesengarnele)

gas serra m ([gas *sär*-ra] Treibhausgas)

gastrite f ([gas-*tri*-te] Magenschleimhautentzündung)

gastroenterologa f ([gas-tro-en-te-*ro*-lo-ga] Gastroenterologin, Magen-Darm-Spezialistin)

gastroenterologo m ([gas-tro-en-te-*ro*-lo-go] Gastroenterologe, Magen-Darm-Spezialist)

gatto m ([*gat*-to] Katze)

gelataio m ([dschä-la-*tai*-jo] Eisverkäufer)
gelateria f ([dschä-la-te-*ri*-ja] Eisdiele)
gelato m ([dsche-*la*-to] Eiscreme)
gemelli pl ([dsche-*mäl*-li] Zwillinge)
genero m ([*dsche*-ne-ro] Schwiegersohn)
generoso/a ([dschä-ne-*ro*-zo] großzügig)
genitori pl ([dsche-ni-*to*-ri] Eltern)
gennaio m ([dschen-*nai*-jo] Januar)
geotermia f ([dsche-o-ter-*mi*-ja] Geothermie)
Germania f ([dschär-*ma*-ni-ja] Deutschland)
ghiacciaio m ([gjat-*tschai*-jo] Gletscher)
già ([*dscha*] schon
giacca f ([*dschak*-ka] Jacke)
giaguaro m ([dscha-gu-*a*-ro] Jaguar)
giallo/a ([*dschal*-lo] gelb)
ginecologa f ([dschi-ne-*ko*-lo-ga] Gynäkologin, Frauenärztin)
ginecologo m ([dschi-ne-*ko*-lo-go] Gynäkologe, Frauenarzt)
Ginevra f ([dschi-*nä*-wra] Genf)
ginnastica f ([dschin-*nas*-ti-ka] Turnen)
ginocchio m ([dschi-*nok*-kjo] Knie)
giocare a ([dscho-*ka*-re a] (ein Spiel) spielen)
gioielleria f ([dscho-jel-le-*ri*-ja] Juweliergeschäft)
gioiello m ([dscho-*jel*-lo] Juwel, Edelstein)
giornale m ([dschor-*na*-le] Zeitung)
giornalista m/f ([dschor-na-*lis*-ta] Journalist/-in)
giornata f ([dschor-*na*-ta] Tag)
giorno m ([*dschor*-no] Tag)
Giovanni m ([dscho-*wan*-ni] Johannes)
giovedì m ([dscho-we-*di*] Donnerstag)
gioventù f ([dscho-wen-*tu*] Jugend)
giraffa f ([dschi-*raf*-fa] Giraffe)
girare ([dschi-*ra*-re] drehen)
giro m ([*dschi*-ro] Rundfahrt, Tour)
gita f ([*dschi*-ta] Ausflug)
giugno m ([*dschun*-jo] Juni)
Giuseppe m ([dschu-*säp*-pe] Josef)
giusto/a ([*dschus*-to] richtig
glutine m ([*glu*-ti-ne] Gluten)
gnocchi pl ([*njok*-ki] Kartoffelklößchen)
gnomo m ([*njo*-mo] Gnom, Zwerg)
gnu m ([*nju*] Gnu)
godere ([go-*de*-re] genießen)
gondola f ([*gon*-do-la] Gondel)
gondoliere m ([gon-dol-*jiä*-re] Gondoliere)
gonna f ([*gon*-na] Rock)
gorgonzola m ([gor-gon-*zo*-la] Blauschimmelkäse)
gorilla m ([go-*ril*-la] Gorilla)
grammo m ([*gram*-mo] Gramm)
grande ([*gran*-de] groß)
granita f ([gra-*ni*-ta] Eisgetränk)
grappa f ([*grap*-pa] Tresterbrand)
grasso m ([*gras*-so] Fett)
grasso/a ([*gras*-so] fett)
gratificante ([gra-ti-fi-*kan*-te] erfüllend)
grattugia f ([grat-*tu*-dscha] Reibe)
grattugiare ([grat-tu-*dscha*-re] reiben)
grattugiato/a ([grat-tu-*dscha*-to] gerieben)
gratuito/a ([gra-*tu*-i-to] gratis)
grazie ([*gra*-zje] danke)
grigio/a ([*gri*-dscho] grau)
grigliare ([gril-*ja*-re] grillen)
grigliato/a ([gril-*ja*-to] gegrillt)
grillo m ([*gril*-lo] Grille)
guardare ([gwar-*da*-re] schauen)
guarire »isc« ([gwa-*ri*-re] genesen)
guida turistica f ([*gwi*-da tu-*ris*-ti-ka] Reiseführer)
guidare ([gwi-*da*-re] fahren)
gusto m ([*gus*-to] Geschmack)

H

habitat naturale m ([*a*-bi-tat na-tu-*ra*-le] natürlicher Lebensraum)
hamburger m ([*am*-bur-ger] Hamburger)
hobby m ([*ob*-bi] Hobby)
hotel m ([o-*tel*] Hotel)

I

ieri ([*je*-ri] gestern)
imballaggio m ([im-bal-*lad*-dscho] Verpackung)
imbarcare ([im-bar-*ka*-re] einsteigen)
imbarco m ([im-*bar*-ko] Boarding)
imbucare ([im-bu-*ka*-re] einwerfen)
immaginazione f ([im-ma-dschi-na-*zjo*-ne] Vorstellungskraft)
immergere# ([im-*mer*-dsche-re] eintauchen)
impastare ([im-pas-*ta*-re) kneten)
impianto fotovoltaico m ([im-*pjan*-to fo-to-wol-*ta*-i-ko] Photovoltaikanlage)

impianto idroelettrico m ([im-*pjan*-to i-dro-e-*let*-tri-ko] Wasserkraftwerk)

impiegare ([im-pjä-*ga*-re] brauchen)

impressionismo m ([im-pres-sjo-*niz*-mo] Impressionismus)

in contanti ([in kon-*tan*-ti] bar)

in fondo ([in *fon*-do] hinten)

in particolare ([in par-ti-ko-*la*-re] besonders)

in totale ([in to-*ta*-le] insgesamt)

inalzamento m ([in-al-za-*men*-to] Anstieg)

incendio m ([in-*tschän*-djo] Brand)

incontro m ([in-*kon*-tro] Treffen, Meeting)

inconvieniente m ([in-kon-we-nj*en*-te] Unannehmlichkeit)

incredibile ([in-kre-*di*-bi-le] unglaublich)

indagare ([in-da-*ga*-re] ermitteln)

indagine f ([in-*da*-dschi-ne] Ermittlung)

indirizzo m [(in-di-*riz*-zo] Adresse)

indossare ([in-dos-*sa*-re] anziehen, tragen von Kleidung)

infatti ([in-*fat*-ti] tatsächlich)

inferno m ([in-*fer*-no] Hölle)

influenza f ([in-flu-*än*-za] Grippe)

infrastruttura di ricarica f ([in-fra-strut-*tu*-ra di ri-*ka*-ri-ka] Ladeinfrastruktur)

ingegnere m/f ([in-dschen-*jä*-re] (Ingenieur/-in)

ingegneria f ([in-dschen-je-*ri*-ja] Ingenieurswesen)

inglese ([in-*gle*-se] Engländer, englisch)

ingresso m ([in-*gres*-so] Eingang)

inondazione f ([in-on-da-*zjo*-ne] Überschwemmung)

inquinamento atmosferico m ([in-kwi-na-*men*-to at-mos-*fe*-ri-ko] Luftverschmutzung)

inquinamento m ([in-kwi-na-*me*-nto] Verschmutzung)

insalata f ([in-sa-*la*-ta] Salat)

insegnante m/f ([in-sen-*jan*-te] (Lehrer/-in)

insegnare ([in-sen-*ja*-re] unterrichten)

insomma ([in-*som*-ma] naja, kurz und gut)

intenso/a ([in-*ten*-so] intensiv)

interazione f ([in-ter-a-*zjo*-ne] Interaktion)

intercity m ([in-ter-*si*-ti] Intercity)

interessante ([in-te-res-*san*-te] interessant)

interesse m ([in-te-*räs*-se] Zins)

interrogare ([in-ter-ro-*ga*-re] verhören)

interrogatorio m ([in-ter-ro-ga-*to*-rjo] Verhör)

intolleranza f ([in-tol-le-*ran*-za] Intoleranz)

invece ([in-*we*-tsche] statt)

invernale ([in-wer-*na*-le] winterlich)

investigazione f ([in-we-sti-ga-*zjo*-ne] Untersuchung)

investimento m ([in-wes-ti-*men*-to] Investition)

investire ([in-wes-*ti*-re] investieren)

inviare ([in-wi-j*a*-re] schicken)

involtino m ([in-wol-*ti*-no] Roulade)

ipertensione f ([i-per-ten-*sjo*-ne] Bluthochdruck)

ippopotamo m ([ip-po-*po*-ta-mo] Nilpferd)

isola f ([*i*-so-la] Insel)

istamina f ([is-ta-*mi*-na] Histamin)

italiano/a ([i-ta-li-*a*-no] Italiener/-in, italienisch)

K

koala m ([ko-*a*-la] Koala

L

l'altro ieri ([lal-tro-*je*-ri] vorgestern)

là ([*la*] dort)

laboratorio m ([la-bo-ra-*to*-ri-jo] Labor)

ladro m ([*la*-dro] Dieb)

laguna f ([la-*gu*-na] Lagune)

laico/a ([*la*-ji-ko] konfessionslos)

lama m ([*la*-ma] Lama)

lamentarsi ([la-men-*tar*-si] sich beschweren)

lampada da scrivania f ([*lam*-pa-da da skri-wa-*ni*-ja] Schreibtischlampe)

lampone m ([lam-*po*-ne] Himbeere)

lana ([*la*-na] Wolle)

largo/a ([*lar*-go] breit)

lasagne pl ([la-*zan*-je] Lasagne)

lasciar cuocere ([la-*schar kuot*-sche-re] köcheln lassen)

latte m ([*lat*-te] Milch)

latte macchiato m ([*lat*-te mak-*kja*-to]) Milch mit Espresso)

lattina f ([lat-*ti*-na] Dose)

lattosio m ([lat-*to*-si-jo] Laktose)

lavabo m ([*la*-wa-bo] Waschbecken)

lavorare ([la-wo-*ra*-re] arbeiten)

lavori in corso pl ([la-*wo*-ri in *kor*-so] Baustelle)

lavoro m ([la-*wo*-ro] Arbeit)

Lazio m ([*la*-zjo] Latium)

leale ([le-*ja*-le] treu)

leggere# ([*läd*-dsche-re] lesen)

lento/a ([*län*-to] langsam)

leone m ([le-*jo*-ne] Löwe)

lettera m ([*let*-te-ra] Brief)

letteratura [(let-te-ra-*tu*-ra] Literatur)

lettere pl ([*let*-te-re] Literatur [Studienfach])

letto m ([*let*-to] Bett)

lezione a distanza f ([le-*zjo*-ne a dis-*tan*-za] Fernunterricht)

lezione f ([le-*zjo*-ne] Unterricht)

lì ([*li*] dort)

libertà f ([li-ber-*ta*] Freiheit)

libreria f ([li-bre-*ri*-ja] Bücherregal, Buchladen)

libretto m ([li-*bret*-to] Libretto)

libro di cucina m ([*li*-bro di ku-*tschi*-na] Kochbuch)

libro di storia m ([*li*-bro di *sto*-rja] Geschichtsbuch)

libro per bambini m ([*li*-bro per bam-*bi*-ni] Kinderbuch)

libro specializzato m ([*li*-bro spe-tscha-liz-*za*-to] Fachbuch

lieto/a ([*lje*-to] erfreut)

lievito m (*lje*-wi-to] Hefe)

Liguria f ([li-*gu*-rja] Ligurien)

lilla ([*lil*-la] lilafarben)

lilla m ([*lil*-la] Flieder)

limitato/a ([li-mi-*ta*-to] limitiert)

limite di velocità m ([*li*-mi-te di we-lo-tschi-*ta*] Geschwindigkeitsbegrenzung)

limonata f ([li-mo-*na*-ta] Zitronenlimonade)

limoncello m ([li-mon-*tschäl*-lo] Zitronenlikör)

limone m ([li-*mo*-ne] Zitrone)

lingerie f ([lin-dsche-*ri*-je] Dessous)

lingua f ([*lin*-gua] Sprache)

linguistica f ([lin-*gwis*-ti-ka] Linguistik)

lino m ([*li*-no] Leinen)

litro m ([*li*-tro] Liter)

livello del mare m ([li-*wäl*-lo del *ma*-re] Meeresspiegel)

locale ([lo-*ka*-le] einheimisch)

Lombardia f ([lom-bar-*di*-ja] Lombardei)

lontano/a ([lon-*ta*-no] weit entfernt)

loro ([*lo*-ro] sie, ihr)

luglio m ([*lul*-jo] Juli)

lunedì m ([lu-ne-*di*] Montag)

lungo ([*lun*-go] entlang)

lungo/a ([*lun*-go] lang)

luogo di lavoro m ([lu-*o*-go di la-*wo*-ro] Arbeitsstätte)

luogo m ([lu-*o*-go] Ort)

lupo m ([*lu*-po] Wolf)

M

macchinetta f ([mak-ki-*net*-ta] Fahrkartenautomat)

macedonia f ([ma-tsche-*don*-ja] Obstsalat)

macellaio m ([ma-tschel-*lai*-jo] Metzger)

macelleria f ([ma-tschel-le-*ri*-ja] Metzgerei)

macinato/a ([ma-tschi-*na*-to] gemahlen)

madre f ([*ma*-dre] Mutter)

magari ([ma-*ga*-ri] vielleicht)

maggio m ([*mad*-dscho] Mai)

maggiore ([mad-*dscho*-re] größter, größer)

maglietta f ([mal-*jet*-ta] T-Shirt)

magma m ([*mag*-ma] Magma)

magro/a ([*ma*-gro] mager)

mai ([*mai*] jemals)

mais m ([mais] Mais)

mal di schiena m ([mal di *skje*-na] Rückenschmerzen)

mal di testa m ([mal di *täs*-ta] Kopfschmerzen)

malato/a ([ma-*la*-to] krank)

mangiare ([man-*dscha*-re] essen)

mano f ([*ma*-no] Hand)

manzo m ([*man*-zo] Rind)

Marche pl ([*mar*-ke] Marken)

marinato/a ([ma-ri-*na*-to] mariniert)

marito m ([ma-*ri*-to] Ehemann)

marocchino/a ([ma-rok-*ki*-no] Marokkaner/-in, marokkanisch)

Marocco m ([marokko] Marokko)

marrone ([mar-*ro*-ne] braun)

marrone m ([mar-*ro*-ne] Esskastanie)

martedì m ([mar-te-*di*] Dienstag)

marzo m ([*mar*-zo] März)

maschera f ([*mas*-ke-ra] Maske)

matematico/a ([ma-te-*ma*-ti-ko] Mathematiker/-in)

materiale didattico m ([ma-te-*rja*-le di-*dat*-ti-ko] Lehrmaterial)

materiale m ([ma-te-*rja*-le] Material)

matrimoniale ([ma-tri-mo-*nja*-le] Ehe...)

mattina f ([mat-*ti*-na] Morgen, Vormittag)

mezzanotte f ([mäz-za-*not*-te] Mitternacht)

meccatronica f ([mek-ka-*tro*-ni-ka] Mechatronik)

media stagione f ([*me*-dja sta-*dscho*-ne] Zwischensaison)

medicina f ([me-di-*tschi*-na] Medizin)

medico m ([*me*-di-ko] Arzt, Ärztin)

mediterraneo/a ([me-di-ter-*ra*-nä-jo] mediterran)

medusa f ([me-*du*-sa] Qualle)

meglio ([*mäl*-jo] besser)

mela f ([*me*-la] Apfel)

melanzana f ([me-lan-*za*-na] Aubergine)

melone m ([me-*lo*-ne] Melone)

meno ([*me*-no] weniger)

mente f ([*men*-te] Sinn)

menu m ([me-*nu*] Speisekarte)

mercoledì m ([mer-ko-le-*di*] Mittwoch)

mescolare ([mes-ko-*la*-re] mischen, umrühren)

mese m ([*me*-ze] Monat)

messa di mezzanotte f ([*mes*-sa di mez-za-*not*-te) Mitternachtsmesse)

messa f ([*mes*-sa] Messe)

mestolo m ([*mes*-to-lo] Schöpflöffel)

metro(politana) f ([me-tro-po-li-*ta*-na] Metro)

mettere# ([*mät*-te-re] setzen, legen, stellen)

mettere# in ordine ([*mät*-te-re in *or*-di-ne] aufräumen)

mettersi# ([*mät*-ter-si] sich anziehen, sich überwerfen)

mezzanotte f ([mäz-za-*not*-te] Mitternacht)

mezzo chilo m ([*mäz*-zo *ki*-lo] Pfund)

mezzo/a ([*mäz*-zo] halb)

mezzogiorno m ([mäz-zo-*dschor*-no] Mittag)

microplastiche pl ([mi-kro-*plas*-ti-ke] Mikroplastik)

minacciare ([mi-nat-*tscha*-re] bedrohen)

minacciato/a ([mi-nat-*tscha*-to] bedroht)

minerali pl ([mi-ne-*ra*-li] Mineralstoffe)

minimalismo m ([mi-ni-ma-*liz*-mo] Minimalismus)

minimo m ([*mi*-ni-mo] Minumum)

mio/a ([*mi*-jo] mein)

miracolo m ([mi-*ra*-ko-lo] Wunder)

mirtillo m ([mir-*til*-lo] Heidelbeere)

misterioso/a ([mis-te-*rjo*-zo] geheimnisvoll)

misto/a ([*mis*-to] gemischt)

mobile m ([*mo*-bi-le] Möbelstück)

mobili pl ([*mo*-bi-li] Möbel)

modello m ([mo-*del*-lo] Modell

moderno/a ([mo-*der*-no] modern)

modulo doganale m ([*mo*-du-lo do-ga-*na*-le] Zollformular)

modulo m ([*mo*-du-lo Formular)

moglie f ([*mol*-je] Ehefrau)

molto ([*mol*-to] sehr)

molto/a ([*mol*-to] viel/e)

monaco m ([*mo*-na-ko] Mönch)

mondo m ([*mon*-do] Welt)

montagna f ([mon-*tan*-ja] Gebirge)

montare a neve ([mon-*ta*-re a *ne*-we] zu Schnee schlagen)

mora f ([*mo*-ra] Brombeere)

mortadella f ([mor-ta-däl-la] Brühwurst)

moschea f ([mos-*kä*-ja] Moschee)

mostrare ([mos-*tra*-re] zeigen)

motivo m ([mo-*ti*-wo] Grund)

moto(cicletta) f ([mo-to-tschi-*klet*-ta] Motorrad)

motociclismo m ([mo-to-tschi-*klis*-mo] Motorsport)

motore elettrico m ([mo-*to*-re e-*let*-tri-ko] Elektromotor)

mucca f ([*muk*-ka] Kuh)

mugnaio/a m/f ([mun-*jai*-o] Müller/-in)

multa f ([*mul*-ta] Bußgeld)

mus(s)ulmano/a ([mu-zul-*ma*-no] muslimisch)

mus(s)ulmano/a m/f ([mu-zul-*ma*-no] Moslem, Moslima)

museo m ([mu-*se*-jo] Museum)

musica f ([*mu*-si-ka] Musik)

mutuo m ([*mu*-tu-o] Hypothek)

N

naso m ([*na*-so] Nase)

Natale m ([na-*ta*-le] Weihnachten)

ne ([ne] davon)

né … né ([*ne* … *ne*] weder … noch)

nebbia f ([*neb*-bja] Nebel)

nebbioso/a ([neb-*bjo*-so] neblig)

negozio m ([ne-*go*-zjo] Geschäft)

Negroni m ([ne-*gro*-ni] Cocktail)

nero/a ([*ne*-ro] schwarz)

nessuno/a ([nes-*su*-no] kein, niemand)

neurologa f ([ne-ju-*ro*-lo-ga] Neurologin, Nervenärztin)

neurologo m ([ne-ju-*ro*-lo-go] Neurologe, Nervenarzt)

neve f ([*ne*-we] Schnee)

nevicare ([ne-wi-*ka*-re] schneien)

niente ([*njen*-te] nichts)

nipote f ([ni-*po*-te] Nichte, Enkelin)

nipote m ([ni-*po*-te] Neffe, Enkel)

noce f ([*no*-tsche] Nuss)

noioso/a ([noi-*jo*-so] langweilig)

nome m ([*no*-me] Name)

non … mai ([non … *mai*] nie, niemals)

non … mica ([non … *mi*-ca] doch nicht)

non c'è male ([non *tschä* male] nicht schlecht)

nonna f ([*non*-na] Oma, Großmutter)

nonni pl ([*non*-ni] Großeltern)

nonno m ([*non*-no] Opa, Großvater)

nono/a ([*no*-no] neunter)

nonostante ([no-no-*stan*-te] trotz)

normale ([nor-ma-le] normal)

nostalgico/a ([nos-*tal*-gi-ko] nostalgisch)

nostro/a ([*nos*-tro] unser)

notizia f ([no-*ti*-zja] Nachricht)

notte f ([*not*-te] Nacht)

nove [*no*-we] neun)

Novecento m ([no-we-*tschän*-to] 20. Jahrhundert)

novembre m ([no-*wäm*-bre] November)

nozze pl ([*noz*-ze] Hochzeit)

nulla ([*nul*-la] nichts)

nuora f ([nu-*o*-ra] Schwiegertochter)

nuotare ([nu-jo-*ta*-re] schwimmen)

nuoto m ([nu-*o*-to] Schwimmen)

nuovo/a ([nu-*o*-wo] neu)

nuraghi pl ([nu-*ra*-gi] Nuragen)

nutria f ([*nu*-tri-ja] Nutria)

nutriente ([nu-tri-*en*-te] nahrhaft)

nutrimento m ([nu-tri-*men*-to] Nährstoff)

nutrizione f ([nu-tri-*zjo*-ne] Ernährung)

nutrizionista m/f ([nu-tri-zjo-*nis*-ta] Ernährungsberater/-in)

nuvola f ([*nu*-wu-la] Wolke)

nuvoloso/a ([nu-wo-*lo*-so] bewölkt)

O

o … o ([*o* … *o*] entweder … oder)

o, oppure ([o] oder)

oca f ([*o*-ka] Gans)

occhio m ([*ok*-kjo] Auge)

oddio ([od-*di*-jo] oh Gott)

offerta f ([of-*fer*-ta] Angebot)

offrire# ([of-*fri*-re] anbieten)

oggi ([*od*-dschi] heute)

ogni ([*on*-ji] jeder)

ogni tanto ([*on*-ji *tan*-to] ab und zu)

olio d'oliva m ([*ol*-jo do-*li*-wa] Olivenöl)

olio m ([*ol*-jo] Öl)

oliva f ([o-*li*-wa] Olive)

ombra f ([*om*-bra] Schatten)

ombrellone m ([om-brel-*lo*-ne] Sonnenschirm)

oncologa m ([on-*ko*-lo-ga] Onkologin, Krebsspezialistin)

oncologo m ([on-*ko*-lo-go] Onkologe, Krebsspezialist)

ondata di caldo f ([on-*da*-ta di *kal*-do] Hitzewelle)

online ([*on*-lain] online)

opera buffa ([*o*-pe-ra *buf*-fa] komische Oper)

opera d'arte f ([*o*-pe-ra *dar*-te] Kunstwerk)

opera f ([*o*-pe-ra] Oper)

operetta f ([ope-*ret*-ta] Operette)

ora di pranzo f ([*o*-ra di *pran*-zo] Mittagszeit)

ora f ([*o*-ra] Stunde)

orario di apertura m ([o-*ra*-rjo di a-per-*tu*-ra] Öffnungszeiten)

orario m ([o-*ra*-rjo] Fahrplan)

orata f ([o-*ra*-ta] Goldbrasse)

orchestra f ([or-*kes*-tra] Orchester)

ordinare ([or-di-*na*-re] bestellen)

ordine f ([*or*-di-ne] Ordnung)

orecchio m ([o-*räk*-kjo] Ohr)

organizzare ([or-ga-niz-*za*-re] organisieren)

organizzazione f ([or-ga-niz-za-*zjo*-ne] Organisation)

orologio m ([o-ro-*lo*-dscho] Uhr)

oroscopo m ([o-*ros*-ko-po] Horoskop

orso m ([*or*-so] Bär)

ortopedica f ([or-to-*pä*-di-ka] Orthopädin)

ortopedico m ([or-to-*pä*-di-ko] Orthopäde)

ospedale m ([os-pe-*da*-le] Krankenhaus)

ospite m ([*os*-pi-te] Gast)

osservare ([os-ser-*wa*-re] beobachen)

ossobuco m ([*os*-so-*bu*-ko] Kalbsbeinscheibe)

ottavo/a ([ot-*ta*-wo] achter)

ottenere*# ([ot-te-*ne*-re] bekommen

ottimista ([ot-ti-*mis*-ta] optimistisch)

ottimo/a [*ot*-ti-mo] sehr gut, optimal)

otto [*ot*-to] acht)

ottobre m ([ot-*to*-bre] Oktober)

Ottocento m ([ot-to-*tschän*-to] 19. Jahrhundert)

P

pacchetto m ([pak-*ket*-to] Päckchen, Paket)

pacco m ([*pak*-ko] Paket)

padella f ([pa-*del*-la] Pfanne)

padre m ([*pa*-dre] Vater)

padrone m ([pa-*dro*-ne] Herr)

paese m ([pa-*e*-ze] Land)

pagamento m ([pa-ga-*men*-to] Zahlweise, Zahlung)

pagare ([pa-*ga*-re] bezahlen)

palazzo m ([pa-*laz*-zo] Palast, Wohnhaus)

palcoscenico m ([pal-ko-*sche*-ni-ko] Bühne)

palestra f ([pa-*läs*-tra Fitness-Studio)

pallacanestro m ([pal-la-ka-*näs*-tro] Basketball)

pallamano m ([pal-la-*ma*-no] Handball)

pallavolo m ([pal-la-*wo*-lo] Volleyball)

pancia f ([*pan*-tscha] Bauch)

pane m ([*pa*-ne] Brot)

panetteria m ([pa-net-te-*ri*-ja] Bäckerei)

panettone m ([pa-net-*to*-ne] Weihnachtskuchen)

panino m ([pa-*ni*-no] Brötchen, Sandwich)

panna cotta f ([*pan* na *kot* ta] cremiges Dessert)

panna f ([*pan*-na] Sahne)

pannello solare m ([pan-*näl*-lo so-*la*-re] Solarmodul)

pantaloni pl ([pan-ta-*lo*-ni] Hose)

pantera f ([pan-*te*-ra] Panther)

pappagallo m ([pap-pa-*gal*-lo] Papagei)

parcheggio m ([par-*ked*-dscho] Parkplatz)

parco eolico m ([*par*-ko e-*jo*-li-ko] Windpark)

parco solare m ([*par*-ko so-*la*-re] Solarpark)

parenti pl ([pa-*ren*-ti] Verwandte, Verwandtschaft)

parlare ([par-*la*-re] sprechen)

partecipare a ([par-te-tschi-*pa*-re a] teilnehmen an)

partecipazione f ([par-te-tschi-pa-*zjo*-ne] Teilnahme)

partenza f ([par-*ten*-za] Abfahrt, Abflug)

partire ([par-*ti*-re] abfahren, abfliegen)

Pasqua f ([*pas*-kwa] Ostern)

Pasquetta f ([pas-*kwet*-ta] Ostermontag)

passare ([pas-*sa*-re] verbringen)

passeggero m ([pas-sed-*dschä*-ro] Passagier)

passeggiata f ([pas-sed-*dscha*-ta] Spaziergang)

passione f ([pas-*sjo*-ne] Leidenschaft)

password f ([*pass*-word] Passwort)

pasta f (*pas*-ta] Nudel, Teig, Gebäck)

pasticca f ([pas-*tik*-ka] Pille

pasticcere m ([pas-tit-*tschä*-re] Konditor)

pasticceria f ([pas-tit-tschä-*ri*-ja] Konditorei)

pastiglia f ([pas-*til*-ja] Dragees)

pasto m ([*pas*-to] Mahlzeit)

patata f ([pa-*ta*-ta] Kartoffel)

pecorino m ([pe-ko-*ri*-no] Schafskäse)

pedaggio m ([pe-*dad*-dschio] Maut)

pedagogia f ([pä-da-go-*dschi*-ja] Lehramt)

pediatra m/f ([pä-*di*-ja-tra] Kinderarzt/Kinderärztin)

pelato/a ([pe-*la*-to] geschält)

pelle f ([*pel*-le] Haut)

pellicano m ([pel-li-*ka*-no] Pelikan)

pennello m ([pen-*nel*-lo] Pinsel)

pentola f ([*pen*-to-la] Topf)

peperone m ([pe-pe-*ro*-ne] Paprikaschote)

per fortuna ([] zum Glück)

per questo ([per *kwäs*-to] daher)

pera f ([*pe*-ra] Birne)

perché ([per-*kä*] warum, weil)

perdere# ([*per*-de-re] verlieren, verpassen)

perfetto/a ([per-*fet*-to] perfekt)

persona f ([per-*so*-na] Person)

pesante ([pe-*zan*-te] schwer)

pesca f ([*pes*-ka] Pfirsich)

pesce m ([*pe*-sche] Fisch)

pescheria f ([pes-ke-*ri*-ja] Fischgeschäft)

pescivendolo/a m/f ([pe-schi-*wen*-do-lo] Fischverkäufer/-in)

peso m ([*pe*-zo] Gewicht)

pessimista ([pes-si-*mis*-ta] pessimistisch)

pesto m ([*päs*-to] Pesto)

pettine m ([*pet*-ti-ne] Kamm)

petto m ([*pät*-to] Brust)

pezzo m ([*päz*-zo] Stück)

piacere ([pia-*tschä*-re] freut mich)

piacere* ([pja-*tsche*-re] gefallen)

piacevole ([pja-*tchä*-wo-le] angenehm)

pianista m/f ([pja-*nis*-ta] Pianist/-in)

piano ([*pja*-no] langsam)

piano m ([*pja*-no] Stockwerk)

pianterreno m ([pjan-ter-*re*-no] Erdgeschoss

piattaforma f ([pjat-ta-*for*-ma] Plattform)

piattaforma online f ([pjat-ta-*for*-ma *on*-lain] Online-Plattform)

piatto di carta m ([*pjat*-to di *kar*-ta] Pappteller)

Piazza San Marco f ([*pjaz*-za san *mar*-ko] Markusplatz)

piccolo/a ([*pik*-ko-lo] klein)

piede m ([*pjä*-de] Fuß)

Piemonte m ([pje-*mon*-te] Piemont)

pinguino m ([pin-gu-*i*-no] Pinguin)

pioggia f ([*pjod*-dscha] Regen)

piovere ([*pjo*-we-re] regnen)

piovoso/a ([pjo-*wo*-so] regnerisch)

piscina f ([pi-*schi*-na] Schwimmbad)

pisello m ([pi-*zel*-lo] Erbse)

pittore m ([pit-*to*-re] Maler)

pittoresco/a ([pit-to-*res*-ko] malerisch)

pittura f ([pit-*tu*-ra] Malerei)

più ([*pju*] mehr)

più tardi ([*pju tar*-di] später)

pizzetta f ([piz-*zet*-ta] Pizzastück)

plastica f ([*plas*-ti-ka] Plastik)

plastica monouso f ([*plas*-ti-ka mo-no-*u*-so] Einwegplastik)

platea f ([pla-*tä*-ja] Parkett)

pneumatico m ([pne-u-*ma*-ti-ko] Reifen)

poco/a ([*po*-ko] wenig/e)

poesia f ([po-e-*si*-ja] Gedicht)

poi ([poj] dann)

polacco/a ([po-*lak*-ko] Pole, Polin, polnisch)

poliestere m ([po-li-*äs*-te-re] Polyester)

polizia f ([po-li-*zi*-ja] Polizei)

poliziotto m ([po-li-*zjot*-to] Polizist)

polline m ([*pol*-li-ne] Pollen)

pollo m ([*pol*-lo] Hähnchen)

poltrona f ([pol-*tro*-na] Sessel)

polvere f ([*pol*-we-re] Pulver, Staub)

pomata f ([po-*ma*-ta] Salbe)

pomeriggio m ([po-me-*rid*-dscho] Nachmittag)

pomodoro concentrato m ([po-mo-*do*-ro kon-tschen-*tra*-to] Tomatenmark)

pomodoro m ([po-mo-*do*-ro] Tomate)

ponte m ([*pon*-te] Brücke)

popolare ([po-po-*la*-re] beliebt)

porta f ([*por*-ta] Tür)

portafoglio m ([por-ta-*fol*-jo] Brieftasche)

portata f ([por-*ta*-ta] Gang (Menü)

porzione f ([por-*zjo*-ne] Portion)

posate pl ([po-*za*-te] das Besteck)

possibile ([pos-*si*-bi-le] möglich)

posta f ([*pos*-ta] Post)

postare ([pos-*tar*-re] posten)

postino m ([pos-*ti*-no] Briefträger)

posto m ([*pos*-to] Platz)

potere* ([po-*te*-re] können, dürfen)

povero/a ([*po*-we-ro] arm)

prato m ([*pra*-to] Wiese)

preferire »isc« ([pre-fe-*ri*-re] bevorzugen)

preghiera f ([pre-*gjä*-ra] Gebet)

prelevare ([pre-lä-*wa*-re] abheben)

prelievo m ([pre-*ljä*-wo] Abhebung)

prendere# ([*pren*-de-re] nehmen)

prenotare ([pre-no-*ta*-re] buchen)

prenotazione f ([pre-no-ta-*zjo*-ne] Buchung, Reservierung)

preoccuparsi ([pre-ok-ku-*par*-si] sich sorgen)

prepararsi ([prä-pa-*rar*-si] sich vorbereiten)

prescrivere ([pre-*skri*-we-re] verschreiben)

presenza f ([pre-*sen*-za] Präsenz)

presepe m ([pre-*se*-pe] Krippe)

prestare ([präs-*ta*-re] leihen)

prestito m ([*prä*-sti-to] Darlehen)

presto ([*präs*-to] bald)

presto/a ([*präs*-to] früh)

prevenire*# ([pre-we-*ni*-re] vorbeugen)

prezzemolo m ([präz-*ze*-mo-lo] Petersilie)

prezzo m ([*präz*-zo] Preis)

prima ([*pri*-ma] zuerst, früher)

primo piatto m ([*pri*-mo *pjat*-to] erster Gang)

primo/a ([*pri*-mo] erster)

principe m ([*prin*-tschi-pe] Prinz)

principessa f ([prin-tschi-*pes*-sa] Prinzessin)

privato/a [pri-*wa*-to] privat)

problema m ([pro-*blä*-ma] Problem)

procedimento m ([pro-tsche-di-*me*-nto] Vorgehensweise)

processione f ([pro-tsches-*sjo*-ne] Prozession)

processo m ([pro-*tschäs*-so] Prozess)

produttore m ([pro-dut-*to*-re] Produzent)

professione f ([pro-fes-*sjo*-ne] Beruf)

professore m ([pro-fes-*so*-re] Professor)

professoressa f ([pro-fes-so-*räs*-sa] Professorin)

profondità f ([pro-fon-di-*ta*] Tiefe)

profondo/a ([pro-*fon*-do] tief)

profumeria f ([pro-fu-me-*ri*-ja] Parfümerie)

profumo m ([pro-*fu*-mo] Duft

promuovere# ([pro-mu-*o*-we-re] fördern)

pronto ([*pron*-to] hallo (am Telefon))

pronto/a ([*pron*-to] bereit)

proprio ([*pro*-pri-jo] direkt)

prosciutto m ([pro-*schut*-to] Schinken)

prosecco m ([pro-*sek*-ko] Prosecco)

prossimo/a ([*pros*-si-mo] nächster)

proteggere# ([pro-*täd*-dsche-re] schützen)

proteine pl ([pro-tä-*ji*-ne] Proteine

protestante ([pro-tes-*tan*-te] protestantisch)

protestante m/f ([pro-tes-*tan*-te] Protestant/-in)

protezione f ([pro-te-z*jo*-ne] Schutz)

prova f ([*pro*-wa] Beweis)

provare ([pro-*wa*-re] probieren)

proverbio m ([pro-*wer*-bi-jo] Sprichwort)

prugna m ([*prun*-ja] Pflaume)

psichiatra m/f ([psi-*kja*-tra] Psychiater/-in)

psicologa f ([psi-*ko*-lo-ga] Psychologin)

psicologo m ([psi-*ko*-lo-go] Psychologe)

Puglia f (*pul*-ja] Apulien)

pulire »isc« ([pu-*li*-re] putzen)

pulito/a ([pu-*li*-to] sauber)

pullman m ([*pull*-mann] Reisebus)

puma m ([*pu*-ma] Puma)

punto di ricarica m ([*pun*-to di ri-*ka*-ri-ka] Ladepunkt)

pure ([*pu*-re] (*nach Imperativ* ruhig)

purtroppo ([pur-*trop*-po] leider)

puzzare ([puz-*za*-re] stinken)

Q

quadro m ([*kwa*-dro] Gemälde)

quaglia f ([*kwal*-ja] Wachtel)

qualche ([*kwal*-ke] einige + Singular)

qualche volta ([*kual*-ke *wol*-ta] manchmal)

qualcosa ([kwal-*ko*-za] etwas)

qualità dell'aria f ([kwa-li-*ta* del-*la*-rja] Luftqualität)

quando ([*kwan*-do] wann)

quanto/a ([*kwan*-te] wie viel)

quarto m ([*kwar*-to)] Viertel)

quarto/a ([*kwar*-to] vierter)

quasi ([*kwa*-zi] fast)

quattro [*kwat*-tro] vier)

Quattrocento m ([kwat-tro-*tschän*-to] 15. Jahrhundert)

quello/a ([*kwäl*-lo] der dort, jeder)

questo/a ([*kwä*-sto] der hier, dieser)

questura f ([kwes-*tu*-ra] Polizeirevier)

qui ([*kwi*] hier)

quieto/a ([kwi-*jä*-to] ruhig)

quindi ([*kwin*-di] also, folglich)

quinto/a ([*kwin*-to] fünfter)

R

raccomandata ([rak-ko-man-*da*-ta] Einschreiben)

racconto m ([rak-*kon*-to] Kurzgeschichte)

raccordo m ([rak-*kor*-do] Anschlussstraße)

radicchio m ([ra-*dik*-kio] Radicchio)

radio f ([*ra*-djo] Radio)

radiologa f ([ra-*djo*-lo-ga] Radiologin, Röntgenärztin)

radiologo m ([ra-*djo*-lo-go] Radiologe, Röntgenarzt)

raffinato/a ([raf-fi-*na*-to] raffiniert (Zucker)

raffreddare ([raf-fred-*da*-re] abkühlen)

raffreddore m ([raf-fred-*do*-re] Erkältung)

ragazza f ([ra-*gaz*-za] Mädchen)

ragazzi pl ([ra-*ga*-zi] junge Leute)

ragazzo m ([ra-*gaz*-zo] Junge)

rallentare ([ral-len-*ta*-re] verlangsamen)

raramente ([ra-ra-*men*-te] selten)

raro/a ([*ra*-ro] selten)

rasoio m ([ra-*zoi*-*j*o] Rasierer)

ratto m ([*rat*-to] Ratte)

ravioli pl ([ra-*wjo*-li] Teigtaschen

reazione f ([re-a-*zjo*-ne] Reaktion)

reception f ([re-*zäp*-zjon] Rezeption)

reflusso m ([re-*flus*-so] Reflux)

regalare ([re-ga-*la*-re] schenken)

regalo m ([re-*ga*-lo] Geschenk)

regina ([re-*dschi*-na] Königin)

regionale m ([re-dscho-*na*-le] Regionalzug)

regione f ([re-*dscho*-ne] Region)

registrare ([re-dschis-*tra*-re] einchecken)

registrazione f ([re-dschis-tra-*zjo*-ne] Aufzeichnung)

regolabile ([re-go-*la*-bi-le] verstellbar, regulierbar)

regolare ([re-go-*la*-re] gleichmäßig, regelmäßig)

regolarmente ([re-go-lar-*men*-te] regelmäßig)

religione f ([re-li-*dscho*-ne] Religion)

religioso/a ([re-li-*dscho*-zo] religiös)

restare ([res-*ta*-re] bleiben)

restauro m ([re-*stau*-ro] Restaurierung)

resurrezione f ([re-sur-re-*zjo*-ne] Auferstehung)

rete elettrica f ([*re*-te e-*let*-tri-ka] Stromnetz)

reumatologa f ([re-u-ma-*to*-lo-ga] Rheumatologin)

reumatologo m ([re-u-ma-*to*-lo-go] Rheumatologe)

ribes m ([*ri*-bes] Johannisbeere)

ricarica f ([ri-*ka*-ri-ka] Aufladung)

ricaricare ([ri-ka-ri-*ka*-re] aufladen)

riccio m ([*rit*-tscho] Igel)

ricco/a ([*rik*-ko] reich)

ricetta f ([ri-*tschet*-ta] Rezept)

ricevere# ([ri-*tschä*-we-re] erhalten)

ricevuta m ([ri-tschä-*wu*-ta] Quittung)

richiedere# ([ri-*kjä*-de-re] beantragen)

riciclaggio m ([ri-tschi-*klad*-dscho] Recyceln)

riciclare ([ri-tschik-*la*-re] recyceln)

ricotta f ([ri-kot-ta] quarkähnlicher Frischkäse)

ridere# ([*ri*-de-re] lachen)

ridurre*# ([ri-*dur*-re] reduzieren)

rifiuti pl ([ri-*fju*-ti] Abfälle)

rimanere*# ([ri-ma-*ne*-re] bleiben)

ringraziare ([rin-gra-*zja*-re] danken)

ripieno/a ([ri-*pje*-no] (gefüllt)

riposarsi ([ri-po-*sar*-si] sich ausruhen)

riscaldamento globale m ([ris-kal-da-*men*-to glo-*ba*-le] globale Erwärmung)

riscaldamento m ([ris-kal-da-*men*-to] Heizung)

riservato/a ([ri-ser-*wa*-to] reserviert)

riso m ([*ri*-zo] Reis)

risorsa idrica f ([ri-*sor*-sa *i*-dri-ka] Wasserreserve)

risorse naturali pl ([ri-*sor*-se na-tu-*ra*-li] natürliche Ressourcen)

risorse pl ([ri-*sor*-se] Ressourcen)

risotto m ([ri-*zot*-to] Reisgericht)

risparmiare ([ris-par-*mja*-re] sparen)

risparmio m ([ri-*spar*-mjo] Ersparnis)

rispondere# ([ri-*spon*-de-re] antworten)

ristorante m ([ri-sto-*ran*-te] Restaurant)

ritardo m ([ri-*tar*-do] Verspätung)

riunirsi ([ri-u-*nir*-se] sich versammeln)

riutilizzabile ([ri-u-ti-liz-*za*-bi-le] wiederverwendbar)

riutilizzare ([ri-u-ti-liz-*za*-re] wiederverwenden)

riva f ([*ri*-wa] Ufer)

rivelare ([ri-we-*la*-re] offenbaren)

rivista f ([ri-*wis*-ta] Zeitschrift)

romanistica f ([ro-ma-*nis*-ti-ka] Romanistik

romantico/a ([ro-*man*-ti-ko] romantisch)

romanzo m ([ro-*man*-zo] Roman)

rosa ([*ro*-za] rosafarben)

rosa f ([*ro*-za] Rose)

rosa polvere ([*ro*-za *pol*-we-re] puderrosa)

rosmarino m ([ros-ma-*ri*-no] Rosmarin

rosso/a ([*ros*-so] rot)

rotto/a ([*rot*-to] gebrochen, kaputt)

rovinato/a ([ro-wi-*na*-to] ruiniert)

rubare ([ru-*ba*-re] stehlen)

rucola f ([*ru*-ko-la] Rucola)

rustico/a ([*rus*-ti-ko] rustikal)

S

sabato m ([*sa*-ba-to] Samstag)

sabato santo m ([*sa*-ba-to *san*-to] Karsamstag)

sacchettino m ([sak-ket-*ti*-no] Tütchen

sacchetto m ([sak-*ket*-to] Säckchen)

saggio m ([*sad*-dscho] Essay, Aufsatz)

sagittario m ([sa-dschit-*ta*-ri-jo] Schütze)

sala da pranzo f ([*sa*-la da *pran*-zo] Speisesaal)

salame m ([sa-*la*-me] Salami)

saldo m ([*sal*-do] Kontostand)

sale m ([*sa*-le] Salz)

salire* ([sa-*li*-re] hinaufsteigen)

salmone m ([sal-*mo*-ne] Lachs)

salsiccia f ([sal-*sit*-tschia] rohe Schweinemettwurst)

saltare ([sal-*ta*-re] (überspringen), auslassen)

salume m ([sa-*lu*-me] Wurstware)

salumeria f ([sa-lu-me-*ri*-ja] Wurstwarengeschäft)

salumi pl ([sa-*lu*-mi] Wurstwaren)

salvare ([sal-*wa*-re] speichern, aufzeichnen)

sano/a ([*sa*-no] gesund)

santo m ([*san*-to] Heiliger)

santo/a ([*san*-to] heilig)

Sardegna f ([sar-*den*-ja] Sardinien)

sauna f ([*sau*-na] Sauna)

savoiardi pl ([sa-wo-*jar*-di] Löffelbiskuits)

sbarcare ([sbar-*ka*-re] aussteigen)

sbattere ([*zbat*-tere] schlagen)

scaffale m ([skaf-*fa*-le] Regal)

scaloppina f ([ska-lop-*pi*-na] Schnitzel)

scansionare ([skan-sjo-*na*-re] scannen)

scarpa f ([*skar*-pa] Schuh)

scatola f ([*ska*-to-la] Dose/Schachtel)

scegliere*# ([*schel*-je-re] wählen)

scena f ([*schä*-na] Szene)

scettico/a ([*schet*-ti-ko] skeptisch)

schermo m ([*skär*-mo] Bildschirm)

schiena f ([*skje*-na] Rücken)

sci acquatico m ([schi a-*kwa*-ti-ko] Wasserski)

sciare ([schi-*ja*-re] Ski fahren)

scimmia f ([*schim*-mja] Affe)
scioglimento m ([schol-ji-*me*-nto] Schmelze)
sciopero m ([*scho*-pe-ro] Streik)
sciroppo per la tosse m ([schi-*rop*-po per la *tos*-se] Hustensaft)
scolapasta m ([sko-la-*pas*-ta] Nudelsieb)
scolare ([sko-*la*-re) abgießen)
scompartimento m ([skom-par-ti-*men*-to] Zugabteil)
scontrino m ([skon-*tri*-no] Kassenbon)
scoprire# ([sko-*pri*-re] entdecken)
scorpione m ([skor-*pjo*-ne] Skorpion)
scorso/a ([*me*-ze *skor*-so] vergangen, vorig)
scortese ([skor-*te*-ze] unfreundlich)
scottatura solare f ([skot-ta-*tu*-ra so-*la*-re] Sonnenbrand
scrittore m ([skrit-*to*-re] Schriftsteller)
scrittrice f ([skrit-*tri*-tsche] Schriftstellerin)
scrivania f ([skri-wa-*ni*-ja] Schreibtisch)
scrivere# ([*skri*-we-re] schreiben)
scultore m ([skul-*to*-re] Bildhauer)
scultrice f ([skul-*tri*-tsche] Bildhauer/-in)
scultura f ([skul-*tu*-ra] Skulptur)
scuola f ([sku-*o*-la] Schule)
scuro/a ([*sku*-ro] dunkel)
scusare ([sku-*za*-re] entschuldigen)
se ([se] ob, wenn)
secondo (piatto) m ([se-*kon*-do *pjat*-to] zweiter Gang, Hauptgang)
secondo/a ([se-*kon*-do] zweiter)
sedia d'ufficio f ([*sä*-dja duf-*fi*-tscho] Bürostuhl)
sedia f ([*se*-dja] Stuhl)
segno zodicale m ([*sen*-jo zo-di-*ka*-le] Sternzeichen
segretario/a ([se-gre-*ta*-ri-jo] Sekretär/-in)
seguire ([se-*gwi*-re] folgen)
sei [*sä*-i] sechs)
Seicento m ([säi-*tschän*-to] 17. Jahrhundert)
selezione f ([se-le-*zjo*-ne] Auswahl)
semplice ([*sem*-pli-tsche] bloß, einfach)
sempre ([*sem*-pre] immer)
senape m ([*sä*-na-pe] Senf)
sensibile ([sen-*si*-bi-le] empfindlich)
sentire ([sen-*ti*-re] fühlen, hören, schmecken)
sentirsi ([sen-*tir*-si] sich fühlen)
senza ([*sän*-sa] ohne)
separare ([se-pa-*ra*-re] trennen)
separato/a ([se-pa-*ra*-to] getrennt)
sera f ([*se*-ra] Abend)
Serenissima f ([se-re-*nis*-si-ma] Republik Venedig)
sereno/a ([se-*re*-no] heiter)
serpente m ([ser-*pen*-te] Schlange)
serra f ([*sär*-ra] Treibhaus)
servire ([ser-*wi*-re] dienen, servieren)
servizio m ([ser-*wi*-zjo] Service)
sesto/a ([*säs*-to] sechster)
seta f ([*se*-ta] Seide)
sete f ([*se*-te] Durst)
sette (*set*-te) sieben)
Settecento m ([set-te-*tschän*-to] 18. Jahrhundert)
settembre m ([set-*täm*-bre] September)
settimana f ([set-ti-*ma*-ne] Woche)
settimo/a ([*sät*-ti-mo] siebter)
sezione f ([se-*zjo*-ne] Abteilung)
sfida f ([*zfi*-da] Herausforderung)
sfidare ([zfi-*da*-re] herausfordern)
sfilata f ([sfi-*la*-ta] Parade)
sfogliatella f ([zfol-ja-*täl*-la] Blätterteigtasche)
sformato m ([zfor-*ma*-to] Auflauf)
sfornato/a ([sfor-*na*-to] aus dem Ofen)
sfortuna f ([zfor-*tu*-na] Unglück)
sfortunatamente ([sfor-tu-na-ta-*men*-te] bedauerlicherweise)
sfumare ([*zfu*-ma-re] ablöschen)
sfuso/a ([*zfu*-zo] lose, offen)
shampoo m ([*scham*-pu] Shampoo)
sì ([*si*] ja)
sia ... che ([*si*-ja .... *kä*] sowohl ... als auch)
sia ... sia ([*si*-ja ... *si*-ja] sowohl ... als auch)
siccità f ([sit-tschi-*ta*] Trockenheit)
Sicilia f (si-*tschil*-ja] Sizilien)
sicurezza f ([si-ku-*räz*-za] Sicherheit)
signora f ([sin-*jo*-ra] Frau)
signore m ([sin-*jo*-re] Herr)
signorina f ([sin-jo-*ri*-na] Fräulein)
silenzioso/a ([si-len-*zjo*-zo] leise)
simile a ([*si*-mi-le] ähnlich)
simpatico/a ([sim-*pa*-ti-ko] sympathisch)
sinagoga f ([si-na-*go*-ga] Synagoge)

single m/f ([*sin*-gel] Single
singolo/a ([*sin*-go-lo] einzeln)
sintomo m ([*sin*-to-mi] Symptom
sistema m ([sis-*te*-ma] System)
smaltimento m ([zmal-ti-*men*-to] Entsorgung)
sociale ([so-*tscha*-le] gesellig)
soffriggere# ([sof-*frid*-sche-re] anbraten)
soggiorno m ([sod-*dschor*-no] Aufenthalt, Wohnzimmer)
sogliola f ([*sol*-jo-la] Seezunge)
sogno m ([*son*-jo] Traum)
soldi pl ([*sol*-di] Geld)
sole m ([*so*-le] Sonne)
soleggiato/a ([so-led-*dscha*-to] sonnig)
solo ([*so*-lo] nur)
sonnifero m ([son-*ni*-fe-ro] Schlafmittel)
sopra ([*so*-pra] über, darüber)
soprano m ([so-*pra*-no] Sopran)
soprattutto ([so-prat-*tut*-to] vor allem)
sorbetto m ([sor-*bet*-to] Sorbet)
sorella f ([so-*rel*-la] Schwester)
sorpassare ([sor-pas-*sa*-re] überholen)
sosta f ([*sos*-ta] Halt, Pause)
sostenere* ([sos-te-*ne*-re] unterstützen)
sostenibile ([sos-te-*ni*-bi-le] nachhaltig
sostenibilità f ([sos-te-ni-bi-li-*ta*] Nachhaltigkeit)
sotto ([*sot*-to] unter)
spaghetti pl ([spa-*get*-ti] Spaghetti)
spagnolo/a ([span-*jo*-lo] Spanier/-in, spanisch)
spalla f ([*spal*-la] Schulter)
spazzatura f ([spaz-za-*tu*-ra] Müll)
spazzolino da denti m ([spaz-zo-*li*-no da *den*-ti] Zahnbürste)
specchio m ([*spek*-kjo] Spiegel)
specifico/a ([spe-*tschi*-fi-ko] bestimmt)
spedire »isc« ([spe-*di*-re] schicken)
spedizione f ([spe-di-*zjo*-ne] Versand)
sperma m ([*sper*-ma] Sperma)
spesso ([*späs*-so] oft)
spezzatino m ([spez-za-*ti*-no] Ragout)
spiaggia f ([*spjad*-dscha] Strand)
spigola f ([*spi*-go-la] Seebarsch)
spinaci pl ([spi-*na*-tschi] Spinat)
spolverare ([zpol-we-*ra*-re] bestreuen)
sport da combattimento m ([sport di kom-bat-ti-*men*-to] Kampfsport)
sposarsi ([spo-*sar*-si] heiraten)
sposato/a ([spo-*za*-ti] verheiratet)
spray m ([*spra*-ji] Spray)
spremuta f ([spre-*mu*-ta] frisch gepresster Saft)
spumante m ([spu-*man*-te] Sekt)
spuntino m ([spun-*ti*-no] Snack)
sputare ([spu-*ta*-re] spucken)
stagionato/a ([sta-dscho-*na*-to] gereift)
stagione f ([sta-*dscho*-ne] Saison)
stamattina ([sta-mat-*ti*-na] heute Morgen)
stampato/a ([stam-*pa*-to] gedruckt
stanco/a ([*stan*-ko] müde)
stare* ([*sta*-re] sich befinden)
stasera ([sta-*se*-ra] heute Abend)
statua f ([*sta*-tu-a] Statue)
stazione di ricarica f ([sta-*zjo*-ne di ri-*ka*-ri-ka] Ladestation)
stazione f ([sta-*zjo*-ne] Bahnhof)
stella f ([*stel*-la] Stern)
stesso/a ([*stes*-so] derselbe)
strada f ([*stra*-da] Straße)
strega f ([*strä*-ga] Hexe)
stressante ([stres-*san*-te] stressig)
studente m ([stu-*den*-te] Student)
studiare [stu-*dja*-re], lernen, studieren)
studio artistico m ([*stu*-djo ar-*tis*-ti-ko] Atelier)
studio dentistico m ([*stu*-djo den-*tis*-ti-ko] Zahnarztpraxis)
studio legale m ([*stu*-djo le-*ga*-le] Kanzlei)
studio m ([*stu*-djo] Praxis)
studio medico m ([*stu*-djo *me*-di-ko] Arztpraxis)
stuzzichino m ([stuz-zi-*ki*-no] Appetithäppchen)
subito ([*su*-bi-to] sofort)
succo di frutta m ([*suk*-ko di frut-ta] Fruchtsaft)
suo/a ([*su*-jo] ihr, sein)
suocera f [(*swo*-tsche-ra] Schwiegermutter)
suoceri pl [(*swo*-tsche-ri] Schwiegereltern)
suocero m [(*swo*-tsche-ro] Schwiegervater)
superbo/a ([su-*per*-bo] hochnäsig)
superstizione f ([su-per-sti-*zjo*-ne] Aberglaube)
surrealismo m ([sur-re-ja-*liz*-mo] Surrealismus)
svedese ([swe-*de*-se] Schwede, Schwedin, schwedisch)
svegliarsi ([zwel-*jar*-si] aufwachen)

svelare ([zwe-*la*-re] verraten)

Svezia f ([*zwe*-zja] Schweden)

sviluppare ([zwi-lup-*pa*-re] entwickeln)

svizzero/a ([*swiz*-ze-ro] Schweizer/-in, schweizerisch)

T

tabaccheria f ([ta-bak-ke-*ri*-ja] Tabakwarengeschäft)

tabellone dei voli m ([ta-bel-*lo*-ne däi *wo*-li] Anzeigetafel)

taglia f ([*tal*-ja] Größe)

tagliare (tal-*ja*-re] schneiden)

tagliatelle pl ([tal-ja-*tel*-le]

tagliere m ([tal-*jä*-re] Schneidebrett)

talvolta ([tal-*wol*-ta] gelegentlich)

tanto/a ([*tan*-to] so viel/e)

tappeto m ([tap-*pet*-to] Teppich)

tardi ([*tar*-di] spät)

targa f ([*tar*-ga] Nummernschild)

tartaruga f ([tar-ta-*ru*-ga] Schildkröte)

tassista m/f ([tas-*sis*-ta] Taxifahrer/-in)

tavolino m ([ta-wo-*li*-no] Couchtisch)

tavolo da riunione m ([*ta*-wo-lo da ri-un-*jo*-ne] Besprechungstisch)

tavolo m ([*ta*-wo-lo] Tisch)

tè m ([*tä*] Tee)

teatro m ([te-*ja*-tro] Theater)

tecnica f ([*tek*-ni-ka] Technik)

tedesco/a ([te-*des*-ko] Deutscher/Deutsche, deutsch)

tela f ([*te*-la] Leinwand)

telefonare ([te-le-fo-*na*-re] telefonieren)

televisore m ([te-le-wi-*so*-re] Fernseher)

tema m ([*te*-ma] Thema, Aufsatz)

temperatura f ([tem-pe-ra-*tu*-ra] Temperatur)

tempio m ([*tem*-pjo] Tempel)

tempo m ([*tem*-po] Wetter

tenace ([te-*na*-tsche] hartnäckig)

tenere* ([te-*ne*-re] halten, behalten)

tenersi*([si *ten*-go-no] abhalten)

tennis m ([*ten*-nis] Tennis)

tenore m ([te-*no*-re] Tenor)

teologia f ([te-jo-lo-*dschi*-ja] Theologie)

terminal m ([*ter*-mi-nal] Terminal)

terribile ([ter-*ri*-bi-le] schrecklich)

terzo/a ([*tär*-zo] dritter)

tesoro ([te-*zo*-ro] Schatz)

test allergologico m ([test al-ler-go-*lo*-dschi-ko] Allergietest)

testa m ([*täs*-ta] Kopf)

testimone m ([tes-ti-*mo*-ne] Zeuge)

tetto m ([*tet*-to] Dach)

the m ([*tä*] Tee)

tifone m ([ti-*fo*-ne] Taifun)

tigre f ([*ti*-gre] Tiger)

tipo m ([*ti*-po] Typ, Sorte)

tiramisù m ([ti-ra-mi-*su*] Schichtdessert)

toast m ([tost] Toast)

togliere*# ([*tol*-je-re] herausnehmen)

tonnato/a ([ton-*na*-to] mit Thunfischpaste)

tonno m ([*ton*-no] Thunfisch)

topo m ([*to*-po] Maus)

toro m ([*to*-ro] Stier)

torta elaborata f ([*tor*-ta e-la-bo-*ra*-ta] Torte)

torta f ([*tor*-ta] Kuchen)

tortellini ([tor-tel-*li*-ni] Tortellini)

Toscana f ([tos-*ka*-na] Toskana)

tra ([tra] innerhalb, zwischen, binnen)

tra l'altro ([tra *lal*-tro] übrigens)

tra poco ([tra *po*-ko] bald, in Kürze)

tradizionale ([tra-di-zi-o-*na*-le] traditionell)

tradizione natalizia f ([tra-di-*zjo*-ne na-ta-*li*-zja] Weihnachtstradition)

traffico m ([*traf*-fi-ko] Verkehr)

tram m ([tram] (Straßenbahn)

tramezzino m ([tra-mez-*zi*-no] Sandwich)

tranquillità f ([tran-kwil-li-*ta*] Ruhe)

trascendere# ([tra-*schän*-de-re] übersteigen)

trascorrere# ([tras-*kor*-re-re] verbringen)

trasferimento m ([tras-fe-ri-*men*-to] Überweisung)

trasferire »isc« ([tras-fe-*ri*-re] überweisen)

trasporto m ([tras-*por*-to] Transport)

tre [*trä*] drei)

Trecento m ([tre-*tschän*-to] 14. Jahrhundert)

trekking m ([*träk*-king] Bergwandern)

trenette pl ([tre-*net*-te] schmale Bandnudeln)

treno m ([*tre*-no] Zug)

triste ([*tris*-te] traurig)

tritare ([tri-*ta*-re] hacken)

troppo ([*trop*-po] zu (sehr))

troppo/a ([*trop*-po] zu viel/e)

trota f ([*tro*-ta] Forelle)

trovare ([tro-*wa*-re] finden)

truccarsi ([truk-*kar*-si] schminken)

tu ([*tu*] du)

tubetto m (tu-*bet*-to] Tube)

tuo/a ([*tu*-jo] dein)

tuorlo m ([tu-*or*-lo] Eigelb)

turbina eolica f ([tur-*bi*-na ä-*jo*-li-ka] Windrad)

tutto ([*tut*-to] alles)

U

uccello m ([ut-*tschäl*-lo] Vogel)

ucraino/a ([u-kra-*ji*-no] UkrainerIn, ukrainisch)

Ucraina f ([u-kra-*ji*-na] Ukraine)

ufficio m ([uf-*fit*-tscho] Büro)

ufficio postale m ([uf-*fi*-tscho pos-*ta*-le] Postamt)

ultimo/a ([*ul*-ti-mo] letzter, neuester)

Umbria f ([*um*-bri-ja] Umbrien)

un po' ([un *po*] ein bisschen)

un poco ([un *po*-ko] ein bisschen)

unico/a ([*u*-ni-ko] einzigartig)

uniforme f ([u-ni-*for*-me] Uniform)

unire »isc« [u-*ni*-re] dazugeben)

università f ([u-ni-wer-si-*ta*] Universität)

uno [*u*-no] eins)

uovo di Pasqua m ([u-*o*-wo di *pas*-kwa], Osterei)

uovo m ([u-*o*-wo] Ei)

urologa f ([u-*ro*-lo-ga] Urologin)

urologo m ([u-*ro*-lo-go] Urologe)

usare ([u-*za*-re] verwenden)

uscire* ([u-*schi*-re] runterfahren, ausgehen, herauskommen)

uscita f ([u-*schi*-ta] Ausfahrt)

utilizzare ([u-ti-liz-*za*-re] nutzen)

uva f ([*u*-wa] Traube)

V

va bene ([wa *bä*-ne] okay)

vagone letto m ([wa-*go*-ne *lät*-to] Schlafwagen)

Valle d'Aosta f ([wal-le da-os-ta] Aostatal)

valore m ([wa-*lo*-re] Wert)

valuta ([wa-*lu*-ta] Währung)

vaporetto m ([wa-po-*ret*-to] Wassertaxi)

varietà f ([wa-rje-*ta*] Auswahl)

vasca da bagno f ([*was*-ka da *ban*-jo] Badewanne)

vasetto m ([wa-*zet*-to] Schraubglas)

vecchio/a ([*wäk*-kjo] alt)

vedere# ([we-*de*-re] sehen)

vedova f ([*we*-do-wa] Witwe

vedovo m ([*we*-do-wo] Witwer

vegano/a ([we-*ga*-no] vegan)

vegetariano/a ([we-ge-ta-*rja*-no] vegetarisch)

veicolo ibrido m ([we-*i*-ko-lo i-*bri*-do] Hybridfahrzeug)

veicolo m ([we-*i*-ko-lo] Fahrzeug)

veloce ([we-*lo*-tsche] schnell)

vendere ([*wen*-de-re] verkaufen)

venerdì m ([we-ner-*di*] Freitag)

venerdì santo m ([we-ner-*di* *san*-to] Karfreitag)

Veneto m ([*wä*-ne-to] Venetien)

Venezia f ([we-*nä*-zja] Venedig)

venire*# ([we-*ni*-re] kommen)

vento m ([*wen*-to] Wind)

ventoso/a ([wen-*to*-so] windig)

verde ([*wer*-de] grün)

verdura f ([wer-*du*-ra] Gemüse)

vergine f ([*wer*-dschi-ne] Jungfrau)

Vermouth m ([wer-*mutt*] Wermut)

vero/a ([*we*-ro] wahr)

versare ([wer-*sa*-re] überweisen)

verso ([*wer*-so] in Richtung)

vespa f ([*wes*-pa] Wespe)

vestirsi ([wes-*tir*-si] sich anziehen)

vestiti pl ([wes-*ti*-ti] Kleidung)

vestito m ([wes-*ti*-to] Kleid)

vetrina f ([we-*tri*-na] Schaufenster)

vetro m ([*we*-tro] Glas)

viaggiare ([wjad-*scha*-re] reisen)

viaggio ([*wjad*-dscho] Reise)

video m ([*wi*-de-o] Video)

videoconferenza f ([wi-de-o-kon-fe-*ren*-za] Videokonferenz)

vigile m ([*wi*-dschi-le] Verkehrspolizist)

vigilia f ([wi-*dschil*-ja] Heiligabend)

vino della casa m ([*wi*-no *del*-la *ka*-za] Hauswein)

vino m ([*wi*-no] Wein)

vino sfuso m ([*wi*-no *zfu*-zo] offener Wein)

viola ([wj*o*-la] violett)

viola f ([wj*o*-la] Veilchen)

virtuale ([wir-tu-*a*-le] virtuell)

viscosa f ([wis-*ko*-za] Viskose)

visionario/a ([wi-zjo-*na*-ri-jo] träumerisch)

visita guidata f ([*wi*-si-ta gwi-*da*-ta] Führung)

vista f ([*wis*-ta] Aussicht)

vita ([*wi*-ta] Leben)

vitamina f ([wi-ta-*mi*-na] Vitamin)

vitello m ([wi-*täl*-lo] Kalb)

vivace ([wi-*wa*-tsche] lebhaft)

vivanda f ([wi-*van*-da] Speise)

vivere# ([*wi*-we-re] leben)

vodka m ([*wod*-ka] Wodka)

voglia f ([*wol*-ja] Lust)

volare ([wo-*la*-re] fliegen)

volerci* ([wo-*ler*-tschi] brauchen)

volere* ([wo-*le*-re] wollen)

volo m ([*wo*-lo] Flug)

volpe f ([*wol*-pe] Fuchs)

volta f ([*wol*-ta] Mal)

vongola f ([*won*-go-la] Venusmuschel)

vostro/a ([*wos*-tro] euer)

W

water m ([*wa*-ter] WC)

webinar m ([we-bi-*nar*] Webinar)

Wi-Fi m ([*wai*-fai] WLAN)

windsurf m ([*wind*-surf] Windsurfen)

X

xilofono m ([xi-*lo*-fo-no] Xylophon)

Y

yog(h)urt m ([*jo*-gurt] Joghurt)

Z

zabaglione m ([dza-bal-*jo*-ne] Eierschaumcreme)

zafferano m ([zaf-fe-*ra*-no] Safran)

zanzara f ([dzan-*dza*-ra] Stechmücke)

zebra f ([*dzr*-bra] Zebra)

zelante ([dzä-*lan*-te] eifrig)

zero m [*dzä*-ro] Null)

zia f ([*dzi*-ja] Tante)

zio m ([*dzi*-jo] Onkel)

zoo m ([dzoo] Zoo)

zucchero m ([*dzuk*-ke-ro] Zucker)

zucchino m ([dzuk-*ki*-no] Zucchino

Stichwortverzeichnis

www.ingramcontent.com/pod-product-compliance
Lightning Source LLC
LaVergne TN
LVHW061934220826
846092LV00004B/1009